盧比孔河

509–27 BC

羅馬共和國的興衰

RUBICON

THE TRIUMPH AND TRAGEDY OF THE ROMAN REPUBLIC

各界推薦

「這是一部絕佳的敘事史……它真的很吸引我，確切地說，令我著迷……內容包含血腥與迷宮似的政治陰謀與鬥爭、精彩的演講、驚人的征服與殘忍的行徑。霍蘭的敘述清晰，步調拿捏得恰到好處。他並沒有對羅馬和我們的時代做出浮泛的對比，你可感覺到自己正透過他，見證了長久以來對權力與和平進行調合的困難。」

——伊恩．麥克尤恩（Ian McEwan），布克獎得主、《贖罪》作者，年度選書

「精彩極了。我要感謝作者將羅馬帝國活靈活現地呈現在我眼前，也讓其所產生及影響過的人物躍然紙上。」

——喬安娜．特羅洛普（Joanna Trollope），英國暢銷作家，《觀察家報》（*Observer*）二〇〇五年年度選書

「在我讀過關於羅馬帝國的史書中，最吸引我的就是霍蘭的《盧比孔河》。」

——鮑里斯．強森（Boris Johnson），英國首相、通俗歷史作家，《星期日電訊報》（*Sunday Telegraph*）二〇〇五年年度選書

「古典通俗史的絕佳範例……述說了一段引人入勝的歷史……自賽姆（Ronald Syme）的《羅馬革命》（*The Roman Revolution*）以來，關於羅馬共和國晚期最具可讀性的著作……下回若有人問我為何我們應該研究羅馬歷史，《盧比孔河》將成為我推薦的第一本書。」

——邁爾斯（Richard Miles）

《迦太基必須毀滅：古文明的興衰》作者，《衛報》（*Guardian*）

「這是羅馬對共和主義進行實驗的故事，其中包括凱撒、龐培、加圖和西塞羅這些巨人。內容全然地清新、機智風趣並具有嚴謹的學術性。」

——安德魯・羅伯茲（Andrew Roberts），歷史學家、

《邱吉爾：與命運同行》作者

「令人瞠目結舌……從任何標準來看，《盧比孔河》豐富得太不尋常，對大量但過多人物的描寫讓人動容。花名冊的內容遠遠超過馬略、蘇拉、龐培、克拉蘇、凱撒和西塞羅這些預期中的人物。都會美型男、高級生蠔供應商、過譽的桌上舞者、後巷妓女與小咖政治玩家應有盡有——所幸並非全都能夠指名道姓。霍蘭讓他的敘事保持在大賽馬車的速度。」

——科里・布倫南（Corey Brennan），

《羅馬共和國的統治》作者，《新聞日報》（*Newsday*）

「霍蘭筆下充滿奇妙的熱情……這是一次愉快的閱讀過程，也是一本絕佳的學術著作。作為一本羅馬史導論，恐怕難有出其右者。」

——馬修斯（Christopher Matthews），《每日郵報》（*Daily Mail*）

「不論對古典學者或當代政治系所的學生來說，霍蘭對羅馬共和國最後一個世紀的敘述都相當合時。它讓讀者看見一個系統緩慢而血腥的崩解，引人入勝之餘，還是個寓意十足的故事……。本書扣人心弦的敘述，使那些曾經塑造當今世界卻泰半被遺忘的人物與事件一一復甦。有鑑於兩個帝國型共和國許多相通之處，本書可作為大西洋兩岸資深政治家具啟發性的海灘讀物。」

——安東尼・艾福瑞特（Anthony Everitt），

《西塞羅》作者，《獨立報》（*Independent*）

「古代歷史生活在這場動蕩事件的生動編年史之中，這些事件促使凱撒穿過一條小河，劃開了羅馬共和國與災難性的內戰。霍蘭以其廣播界傑出人才和小說家的敘事才華，讓讀者深深陷入陰險的羅馬政治當中。」

——布萊斯・克里斯汀森（Bryce Christensen），

美國圖書館協會《書單》雜誌書評（ALA Booklist Starred Review）

「羅馬城市生活迷人的畫面……在這個故事各個層面，霍蘭嫻熟地使我們對羅馬人如此陌生又熟悉。」

——《洛杉磯時報》（*Los Angeles Times*）

「極其聰明，充滿活力和機智。」

——華盛頓時報（*The Washington Times*）

「《盧比孔河》是一項傑出的成就，即使政治潮流改變也值得一讀……想了解羅馬共和國歷史的入門讀者，若對聆聽他人喋喋不休述說羅馬人為我們留下什麼感到厭倦，但仍想知道羅馬人為他們自己做了什麼（以及如何做），這本書可說是絕佳選擇。」

——斯托瑟德（Peter Stothard），《泰晤士報文學副刊》（*Times Literary Supplement*）

「帶著絕大的風趣、活力和洞察……重新述說羅馬共和國最後幾十年的血腥戲碼……這齣戲裡的角色何其不凡！作者以小說家的筆觸讓角色復活了，不只照亮那個失去的世界，也照亮我們的世界。」

——哈特（Christopher Hart），《星期日獨立報》（*Independent on Sunday*）

「霍蘭具有罕見的天賦，能夠讓深奧的學術研究變得明白易懂且扣人心弦。一部精彩且完全把人攫住的著作。」

——威爾遜（A. N. Wilson）

「霍蘭的《盧比孔河》讓歷史讀起來宛如驚悚的黑手黨史詩。在我這種普通讀者看來，一些原本只是隱約聽過的羅馬時代名人，全都變得栩栩如生。」

——葛里夫．瓊斯（Griff Rhys Jones），年度選書

「羅馬共和國如日中天時的歷史……此書的刺激之處在於，不論是一座山或一個文明，一旦抵達巔峰，向下墜落勢所難免。」

——班布里奇（Beryl Bainbridge），年度選書

「這是一本對於羅馬共和國最後的日子，傑出且可讀性極高的研究。」

——貝利（John Bayley），年度選書

「一位述說細節的真正行家……《盧比孔河》無與倫比地扯下凱撒等人冠冕堂皇的道德外衣。」

——斐德列克・拉斐爾（Frederic Raphael），奧斯卡最佳原創劇本獎作家，《星期日時報》（*Sunday Times*）

「這是霍蘭對於羅馬共和國覆亡的傑出新研究……可謂新生代作家重新對羅馬的評估。」

——羅伯特・哈里斯（Robert Harris），驚悚作家協會大獎得主，《獵殺幽靈寫手》作者，《星期日時報》（*Sunday Times*）

「我們會接觸到古代史，通常不是透過學術著作便是透過古裝動作片。霍蘭的成就在於擷取二者之長，寫出一部現代氣息濃厚、節奏感十足而且評述精到的歷史作品，兼具知識性與娛樂性。」

——史佩勒（Elizabeth Speller），《觀察家報》（*Observer*）

「羅馬共和國贏得了一個帝國，但在過程中毀掉了自己。霍蘭述說這件事如何發生，講得氣韻十足……筆法精通有如麥考萊（Macauley）。」

——馬西（Allan Massie），《觀察家雜誌》（*Spectator*）

「引人入勝……一種活潑的敘事風格……一個徹底有價值且適時的寫作計畫，這部關於影響西方歷史甚鉅的時代之記述，成功做到明白易懂又不失之過簡。」

——艾爾斯（Harry Eyres），《每日電訊報》（*Daily Telegraph*）

「清新、傳神……霍蘭的強項在於敘事史，關於西元前一百年到四十四年糾葛的政治事件，沒有比《盧比孔河》更佳更清晰的嚮導……古代史若要重新吸引大批讀者，有賴《盧比孔河》此類著作鋪路。」

——麥克連（Frank McLynn），《新政治家》（*New Statesman*）

「《盧比孔河》不是枯燥的史著，它具有高度的可讀性，是嚴謹學術與活潑敘事的完美結合……霍蘭筆下的人物有血有肉、活靈活現，有時他們甚至會說話。」

——威沙特（David Wishart），《蘇格蘭人》（*The Scotsman*）

「霍蘭為羅馬世界畫下一幅鮮明的社會肖像……本書是小布希理想的床頭讀物。」

——黑廷斯（Max Hastings），《星期日電訊報》（*Sunday Telegraph*）

「很有爆炸性……這是一部關於羅馬帝國晚期、兼具嚴肅和睿智的歷史，近乎小說所能達到的地步。聚焦於人物和他們的互動，敘事技巧跌宕起伏，以銳氣和熱忱寫成……它是為我們的時代而寫的歷史……我們可以想像一位有如伍佛維茲（Paul Wolfowitz）的古典學家在白宮裡拿起這本書，要找出與那些難搞的中東人交涉的方法……一本極度讓人愉悅的書，也是對於晚期羅馬共和國相當銳利的『解讀』。」

——鍾斯（Peter Jones），《BBC 歷史雜誌》（*BBC History Magazine*）

「霍蘭以其出色小說家的寫作技巧，記載了羅馬共和國活潑的特質及導致其滅亡問題，並編纂了引起轟動的政治和歷史陰謀的故事。」

——《出版人週刊》（*Publishers Weekly*）

「霍蘭讓見於數千種教科書裡的名字活過來了……給予他們生命及與當代的相關性……值得推薦給對古代世界感興趣的人。」

——《好書指南》（*Good Book Guide*）

「好讀、精彩……對古代史感興趣者必讀之作。不過，它比許多直接談論當代政治與社會議題的書籍更關乎於我們的現代文明……霍蘭吹走一個古代文明的蒙塵，顯見過去仍有許多值得我們學習的地方。」

——《星期日商業郵報》（*Sunday Business Post*）

「霍蘭讓一批大相逕庭的人物變得栩栩如生，他對於古羅馬人使詐、奢侈與卑鄙的描寫深具娛樂性。」

——《黃昏先驅報》（*Evening Herald*）

INDEX

地圖

推薦序

Sade（德國耶拿大學中世紀研究所博士生）

提到羅馬，每個人心中都有各自的想像。在新約聖經的時代，羅馬帝國代表整個世界——莫斯科有第三羅馬的別號；羅馬大寫體是現今拉丁字母大寫的根基；羅馬數字至今仍被使用；凱撒更是許多語言中皇帝的語源。在今天，羅馬無所不在，但大都指羅馬帝國，也就是西元前二十七年從屋大維「奧古斯都」開始的帝國，但羅馬不是一天造成的，羅馬也不是天生就是個帝國，它或許生來是個王國，但曾經有一段不短的時間以共和國自居——S.P.Q.R.: Senatus Populusque Romanus（元老院與羅馬人民），即使以今日眼光看來民主成分沒有其自以為的高，然而追求自由曾經是羅馬的驕傲，直到凱撒跨過盧比孔河，世界變成我們如今認識的模樣。《盧比孔河》帶我們回到河的另一邊，一窺許多人懷念的羅馬共和究竟是什麼模樣，以及它是怎麼消亡的。

作者湯姆．霍蘭畢業於英國劍橋大學王后學院，原本他想繼續深造研究英國浪漫詩人拜倫，但最後放棄學業進入職場。後來他運用研究資料寫成了第一本小說 *The Vampyre: Beingthe True Pilgrimageof George Gordon, Sixth Lord Byron*，顧名思義是一本吸血鬼小說。有趣的是，世界上第一本以吸血鬼為主題的小說 *The Vampyre*（1819），正是拜倫的朋友以拜倫為原形而創作的，由此不難看出霍蘭改編史料的才能。除了大眾歷史讀物之外，霍蘭也寫過不少奇幻小說，大都帶有歷史元素。他也是廣播和電視節目的製作人，製作類型從希臘羅馬、恐龍化石到伊斯蘭，可說是一位相當多面向的作家。

《盧比孔河》講述從西元前五百年羅馬最後一位國王被罷黜到西元前二十七年共和國結束的歷史。五百年間，羅馬從七丘之城變成跨歐亞非三洲的泱泱大國，此霸業不是由另一位亞歷山大大帝，而是由一個「共和國」完成，究竟羅馬共和是一個怎麼樣的國家？

雖然五百年歷史大多數的篇幅聚焦於共和國最後兩百年，但作者巧妙地以人物為主軸貫穿歷史，全書讀來毫不乏味且相當生動。而承先啟後更是一位傳說中的女人「西比爾」——希臘與東方神話中的女先知，她給羅馬末代國王的預言書伴隨了羅馬好幾個世代。然而，超自然之力僅止於此，羅馬人雖迷信，但羅馬的歷史仍是人的歷史，事實上我們很快就可以諷刺地發現，羅馬共和雖是人民與元老的聚集體，但真正主宰國家的依然是強者。

從羅馬共和的國名，不難看出其無可避免的矛盾與衝突：元老代表貴族，人民才包含平民，雖然兩者共有國家，卻是不同等的存在。如何在這兩個群體中周旋取得平衡，是每個羅馬政治家重要的課題。曾經發生平民派的貴族政治家格拉古兄弟就因為太過偏向平民，而慘遭保守派貴族的毒手橫死街頭。此後的政治家都認識到一件事——不要隨便打破羅馬自我感覺良好的保守同溫層。

然而，這個守舊的老頑固卻成為世界強權，連其自身似乎都還不習慣面對自己的新身分。羅馬得到別迦摩遺產之後，便宛如一夕成為暴發戶的急速擴張，也因此豎立了新的敵人——本都國王米特拉達梯（Mithridates）。而這位羅馬的宿敵對羅馬最大的影響，或許是打開了羅馬強者政治的開關。第一批強者是從外省崛起的軍事強人馬略與曾經進軍羅馬的蘇拉，其實早在凱撒之前，就有羅馬將領進軍攻打自己的首都了。

蘇拉是一個可怕且奇怪的先例，他的殘忍無人可及，所殺過的羅馬公民及打破的共和國規則可能比任何人多，但他卻自認為自己比任何人都愛國、愛共和體制。他把共和國塑造成他心目中完美的樣子，然後不戀棧地退休安享天年去了；他幾乎已像個國王，卻在達到權力頂峰時將權力還給國家。共和國真的就完美了嗎？正好相反，在那之後是三巨頭克拉蘇、龐培、凱撒的時代。

克拉蘇是羅馬首富，曾在斯巴達克斯起義中擔任討伐者，他原本可以獨攬榮耀，卻被龐培分一杯羹。龐培在年輕時，是一位有著大男孩氣息的大眾寵兒與軍事明星，磨練成熟之後更被視為帝國的棟梁之一。凱撒家族自稱維納斯後裔，他本人不僅是走在時代尖端的時髦花花公子，也是征服高盧與不列顛的一代英雄，關於他有數不清的故事傳說。還有許多在書中提及、在共和國掀起腥風血雨的人物。其中西賽羅是一個例外，他不走戰爭路線也非貴族出生，靠著舌粲蓮花講出一片天。他的著作至今仍是古典拉丁文的經典，是真正少見的階級翻轉者。

這些政治名人的明爭暗鬥、社交八卦與休閒活動，勾勒出羅馬世界之都的風采。然而，在羅馬共和的光芒之下，其陰影也是無比深沉。羅馬是貧富差距極大的矛盾集合，這體現於共和國最終依然是少數強人手中的玩物。擁權者可以把黑的講成白的，擁兵者可以任意喋血街頭，用拳頭伸張己見。只要共和國的外衣還在，似乎什麼都可以被容忍，唯有凱撒因為準備褪去偽裝的外衣而被刺殺。但詭弔的是，刺殺他的人卻未成為共和國的英雄，反而連夜逃走，似乎大家都知道共和國早已名存實亡了。

的確，舊的三巨頭前後殞落後，就立即迎來了新的三巨頭——安東尼，雷必達與屋大維，三人的同盟也正式宣判了共和的死亡。從此羅馬不再是自由之身，僅僅是為人刀俎的魚肉。但這還不是終點，他們必定會互相廝殺，直到剩下最後一人獨得所有的獎賞。最終的勝利者是屋大維，他汲取了義父凱撒的教訓，終其一生都扮演著最完美的第一公民，不強奪權，而是讓共和國自己將主權奉上。或許正如西賽羅所言：「太多的自由會結出奴役的果實。」而羅馬人就吃這一套。從此共和國不復存在，但羅馬卻成為世界之王。

由於作者的筆風充滿戲劇張力，這裡關於各個人物的故事與羅馬璀璨的風土民情都點到為止，希望各位自行發掘。筆者在此想補充一些書中未被介紹，或未詳細交代的背景與相關知識，希望讓讀者在閱讀本書時能夠更順暢，同時也談談古羅馬究竟和現在的世界有何關係。

首先是關於羅馬與義大利，羅馬共和時期的義大利與現今的義大利並不在同一個的地方。古代的義大利在現今南義一個地區，最早溯及屋大維之後，義大利才開始指稱整個亞平寧半島。當讀者看到書中有幾處提及羅馬與義大利時像是兩個地方，其實不用太驚訝，因為此時的義大利只是羅馬的一部分。

其次是關於羅馬起源的神話。傳說中，羅馬可以追溯至希臘城邦特洛伊，埃涅亞斯是特洛伊王族旁支的王子，他的母親是愛與美之神阿芙羅迪特（即羅馬的維納斯）。在特洛伊戰爭後，埃涅亞斯與兒子逃離特洛伊，經歷一段迷航冒險後來到拉丁姆平原定居，成為了羅馬人的祖先。他的一個兒子 Askanius 又稱 Iulus 或 Julus，凱撒的家族 Julius 就宣稱源自這位 Julus，因此自稱為愛神的後裔。順帶一提，在中世紀不列顛的建國傳說中，第一位國王 Brutus of Troy 也被指稱是這位 Julus 的後裔。

羅馬建城者羅路慕斯與雷慕斯也是埃涅亞斯的後裔。傳說埃涅亞斯娶了拉丁姆平原的拉提努斯王之女拉維妮雅，建立了阿爾巴朗格王國。他們的後裔莉亞・西爾維亞公主，因為叔叔篡位而被送去當維斯塔貞女（即爐灶與家庭的女神維斯塔的侍奉者，必須守貞，可能是為了不讓她有機會生下後代來奪權）。後來戰神馬爾斯臨幸了她，讓她懷了雙胞胎羅路慕斯與雷慕斯。無論是否由神而生，因為觸犯禁忌，雙胞胎被丟入台伯河中，但他們依舊被眾神眷顧，由母狼乳養。

成長後兩兄弟來到有七座山丘之處，在建城過程中發生了兄弟相殘的悲劇，最後羅馬由羅路慕斯一人建造起來。在建城之初吸引了許多因犯罪等原因而跑路的單身男子，在男女失衡的情況下，羅路慕斯想到的辦法是舉辦盛大的慶典，邀請鄰近的薩賓人參加，然後在途中搶奪單身的薩賓女性當羅馬人的妻子。多年後薩賓人前來復仇時，卻見到自己的女兒姊妹抱著孩子來阻止戰爭，這個主題時常出現在後世的畫作中。

有趣的是，雖然羅馬起源的神話是難以證明的神話故事，從中可以發現羅馬人與希臘人有些血緣關係，但大部分羅馬人都自視為戰神馬爾斯的後裔，似乎隻字不提與特洛伊的關係。對照本書中羅馬對於希臘城邦的態度，似乎不難看出一些端倪，昔日的希臘如今幾乎為羅馬所有，也難怪羅馬人對希臘血統看不上眼。更有意思的是，中世紀早期的卡洛琳王室、中期的斯陶芬王室與後期的皇帝世家哈布斯堡王室都宣稱自己的先祖上溯至特洛伊，而這三個王室都當過所謂的「羅馬皇帝」，都是想證明自己有著正統羅馬皇帝血統。與上古或神祈攀親帶故無非是想要自抬身價，也就不難理解為何凱撒視其愛神血統如此重要了。

接著談談凱撒。凱撒把征服高盧的過程寫成《高盧戰記》，至今仍是學習古典拉丁文必讀的教材之一。凱撒遠征服高盧時遭遇了高盧邊境阿爾卑斯山的原住民克爾維西亞人（Helvetians），而瑞士的國名代碼ＣＨ是拉丁文 Confœderatio Helvetica 的縮寫，其中 Helvetica 指的正是當年凱薩所遭遇到的 Helvetians。原本克爾維西亞人想要西遷，卻因為遭遇凱薩阻礙而退回原本的地方，也就是瑞士。若不是凱撒，今天的瑞士會叫別的名字嗎？真是令人不可思議。

同樣也與凱撒和希臘有點關係的埃及托勒密王朝，書中只交代埃及之所以有希臘人的王朝，要追溯到馬其頓亞歷山大大帝在西元前三三二年征服埃及，從此埃及成為古希臘文化的一部分。在此之前，埃及由波斯統治，在亞歷山大死後的繼業者戰爭中，亞歷山大昔日的將領——埃及總督托勒密自立為王，成為埃及的托勒密王朝。隨著馬其頓所分裂出的三個希臘化帝國一一被羅馬征服，埃及也成了羅馬的附庸國，直到屋大維將埃及改為行省，托勒密王朝才就此終結。當羅馬分割為東、西羅馬時，埃及被劃入東羅馬帝國，直到西元七世紀被伊斯蘭勢力征服為止，埃及都是羅馬帝國的一部分。

在本書最後一章突然提到羅馬詩人維吉爾，他除了寫出羅馬先祖傳說的埃涅亞斯記之外，最重要的是，他在牧歌集中寫出了類似基督教救世主耶穌出生的預言。我們必須知道，雖然當時羅馬帝國境內有許多猶太人，但猶太人本身就是非常封閉的群體，而且我們也難以想像，維吉爾對於猶太人的信仰了解多少，因此這個作品可說遠遠超前了他的時代，也為維吉爾染上一層神祕的色彩。中世紀有許多神學家甚至認為維吉爾是基督教的先知，對後世也有極大的影響，但丁更讓維吉爾在其著作《神曲》中擔任但丁於地獄中的引導者。

最後，羅馬共和時代留下的遺產中，至今仍深深影響現今世界的是曆法。現今的陽曆格里歷的前身儒略歷便是凱撒在西元前四十五年開始實施的，從此一年有十二個月，這也是為何十二個月的名稱都來自拉丁文。而東正教至今仍使用儒略歷來計算節慶的日期。或許這裡還有許多沒提到的例子，但條條大路真的都通向羅馬，羅馬並非與我們毫無關係的歐洲老祖宗，而是時常能感受到其存在的世界大前輩。雖然比起後來的羅馬帝國，羅馬共和只剩下被緬懷的份，但若是盧比孔河沒有被跨越，今天的世界真的會不一樣嗎？我們不得而知。最終我們仍可發現，不論是此岸或彼岸，羅馬就是羅馬。

前言

西元前四十九年一月十日，也就是羅馬建城第七〇五年，太陽早已落在亞平寧山脈（Apennine mountains）背後，第十三軍團的士兵在黑暗中排列成行軍隊形。那晚的天氣也許嚴厲，但他們已習慣這樣極端的情況。八年來，他們穿過風雪、頂著烈日，追隨高盧總督打了一場又一場血腥戰役，直到世界的邊緣。現在，從北方的蠻荒地帶回來，他們發現自己被部署在一個很不同的前沿，前方流淌著一條狹窄的河流，軍團一側是高盧行省，另一側是義大利和通向羅馬的道路。然而，如果踏上那條道路，第十三軍團將會犯下大不韙，不僅逾越他們行省的界線，還逾越了羅馬人民最嚴峻的法律，他們將不啻是挑起內戰。不過，當軍團向邊界開過來的時候，他們已心知肚明這種災難性的後果。他們一面跺腳抵禦寒冷，一面等待號角聲響起，呼喚他們採取行動：拿起武器向前進，越過盧比孔河（Rubicon）。

號角聲會在什麼時候響起？在昏暗夜色中，盧比孔河因為山脈融雪的灌注而漲大，水聲隆隆，但仍然聽不到號角聲。第十三軍團的將士豎起耳朵，他們不習慣等待。通常他們前赴戰場的速度快如閃電，他們的將軍高盧總督以果敢、出其不意和行軍快速知名，而且當天下午才發布了越過盧比孔河的命令。所以，當他們最終到達邊界，為什麼忽然停住腳步？很少有士兵能在黑暗中看見他們的將軍，但在圍繞他四周的高級將領眼中，他備受猶豫折磨。凱撒（Gaius Julius Caesar）沒有指示人馬前進，反而默默無語地凝視盧比孔河的河水。他的內心在不平靜中靜默著。

羅馬人有一個形容這種時刻的詞語：discrimen，指的是非常危急和緊張得讓人痛苦的時刻。在其中，一個人的畢生成就懸於一線，就像任何追求偉大的羅馬人一樣，凱撒的事業由一連串這種危機時刻的前後相續構成。他一次次拿自己的未來冒險，又一次次從險境中勝出。對羅馬人來說，這正是一個男人的標記，然而，站在盧比孔河前面的凱撒面臨著一個特別讓人痛苦的兩難抉擇，而且這兩難是他先前的成功造成。之前他曾在不到十年之內，以武力迫使八百座城市、三百個部落和整個高盧投降。然而，這種過高的成就讓羅馬人民憂喜參半，畢竟他們都是同一個共和國的公民，沒有任何公民被容許永遠獨領風騷。凱撒的政敵嫉妒他的功勞，害怕他的權勢，早就策畫要剝奪他的指揮權。現在，在西元前四十九年冬天，他們終於成功把他逼到牆角了。對凱撒而言，見真章的時刻終於到來。他若不是選擇服從法律、交出指揮權及面對事業被毀，不然就是選擇渡過盧比孔河。

「骰子已經擲出。」[1]只有成為一個賭徒，並出於一個賭徒的熱情，凱撒最終才能下令他的軍團前進。換成其他人，經過理性計算後一定都會覺得賭注太高，而不敢貿然行動。另外，後果也太過無法估計。凱撒知道，他進入義大利勢必要冒著引起一場世界大戰的風險，他對同伴如此吐露過，也對這樣的前景不寒而慄。雖有先見之明，但連凱撒也無法充分預期到，他的決定造成的全部結果。

discrimen一詞除了有「危機時刻」的意義外，還可以指「分界線」。在各種意義下，盧比孔河都是一條分界線。越過它之後，凱撒除了讓世界陷入戰爭，還會導致古羅馬自由制度的毀滅，並在其殘骸上建立起君主制度——這些都是西方歷史上有著無與倫比意義的事件。即使在羅馬帝國崩潰了很久之後，盧比孔河勾勒出的對立——自由與獨裁的對立、無政府狀態和秩序的對立、共和國和專制統治的對立——將繼續縈繞羅馬後繼者的想像力。既狹窄又隱晦的盧比孔河如此重要，雖然它的座落地點最終被人遺忘，但它的名字至今仍然被銘記著。這並不奇怪，凱撒渡過盧比孔河的決定如此意義重大，以至於盧比孔河此後被用來指涉任何攸關生死的決定。

隨著凱撒跨出這一步，一個時代結束了。整個地中海地區一度星羅棋布著自由城市。在希臘地區和義大利，居住在這些城市的不是法老王或「萬王之王」的順民，而是公民，他們自豪於擁有別於奴隸的權利：言論自由、擁有私有財產和受到法律保護。然而，隨著一些新帝國的興起（最先是亞歷山大大帝（Alexander the Great）和他繼承者們的帝國，然後是羅馬帝國），各個地方公民的獨立性被抑制了。到了西元前一世紀，只剩下一個自由城市碩果僅存，那就是羅馬，隨著凱撒渡過盧比孔河，共和國崩盤後，便再也沒有任何一個自由城市了。

因此，維持了一千年的公民自治傳統自此結束，要等到漫長的千年之後才會再次出現。自文藝復興（Renaissance）以後，人們曾多次嘗試擺脫專制統治，回到盧比孔河的另一邊。英國、美國和法國的革命都是有意識地以羅馬共和國為榜樣。霍布斯（Thomas Hobbes）曾經抱怨：「對於那些反抗君主統治的叛亂，最常見的起因便是讀了古羅馬人和古希臘人論政策和歷史的書籍。」[2]當然，我們能從羅馬歷史劇中學到的不只一個自由共和國的價值。畢竟，拿破崙也是先做執政官再做皇帝，而在整個十九世紀，最常用來形容波拿巴式（Bonapartist）政權的字眼便是「凱撒主義」（Caesarist）。到了一九二〇、三〇年代，當各地的共和國一一崩潰時，幸災樂禍的人馬上指出它們和古代先驅的相似之處。一九二二年，墨索里尼（Mussolini）蓄意宣傳他凱撒式進軍羅馬的神話。他不是唯一相信新的盧比孔河已被越過之人。希特勒（Hitler）日後承認：「若不是因為有黑衫隊，褐衫隊八成不會出現。向羅馬行軍，是歷史的轉捩點之一。」[3]

隨著法西斯主義的出現，西方政治的漫長傳統抵達醜陋的高峰，然後絕跡。墨索里尼是最後一位受古羅馬榜樣啟發的世界領袖。法西斯分子會心儀古羅馬，當然是因為它的殘忍、狂妄自大和力量，但在今天，就連它最高貴的理想——一度讓傑佛遜（Thomas Jefferson）大受感動的積極公民生活理想——都已不再時興。它們太過一本正經與嚴以律己。在我們這個咄咄逼人的後現代時代，沒有比古典精神更令人厭煩之物，崇拜羅馬人有夠十九世紀調調。就像厄普代克（John Updike）所說，我們已經「從所有那些具壓迫性的羅馬價值裡解放出來了」。[4]曾有好幾個世紀，它們構成現代公民權的主要成分，但現在不一樣了。在一個古人聞所未聞的大洲上，很少人會停下來好奇，為什麼第二間元老院（Senate）會蓋在第二座卡比托利歐丘（Capitol Hill）上。[5]帕德嫩神殿（Parthenon）也許仍激盪著我們的想像力，但羅馬廣場（Forum）卻已黯淡無光。

然而，作為西方的民主國家，我們常常以為，我們的根源只能回溯至雅典。但事實並非如此，不論好壞，我們還是羅馬共和國（Roman Republic）的繼承人。若不是有人用過，我本來想以「公民們」（citizens）作為本書的書名，因為他們才是本書的主角，而且共和國崩潰的悲劇也是他們的悲劇。最後羅馬人民也厭倦了古代的價值觀，寧取被勞役與和平的好處，選擇「麵包和馬戲」而非無止盡的內戰。正如羅馬人自己所知曉的，他們的自由包含了自毀的種子——這種反省在尼祿（Nero）或圖密善（Domitian）統治的時期啟發了許多悲觀的教誨。並在後來的許多世紀，也從未失去讓人不安的力量。當然，主張羅馬人的自由不是一種高調的冒牌貨，並非是主張，羅馬共和國是一個社會民主的樂園。絕非如此。自由和平等之於羅馬人是很不同的事。只有帶著鐐銬的奴隸才擁有真正的平等。對一個公民來說，人生的本質是競爭，財富和選票則是公認的成功標誌。建於其上的共和國，當然是一個超級強權，其幅員和霸權在西方歷史上都史無前例。即使如此，這些考量並沒有減低羅馬共和國對我們時代的相關性。也許正好相反。

的確，自從我開始撰寫本書後，將羅馬和今日美國相提並論變得尋常。對歷史學家來說，他們會被當代事件吸引的經驗比一般以為的更普遍。有那麼一些歷史時期，在時間和空間上都距離我們相當遙遠，卻因當代的事件而突然落入焦點。一九三〇年代晚期，牛津大學著名的古典學家賽姆（Ronald Syme）曾經說過，凱撒的崛起預示了法西斯主義和共產主義獨裁者的時代。所以，羅馬一直根據世界的擺盪詮釋和再詮釋。賽姆所繼承的是一個漫長和備受尊敬的傳統，一路可追溯到馬基維利（Machiavelli）。馬基維利把羅馬共和國的歷史教訓用於自己的母城佛羅倫斯時這樣說：「審慎的人喜歡說，誰想預期將發生什麼事，便應反省已發生過的事，因為在這個世界上，任何時候發生的任何事，都與從前發生過的事非常近似。這番話並非輕率或無理。」[6]若有哪些時代看來可適用這番見解，那麼現在顯為其中之一。羅馬是世界上第一個崛起成為世界強權的共和國，而我們真的很難想像，有哪個時代比羅馬時代與我們的鏡像更相像。這面鏡子讓我們瞥見地緣政治、全球化和「美國和平」（pax Americana）的大輪廓。另外，許多我們的流行和狂熱（從錦鯉熱到明星廚師熱）看在研究羅馬共和國歷史學者眼中，也會有似曾相識之感。

但有些類似之處是騙人的。無庸置疑，羅馬人生活在與我們截然不同的環境——物理、情感和思想的環境中。其文明中那些令我們感覺眼熟的部分，有時確實只是眼熟，但並非總是如此。事實上，這類事情經常發生：羅馬人讓我們感到最眼熟的方面正是我們最陌生的。當一個詩人為情婦的狠心而悲傷時，或當一個父親為死去的女兒哀悼時，他們似乎說出人性中某些永恆之物，然而，羅馬人對於性關係或家庭生活的假定，又如何與我們大異其趣。類似的，還有賦予共和國生命力的價值觀、其公民的欲望，以及他們的宗教儀式和行為準則。理解了這些之後，羅馬人那些讓我們深惡痛絕的行為將變得比較容易了解（但不代表可以被原諒）。在競技場上逼人互相廝殺、毀滅一座大城市和征服世界——在羅馬人的思考模式裡也許是輝煌成就，唯有透過理解箇中原因，我們才可望理解共和國本身。

當然，企圖進入一個逝去已久時代的心靈，是件高風險和唐吉訶德式的事業。湊巧的是，共和國最後二十年是羅馬史中資料保存最完備的時期，對古典學者來說是一個證據的寶庫：有演講詞，有回憶錄，甚至有私人書信。但它們仍然只算巨大黑暗中的幾縷微弱光線。有朝一日，當有關二十世紀的記錄變得就像古羅馬的紀錄一樣破碎時，一部第二次世界大戰歷史，大概只能仰賴希特勒的廣播演講和邱吉爾（Churchill）的回憶錄寫出。它將會是切斷全部的經驗向度：沒有來自前線的家書，也沒有戰鬥人員的日記。這種寂靜是古代史研究者再熟悉不過的，借用莎士比亞筆下佛魯倫（Fluellen）的話來說，就是：「聽不見龐培（Pompey）軍營裡的任何聲音。」我們也聽不見農民小屋裡的聲音、貧民窟民居裡的聲音或奴隸營棚裡的聲音。對，有時能聽到一些婦女的聲音（只限於非常高貴的婦女），但連這些聲音都一律由男人引用，有時還會誤引。要在羅馬史裡尋找統治階級以外任何人的細節，就像沙中淘金一樣困難。

甚至對重大事件與非常人物的記載乍看豐富，事實上都是一些斷簡殘編——就像坎帕尼亞（Campagna）的輸水渠那樣，一會兒有高架的引水橋，一會兒又流淌於平地上。羅馬人常擔心，這也許就是他們的命運。正如羅馬第一位大歷史學家薩努斯特（Sallust）所說的：「毫無疑問地，命運女神隨興地主宰一切：她能讓一個人大名鼎鼎，也能讓另一個人沒沒無名，毫不考慮他們的能力或許難分高下。」[7]諷刺的是，他自己作品的命運坐實了這番哀怨的反省。作為凱撒的追隨者，薩努斯特記錄下他的恩主登上權力高峰前一些年的歷史——讀過的人一致讚譽這部作品的權威性。如果它留傳下來，我們就會得到一部同代人對西元前七十八年至六十七年之間的歷史記載（這些年間充滿了決定性與戲劇性的事件）。但薩努斯特這部傑作只有些斷簡殘編留傳下來，從這些斷簡殘編和其他一些資訊片段，我們仍然能夠重構該段歷史，但已失去的部分則永遠無法修復。

無怪古典學家常擔心把話說得太滿，每寫一句話都會停下來想加上但書，就算是資料非常豐富的時候，不確定與前後不一貫的情況仍到處出現。以本書賴以命名的那件著名事件為例，真的就像我描述的那樣發生了嗎？大有可能，但不是百分百確定。一個資料來源說，凱撒在日出後涉水過河。另一個資料來源則暗示，當凱撒到達盧比孔河河岸時，他的前鋒部隊已經進入義大利。連渡河日期都只能從其他事件來推斷。學者間的共識是一月十日前後，但從一月十日到一月十四日之間的任何一天都有人主張——另外，根據儒略曆以前的羅馬曆法算法，他們的一月事實上是我們的十一月。

簡言之，本書對許多事實的陳述可能遭到反駁，但對此承認並不代表我自認失敗。它毋寧只是一個由支離破碎材料補綴而成的敘事所需的必要交代，要從導致羅馬共和國滅亡的事件中組織一連貫的故事不無可能，而這始終是這時期對古代史家的一大吸引力。我看不出來有為此道歉的必要。在狗屋裡待了一段長時間後，敘事史現在又恢復流行——即使（正如很多人主張的）它只能給隨機的歷史事件套上一個人工化的模式，但它仍沒必要自慚形穢。事實上，它也許能幫助我們更接近羅馬人的心靈。畢竟極少數羅馬公民不自視自己為時代歷史的主角，正是這種心態才導致共和國毀滅，但它也賦予這段歷史特別絢爛和英雄主義的色彩。僅僅在一代人之後，人們便開始為曾經有過的、那麼不平凡的時代與那麼多巨人而驚嘆不已。提比略皇帝（Tiberius）的御用頌詞寫手帕特爾庫魯斯（Velleius Paterculus）在半個世紀後讚嘆道：「為一個有那麼多不凡個性的人物活過的時代著書立說，看來近乎是多餘之舉。」[8]並立即著手著書立說。就像所有羅馬人一樣，他知道其人民的才華在豐功偉績中才能獲得最璀璨的展示。也因此，這種才華可以透過敘事獲得最佳了解。

在羅馬共和國殞落兩千多年後，那些曾出演其中的男女之「不凡個性」至今仍令人驚嘆。羅馬共和國本身也是如此：雖然它不如凱撒、西塞羅（Cicero）或克麗奧佩脫拉（Cleopatra）知名，但比他們任何一人都出色。如果說它有許多事情是我們永遠不可能知道的，那就是仍有很多事情是我們可以再現的。

「人性普遍渴望自由，痛恨被奴役。」

——凱撒（Caesar），《高盧戰記》（*Gallic Wars*）

「只有少數人偏好自由，絕大多數的人只想找到一個好主人。」

——薩祿斯特（Sallust），《歷史》（*Histories*）

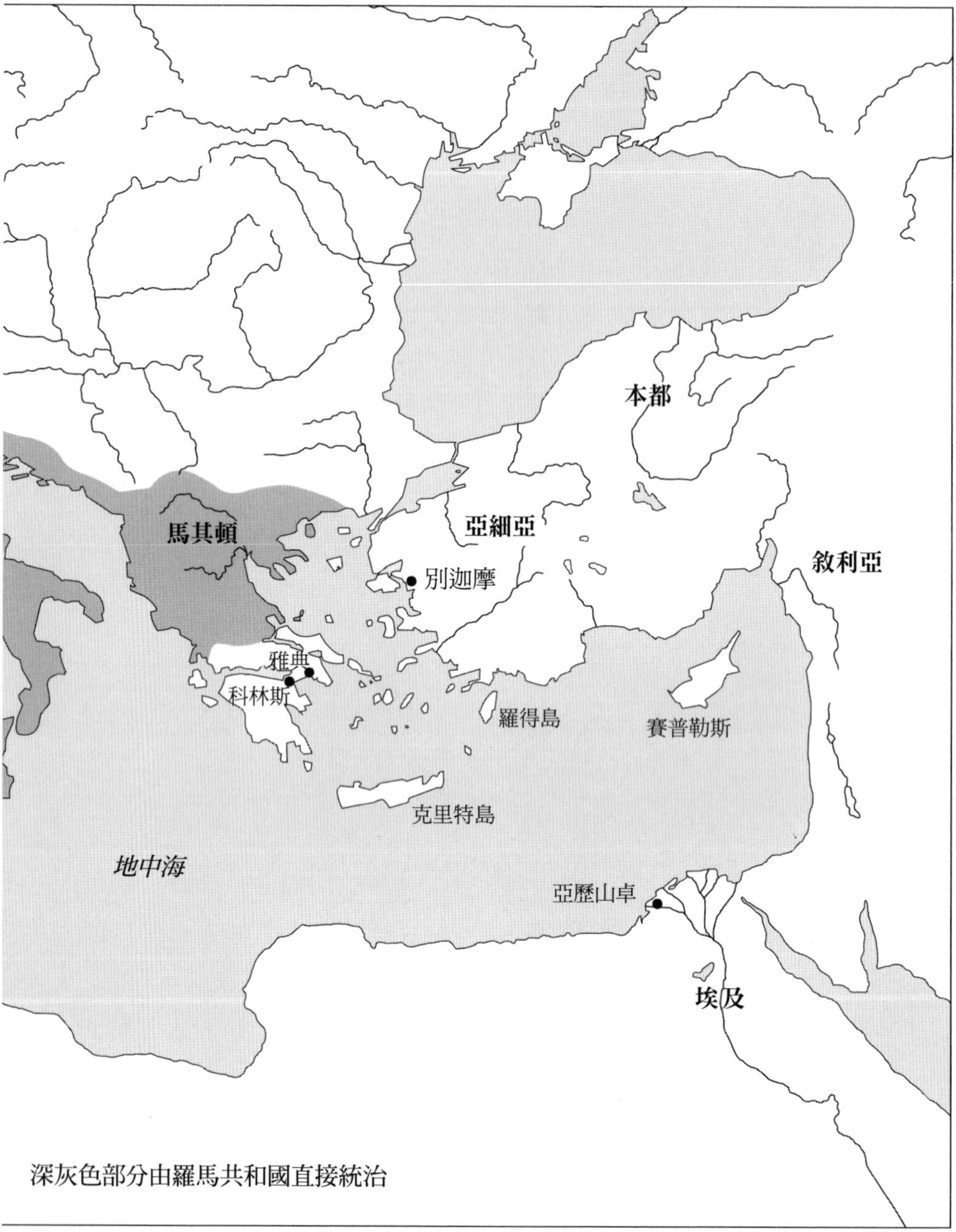
本都
亞細亞
敘利亞
馬其頓
別迦摩
雅典
科林斯
羅得島
賽普勒斯
克里特島
地中海
亞歷山卓
埃及
深灰色部分由羅馬共和國直接統治

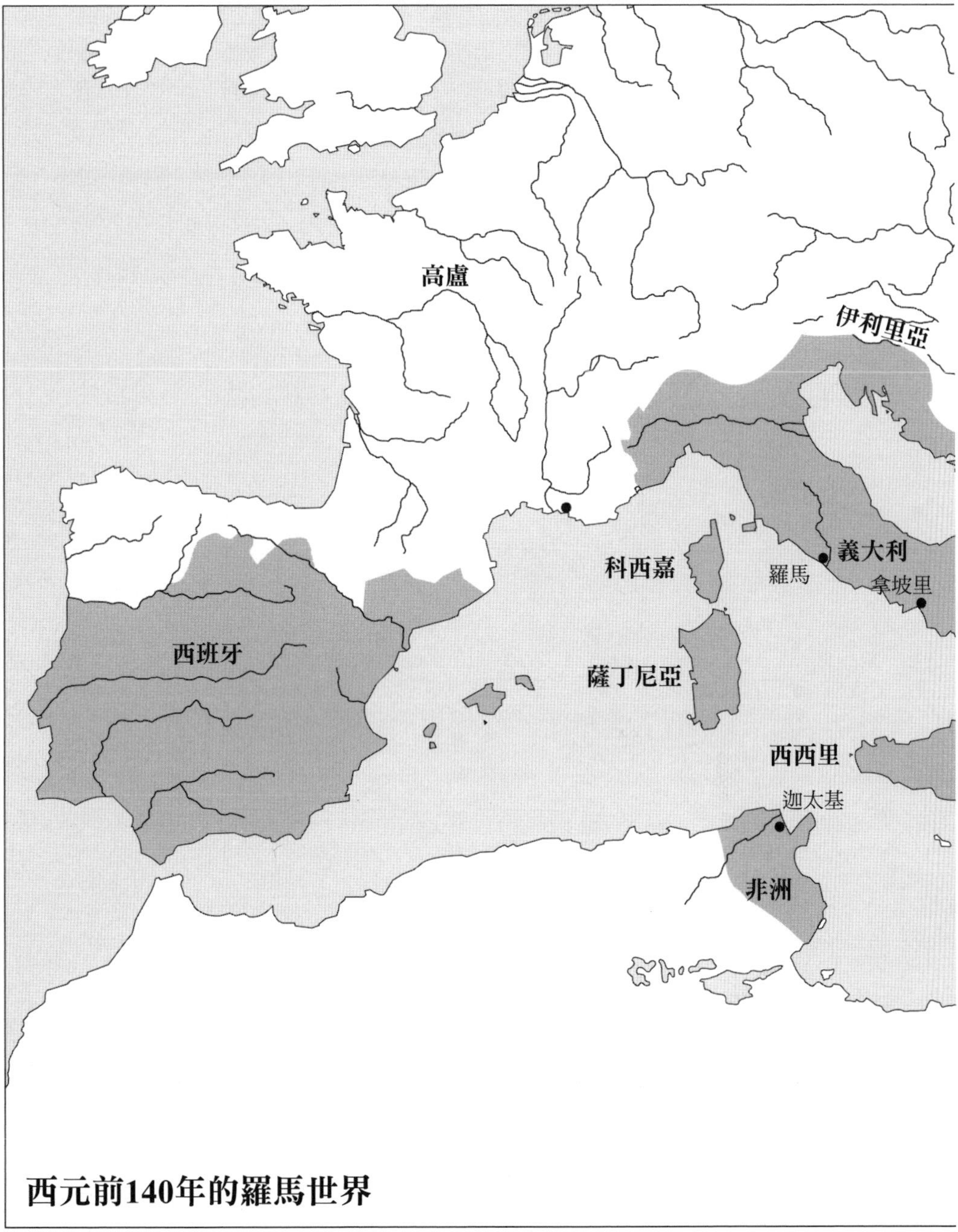
高盧
伊利里亞
義大利
羅馬
拿坡里
科西嘉
西班牙
薩丁尼亞
西西里
迦太基
非洲
西元前140年的羅馬世界

THE
PARADOXICAL
REPUBLIC

第一章

自相矛盾的共和國

CHAPTER 1

遠古的聲音

起初，在未有共和國之前，羅馬是由國王統治。有關他們其中一位——名叫塔克文（Tarquin）的傲慢暴君——流傳著一則古怪的傳說。話說有次在他的宮殿裡，一名老婦人叫住他。她手中抱著九本書。當她表示要把書賣給塔克文時，塔克文指著她的臉放聲大笑：她開的價碼高得令人發笑。老婦人沒有還價，不發一語轉身走了。她燒了三本書，然後重新出現在國王面前，再次表示要把剩下的書賣給他，開價和原來一樣。國王再次拒絕，只是這次心裡有點不踏實。老婦人又離開了。塔克文變得神經緊張，不知道自己錯過了什麼寶貝。所以當那個神祕的老婦人第三次出現，他趕緊把書買下，哪怕這次只剩三本書，付的卻是九本書的金額。老婦人拿了錢之後便消失了，從此再也沒人見過她。

她是誰？因為她的書包含了一些神準的預言詩，羅馬人很快便意識到它們的作者可能是一個女人：西比爾（Sibyl）。但這個答案只會帶來更多問題，因為有關西比爾的傳說光怪陸離且令人困惑。由於相信她曾經預言特洛伊戰爭，人們爭論她是否為十個女先知的集合體，或長生不死，或注定活過千年。有些更精明的人甚至懷疑她不存在。事實上，關於她只有兩件事情比較有把握：她的書確實存在，以細長的古希臘文寫成；另外，這些書裡面包含一些未來事件的發生模式。羅馬人拜塔克文遲來的慧眼之賜，得到一扇可以窺見未來的窗戶。

但這些書對塔克文自己的幫助不大。西元前五〇九年，他在一場宮廷政變中被趕下台。當時，國王（打從羅馬建城起）統治羅馬已經超過兩百年，塔克文是第七任國王，也是末代國王。[1]隨著他被驅逐，君主制度被推翻，一個共和國取而代之。此後，羅馬人民對「國王」的頭銜近乎深惡痛絕，每次聽到都會發抖和搖頭。「自由」是驅逐塔克文的政變所揭櫫的口號，從此被尊為每個公民與生俱來的權利與標準。為防止再次出現暴君，共和國的創建者們制定了一種突出的制度。出於謹慎，他們將國王的權力平分給兩位選舉產生的官員，每人任期不能超過一年。他們稱之為執政官（consul）。[2]執政官位居其他公民之上，兩人互相監視，體現羅馬共和國的指導原則：不容許有人再次單獨掌握最高權力。然而，執政官職位雖然看似是一個創新，但它和羅馬人的過去一樣大有淵源。君主政體也許被廢除了，但其他事情改變很少。新的共和國根源於遙遠的過去——常常是非常遙遠的過去。例如，執政官這個職位的一項特權，是他們身穿仿照以前國王鑲著紫色邊的長袍。當他們求神問卜，採用的占卜儀式在羅馬城市建成前便已存在。再來，最令人難以置信的是，他們顯然也參考塔克文留下來的三本書：那三本非常古老且很可能出自西比爾手筆的預言書。

由於它們所包含的資訊非常敏感，羅馬人把它們視作國家機密來保存。偷偷抄寫它們的人會被裝入麻布袋並扔入海中。只有在最危急的時候，例如有非常可怕的不祥之兆顯示共和國將遭逢災難時，才允許參考這些預言書。一旦各種其他手段用盡，一些受到特別授權的官員才會到朱庇特神廟（the temple of Jupiter），把受到最嚴格保護的預言書拿出來展讀。捲軸攤開後，他們的手指滑過褪色的希臘文，努力解讀出預言的寓意，並找到平息上天怒氣的最好方法。

方法總是找得到。羅馬人雖虔誠卻講究實際，對宿命論毫無耐性。他們有興趣知道未來只因他們相信，這樣更能改變未來。天降血水、大地裂開並噴出火焰、老鼠吞吃金幣：羅馬人認為這些怪事就像討債，警告他們虧欠了諸神。為了償債，也許需要引入一種外來的宗教儀式，祭拜某個未知神明。不過，更常見的做法是復舊：執政官趕忙找出一些被忽略的傳統，並予以恢復。回歸舊時的做事方式，共和國的安全就可以獲得保障。

這是每個羅馬人心底深信的信念。在它建立後的那個世紀裡，共和國反覆受到社會動亂、大眾對擴大公民權的要求和持續的憲法改革所折騰。但在這種波濤洶湧的變動中，羅馬人從未停止表現出他們對變遷的厭惡。有趣的是，在共和國的公民看來，破舊立新有著不祥。雖然講究實際，但羅馬人只接受包裝成諸神旨意或古代習俗的創新，不光是為了追求新奇而接受新奇。羅馬人帶著程度相同的保守性格和彈性，保留那些被證明為有效的制度、修改那些無效的制度，又鄭重其事地保存那些已成為累贅之物。共和國同時是一個建築工地和垃圾場，羅馬的未來是建立在其過去的垃圾之上。

羅馬人未把這種情況視為自相矛盾，反而視之為天經地義。為了延續祖先的傳統，他們還在城市裡投入了哪些事？有些外國分析家傾向於把羅馬人對傳統的虔誠看成一種「迷信」[3]，並把它詮釋為統治階級愚弄群眾的把戲。但這種解釋誤解了它的本質。羅馬共和國不同於其他國家。希臘的城邦反覆被內戰和革命粉碎，反觀羅馬，卻對這類災難免疫。雖然羅馬共和國在出現後的第一個世紀歷經許多社會動盪，但它的公民從未血濺街頭。希臘人何其容易地把公民權的理想化約為詭辯術，反之，對一個羅馬人來說，沒有什麼比公民權的理想更神聖和珍貴。畢竟他倚賴它來定義自己。共和國（republic）的涵義正是公共事務（*res publica*）。只有看見反映在公民同胞眼中的自己，一個羅馬人才會真正明白自己是人。

另一個方法則是聽到自己的名字出現在每一張嘴巴裡。在共和國裡，優秀公民就是被公認的優秀公民。羅馬人未區分道德卓越和好聲望，兩者都用同一個字表示：*honestas*。獲得全城人的交口讚譽是對個人價值的終極測試，也是唯一測試。這就是為何每逢心懷不滿的公民走上街頭，對榮譽和榮耀的要求就會增加。每次發生公共騷亂，新的行政官職位便會增加：西元前四九四年，增加了市政官（aedile）和護民官（tribune）；西元前四四七年，增加了財政官（quaestor）；前三六七年，增加了司法官（praetor）。職位愈多，責任範圍便愈大；責任範圍愈大，獲得成就和讚美的機會便愈大。被讚美是每個公民最渴望的——一如人人都最害怕被公開羞辱。沒有法律、只有總被監視的意識，防止羅馬人的競勝之心淪為自私的野心。雖然追求卓越的競賽總是很激烈，但沒有無教養及虛榮心存在的餘地。把個人榮譽置於整個共同體的利益之上，被認為是野蠻人的行為，甚至是——更糟糕的——國王的行為。

所以，在和其他公民的關係上，羅馬人被教導應該為公共利益節制競爭的本能。不過，在他們和其他國家的關係上，卻沒有任何這一類抑制。「羅馬人比世界上任何民族尋求更多光榮與貪婪的讚美。」[4]羅馬人對榮譽的飢渴總為他們的鄰居帶來毀滅性的結果。他們的軍團無情地結合效率和冷酷，常讓對手毫無心理準備。當羅馬人進攻一座城市並遇到頑強抵抗時，他們習慣在破城後殺光所有看到的生物。羅馬軍團留下的瓦礫堆總混雜著人屍、狗頭和牛的斷肢。[5]羅馬人的殺戮不是出於冷血野蠻，而是戰爭機器運作的一環，目的是讓敵人膽戰心驚。他們為軍團服務的勇氣來自對自己城市的自豪感及對羅馬共和國天命的信仰——每位羅馬公民自小便被灌輸這樣的感情，所以他們的戰爭方式特別凶狠。

即使如此，義大利等其他國家要過一段時日才會覺悟，他們其中掠食者的本質。在共和國存在的頭一百年，羅馬人為征服離他們城門十英里範圍內的城市費盡心思。這並不奇怪，因為即使最凶猛的掠食動物一樣有牠的嬰兒時期。透過搶劫牛隻及與山地部落發生小規模衝突，羅馬人逐漸發展出制霸和殺戮的本能。到了西元前三六〇年代，他們已經成為義大利中部的主人。接下來幾十年，他們向南和向北進軍，粉碎一切反抗勢力。共和國以驚人之速擴張，到了西元前二六〇年代，已囊括整個義大利半島。對於那些恭順臣服的城邦，羅馬不吝賞賜，但對那些敢於反抗的城邦則與它們奮戰到底。任何羅馬人都無法忍受自己的國家丟臉，他們為了挽回顏面，再大的痛苦也會忍受，務必要求反敗為勝。

很快地，共和國必須在一場名副其實的生死戰鬥中證明這點。與迦太基人的戰爭是它有史以來最艱苦的戰鬥。迦太基（Carthage）是一座閃族殖民者建造的城市，地處北非海岸，主宰地中海西部的商路，擁有的資源至少不亞於羅馬。雖然它主要是一個海上強權，但幾個世紀以來，它與西西里（Sicily）的希臘人城邦一再交戰。現在，隨著羅馬人抵達墨西拿海峽（Straits of Messina），西西里的軍事局面平添了一個變數。不讓人意外的是，島上的希臘人很願意讓羅馬共和國介入他們與迦太基的持續紛爭。同樣地，不讓人意外的是，羅馬共和國一旦介入，便拒絕按照遊戲規則行事。西元前二六四年，羅馬把一場有關條約內容的小爭吵升級為全面戰爭。雖然缺乏任何海軍傳統，又在行動或風暴中損失一支又一支艦隊，羅馬人還是堅持了二十多年，並在承受驚人的傷亡後終於打敗了迦太基。根據戰敗後被逼簽署的條約，迦太基全面撤出西西里。羅馬則在料想不到的情況下，發現自己成了一個海外帝國的核心。西元前二二七年，西西里成為第一個羅馬行省。

共和國的戰線很快就拉得更長。迦太基固然被打敗了，但未被粉碎。失去西西里之後，它把注意力轉向西班牙。他們打敗盤據山區各處的凶悍部落，開始開採貴金屬。迦太基人憑著採礦獲得的大量財富，使他們有了向羅馬人報一箭之仇的本錢。這時，迦太基最優秀的將領對羅馬人的本性已有深刻的認識，知道與羅馬的全面戰爭勢不可免，若不徹底摧毀羅馬的力量，就不會有真正的勝利可言。

漢尼拔（Hannibal）正是為了這個目的，再西元前二一八年率領一支迦太基軍隊從西班牙出發，穿過高盧南部並翻越阿爾卑斯山。他在戰略和戰術上都顯示自己遠勝對手，而且三次大敗羅馬大軍。在坎尼（Cannae）的第三次大戰中，漢尼拔殲滅了八個羅馬軍團——這是羅馬共和國歷史上最大的一次軍事災難。按常理和當時戰爭的常規，羅馬被大敗後，應承認漢尼拔的勝利並設法求和。然而，它在災難面前仍桀驁不遜。於此危急存亡之秋，羅馬人很自然地向西比爾的預言尋求指引。他們按預言指示，將兩名高盧人和兩名希臘人活生生燒死在市場。羅馬人以這種震驚人的野蠻行為，表明為了保全他們城市的自由會無所不用其極。不自由，毋寧死。

年復一年，羅馬共和國不屈不撓地把自己從毀滅邊緣往後拉。更多的軍隊被招募起來；西西里守住了；羅馬軍團征服了迦太基在西班牙的帝國。在坎尼之戰十五年後，漢尼拔再次遇到另一支羅馬軍隊，這次是在非洲。他被打敗了，迦太基不再擁有足夠的人力來繼續抗爭，而當它的征服者提出和談條件時，漢尼拔建議國人同胞接受。不同於坎尼之戰後的羅馬共和國，漢尼拔不會讓他的城市有被摧毀的危險。儘管如此，羅馬人從不曾忘記他們在漢尼拔身上，遇到一個最像他們自己的敵人。多個世紀之後，他的人像仍佇立於羅馬城。儘管迦太基大勢已去，它的行省、艦隊和遠近馳名的戰象一律被沒收，羅馬人繼續害怕迦太基人有朝一日會東山再起。這種仇恨心理是他們能給予一個異國的最大恭維。迦太基即使順服，但他們仍信不過。羅馬人望向自己的靈魂深處，在那裡把找到的深仇大恨歸給他們最大的敵人。

此後，他們再也無法容忍任何威脅他們生存的強權。與其冒這種險，他們感覺自己完全有對任何發展得太強大的潛在對手先發制人。這類對手很容易找——太容易了。甚至早在它和漢尼拔交戰前，羅馬共和國就養成偶爾派兵遠征巴爾幹半島的習慣；它的官員在那裡，可以恣意霸凌小國王公並重新劃分邊界。羅馬人骨子裡喜歡到處展示力量，這點義大利人早已領教過。但對於反覆無常並喜好爭吵的希臘眾城邦來說，這是猶待學習的一課。他們的困惑是可以理解的：在他們和羅馬相遇的早期，共和國的行為完全不像一個傳統帝國。羅馬軍團會像閃電一樣突然掩至、大施打擊，又以同樣突然的方式離去。不管這些不定期的干預有多兇猛，羅馬在其他時日，卻看似對希臘事務完全失去興趣。就算出面干預，跨過亞得里亞海、介入希臘城邦的爭端，仍是一副從事維和行動的態勢。這些行動的目的不像兼併領土，而是清楚確立共和國的威望並教訓地方勢力。

在羅馬介入巴爾幹半島的早年，被教訓的地方勢力為馬其頓。其作為希臘北部的一個王國，雄視巴爾幹半島長達兩百年。該國的國王因為是亞歷山大大帝（Alexander the Great）寶座的繼承人，總認為他們愛多狂妄就可以多狂妄。雖然他們反覆遭到羅馬軍隊的懲罰，但這種心態未曾完全消失。西元前一六八年，羅馬的耐性終於用完了，它廢除馬其頓的君主制度，先把這個國家切割為四個傀儡共和國，到了一四八年又對其展開直接統治。如同在義大利，縱橫交錯的道路系統建立了起來，讓馬其頓被征服的命運最終抵定。伊那提安大道（Via Egnatia）貫穿巴爾幹半島的荒野，從亞得里亞海通到愛琴海，成了把希臘綁縛在羅馬鎖鏈的重要環節。它還讓羅馬人可以通達異國風情更為濃厚的地區：閃爍著黃金金黃與大理石雪白的亞細亞城市。早在西元前一九〇年，羅馬軍隊便已進入過亞細亞，粉碎當地專制君主的戰爭機器，逼得他在整個近東的注視下受辱。敘利亞和埃及這兩個在地強權匆忙收起傲慢，學會忍受羅馬使節的指手畫腳，奴顏卑膝地承認羅馬的霸權。這時，正式羅馬帝國的版圖仍十分有限，主要包括：馬其頓、西西里和西班牙的一部分。不過，到了西元前一四〇年代，它的幅員將擴展至從前少有羅馬人聽過之處。它的崛起規模與速度那麼驚人，以至於無人（特別是羅馬人自己）完全信以為真。

如果說很多羅馬人對這種成就感到興奮，也有很多人對此感到不自在。道德家如同歷來的羅馬道德家，把現在與過去相比，指出可證明帝國負面效果的證據並不難找。黃金大量湧入讓古老的行事準則被忽略。外國風俗和外國哲學隨著戰利品一起來到羅馬。東方的財富卸貨於羅馬的公共場所，大街上到處都聽得見陌生的語言——這些現象都讓人既自豪又震驚。強調堅毅耐勞的農民價值觀為羅馬贏得一個帝國，這種價值觀在它遭到最大忽視時顯得尤其可貴。羅馬人打敗漢尼拔後，曾得意地這麼說：「共和國奠基於其古老慣習和勞動人之上。」[6]但萬一這些基礎動搖了，會發生什麼事？無疑地，共和國會搖搖欲墜與傾覆？羅馬人也擔心，他們城市令人目眩的改頭換面——從停滯到超級強國——會使羅馬失去方向感並引起諸神嫉妒。出於一種不自在的自相矛盾，羅馬人對世界的介入，逐漸被視為他們成功和衰落的原因。

這是因為羅馬即使變得偉大，但不乏遭逢劫數的凶兆。流產的怪胎、鳥兒不祥的飛行路線——諸如此類的事始終困擾著羅馬人，使他們一直須求教於西比爾的預言書。一如既往，救濟方法總會被找出來。於是，歷史悠久的行為方式和祖先的風俗習慣得以復興或再確認。災難被擋住了，共和國也得以保存下來。

但世界仍然快速地發展和突變，共和國也一樣。有些危機的徵兆抗拒一切古代儀式的修補力量。要讓羅馬人所啟動的轉變慢下來並不容易——即使有西比爾的建議也是一樣。

這不需要任何凶兆來證明，光是在世界的新首都走一遍便已足夠。

在川流不息的羅馬街頭，一切都不對勁。

世界之都

一座城市——一座自由的城市——可以讓人很充分地感受到人之所以為人。羅馬人把這一點視為理所當然。擁有公民權就意味著開化（civilised）——這個假設至今仍鑲嵌在英語中。如果少了只有一座獨立城市能提供的框架，人生將毫無價值。一個公民透過其他公民定義自己：透過共享的悲喜、野心、恐懼、節日、選舉和戰爭。就像一個神龕會因為神的臨在而有生氣，城市也因共同生活的存在而變神聖。因此，城市地貌之於它的公民是神聖之物。它所見證的遺產，讓羅馬的人民成為他們如今的模樣，並讓一個國家的精神為人所知。

因為這種想法，羅馬在和外國勢力首次接觸時便常因此放心不少。相較於希臘世界的漂亮城市，羅馬顯得落後和破敗。馬其頓的朝廷大臣每回聽見別人描述羅馬城的樣子時都會竊笑，優越感油然而生。[7]這對他們並無好處。不過，就連世界學會對共和國低聲下氣後，羅馬城還是會給人一種粗俗的感覺。曾有一些零星努力想把它裝扮起來，但收效甚微。羅馬人自己在熟悉了和諧和規劃良好的希臘城市後，有時也感到難為情。他們擔心，「若卡普亞人（Capuans）比較了羅馬和卡普亞，看看羅馬的山丘和深谷、街邊不那麼牢固的樓房和狹窄的小胡同：再看看他們自己的城市，整齊座落於一塊平地上，肯定會恥笑並看不起我們。」[8]但不管怎樣說，羅馬是座自由的城市，而卡普亞不是。

當然，任何羅馬人都不會真的忘記這點。有時他們也許抱怨自己的城市，但從不會不為這個名字感到光榮。在他們看來，有件事不證自明：世界的主人羅馬一直受到諸神福佑，注定要統治世界。一些學者指出，羅馬城座落之地恰到好處，避開了讓人精神萎靡的酷熱，也避開了讓人頭腦遲鈍的嚴寒。準此，一個顯而易見的地理學事實是，羅馬城是「最適合人居住的地方，既坐擁令人愉快的中庸，又正好位於世界中央。」[9]諸神體貼為羅馬人提供的，不只是溫和的氣候。羅馬城還有些容易防禦的山丘、一條通向大海的河流和讓山谷得以保持健康的水泉和清風。閱讀羅馬作家對他們城市的讚美[10]，我們很難猜到，羅馬人把城市建立在七座山丘之上，這違反了羅馬人城市規劃的原則，也很難猜到台伯河（Tiber）經常氾濫，以及羅馬的山谷瘧疾為患。[11]羅馬人對羅馬城的愛是那種可以把愛人刺目的缺點都看成優點的愛。

這幅對羅馬的理想化圖像是黯淡現實的常在陰影。它有助於產生一些複雜的弔詭，在其中，沒有任何東西和它們看起來的模樣相像。雖然羅馬人的城市「烏煙瘴氣且喧囂吵鬧」[12]，但他們從未停止把它想像為台伯河畔純樸十足的田園風貌。在羅馬城因擴大的壓力不斷扭曲變形的同時，一個古代城邦的輪廓卻或模糊或明顯地凸顯，並可見於擁擠的大都會中。在羅馬，記憶受到嚴密守護。「現在」永遠與「過去」交纏妥協，不停前進的步伐緊緊交纏尊敬傳統的心態，硬派的作風則訴諸羅馬神話。隨著羅馬城愈發擁擠腐敗，羅馬人也愈發嚮往那些能讓人感受羅馬仍是本來的羅馬的事物。

所以，向諸神獻祭的煙霧繼續在羅馬七丘升起，就像遠古時期的模樣——當時「各式各樣的樹木」完全覆蓋住七丘之一的阿文提諾丘（Aventine Hill）。[13]森林早已從羅馬消失，若城市的各個祭壇持續向天空飄送煙霧，無數的爐灶、熔爐和工作坊也是如此。早在城市本身被看見以前，一團遙遠的褐色霧靄已向旅人預告，他們正走近一座大城市。煙霧不是唯一的表徵。附近一些名字曾響噹噹的城鎮（在古代曾是羅馬的對手）都沒落了，萎縮成只有三三兩兩的客棧。它們被羅馬城的強大磁吸力所抽空。

當旅人繼續向前走，會看見路邊出現一些新建不久的聚落。因為羅馬容不下日益增加的人口而開始擠爆。所以貧民窟沿著每條幹道蔓延。死人也住在這裡，埋葬他們的大墓地沿著阿庇亞大道（Appian Way）向海岸和南部延伸，這裡有出了名多的強盜和廉價妓女出沒。隨著旅人接近城門，他也許會偶爾聞到自城市飄來的臭氣，其中夾雜著沒藥或肉桂的香味：那是死人的氣味，由清風從柏樹遮蔭的墳墓吹來。這種和作古者交通的時刻在羅馬城稀鬆平常。但就像墓園的寧靜暗藏暴力和賣淫，最神聖和超時間的地點一樣無法對毀容免疫。儘管墓碑總貼有禁止張貼競選文宣的告示，塗鴉還是隨處可見。在羅馬這個共和國的所在地，政治是一種傳染病。只有在被征服的城市，人們才會對選舉漠不關心。

當其他社會的政治生活被閹割後，如今羅馬至高無上，是野心和夢想的世界舞台。

不過，就連塗鴉肆虐的墳墓都未能讓進入城門的旅人對眼中的亂象有心理準備。羅馬的街道完全沒有規劃。要有規劃就需要一個獨裁君主，但羅馬高級官員的任期極少超過一年。結果就是，城市日益混亂，根據各種不同的衝動和需要任意發展。走出羅馬的兩大通衢神聖大街（via Sacra）和諾瓦大街（via Nova），一個旅人很快就會加入水洩不通的人流。「這邊一個大汗淋漓的建築包商匆忙走過，帶著他的騾和搬運工，石塊和木頭等建材吊在大起重機的繩子上；那邊送葬隊伍則與豪華馬車爭道。這邊一隻瘋狗快步奔跑；那邊一頭母豬在泥濘裡打滾。」[14] 一個被困在這樣漩渦裡的旅人幾乎注定會迷路。就連羅馬公民也覺得他們的城市讓人頭昏眼花。唯一對策只有記住一些醒目的地標，例如：一棵無花果樹或一條市場柱廊。如果有夠高的神廟可供在窄街構成的迷宮中認路就更好了。幸運的是，羅馬是一個虔誠的城市，神廟比比皆是。羅馬人尊敬過去，很少會把古代建築拆除——哪怕它們原來身處的開闊空間早已被磚砌建築填滿。神廟俯視著貧民窟或肉品市場。它們供奉的是什麼神也許早就沒人記得，但沒人會想拆掉它們。這些遠古時代的斷片被保留在石頭裡，是城市最早期留下來的化石，可為羅馬人提供他們亟需的方向感。它們永恆地就像降臨於其上的神明，是在暴風雨中拋下的船錨。

與此同時，城市各處不停響著大鐵鎚的叮叮噹噹聲、馬車的轆轆聲和擊碎碎石的聲音：羅馬總是不停地在重建；建了又拆，拆了又建。開發商總能找到方法擠出額外的空間和利潤。貧民窟到處可見，就像從火後的瓦礫堆冒出來的野草。雖然官員盡了最大努力保持街道淨空，但它們兩旁總是擠滿貨攤或僭建小屋。因為長久以來，羅馬的發展都被侷限在城牆範圍內，開發商為了爭取最大利潤，便把目光轉向天空：公寓大樓在各處如雨後春筍般出現。在整個西元前二世紀和一世紀，業主們競相把他們的出租公寓大樓蓋得更高。因無視於安全法規，它們通常偷工減料，其中一些成了豆腐渣工程。這些大樓通常六層或更高，每個單位僅能容下極薄的漆與牆壁，最終幾乎一定會倒塌——並由更高的出租公寓大樓取代。

在拉丁文中，這種出租單位被稱為「小島」（insulae），反映出它們與大街上生活大海的鮮明對比。在這裡，人們更深刻地感受到城市孕育出來的廣大孤單感。對住在的「小島」的人來說，無根不只是一個比喻。就連住在一樓的人通常也沒有排水溝或清水可用。然而，下水道和輸水渠正是羅馬人對他們城市最引以自豪之處，這種講究實用的公共工程迥異於希臘人無用的富麗堂皇。馬克西姆下水道（Cloca Maxima）是羅馬的中央下水道，在共和國建立前便已存在。輸水渠（用掠奪自東方的財寶建築）同樣是羅馬人用心建設公共生活的壯觀證明。全長最高可達三十五英里，它們把冷冽的山泉運送到城市的心臟地帶。就連希臘人偶爾也承認，他們對羅馬的輸水渠印象深刻。一個地理學家寫道：「輸水渠運送那麼大量的水，就像河流。羅馬幾乎不缺乏蓄水池、給水管或有噴泉的房子。」[15] 他顯然沒去過貧民窟。

事實上，沒有什麼比以下的事實更能顯示出羅馬的矛盾性格：它同時是最乾淨與最骯髒的城市。既有清潔的水流淌大街，也有大便。如果說共和國最高貴的美德可以體現於公共噴泉，那麼排泄物則象徵它最可怕的一面。羅馬公民的人生是一場障礙賽，誰要是落敗，大便會確實地傾倒在他頭上。他們被稱作「骯髒的平民」（plebs sordida）。「小島」收集到的排泄物會定期以手推車傾倒於城牆外的花圃裡當肥料，但常多得來不及運送，以致成堆屎尿堆積街上。窮人死後也會被排泄物淹沒。因為他們沒資格被葬在阿庇亞大道的路旁，所以屍體會被丟進最東面一扇城門外的大坑。取道此路線進入羅馬的旅人會看見白骨散落路邊。那是個受詛咒的可怕地點，據說，女巫會來此剝去屍體上的肉並召喚大坑中赤裸的死者鬼魂。在羅馬，失敗者的尊嚴淪喪會延續到死後。

失敗者會降格到這種程度，在這世上是前所未有。城市窮人的痛苦更讓人覺得可怕：因為得不到共同體的慰藉，他們見拒於讓一個羅馬人成為羅馬人的一切條件。在出租公寓大樓頂層感受到的孤單，代表一個公民最珍惜之所有事的對立面。社會的禮儀和韻律被切斷後，下沉到野蠻人的層次。共和國對待公民如同對待敵人一樣堅硬無情，它放棄那些放棄它的人。放棄他們之後，它最終會把他們掃到垃圾堆裡去。

羅馬人會拚死避免這種命運，也就不足為奇了。出現在任何地方的共同體都會被人們寶貝。大城市生活的潛在匿名性並非無所不包。雖然羅馬城巨大且無形無狀，但卻存在一些抗拒其混亂的秩序模式。神廟不是神的唯一居所，十字路口也被認為充滿神聖能量。暗影之神（Shadowy gods）、家戶神（Lares）在所有大街的路口看顧著羅馬人。這些大街（vici）在人們的集體生活中是如此重要，故此，城市的一區也被稱作 vicus。每年一月的康姆皮塔利亞節（Compitalia），每個 vicus 的居民會舉行盛大的慶祝活動。木頭洋娃娃會被掛在家戶神的神龕，每個男女各一個，每個奴隸也各掛一個球。這種相對的平等主義也反映在作為 vicus 中心的行會。它們對每個人開放，不管你是公民、自由人或奴隸，都可以參加。大多數公民都是在這些行會努力贏取身為羅馬人的一致目標：聲望。在一個 vicus 裡，一個公民會認識自己的公民同胞，和他們一起晚餐，全年參與節慶，並深信有哀悼者會參加自己的葬禮。羅馬城就像是一個各種共同體的大拼盤，在每個共同體中，傳統小鎮的親密性仍然維持著。

不過，這一切皆未能平息外人的懷疑。走出一條大街後，那些盤根錯節的橫街窄巷會讓人覺得充滿威脅，空氣裡瀰漫著骯髒身體與做生意的臭味。對優雅的鼻孔來說，二者都同樣有害。因為擔心行會被用作組織犯罪的掩護，上層階級對於需要賺錢餬口的人們流露本能的鄙視。有酬工作的觀念本身即足以引起陣陣勢利眼發作，它侵犯了富有道德家深情相信之所有農民純樸的價值觀。他們對「暴民」的賤視是恆定的，這種賤視不只針對在街上要飯或擠在「小島」裡的可憐蟲，還包括貿易商、店東和工匠。它假定「生活需要讓每個窮人不老實。」[16]不令人意外的是，這種鄙夷態度為它針對的對象所仇恨。[17]貴族提到「平民」（plebs）這個字時總會皺眉頭，但平民卻對它有幾分自豪。一個本為羞辱的形容已變成一種身分的標誌；在羅馬，這類標誌總是受到高度珍視。

如同羅馬生活的其他基本面向，階級和地位之分也深植於這座城市的起源神話。在羅馬最南面山谷的遠端座落著阿文提諾丘，羅馬的港口就在這裡。移民自此上岸，也出於本能地落腳於此，彼此作伴，分享他們對羅馬城的惶惑。巴拉丁諾丘（Palatine Hill）是與阿文提諾丘相對而立的第二座山丘。巴拉丁諾丘沒有簡陋的小鎮；羅馬的山丘都傾向排外。山丘的空氣與山谷相比，比較新鮮且較不易引起傳染病，所以呼吸的收費也較高。不過，巴拉丁諾丘是羅馬七丘中排他性最強的。羅馬的菁英分子喜歡簇聚此地，但只有最富有的人才負擔得起這裡的住宿費。然而，在這片全世界房地產價格最貴的地方，卻不協調地存在一間蘆葦搭建的牧羊人小屋。它的蘆葦會乾掉並落下，但總有人為它換上新的，所以小屋看起來都沒變。它是羅馬懷古主義的終極勝利，是羅馬第一任國王羅慕路斯（Romulus）及其攣生兄弟雷慕斯（Remus）的童年故居。

根據傳說，這對兄弟決定要興建一個城市，但對於建在哪裡和取什麼名字意見不一。羅慕路斯主張建在巴拉丁諾丘，雷慕斯則主張建在阿文提諾丘。兩人都等諸神發出指示。雷慕斯看見六隻禿鷲從頭頂飛過，羅慕路斯卻看見十二隻。羅慕路斯認為，這是諸神支持他的明白證據，於是迅速在巴拉丁諾丘築起城來，又以自己的名字為新城命名。雷慕斯又吃味又憤怒，於是在和羅慕路斯發生爭吵時被殺。這一點，無可逆轉地決定了兩座山丘的命運。從此，巴拉丁諾丘給贏家居住，阿文提諾丘則是輸家居住。所以羅馬人生活的兩極——成功和失敗、顯赫和低微——便體現於羅馬的地理本身。

就像羅慕路斯的山丘和雷慕斯的山丘相隔一個山谷，住在別墅的元老院（Senate House）議員和住在小木屋裡的鞋匠，兩者之間的社會鴻溝也是如此。羅馬沒有漸進式的財富區分，也沒有類似現代中產階級之物。在如此意義下，巴拉丁諾丘和阿文提諾丘名副其實是兩座分開的「小島」。但分開它們的山谷同時也將它們連接在一起，方法是用幾乎像羅慕路斯一樣的古老象徵手法。自王政時代起，馬車賽車便在大競技場舉行。大競技場有整個山谷那麼寬，早期是羅馬的最大公共空間。它一邊毗鄰木屋區，另一邊毗鄰別墅區，在節日時全城人聚首於此，最多可容納二十萬人。正是這種容量（時至今日仍無任何運動場地可與之匹敵）讓它讓人既害怕又嚮往。這裡是一個公民最能定義自己之處——無論是透過和別的觀眾一起發出喝采聲或噓聲。每個從自己別墅往大競技場望去的元老院議員都會意識到這一點。每個從自己小木屋望向大競技場的鞋匠也是如此。不管他們之間的鴻溝多大，百萬富翁和窮

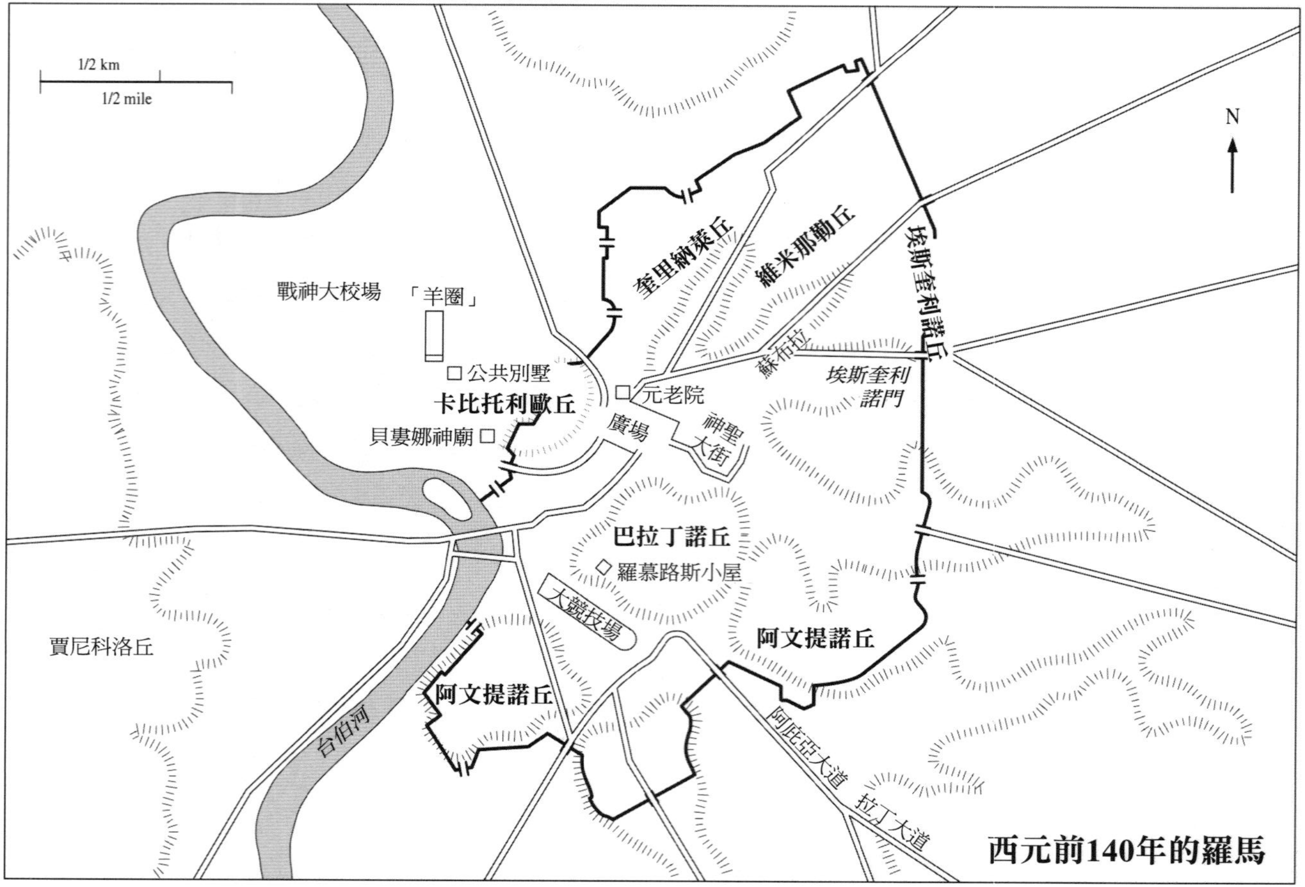

1/2 km
1/2 mile
N
戰神大校場
「羊圈」
公共別墅
卡比托利歐丘
貝婁娜神廟
奎里納萊丘
維米那勒丘
埃斯奎利諾丘
蘇布拉
埃斯奎利諾門
元老院
廣場
神聖大街
巴拉丁諾丘
羅慕路斯小屋
大競技場
阿文提諾丘
阿文提諾丘
賈尼科洛丘
台伯河
阿庇亞大道
拉丁大道
西元前140年的羅馬

人一樣堅信他們分享同一個共同體，兩者都是同一個共和國的公民。而且不論是巴拉丁諾丘或是阿文提諾丘，都不完全是「小島」。

迷宮中的鮮血

羅馬社會的核心弔詭——並存的野蠻階級之分和近乎宗教情懷式的共同體意識，是在歷史中逐漸形成。共和國的基礎顯然是一場反對王權的革命。即使如此，驅逐塔克文和廢除君主制度之後，平民發現自己照樣受貴族階層壓迫。沒有高傲尤甚於貴族的高傲：他們有權穿昂貴的鞋子，聲稱自己能與諸神交流，甚至自稱是諸神後裔。例如朱利安（Julian）氏族就將自己的血緣一直追溯至埃涅阿斯（Aeneas）——一位特洛伊（Trojan）王室的王子，也是維納斯（Venus）女神的兒子。有這樣的祖先當然神氣。

事實上，羅馬社會在共和國早年就顯示出邁向僵化的危險趨勢。不過，平民拒絕接受二等公民的身分，因此他們以唯一的方式還擊：罷工。舉行抗議的地點自然是阿文提諾丘。他們[18]在那裡定期發出威脅，說要實現雷慕斯當初的雄心，建造另一座城市。在山谷另一邊生悶氣的貴族無計可施，不甘願地作出若干讓步。如此多年下來，階級系統變得不那麼固定，貴族和平民的兩極化開始鬆動。平民們這樣指出：「就因為一個土生土長的羅馬人出身低下而剝奪他當執政官的一切希望，這有公道可言嗎？」[19]大家最後認定，那完全不公道，所以西元前三六七年通過了一條法律，允許任何公民有資格競選國家最高官職——一項原本只屬於貴族的特權。不過，因為承認貴族和諸神關係密切，一些祭司職位繼續完全保留給貴族擔任。對面臨平民蜂擁競爭的貴族之家來說，這想必只是一個小小的安慰。幾個世紀之後，很多氏族幾乎完全凋零了。例如，朱利安氏族發現，他們作為維納斯後代的身分對爭取執政官並沒多少幫助：在兩百年間，他們只奪得過這個最高獎項兩次。他們在世界上失去的，不只是政治權力。他們住在一個遠離巴拉丁諾丘的清新空氣之處，眼看鄰近地區逐漸淪為貧民窟。一度是一條稱為蘇布拉（Subura）的小村，後來變成羅馬最烏煙瘴氣的地區。朱利安氏族的宅邸如同一條下水後的大船，漸被大批妓院、小酒館，甚至最糟糕的——一間猶太會堂淹沒。

所以，在羅馬出身顯赫並不能保證什麼。女神後代竟發現自己住在紅燈區，這點說明了，並非只有非常窮的窮人才需害怕失敗的後果。在社會的每個階層，公民都奮力趕上祖先的成就——能超過的話更好。共和國在原則乃至於實踐上，都是無情英才領導的政體。對羅馬人來說，這的確是自由的意義。他們認為有一點不證自明：他們的歷史整個歷程都是透過不斷競爭，藉以擺脫奴役並邁向自由的演化過程。正因為它痛宰了任何可以想像的替代方案，而證明了這種社會模式的優越性。羅馬人知道，如果他們仍是一個暴君的奴隸，或一個貴族小集團的奴隸，他們就永遠不可能征服世界。「當人民獲得自由之後，共和國的成就偉大地幾乎難以想像。如此對榮耀的渴望燃燒於每個人心中。」[20] 就算最頑固的貴族亦不得不承認這點。上層階級也許認為，平民階級是一群骯髒的烏合之眾，但他們仍可能抽象地談論羅馬人民——如此被談論的羅馬人民當然沒有臭味。

實質上，這類虛偽定義著共和國——它不是憲法派生之物，而是憲法的最本質。羅馬人評斷他們政治系統之法並非詢問是否合情合理，而是問它是否行之有效。只有當他們政府的某個面向被證明無效或不公正，他們才願意拋棄它。否則他們就不會考慮精簡制度，一如他們不考慮夷平羅馬城後重建。所以，多個世紀以來，共和國存在許多自相矛盾之處，多個世紀以來，形成了亂七八糟的大雜燴。就像羅馬的街道構成一座迷宮，羅馬人的公共生活也充滿各種令人困惑的岔道，而且到處都是死胡同。不管共和國內部的競爭多冷酷無情，它都是由一些複雜而靈活，又不可侵犯的規則架構而成。想駕馭它們需要一輩子的努力。除了天賦和勤奮之外，還需要人脈、金錢和空閒。這又帶來進一步的自相矛盾之處：共和國的英才統治體制雖然冷酷無情，卻只助長有錢人才負擔得起投入公職的現象。個人也許會崛起，古老家族也許會衰落，但社會階層制度始終不變。

對社會底層的人來說，這種情形帶來令人痛苦的矛盾感情。就法律規定來看，羅馬人民的權力幾乎沒有極限：透過一系列不同的安排，他們可以投票選舉官員、頒布法律和宣戰。然後，憲法只是一個鏡廳。換個角度來看，人民主權會變成非常不同的東西。並非只有外國人才會困惑於羅馬共和國的多變面貌。一個希臘分析家指出：「羅馬人發現，他們說不準自己是貴族、民主，還是君主政體？」[21] 這並不是說，人民的權力只是一種幻覺，因就連最傑出的行政官候選人都必須努力討好選民，而且他們這樣做，並不會感到有絲毫難為情。競爭性的選舉對共和國的運作以至於自我形象來說，都具備關鍵的重要性。

> 決定誰能當選，當選什麼職位，是自由人民的特權，尤其偉大的羅馬其自由人民的特權——他們的征服已建立起一個世界範圍的帝國。我們身處公共意見的浪潮中，必須關心人民的願望，撫慰並培育

它們，在它們看來要反對我們時，設法討好它們。人民有權決定把榮譽給誰，如果我們不在乎榮譽，我們顯然沒必要為他們的利益服務。但若得到政治獎賞確實是我們的目標，我們就應該永遠不倦於討好選民。[22]

人民攸關重要——更重要的是，他們知道自己悠關重要。他們就像任何選民一樣，喜歡讓想得到他們青睞的候選人忙個不停。在羅馬共和國，「沒有什麼比群眾更多變，比人民的願望更難參透，比整個選舉系統更難以預料。」[23]但如果說羅馬政治有很大的不可預料性，那麼它的另一部分就很好預測。不錯，人民擁有投票權，但只有有錢人可望贏得公職，[24]而且不光是財富本身就可以充分保證候選人勝選。羅馬人具有強烈趨炎附勢的性格：喜歡投票給知名度非常高的家族，喜歡祖父、父親、兒子這樣一條線地選下來，以近乎麻木的規律性選出一個個貴族王朝。當然，一個羅馬人不需身為統治階級的一員才分享其偏見。就連最貧窮公民的目標都不是改變社會，而是能得到更多好處。不平等是共和國公民為了他們的共同體意識所願付出的代價。那種曾讓平民、貴族平起平坐的暴動已為逝去已久的事——如今不只不可能發生，還幾乎沒辦法想像。

事情會是如此，反映出一個對羅馬共和國來說的典型諷刺：就在平民取得勝利的那一刻，他們也摧毀了自己的革命運動。西元前三六七年，隨著平民仕途上的限制廢除，有錢平民失去一切與窮人站在同一陣線的誘因。他們改為投身於更有利可圖的活動，例如操縱執政官選舉和購買巴拉丁諾丘的地皮等。兩百五十年以後，他們最終變得和《動物農莊》（*Animal Farm*）中的豬沒有兩樣，讓人難把他們和他們之前的壓迫者區分開來。事實上在某些方面，他們佔據了主宰地位。階級戰爭讓行政官職位不再是貴族的囊中物，而常落在富有的平民身上。護民官的職位特別能讓人大顯身手。護民官不僅有權否決不喜歡的法案，還可以召開公眾大會，通過自己草擬的法案。貴族因被禁止競選平民官職，只能懷著又憎恨又厭惡的心情旁觀。

當然，若一個護民官濫用權力，就會招致危險。如同大多數共和國的官職，他的職位既帶來機會，亦帶來陷阱。不過，即使是用羅馬政治生活的標準衡量，那些幫助決定護民官行為的不成文規定也充滿自相矛盾之處。一方面，護民官職位提供了幾乎無限的貪贓枉法可能性，又被認為受到神明保護。自遠古時期起，護民官的人身安全就不可侵犯，任何不理會這條規定的人都形同對神明動武。不過護民官也有一些應盡的義務：在職期間不可離開羅馬，家裡總是對外開放。他必須密切關注人民的疾苦和抱怨，每次在街上被攔住都得停下來傾聽，以及閱讀公共紀念碑上，呼籲贊成或反對某種新政策的塗鴉。無論一個護民官多高傲，他都不能在公眾面前表露出來。有時，他甚至會裝出一個來自貧民窟的平民腔調。羅馬人稱這政治人物為「平民派」（populare），認為他們依賴基層關係而生。

然而，在維護人民利益的同時，一個「平民派」也必須尊重自己階級的思想感情。那是一種需要很大技巧的平衡藝術。若說護民官會被顯貴中的較保守分子猜疑，主要是因為他的職位包含極大誘惑：他們為輕易獲得民眾擁戴，很容易推出一些極端和非羅馬風格的改革。顯然地，當貧民窟愈膨脹，窮人的生活愈困苦，這種事的風險也愈大。

有一對出身無可挑剔的兄弟提比略．格拉古（Tiberius Gracchus）和蓋約．格拉古（Gaius Gracchus）最終就這麼做了。先是提比略在西元前一三三年，然後十年後蓋約也利用他們的護民官職位，推動了一些有利於窮人的改革。他們建議把公共持有的土地分成小塊、分給大眾，並以低於市價的價錢把穀物賣給大眾；他們最讓人吃驚的建議，是主張共和國應為最貧窮的士兵提供衣服。這些都是極端措施，也不叫人意外地，讓顯貴階層大驚失色。在大多數貴族看來，格拉古兄弟對人民的關懷包藏禍心。不錯，提比略不是自己階級中第一位關心土地改革的人，但在他的同僚看來，他的家長式作風走得太遠也太快。蓋約的願景讓人更吃驚：他嚮往希臘式民主，希望打破階級之間原有的權力關係，改由人民而非貴族主宰羅馬帝國。他的同僚都納悶，除非一個貴族暗暗想成為一個獨裁者，否則怎會提出這種主張？讓他們覺得格外不祥的是，提比略結束一年的護民官任期後，馬上尋求重選。同樣地，蓋約也在西元前一二二年連任護民官。護民官也許是神聖的，但把持共和國的行為卻不那麼神聖。召喚保護共和國的呼聲兩次響起，兩次都獲得回應。提比略在一場激烈衝突中被人用凳腳打死，十二年後的西元前一二一年，蓋約也被貴族的打手殺死。他被斬首，頭骨被注入鉛。他死後，他三千名追隨者未經審判就遭到處決。

這是自驅逐國王以來首次鮮血染紅羅馬街頭。它們的荒唐性質鮮明地反映貴族們被害妄想症的規模，而君主獨裁並非格拉古兄弟自羅馬遠古召喚而來的唯一鬼魂。例如，蓋約會死在平民大業的最神聖地點——阿文提諾丘——並非偶然。他和他的支持者躲在那裡，蓄意把他們的追求連結古代平民的罷工。雖然窮人未因為支持他而起義，但大多數貴族階級都認為，他企圖攪動長期蟄伏的階級鬥爭是不負責任的行為。但報復行為也讓他們不自在。獵頭很難算是一種文明人的行為。蓋約被灌了鉛的頭骨讓人得以不祥地預見，若共和國的常規遭到破壞，若它的基礎有所動搖，將會發生什麼事。它也是一個警告：羅馬不喜歡激烈變動。畢竟，如果不是一個由共享的假設、先例和過去維繫的共同體，共和國又是什麼？拋棄傳統就是走向深淵。如果共和國失敗了，羅馬人不是淪為野蠻人，就是淪為獨裁者的臣民。

這裡存在著羅馬共和國的最後一個弔詭：鼓勵公民飢渴地追求威望，由此產生出一種會嚇壞對手的侵略性，同時又孕育出自我癱瘓的種子。這是格拉古兄弟的真正悲劇。他們確實關心自己的榮耀（畢竟他們是羅馬人），但他們也對改善其他公民的命運懷有熱烈使命感。兩兄弟都大膽地角力於羅馬多面向和刺眼的問題。就此而言，格拉古兄弟是為理想而犧牲的烈士，但他們的貴族同儕卻很少這樣看。共和國並不區分政治目標和個人野心。影響力來自權勢，權勢來自影響力。格拉古兄弟的命運徹底證明了，任何將根本性改革強加於共和國的企圖都會被詮釋為獨裁統治。不管動機多麼理想主義，徹底改變的計畫總會在自相殘殺中解體。他們用死亡證明了這一點，他們的死也毀掉了他們的改革。他們之後的護民官在推行改革時將更加謹慎。社會革命將永久遭到抑制。

共和國就像羅馬城本身，因為巨大的內部張力總看似處於爆炸邊緣。但正如羅馬繼續容忍與膨脹，共和國的體制每遇一次危機都會變得更牢固。所以，為何羅馬人不應抓緊一種將他們帶往巨大成功的秩序？它也許令人感到挫折、面貌多端且複雜，但這些特質正好讓它得以吸收衝擊、消化動盪，並在每次災難後更新自己。羅馬人在將世界搞得天翻地覆後，對於他們的共和國能保持不變應倍感安慰。同一種共同體的親密感維繫著它的公民，同一組競爭的循環聚焦於它的年復一年，同一批機構制度架構著它的種種事務。

甚至，染於街頭的血跡大概也很容易擦拭乾淨。

THE SIBYL'S CURSE

第二章 西比爾的詛咒

CHAPTER 2

城市洗劫者

早在格拉古兄弟和他們的支持者被謀殺之前，西比爾就已預見一切。根據她冷酷的預言，羅馬人將會自相殘殺，而且暴力事件不限於首都。她勾勒的未來極盡蒼涼、反烏托邦：「義大利，強姦妳的將不是外國侵略者，而是妳自己的兒子們——一種殘忍和無止盡的集體強姦，是為了懲罰妳這個著名國度。妳將匍匐在地，倒在燃燒的灰燼中。妳是自我屠戮者！妳不再是正直之人的母親，而是一群野蠻禽獸的哺乳者！」[1]

這是一則很難讓著迷於徵兆的羅馬人高興的預言。幸而上述預言並未擾亂他們的心靈平靜，因為它並非出於他們自己的預言書——一直嚴密收藏在朱庇特神廟裡，沒有絲毫洩漏。它反而最先流傳於遠離羅馬的東地中海諸王國。看來西比爾造訪過的民族不只羅馬人。在羅馬，她的預言被視為機密，但她給希臘人和猶太人的那些預言卻公告周知，很多都清楚指涉羅馬共和國：「一個帝國將在西方的海外興起，它是白色的，而且有很多個頭。它把恐怖和毀滅帶給國王們，劫掠一座又一座城市的金銀，勢力範圍沒有盡頭。」[2]羅馬人固然對凶兆緊張兮兮，但在世人眼中，羅馬人本身就是凶兆，而且是最致命的——至少西比爾這麼警告。

因為根據她的靈視，羅馬共和國的崛起將帶來一片黑暗。古老的城市、大君王和著名的帝國將被一掃而空，人類將落入單一秩序。一個超級強權將以最高權力統治一切。但這並非世界和平的黎明時刻，遠遠不是。羅馬人注定沉溺在自己的偉業中。「他們將沉陷在頹廢的沼澤：男人會和男人睡覺，男童會在妓院賣淫，國內到處發生騷亂，一切陷入混亂失序。世界將盈滿邪惡。」[3]

根據學者的考證，這些預言詩出現在西元前一四〇年前後。當時羅馬的霸權已充分確立，用不著西比爾來預告它的存在。不同於保存在羅馬的預言詩，流傳在希臘和東方的那些從不主張未來可以更改。根據這些預言詩，大帝國在歷史上是前後相續，雖然羅馬是其中最大且最具毀滅性，但羅馬人畢竟是人，只要是人，就會有衰敗的時候。無怪那些託名西比爾的詩人會說羅馬共和國是一群「野蠻禽獸」的母親，注定被自己的兒子們撕成碎片。這種想法出於想像與一廂情願的成分一樣多，是因為想不出任何辦法來遏阻羅馬的霸權。「他們將絕望帶給人類，然後，一旦他們被自己的野蠻和驕傲沖昏了頭，他們的結局將會非常悲慘。」[4]

在西元前一四〇年代，西比爾所謂羅馬的「野蠻和驕傲」所指為何，不會有人不知道。這十年是他們把力量不容置疑地展示在世人面前的年代，整個地中海世界都籠罩在被毀滅的陰影裡。首先，羅馬共和國決定完成未了之事，讓只剩半條命的迦太基一命嗚呼。對此，國內有人表示反對。很多人主張，共和國應該找一個夠格的對手。因為羅馬若沒有競爭，要如何維持它的偉大？這種問題當然只在一個把無情競爭看成美德的所有基礎的地方，才會有人提出。不讓人意外的是，大部分公民拒絕接受這種理路。因為迦太基人在超過一個世紀的期間，一直遭到妖魔化，被認為是殘忍且無信仰的極致代表。大部分公民納悶，為何要把羅馬生活的標準用於保護這樣一個仇敵？這個問題在一次同意把迦太基推入戰爭的投票中獲得答案。透過以完全消滅迦太基為目標，共和國勝利理念的邏輯後果嶄露端倪。在這樣的野蠻行為中，羅馬人把「成為頂尖」的欲望推到極致。

西元前一四九年，羅馬人對迦太基人下達懲罰性的命令，令其拋棄他們的城市。但迦太基人沒有屈服，決心誓死捍衛家園，這顯然是羅馬鷹派希望看到的。大軍壓境，迦太基以寡敵眾支持了三年，在圍城的最後階段又力抗羅馬最優秀的將軍西庇阿．埃米利安努斯（Scipio Aemilianus）。最後，西元前一四六年，迦太基陷落，財寶遭搶掠，城市被縱火。地獄般的大火持續了十七天。然後，羅馬人在被夷為平地與冒煙的廢墟上頒布一紙禁令，規定此後任何人不得重建這座城市。迦太基七百年的歷史就此被抹滅。[5]

同時，為防止任何人忘記迦太基所帶來的教訓，西元前一四六年春天，一支羅馬軍隊開進了希臘。在這之前的冬天，希臘南部一批城邦聯合起來，想打破羅馬在此地區所建立的勢力均衡。這種大不敬絕對不可原諒。羅馬軍隊在一場幾乎還沒開打就結束的戰爭中，像捏死一隻黃蜂那樣重創一支希臘軍隊，將古城科林斯（Corinth）化為冒煙的廢墟。由於科林斯一向以兩樣事情馳名（漂亮的妓女和精美的藝術品），羅馬軍隊對二者盡情劫掠了一番。遭屠殺公民的妻女被擄為奴隸，士兵們在港口碼頭擲骰子決定無價的畫作歸誰。大批人像堆疊在他們四周，準備在雜貨市場拍賣或裝箱運回羅馬。

地中海兩座最偉大城市同時被毀，實為聳人聽聞的暴行。西比爾會想像羅馬被詛咒也就不足為奇了，連羅馬人自己都覺得有一點不自在。難怪他們不能再假裝征服世界是為了自衛。羅馬人回憶起對科林斯的洗劫時，總覺得難為情。不過，對迦太基感到的內疚讓他們想得更多。據說連西庇阿看到迦太基殘破的城牆被火舌吞噬時，都忍不住哭了。在毀滅羅馬最不共戴天的敵人之過程中，就像西比爾那樣，他看見了命運不可抗拒的威力。就在鋪天蓋地證明共和國的優越，沒有任何敵人有望打敗它，而且對全世界的劫掠似乎所向披靡之時，他想像到了它日後的毀滅。荷馬的兩行詩浮上他的心頭：

神聖特洛伊被摧毀的日子將會來臨，
普里阿姆（Priam）[6]和他的人民將被屠戮。[7]

但與西比爾不同的是，他沒有說出，在他的想像中是什麼把屠殺和毀滅帶給共和國。

被黃金噎死

在西元前一四六年的災難發生之前，希臘人曾對「自由」一詞的精確定義有過疑問。他們納悶，當羅馬人聲稱保證他們自由時，這是什麼意思。當然，像羅馬人這種野蠻人，用詞含混沒什麼好奇怪的。另一方面，無需哲學家指出的是，文字的語義有時很難捉摸，要視觀點角度而定。事實證明，羅馬人和希臘人對於自由這個字的詮釋確實分歧。對羅馬人（他們老是把希臘人看作需要家長嚴加看管的不聽話小孩）來說，「自由」意謂著希臘城邦遵守羅馬人設定規則的機會。對希臘人而言，它意謂一個可以彼此打架的機會。正是這種大相逕庭的角度，直接導致科林斯被毀的悲劇。

西元前一四六年之後，外交語言的意義不再有爭論。那些規定共和國和盟友關係的友好條約條款被定義地明明白白。它們給予共和國行動自由，但未提供它的盟友任何類似自由。若說希臘的城邦被批准繼續維持名義上的自治，只是因為羅馬既想享受帝國的利益又不想去扛管理帝國的麻煩。在希臘海岸之外，心驚膽顫的其他國家加倍努力揣摩羅馬的心意。東方國家的君主們對羅馬千依百順，因為他們深知，只要露出一點不老實的跡象，羅馬人就會馬上癱瘓他們戰象的雙腿或把他們的對手拱上王位。別迦摩（Pergamum，一個控制今日土耳其西部大部分地區的希臘人城市）的末代君主，把這種配合精神推到極致：西元前一三三年，他在遺詔中把整個王國送給羅馬。

這是歷史上最令人嘆為觀止的遺贈。別迦摩林立著璀璨的宏偉建築，各個從屬城市滿溢財富，其所帶給羅馬金銀財寶的數量是任何洗劫都比不上的。但應該如何處理這份餽贈呢？做決定的責任落在元老院身上。元老院由三百名傑出人士組成，被認為是共和國的良知和智慧。元老資格不單由出身決定，還要求有卓越與成就。只要名聲不太糟，任何當過高官的公民都可以指望成為元老。這給了元老院極重的道德分量，雖然它的決定原則上不具法律效力，但任何不是太魯莽的行政官員都不敢輕視。共和國不就是短語 Senatus Populusque Romanus 所表達的那樣，[8]是元老院和羅馬人民的夥伴關係嗎？這短語的縮寫字母——SPQR——壓印在最小的錢幣表面，銘刻在最大神廟的三角山牆，到處都看得見，是羅馬政體莊嚴肅穆的速記符號。

不過，就像任何夥伴關係一樣，錢的問題最容易引起爭執。對人民利益的勇猛捍衛者提比略・格拉古來說，「別迦摩」這份禮物來得正是時候，他主張以這份資金推動他雄心勃勃的改革大計。人民本身自然同意，但大部分其他元老表示反對。這顯然部分反映出，他們對提比略煽動人心與膽敢侵犯元老院的尊嚴感到不滿。不過，他們的反對不純粹是賭氣。繼承一整個王國確實違反一些羅馬行之已久的原則。其中最突出的有兩點：一是羅馬人總是把黃金與道德腐化聯結在一起；其次，羅馬人根深蒂固地不信任亞細亞人。元老們當然可以不理會這些傳統價值觀，但他們之所以對別迦摩末代君主的遺贈持保留態度，還有更實際的理由。他們相信，管理行省是一個沉重的負擔。想敲外國人一筆，有比直接統治他們更好的方法。元老院偏好一些可以在剝削和不介入之間保持微妙平衡的政策，也一直在整個亞細亞實施這種政策。但現在「別迦摩」讓這種美妙平衡有被推翻的危險。

起初，元老院除了密謀謀殺提比略之外，什麼都沒做。只有當別迦摩因陷入無政府狀態而威脅到整個地區的穩定時，才派出一支軍隊前往。軍隊斷斷續續打了幾場仗並花上數年，整個別迦摩才穩定下來。但元老院即使到了這時候仍保持克制，不急於在亞細亞建立第一個行省，反而小心交代被派去管理該王國的地方長官，繼續維持從前國王的法規·這是羅馬人一貫的做事方式：假裝沒什麼大改變。所以，雖然羅馬在元老院的指導下達到無與倫比的超級強權地位，有效掌握整個地中海地區，並殲滅任何膽敢反抗他們的人，但元老院仍本能地緊抓著孤立主義不放。對羅馬的行政官員來說，外國始終是它從來的樣子：一個贏取榮耀的場地。雖然洗劫不會被恥笑，但榮譽仍是一個城市和一個人最真的準繩。羅馬貴族階層的成員秉持這個理想並得以安心地相信，他們仍忠於自己樸實老祖宗們的傳統——哪怕他們也對自己主宰的寰宇洋洋得意。只要亞細亞的軟弱君主願意派使節來向元老院請示，只要非洲沙漠的遊牧民族一看見羅馬軍團司令皺皺眉頭，就會收斂野性，只要高盧的蠻族不敢挑戰共和國無堅不摧的實力，羅馬就心滿意足。敬重是它所需與要求的所有進貢。

但若說元老院的菁英們因為有錢、有地位而負擔得起相信這套，生意人和金融家（更遑論眾多窮人）卻有很不同的想法。羅馬人總把東方和黃金聯想在一起。現在隨著別迦摩來歸，出現了一個系統化的榨財機會。諷刺的是，正是元老院對尊重傳統管治方法的堅持指出了道路。對別迦摩國王來說，統治意味著盡可能向人民增稅。這是一個羅馬可以多多學習的榜樣。共和國一向秉持戰爭應該帶來利潤的原則；對羅馬人來說，利潤經常意味著洗劫。當然，在西方的蠻族地區，征服後就是徵稅，但這只是因為不這麼做就不會有管理。在東方，治理比羅馬存在更久。基於這個理由，縱情劫掠——然後再以一兩筆賠款充實國庫——看來更加划算且不麻煩。

不過，別迦摩的情況卻表明，徵稅不只行得通，事實上是一個黃金機會，而且一點都不麻煩。用不了多久，被派去管理的官員便開始盜用稅款。關於他們奢華排場的謠言一點一滴傳回羅馬。這引起了一片憤慨：別迦摩是羅馬人民的財產，如果有肥水可撈，羅馬人民想要自己應得的份。為這種意見喉舌者不是別人，正是蓋約·格拉古。他已經接替被殺的哥哥成為護民官，也像哥哥一樣熱衷於利用別迦摩的財富：同樣提出雄心勃勃的改革大計，所以亟需資金。西元前一二三年，蓋約歷經十年的鼓動，最終成功推動一項決定性的法令。根據這項法令，羅馬將在別迦摩建立系統性的徵稅制度。蜜罐的蓋子打開了。[9]

在務實主義與自私的準繩下，羅馬人被撩動的貪婪撐起新稅制的運作。因為共和國不像東方的君主得以龐大的官僚體系壓榨人民，乃轉向私部門尋求必要的專業知識。包稅（tax-farming）合約是公開拍賣，得標者需事先向國家繳納全額稅款。由於要求的稅款是天文數字，所以只有最有錢的人出得起，而且出得起的往往不是個人。他們集結資本、組成公司、分配股票、召開股東大會，並選出經理人為董事會服務。在行省裡面，包稅公司的僱員除了收稅人員之外，還包括士兵、水手和郵差。經營這些壟斷集團的商人被稱為稅吏（publicani）——這名稱和他們政府代理人的功能有關，但他們提供的服務卻毫無公共精神可言。一切以牟利為目的，而且是愈驚人的暴利愈好。他們的目的不只是收集國家要求的稅款，還以嚴苛手段壓榨額外的稅款，有必要時會用上流氓打手。一個債務人也可能以極高的利率得到貸款，然後等他被榨乾一切後，就會淪為奴隸。天高皇帝遠，這些大企業的股東會在乎他們製造的痛苦嗎？大城市不再被洗劫：而是被放血而死。

表面上，羅馬的新子民有管道可以抵抗過分的壓榨。稅收系統固然已經私有化，但外省的行政管理權仍操縱在元老院菁英的手中，他們仍堅持共和國的理想。這些理想責成總督為百姓提供和平與正義。但事實上，賄賂之風那麼盛行，讓一切原則淪為空談。羅馬人的廉潔形象很快成為一則笑話。在可憐兮兮的行省人民眼中，元老院派來統治他們的官員和稅吏並無多大不同，兩者是一丘之貉。

對別迦摩的掠奪絕對是明目張膽。共和國在爭取羅馬榮耀的事業中贏得巨大的權力，現在，這權力成為搞錢的赤裸裸執照。其帶來的淘金熱很快變得人踩人。本來是戰爭工具的大道現在讓收稅人員得以更快來到受害者身邊。大道上，馱帶著沉重東方錢財的馱畜隊伍走在軍團後頭。在迅速成為羅馬共和國內湖的地中海，船隻載滿殖民地的財富，川流不息地駛向義大利。帝國的大動脈因為黃金而硬化：它硬化愈甚，羅馬榨到的黃金就愈多。

隨著剝削愈緊，各行省的面貌也開始發生改變，如同它們的地貌遭到一些巨大的手指挖弄。在東方，金庫遭到了洗劫，但在西方，則是大地遭到洗劫。當時的採礦規模之大，直到工業革命才被超過。任何地方的遭殃程度都不比西班牙嚴重。一個個見證人對眼中所見的景象目瞪口呆。遠在朱迪亞

（Judaea）[10]的人也聽說了，羅馬人為取得西班牙郊區的金銀在那裡幹了些什麼。[11]

那些羅馬人一個多世紀以前從迦太基得來的礦場後來交給了稅吏，他們以一貫的貪欲採礦。一個單一的隧道網絡可能延伸超過一百平方英里，並由超過四萬名奴隸在裡面生不如死地工作。地表坑坑窪窪，總籠罩一層濃濃煙霧。煙霧從熔爐的巨大煙囪排出，含有大量有害化學物質，會灼傷赤裸的皮膚，使其變白。飛過煙霧的飛鳥可能斃命。羅馬的權力延伸到哪，毒氣煙霧總尾隨其後。

起初，西班牙被認為太偏僻且太危險，不適合開發。傳說那裡的部落野蠻地無可救藥，乃至於將土匪看成高尚職業，並且用尿刷牙。[12]到了二世紀晚期，整個西班牙除了伊比利亞半島北部以外，都向商業活動開啟了。[13]巨大的新礦場陸續出現在西班牙中部和西南部。這個時期的格陵蘭冰川含鉛濃度驟增，是西班牙廣場釋出大量有毒氣體的明證。[14]銀從礦石中融出：根據估計，要取得一噸銀，需採挖一萬噸岩石。根據另一項估計，在西元前一世紀早期，羅馬的鑄幣廠每年會用掉五十噸的銀。[15]

這種規模的運作就像亞細亞的情況，不可能在公、私部門未勾結之下達成。行省官員為羅馬的投資者提供溫順的土著、良好的港口和優秀的道路，漸漸地，他們尋求愈來愈多回報。由此產生的腐敗最讓人不知不覺，因為從來不會被注意到。因為即使元老們大量攫取金錢，仍擺出一副不屑金融業的樣子。他們甚至把對利潤的鄙夷寫入法律：就像元老不被容許從事庸俗的海外貿易，稅吏也沒資格成為元老。不過這類立法很少產生效果。如果有的話，就是總督和企業家狼狽為姦：他們需要彼此才能發財。結果就是，羅馬政府愈來愈變為軍事—金融的複合體。在獲得別迦摩之後的那些年，追求利潤和追求威望的動機愈發混淆。傳統的孤立主義政策日愈備受威脅。同時，外省人民受到的剝削更甚往昔。

不是共和國的每個理想都死掉。有些行政官員對正在發生的事情大驚失色，企圖力挽狂瀾。這是一種危險的舉動，因為財團一旦發現自己的利益受威脅，就會迅速反擊。最著名的受害者是魯提利烏斯．盧福斯（Rutilius Rufus）。他是一名行省的總督，以品行正直著稱，曾努力保護百姓免於稅吏剝削。但他在西元前九十二年受到起訴，得面對一個由大量稅吏支持者構成的陪審團。財團厚顏無恥地控告盧福斯敲詐聚斂。盧福斯被定罪之後，選擇了他管理過的行省為流放地。在那裡（一個他被控敲詐聚斂的地方），人們用鮮花迎接他。

該行省是亞細亞行省，即從前的別迦摩王國——成為共和國行省的四十年後，仍是羅馬人的最大搖錢樹。在亞細亞行省的百姓看來，盧福斯被定罪證明了（如果還需要證明的話）羅馬的貪婪從不知節制。但他們能做什麼呢？沒人膽敢反抗。科林斯燒焦的瓦礫堆充分說明反抗會有什麼後果。重稅加上絕望，壓垮了亞細亞的希臘人：他們怎能對抗得了貪得無饜的金融家和所向無敵的羅馬軍團？

然後，在盧福斯被定罪的三年後，行省政府把它的搞錢計畫推得太過頭了。為了廣開財源，羅馬的商業利益開始把它的貪婪目光投向本都（Pontus）——一個位於今日土耳其北部黑海海岸的王國。西元前八十九年夏天，羅馬的亞細亞長官阿奎利烏斯（Manius Aquillius）想出一個入侵本都的藉口。不過他不想讓自己的部隊冒生命危險，所以命令一個附庸國王代他作戰，誤以為即使出了什麼差錯也很好善後。但本都國王米特拉達梯（Mithridates）不是那麼好對付。他的傳記（由一名善於吹捧的天才精心雕琢而成）讀起來像童話故事。米特拉達梯還是小王子的時候，受到邪惡母親的迫害，被迫逃到森林避難。他在森林裡住了七年，身手變得極其矯健，跑得比鹿還快，還打得贏獅子。因為擔心母后仍想謀殺他，米特拉達梯著迷似地鑽研毒物學，反覆服用解藥，最後變得對毒藥免疫。換言之，他不是那種任由家人搶走王位的男孩。後來他率領一支軍隊回到首都，下令處死母親，然後為了以防萬一，又下令處死兄弟姊妹。他在位二十多年後，還是一樣在乎權力和冷酷無情，不可能當羅馬的乖乖牌。他輕易擊退了入侵的羅馬人。

接下來，迎接他的是更重要的一步。米特拉達梯必須決定是否進攻羅馬。對超級強權當然不可掉以輕心，但和羅馬作戰卻是他即位以來一直在準備的事。他就像任何野心勃勃的專制君主，賣力強化自己的攻擊力量，並擁有一支閃閃發光的軍隊——因為他們的武器都包覆黃金，鎧甲鑲嵌著燦爛的珠寶。雖說米特拉達梯喜歡炫耀，但他也喜歡玩祕而不宣的遊戲——他曾微服遍遊亞細亞。沿途所見所聞讓他深信，亞細亞行省的百姓對羅馬深惡痛絕。這點比任何理由讓他更願意放手一搏。他在跨越邊界進入羅馬的亞細亞行省之後，發現當地駐軍人數稀少且武備不足，各個希臘人城市殷切歡迎他的到來，並視他為救主。不到幾星期，亞細亞行省的武力便徹底崩潰，而米特拉達梯也進抵愛琴海邊緣。

身為一名弒母的野蠻人，他本來就不是那種會讓希臘人傾心的人。不過一個弒母的野蠻人總比一個稅吏強：希臘人如此渴盼自由，恨羅馬如此入骨，以至於只要能趕走壓迫者，什麼都願意幹。西元前八十八年夏天，他們甩掉羅馬的枷鎖之後，便以一種恐怖的暴力爆發證明了這一點。當時，米特拉達梯為了把希臘人城市的命運不可逆地和自己連繫在一起，下令他們殺死每個還留在亞細亞的羅馬人和義大利人，希臘人津津有味地遵從了命令。這暴行更讓人心寒的是，它在絕對保密與發起攻擊的各方面都配合無間。受僱的暴徒包圍被害人，並加以屠殺：或是把緊抱神像的人砍成八塊，或把企圖逃到海裡的人們都射死。死者屍體被丟棄在城牆外，任其腐爛。據說在那個致命的夜晚，就有八萬名男女老小被殺。[16]

這對羅馬經濟的蓄意打擊是一慘痛打擊，但對羅馬威望的打擊尤其慘痛。米特拉達梯表露出自己是名政治宣傳的高手，除了利用現成的西比爾預言，又給它們新增了一些內容，好讓它們看起來與他更加相關。它們的共同主題是東方興起了一個偉大國王，是上天派來教訓狂妄和貪婪的羅馬共和國。對商人進行集體屠殺，只是米特拉達梯用來戲劇化這個信息的方法之一。他對阿奎利烏斯的處決更是考慮過宣傳效果，阿奎利烏斯就是當初最先煽動米特拉達梯加入戰爭的羅馬長官，他在不該病的時候病倒、淪為俘虜、被押回別迦摩，一路上都和一名七英尺高的野蠻人被銬在一起。在將他綁在一頭驢子上遊街示眾之後，米特拉達梯下令融化一些金飾。當一切都準備就緒，阿奎利烏斯的頭被猛地一扭，嘴巴被強迫張開，金屬被倒入他的喉嚨。「羅馬人是個對太陽底下所有國家、民族和國王不利的戰爭販子，從來只有一個動機：根深蒂固地貪婪於帝國和財富。」[17]這是米特拉達梯對共和國的判決，現在，他在它駐亞細亞的代表身上象徵性地討回了一些公道。阿奎利烏斯被黃金噎死。

空中號角聲

當一艘船載滿帝國的財寶航向義大利時，它最可能的目的地是維蘇威火山（Vesuvius）那光禿禿的山錐。水手會打量地平線，尋找那火山熟悉和平頂的側影，而當他們找到，就會禱告感謝諸神保佑他們旅途一路平安。旅程的終點就在前頭。在海灣碧藍的天空下，水手們會看見海岸線上點綴著許多如詩如畫的希臘人城鎮。城鎮幾世紀前由殖民者建立——在拿坡里灣，商業總是國際性的。這些老港口現在不會收到太多貨物。例如，沐浴在太陽下面的拿坡里本身，如今就是靠著非常不同的貿易維生。拿坡里距離羅馬只有兩天馬程，近日以來，古老街道擠滿了遊客，他們全是為了體驗希臘風味的生活而來：例如進行哲學辯論、向醫生求診或和一名機智風趣的妓女談戀愛。於此同時，巨大的貨船在海上若隱若現，輕輕駛過。

現在沿著海岸再走幾英里，才會到達它們預定的停泊港。在波佐利（Puteoli），羅馬商人抹去了所有希臘遺風的痕跡。停舶在其巨大混凝土碼頭的貨船來自整個地中海各地，有些運載穀物以餵飽羅馬的巨大胃口，有些運載奴隸為羅馬人的企業幹活，還有些運載從遠處屬地搜羅而來的奇珍：雕塑、香料、繪畫和奇花異草等。顯然只有最有錢的人買得起這些奢侈品，但分布在波佐利海岸線兩側的別墅對奢侈品的需求不斷擴大。事實上，這些別墅本身就是消費者的終極炫耀品。羅馬的貴族階層就像任何地方的超級富豪，想讓他們最喜歡的度假勝地成為專屬——為達這個目的，他們買下了整片地皮。

在整個西元前九〇年代，這個地區的房地產都一片火紅。一些頭腦好的企業家為房地產熱助燃，特別是一位名叫奧拉塔（Sergius Orata）的養蠔人。奧拉塔看好羅馬人對貝殼類食品的無底饜求，構築了規模此前無法想像的蠔塘。他建築引水道和堤壩以管制海流，又在鄰近的盧克林湖（Lucrine Lake）湖口建起高高的穹頂，養出世界最美味的生蠔。同代人對於他的法術印象非常深刻，乃至於他們宣稱，只要他想要，照樣可以在他的屋頂養蠔。然後，真正讓奧拉塔出名的則是另一項技術創新：他在壟斷生蠔市場之後，又發明了溫水游泳池。

至少這看似為 balneae pensiles 這個神祕的拉丁文詞彙最可能的意義，其字面意義為「空中浴池」。[18] 我們聽說，這種發明需要讓大量溫水懸浮起來，而且有著神奇的放鬆效果。這些特質讓奧拉塔銷售「空中浴池」像賣生蠔一樣成功。沒多久，未裝設空中浴池的豪華別墅就不算完整。安裝這項設施的人當然是奧拉塔自己：他買下別墅，裝設游泳池，然後賣掉房產。

他的投機事業用不著多久，就讓拿波里灣成為財富和時髦的同義詞。房地產的興旺並未侷限在海岸地區。內陸也一樣。在諸如以香水聞名的古老城市卡普阿（Capua）或當了羅馬兩世紀多的盟友的諾拉（Nola），溫水游泳池到處都是，象徵著寧靜與舒適。在它們的城牆之外，是蘋果樹、葡萄園、橄欖樹林和大片大片的野花，一直延伸到維蘇威火山和大海。這便是坎帕尼亞（Campania）——義大利的明珠，有錢人的遊樂場。它肥沃、繁榮，而且奢華。

但不是每個地方都欣欣向榮。在諾拉以外，從低地蜿蜒而成的山谷構成了一個非常不同的世界。那是薩謨奈（Samnium），地形多山而險峻。正如這裡的崎嶇地形和下方的平原形成強烈對比，這裡的人們也大不同於平原區的居民。他們靠多石和多灌木覆蓋的土壤勉強維生生計。薩謨奈沒有生蠔，也沒有溫水泳池，只有說話帶著滑稽土腔的粗壯農民。他們信仰巫術，脖子上配戴著醜陋的鐵環，而且允許理髮匠當眾為他們剃陰毛。不用說，羅馬人對他們嗤之以鼻。

儘管如此，羅馬人不太能忘記的是，這些野蠻人是半島上最後屈服於羅馬的義大利人。薩謨奈人在離諾拉僅十英里之名為寇定叉口（Caudine Forks）的山口，曾讓羅馬人吃了一場奇恥大辱的敗仗：西元前三二一年，一整支羅馬軍隊遭遇埋伏，並被迫投降。薩謨奈人未屠殺戰俘，而是剝去羅馬人的上衣，驅趕他們走在長矛構成的牛軛下，自己則全套盔甲地站在一旁得意觀看。不過，以這種方式羞辱敵人的薩謨奈人，顯示出他們對其敵人的致命誤解。羅馬人只能忍受一種和平，那就是由他們口授條件的和平。雖然他們同意薩謨奈人開出的和平條約，也發誓遵守，但很快就找到違反和約的藉口，並再次發起攻擊。這一次，薩謨奈人被征服了。殖民地建立於偏遠的山頭，道路修築過山谷，地形的崎嶇被馴服了。不過，這畢竟是陳年舊事了。懶洋洋躺在奧拉塔發明的游泳池畔的那些人，不可能記得薩謨奈人曾經從山上殺下來，並大肆蹂躪坎帕尼亞。

不過，到了西元前九十一年年底，不可思議的事突然發生了。薩謨奈人對羅馬人長久壓抑著的積怨重新爆發。薩謨奈山丘（Samnite hills）上的戰事再起。山裡的人彷彿長年的佔領已解除般地拿起武器，如同他們的祖先，迅速殺進平原地帶。羅馬人完全未料想到會發生這種事，而只在坎帕尼亞派駐了少量軍隊，形勢岌岌可危。拿坡里灣沿岸的城市——如蘇連多（Surrentum）、斯塔比亞（Stabiae）和赫庫蘭尼姆（Herculaneum）——有如樹上掉落的熟透果子，一一落入叛軍手中。但最大的獎品位於較內陸：具戰略重要性的諾拉在經過最短時間的圍困後，市民便投降了。叛軍邀請駐軍加入他們的行列，但羅馬司令官和資深軍官輕蔑地拒絕，結果活活被餓死。這座城市的防禦工事堅強且糧食儲備充足。不多久，諾拉就成了叛軍最強大的要塞。

叛亂不僅限於薩謨奈人。諾拉會落入叛軍之手，絕非孤立事件：例如，離拿坡里（Naples）僅幾英里、沿維蘇威的斜坡而建的龐貝城從一開始就加入叛亂。在義大利其他地方，那些已記不得上次對抗

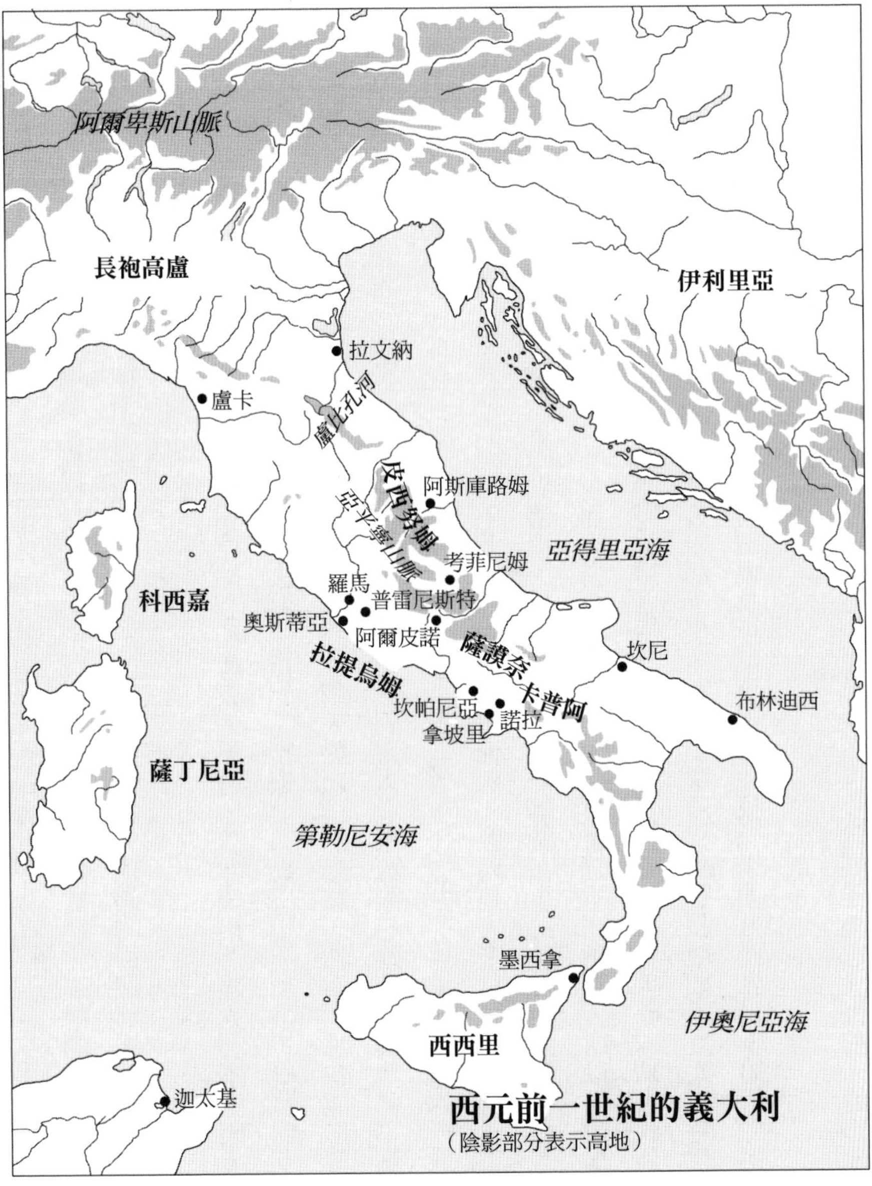

西元前一世紀的義大利
（陰影部分表示高地）

羅馬是何時的部落和城市同樣拿起武器。不過，叛亂主要集中在亞平寧山脈（Apennines）一帶，那些像薩謨奈那般多山、落後的地區，農民長久以來備受貧窮折磨。正是貧窮，讓他們對都市化的低地充滿怨氣。當叛軍攻陷第一座城市阿斯庫路姆（Asculum），他們殺死找到的每個羅馬人。羅馬人的妻子若不順從，則會被折磨與剝頭皮。

也許，這些暴行不過是野蠻人的復仇和原始心理作祟。不過，若非統治著義大利不同國家的寡頭統治者各有自己的算盤，農民的仇恨心理將不會起作用。羅馬的一貫策略是奉承和收買盟友的統治階層。事實上，這種政策向來都比任何事更能確保義大利人對羅馬的忠誠。然而，那些能影響自己社群的關鍵人物——有錢人、地主、識字的人——發現自己對羅馬愈來愈離心離德。讓他們不滿的理由很多。為羅馬作戰的負擔不成比例地落在他們肩上；他們在羅馬法中的地位低於羅馬人。最重要的可能，則是他們眼界開了，看見他們祖先不敢想像的機會和權勢。義大利人不只幫助羅馬征服世界，還熱心幫助它壓榨世界。不管羅馬軍隊到哪裡，義大利商人總是尾隨在後。義大利人在各行省得到的特權，幾乎和十足的羅馬公民不分軒輊，而可憐兮兮的行省百姓肯定分不開兩者，所以一律稱之為「羅馬人」（Romaioi），並對他們懷抱同樣的仇恨。但在海外成為特權階級並未讓義大利人感到滿足，這種經驗反而鼓勵他們決心在本土和羅馬人平起平坐。在一個羅馬權勢膨脹地如此巨大的時代，羅馬給予義大利政治家的有限自治特權很自然地被視為小菜一碟。仲裁一場地方邊界紛爭的權力與統治世界的權力相比，算得上什麼？

就像波佐利的眾多碼頭和它們附近的諸多優雅別墅都表明世界已經變小，義大利人的起義也一樣。

薩謨奈
拉丁大道
阿庇亞大道
卡普阿
寇定叉口
阿庇亞大道
坎帕尼亞
諾拉
維蘇威火山
巴亞
波佐利
拿坡里
赫庫蘭尼姆
盧克
林湖
龐貝
斯塔比亞
蘇連多
西元前一世紀的
坎帕尼亞
陰影部分表示高地

構成他們軍隊的大眾也許是為了某種模糊的地方忠誠感而戰，但他們的領袖斷然不想回到羅馬崛起前的地方主義。他們遠非想讓其社群擺脫中央集權並超級國家的箝制，而是想創立一個自己的超級國家。戰爭一開始，叛軍領袖就選擇了義大利中部的考菲尼姆（Corfinium）作為他們的新首都——「一個所有義大利人都可以分享的城市，以代替羅馬。」[19]為了防止有人忘記此舉的象徵意義，新首都和新國家都稱為「義大利亞」（Italia）。他們發行了新貨幣，建立一個胚胎政府。下個建立獨立義大利國的嘗試要等到十九世紀，並由加里波底（Garibaldi）主其事。

若模仿是最真誠的恭維，至少對義大利亞的領袖來說，反抗羅馬並非一種叛逆，而是景仰未被滿足的表現。義大利亞的一切，從政制到錢幣，全都抄襲羅馬。說到底，義大利人的虛弱新國家不過是表現出他們退而求其次的野心：他們真正的野心是成為羅馬公民。即使在普通士兵之間（得到羅馬公民權對他們沒有多少好處）也有跡象顯示，有時他們對共和國的仇恨會被一種同袍情誼沖淡。在戰爭早期，隨著羅馬的主力部隊在義大利中部戰敗，倖存者發現自己陷入絕望，因為對手的訓練和裝備至少和他們一樣好。在西元前九〇年夏天，共和國軍團打了一場艱苦的陣地戰，逐漸把叛軍的戰線向後推。到了鄰近農業收成的日子，也就是戰爭季節尾聲時，他們準備給敵人最後的致命一擊。不過，當兩軍擺好陣勢，士兵們紛紛認出對方陣營中的朋友，彼此呼喊名字，然後放下武器。「緊張氣氛消散了，被節慶氣氛取而代之。」士兵們互敘友情，雙方的司令官也見了面，討論「和平以及義大利人對公民權的渴望」。[20]

當然，討論沒有結果。一個羅馬人怎可能在戰場上對敵人作出重大讓步？另一方面，他們能夠坐在一起討論，表示雙方都有了悔意。最有象徵意義的是羅馬司令官的身分。馬略（Gaius Marius）是共和國最有名的軍人，雖已年過六旬，坐在馬鞍上也不像從前一樣輕盈，卻仍然是個明星。叛軍都景仰他，很多人在他麾下作戰過。人們不會忘記，馬略曾經因為一些義大利盟友非常英勇，而擅自授與他們公民權。人們也不會忘記，馬略並非在羅馬城土生土長，而是在阿爾皮諾（Arpinum）長大，那是一個離首都有三天路程的小山城，人們對它的印象除了貧窮又偏僻之外，再無其他。上古時代，阿爾皮諾是對抗羅馬人的一個部落要塞，後來被打敗，接著被同化，最終獲得了公民權。這最後一步，離義大利人發起爭取公民權的起義還不到一百年。叛亂軍隊考慮到，馬略能以不高的出身爬到現在的高位，不禁受到鼓舞。

不僅叛軍如此，許多羅馬人都同情義大利人的要求。畢竟羅馬本身不也是個由移民構成的城市嗎？第一批羅馬女人是被擄拐的薩賓人（Sabines），奔波於她們的父親和新丈夫之間，乞求他們不要戰鬥，改為像同一國的公民那樣和睦共處。她們的呼籲被接受了，羅馬人和薩賓人一起在羅馬七丘定居下來。這個傳說反映出，從來沒有一個城市像羅馬對公民權那樣慷慨。不同背景和出身的人總被容許成為羅馬人，一起分享羅馬的價值觀和信仰。反之，顯然諷刺的是，羅馬人的一項主要價值觀，正是極度鄙夷非羅馬人。

說來可悲，羅馬人關於開放或排他的爭論在義大利人起義的那些年間，變得兩極化。在許多人看來，偶爾給予一些個人或社群公民權和給予整個義大利公民完全是兩碼子事。羅馬政治家不必然全出自於沙文主義或狂妄自大，才會害怕他們的城市有被淹沒之虞。羅馬的古老制度怎樣應付突然增加的幾百萬新公民？保守派覺得這個威脅非常迫切，所以他們的反應也非常歇斯底里。一些將非公民驅逐出羅馬的法案通過了。更不祥的是，保守派對那些提出自己法案的對手日愈訴諸暴力。西元前九十一年，在大打出手中，一項授與全部義大利人公民權的建議被擱置了，提案人回家後，於黃昏時分被人刺死在門廳，而且始終沒查出凶手是誰；但義大利人的領袖當然知道該歸咎於誰。暗殺發生幾天後，他們開始動員山裡的同胞作戰。

阿斯庫路姆大屠殺的消息傳到羅馬後，相互敵對的政治派系都驚呆了，馬上團結在一起。甚至最認同義大利人訴求的人也準備戰鬥。馬略率領軍團征伐叛軍，無論在哪裡遭遇到從前的盟友都酷強地作戰，並逐漸逆轉了戰爭初期的失敗態勢。截至馬略坐下來和義大利人談判時，羅馬人已橫掃了整個義大利北部。幾星期後，叛軍開始瓦解。阿斯庫路姆的大屠殺揭開了起義的序幕，然而，同樣從阿斯庫路姆傳來的消息讓羅馬人能慶祝他們首次決定性的勝利。得勝的將軍名叫「斜眼」龐培（Gnaeus Pompeius 'Strabo'）。他可能是羅馬城中最多人討厭的人，除了斜視，還因為他性格陰暗。龐培在義大利東海岸的皮西努姆（Picenum）坐擁大片土地，而且自戰爭起便被困在那裡。顯然是因為不想整個冬天挨餓，他在秋天來臨後發起了兩次突襲，以鉗形攻勢成功打擊敵人。叛軍的殘部逃到阿斯庫路姆。龐培展開圍城，讓叛軍因斷糧而不得不投降。

隨著勝利日愈在望，元老院也發起自己的鉗形攻勢。一方面，羅馬繼續加緊軍事進攻，在義大利中部追趕叛軍，逼使他們日愈撤入積雪最厚的深山。那些一向主張授與義大利人公民權的政治家，則主導鉗形攻勢的另一翼。如今，軍事勝利帶來的自信讓羅馬能夠慷慨：他們說服甚至最死硬的保守分子相信，長遠來說，除了授與盟友公民權以外，別無他法。因此，在西元前九〇年十月，一項法案通過了，規定立即把羅馬公民權授與所有一直保持忠誠的義大利社群，而叛軍只要在指定期限內放下武器，同樣享有這個待遇。對大部分人來說，這種誘惑難以抗拒。到了西元前八十九年夏天，義大利北部和中部的大部分地區都恢復平靜。

不過在薩謨奈，因為積怨年深日久，解決問題沒那麼容易。也正是共和國已筋疲力竭，後院戰爭尚未平息之際，亞細亞傳來了警報。薩謨奈人那些群山包圍的小村和東方那些裝飾著大理石和黃金的希臘人大城市乍看之下判若雲泥，但羅馬人的統治卻讓它們有了共通點。薩謨奈如同亞細亞，不乏義大利的商人和稅吏。這兩種人在亞細亞都有助於引起人們對羅馬的憤恨，在薩謨奈，則是把人們推向了造反。雖然戰爭在義大利打得如火如荼，但亞細亞的羅馬人和義大利人太忙於榨取錢財，因此無暇為彼此攻伐。

然後，是米特拉達梯的到來。西元前八十九年，當羅馬對亞細亞的統治崩潰時，震波快速衝擊了整個地中海地區的經濟。義大利陷入嚴重蕭條。諷刺的是，叛軍領袖曾利用他們東方同胞的商業關係，請求米特拉達梯加入他們的叛亂，不過當米特拉達梯最終接受他們的邀請後，他們卻發現義大利商人受到最大的打擊。反之，羅馬元老院歡迎和米特拉達梯作戰的前景。每個人都知道，東方人是軟腳蝦，打起仗來就像女人。每個人也知道原因何在：東方人太富有了。為何羅馬貴族階層幾乎等不及要和米特拉達梯一戰也就不奇怪了。

有位人士特別認為，東征大軍的指揮權非他莫屬。馬略早知道，羅馬和米特拉達梯必有一戰。十年前他造訪亞細亞時曾與這位國王碰面，並告訴他只有兩條路好走：要麼服從羅馬的意志，要麼變得比羅馬更加強大。當時，米特拉達梯忍氣吞聲，避免了戰爭。看來不巧的是，後來讓他投身戰爭的人竟是馬略的親密盟友。阿奎利烏斯曾是馬略的軍事副手和執政官同僚，他支使一個傀儡國王入侵本都，而馬略也曾運用私人影響力，幫助被控敲詐聚斂的阿奎利烏斯擺脫罪名。這些事實或有助於解釋，阿奎利烏斯為何看似很不在乎羅馬東部的安全，當時他回到義大利，而他還在為生死而戰。他想為他的恩主提供一個對亞細亞人作戰的光榮機會。[21]

但這個算盤卻招來了致命的後果——對阿奎利烏斯本人、對馬略和對共和國整體來說都一樣。派系鬥爭感染了羅馬幾十年，首先肆虐於它的街頭，然後肆虐於整個義大利，現在更增添了一個新的危險因素。東征主帥是個那麼肥的肥缺，以至於連馬略都不能認為非他莫屬。另外，還有一些野心勃勃的人物也盯上這個職位，他們若飢似渴的程度很快就昭然若揭。

西元前八十九年秋天當羅馬人望向未來時，發現自己遭集體被害妄想症攫住。一場可怕的戰爭正接近尾聲，但即使勝利在望，不祥之兆卻出現了。在在看來，諸神正再次以各種奇怪的徵兆警示共和國。最不祥的徵兆是晴朗無雲的天空傳來的號角聲。它那麼陰沉，讓聽到的人無不嚇得半死。占卜師急忙翻閱占卜書，他們找到的答案令其驚恐：號角聲無疑地預示，既有秩序將發生劇變。另一個時代將誕生於一場注定吞噬世界的革命中。

LUCK
BE
A LADY

第三章 有幸生為女人

CHAPTER 3

西元前九〇年代，馬略曾在拿坡里海岸地區購買房地產。羅馬的超級大富豪當然都是這副模樣，但馬略在一個出了名閒散的地區置產卻引起矚目。他的別墅位於盧克林湖南面，不只鄰近奧拉塔的蠔塘，要享受溫泉城鎮巴亞（Baiae）的硫磺浴也很方便，換言之是個絕佳的退休住所——也因此是一場公關災難。羅馬人不會把他們的戰爭英雄與生蠔及溫泉勝地聯想在一起。他們對此冷嘲熱諷，說馬略這個鋼鐵人已成了癡肥的軟腳蝦。

但這些諷刺搞錯了方向。馬略的體重確實是個問題，但僅此而已。這名老將軍沒在游泳池畔消磨時光，而是決定繼續留在大眾的目光中。羅馬是有他這種名氣的人唯一可以想像的舞台，而馬略也絲毫無退休的念頭。諷刺的是，這點可從他別墅的建築看出來。它座落於一個海角之上，格局模仿軍營，周邊情況反映出馬略對築壕溝的一貫熱衷。結合軍事特徵與壯美的建築樣式，它的確成了這位大將軍喜歡如何看待自己的最佳表述。

他的一名舊部參觀過別墅後，認定其他人相較於他的老長官都是瞎子。西元前八十九年夏天，這位軍官有很好的理由欣賞馬略別墅的軍營外觀。從馬略的別墅下到海岸邊，當煙塵翻騰過坎帕尼亞的果園與葡萄園，，這位名叫蘇拉（Lucius Cornelius Sulla）的人曾指揮十三個羅馬軍團，包圍平原上被叛軍控制的城市，並迫使它們一一投降。所以蘇拉已不再是學徒。他走出馬略的陰影，以軍功表明自己應為最能幹的將軍。不過就算兩人的競爭早讓他們的關係變壞，蘇拉從不觸犯低估自己老長官的錯。其他人從馬略的別墅看到軟弱頹廢，蘇拉則看到雄心壯志。

這幢別墅不只是軍事防禦學的一個精彩個案，論氣度，它在海岸區林立的統治階級別墅中也鶴立雞群。羅馬傳統的道德觀也許對炫耀性消費蹙眉，但它也鼓勵競爭。奧塔拉正因為客戶爭奪地位的象徵而大賺。羅馬人無法承受丟掉面子的代價，哪怕事情只關乎有沒有裝設游泳池。對貴族而言，別墅的真正意義不在作為渡假屋，而在身為屋主的不凡與高貴出身的公共展示。

但馬略是外省人，並非出身名門世家，全憑能力贏得威望。若說他的別墅凌駕貴族階級的府邸，那它更可充分象徵一個外來者能在羅馬共和國達到怎樣的地位，馬略的地位無可爭辯。他不僅多次在執政官選舉中獲勝（常常連任），還娶了一名朱利安氏族的女子為妻——雖然這個氏族已經沒落，但仍是個世家大族。就這樣，一名來自阿爾皮諾的無名小卒得以與愛神的後裔同床共枕。當然，所有這一切都無法讓馬略在貴族間變得較受歡迎。即使如此，他的榜樣仍讓出身世家大族的蘇拉如此渴切地效法。

因為這位較年輕的男人在其成長過程中也需不斷與環境鬥爭。他出身高貴，但他的父親死時幾乎沒給他留下分文，讓蘇拉年輕時捉襟見肘，手頭和身分很不相配。他逐漸混跡於下層社會，與小丑、妓女和變裝皇后打成一片。他一輩子都對這些人保持忠誠，也因此在同僚間傳為醜聞。蘇拉很欣賞風月場所的女人，後來雖然努力擺脫，但逛貧民窟的興致仍是不減。蘇拉很能喝酒，很會講笑話，體格強壯且長相迷人，他有雙銳利的藍眼睛和一頭近乎紅色的金髮。最後，他的性吸引力讓他擺脫了落魄處境：一名高級交際花迷上了他，並在遺囑中把自己的一切留給了他。大約同一時期，蘇拉的繼母也死了，也指定他為唯一繼承人。正是如此，三十歲的他才有了開展政治生涯的資本——很多和他同樣年紀、階級的人已經在仕途上攀爬了許多年。

自此，蘇拉以罕見的傑出為自己贏得威望。他的才氣也許異乎常人，但野心卻非如此。因為在羅馬，未以傑出成就獲得聲望的人都不會被當一回事。不管靠戰爭或公職，聲名帶來的獎品是得到更大成就與聲譽的機會。在這場向上爬之無情競爭賽的高峰（蘇拉正接近這個高峰），最高的獎品召喚著人們。這項獎品顯然是執政官的職位——在羅馬，這個設置了超過四百年的官職有著帝王般的威儀。若蘇拉能贏得執政官選舉，他的權威將獲得古代國王的紋飾和權力加持。他不僅可得到一件鑲紫邊的長袍和一張寶座，還有十二位名為扈從的保鏢來保護他。每位扈從都會肩扛一束名為「法西斯」(fasces)的束棒，令人望之膽顫。簡言之，任何爬到最高地位的人有這些隨從相隨，到哪裡去都大可安心。

不過，他也不會在執政官的職位待太久。一名執政官不是專制君主。他的「法西斯」並非壓迫的象徵，而是人民所賜之權威的象徵。共和國的最高行政官受到選民好惡、任期一年的限制和平起平坐同僚的掣肘，他們別無選擇，只能謹小慎微、一板一眼地辦事。無論一個公民的野心有多大，都很少能打破羅馬尊重傳統的規限。共和國同時鼓勵也束縛野心。

情況一直是如此。獲得高位者很少不被隨之而來的緊張感壓迫。共和國的理想用於否定它們激起的飢渴。結果就是，那些品嚐過榮耀甜美滋味的羅馬人經常就像毒品上癮，受癮頭糾纏和折磨的馬略就是如此：他雖然年過六旬、獲得過無數榮耀，仍夢想打敗對手，獲派領兵征討米特拉達梯。蘇拉也一樣：即使贏得執政官的選舉，仍縈繞於超越老長官的執念。如同馬略的別墅勝過坎帕尼亞海岸的其他所有別墅，他的威望也勝過任何從前的執政官。大多數執政官囿於前例與機遇，一生只擔任過一任，而馬略卻空前地擔任過六任執政官。他喜歡告訴別人，有算命人向他保證，他還有第七任執政官可當。

這也就怪不得，蘇拉會恨他——恨他的同時也夢想贏得像他一樣的偉大。

想人所不敢想

西元前八十九年深秋。選舉日。蘇拉離開他的軍隊，北向羅馬而去。由於近期的幾項戰功，他在羅馬聲威大增。首先，他在坎帕尼亞地區，已迫使除了諾拉以外的所有其他城市投降——諾拉因為城防堅固而仍然固守著。其次，他不顧後路可能受到威脅，對叛軍後方的心臟地帶發起攻擊。他入侵薩讃奈，在一個山口成功伏擊一支薩讃奈人軍隊，為當年在寇定叉口遭伏的羅馬軍隊報了遲來的一箭之仇。接著，他向叛軍首都進發，歷經三小時血戰後將其攻下。雖然諾拉和少數幾個孤立據點還在頑抗，但蘇拉已形同有效敉平叛亂。

這是一項了不起的成就。它來得正是時候，因為那一年的執政官選舉，競爭非常激烈。因為執政官職位除了仍是最高榮耀以外，還可成為爭取更肥肥缺的入場券。這個肥缺顯然是東征米特拉達梯的主帥職位，除了風風光光，還會帶來驚人財富。蘇拉想當執政官想得要命，也就不足為奇了。到了這時候，他想得到什麼通常都可以到手。果然，他征服薩讃奈的光環首先把他送上執政官寶座。然後幾星期後，他又得到更甜美的果實：被委為征伐米特拉達梯的主帥。至此，蘇拉大獲全勝，馬略大大丟臉。

大眾並不怎樣同情他們從前的寵兒。羅馬社會秉持許多殘酷的雙重標準。羅馬道德家一方面勸告老人「應慎防懶散和不作為的誘惑」[1]，另一方面又野蠻取笑那些不願優雅老去的人們。新任執政官顯然想在東征前先了結義大利的戰事，所以匆匆回到被圍困的諾拉主持戰鬥。這時，人們也建議馬略離開羅馬，到坎帕尼亞享福去。他們諷刺說，感謝蘇拉，坎帕尼亞已恢復平靜，馬略可以安心居住於此。他與其讓自己在羅馬成為笑柄，為什麼不接受不可避免的命運：退隱到拿坡里灣大啖生蠔？

馬略以一個非常公共的姿態回應這個問題。他每天都到訓練場跑步騎馬、練習投槍和擊劍，把自己的體能推到極限。不久，群眾就聚集在訓練場邊觀看和喝采。同時，馬略開始環顧四周，尋求政治盟友。他顯然需要一名可以向人民提出法案的人，並透過此人取消蘇拉的東征主帥任命，並改派他征伐米特拉達梯。簡單來說，他需要的盟友是一個護民官。

他找到了蘇爾皮基烏斯．盧福斯（Publius Sulpicius Rufus）——此人後來遭到政治宣傳抹黑，被形容為「殘忍、魯莽、貪婪、無恥和無所顧忌」。[2]有鑑於這番謾罵如此淋漓盡致，它很可能出自蘇拉本人。但不管盧福斯在其他方面為人如何，他絕非一個沒有原則的人。他為了追求正義，會不計後果地戰鬥到底。這種奮鬥熱情最明顯地表現在他不遺餘力地維護義大利人的權利方面。他們雖已被授與充分的公民權，仍需勇猛捍衛自己的權利。蘇爾皮基烏斯因為擔心元老院的保守派會設法對義大利人的公民權灌水，而草擬了一份可確保這種事不會發生的法案，先是遊說執政官，然後遞交給人民定奪。令他生氣的是，蘇拉和另一名執政官龐培．盧福斯（Pompeius Rufus）起初都擺出支持他的樣子，後來卻都變卦，導致法案沒有通過。蘇爾皮基烏斯產生了一種被出賣的激烈怨恨。以前他把盧福斯視為密友，現在他卻發誓報復，並放眼尋找新的盟友。馬略就在這時找上門來。兩人迅速達成一項祕密協定。馬略同意支持蘇爾皮基烏斯的法案作為回報，蘇爾皮基烏斯則保證，會提案撤掉蘇拉的東征主帥職位，改授馬略。蘇爾皮基烏斯得到馬略的奧援後，重提他的法案，同時他的支持者也走上街頭，發起騷亂。

蘇拉在諾拉城外的軍營收到動亂的消息，震驚之餘馬上趕回羅馬，與龐培・盧福斯舉行祕密會議。但蘇爾皮基烏斯得到風聲後，則帶領一幫人馬破壞會議。在隨後的衝突中，盧福斯的兒子被殺，他本人則倖免於難。蘇拉為躲避暴徒，屈辱地藏身於馬略的家中。但更大的屈辱即將來臨。蘇拉雖是執政官，卻發現自己拒絕不了蘇爾皮基烏斯的要求：因為統治羅馬的不是「法西斯」，而是護民官的暴民。他被迫同意蘇爾皮基烏斯的法案，以及同意解除盧福斯的執政官之職。除了可以保住自己的執政官職位並繼續圍攻諾拉之外，他並未從這種讓步得到任何好處。但他至少沒理由懷疑，自己東征主帥的身分並非仍然有效。他回到軍營後，看到自己的威儀仍然壯盛，不禁痛感他權力表面和實質的裂縫正迅速擴大。其威望所受的損害僅一場討伐東方的勝仗方能修復。如果他的榮譽不能恢復，那等到執政官的一年任期結束，他的政治生命就會終結。

所以對蘇拉而言，正如同馬略，賭注已增高到危險的程度——只不過他還未意識到，賭注將持續增加。就在他還沒洗掉身上的羅馬塵土前，一位信使已快馬加鞭趕到諾拉。信使抵達圍城軍隊的陣地後，被帶到執政官面前。他原是馬略麾下的一名軍官，蘇拉一看見他就知道事情不妙。蘇拉被告知，在蘇爾皮基烏斯建議下，一場全民公投通過解除蘇拉東征主帥的職位，改由馬略代替。信使此次前來，是要接管蘇拉的軍隊。

蘇拉先是大吃一驚，然後憤怒地回到營帳。他迅速盤算起來。他在諾拉共有六個軍團，其中五個將隨他征伐米特拉達梯，一個會繼續留著圍攻諾拉，總兵力約是三萬。雖然部隊人數比蘇拉去年夏天率領時減少不少，但仍代表一支很有分量的武力，僅「斜眼」龐培在義大利另一側掃蕩叛軍殘餘力量的軍團可以匹敵。人在羅馬的馬略並不握有任何軍團。

這是一道很簡單的算術題。然而，為何馬略如此失算，選擇把一個指揮六個能征善戰軍團的對手逼到牆角？理由很明顯了，馬略從未想過蘇拉可能放手一搏。他認為那不可能，也無法想像。畢竟一支羅馬軍隊並非指揮元帥的私人武力，而是共和國的戰爭工具。所有元帥都需按法律程序，宣誓效忠共和國。羅馬公民曾投身戰爭無數次，軍隊的忠誠也從未出過問題，馬略沒理由假定這次會不一樣。

但蘇拉自有他的理由。他恨他的對手：他對自己的野心受挫備感憤怒，也絕對相信自己受到不公正的對待。這一切都讓他敢於設想某種膽大包天行動的可能性。在以前，不曾有羅馬人率領軍團進攻自己的城市。身為第一個走上這一步的人，而且忤逆傳統至此，他必須承受幾乎沒有羅馬人能承受的心理壓力。但蘇拉看來沒多少猶豫。他日後宣稱，他所有最成功的行動都不是仔細盤算的結果，而是發自突如其來的靈感。在蘇拉看來，這些靈感是上天所賜。他雖然玩世不恭，卻同時篤信宗教，絕對相信有名女神一直提攜他，而且這名女神的力量大於任何可能阻礙他行動的神。不管他做些什麼，也不管爬到多高，蘇拉總是相信維納斯保佑著他。維納斯會把性吸引力和財富賜給她所青睞的人。

不然還能怎麼解釋他不同凡響的崛起？他是個念本之人，從未忘記那兩個把財產留給他的女人之恩。這是否會影響他對自己和維納斯的關係的看法？他是把女神看作另一個被他迷惑和崇拜他的女人，所以用她能提供的一切作為回報？顯然地，蘇拉終其一生都把魅力用作武器——對妓女如此，對政治人物和軍隊也是這樣。他尤其擅長拉攏普通士兵的心，他能講他們的污言穢語，能欣賞他們的笑話，很快就獲得樂於幫助下屬的名聲。加上人們都相信他是一名特別幸運的人（此為一連串軍事勝利和果敢的行事風格助長），他大受部隊歡迎並不讓人意外。

然而，在很多人眼中，他的魅力包含邪惡的成分，這可以從他的面相看出。蘇拉雖然長相英俊，但膚色是濃烈的紫色，而且一旦發怒，臉上會出現神祕的白色斑點。根據醫學解釋，這是性倒錯的結果——這個解釋與蘇拉少一顆睪丸的傳言吻合。這些謠言總糾纏著他。當蘇拉第一次參加戰鬥時，他的上司馬略曾對這名新軍官的輕浮名聲表示反感。後來，在蘇拉證明自己的軍事價值之後，他曾向一名出身高、成就低的貴族誇耀自己的能耐。那位貴族只評論說，當一個人未從父親那裡繼承什麼卻非常富有時，一定有什麼不對勁。若將蘇拉這種對成功的不安心理斥為勢利眼或嫉妒，就太過一貫。例如，他在對薩謨奈人的重大勝利中，有時會奪去其他軍團指揮官的軍權，甚至視若無睹士兵的謀殺行為。西元前八十九年年初他圍攻龐貝期間，敵人特別頑強的防守讓士兵們懷疑指揮官通敵，以私刑將他處死。當蘇拉接手該名遭謀殺軍官的指揮權後，並未處罰肇事者，所以便有謠言傳出，說謀殺是蘇拉唆使士兵所幹。這些傳言很能說明蘇拉名聲包含的矛盾性格，以致它們不只可信，也讓他在士兵中更受歡迎。

既然蘇拉的部隊曾亂棍打死過一個軍官，他們當然不在乎多幹掉一名趾高氣昂的信使。當蘇拉在教場上，向將士們宣布那道從羅馬發來的命令時，他們便馬上去找馬略的使者，用石頭砸死他。他們用不著別人推一把，就主動要求蘇拉率領他們進軍羅馬。蘇拉欣然接受所請。他麾下的軍官都對這項計畫大為吃驚，除了一人以外全部辭職，但蘇拉知道自己已經走太遠，無法回頭了。他留下一個軍團繼續圍攻諾拉，便率領其他軍團向北進發。羅馬對於他逼近的消息不敢置信，有些人——例如失去執政官官職的龐培．盧福斯——則歡迎這個消息的到來，並前去和蘇拉會合，但其他大多數人都驚呆了且不知所措。一個個使者被派去勸說蘇拉懸崖勒馬，但他對於這些請求，都回答說，他進軍羅馬，只是為了「把她從她暴君們的手中解放出來。」[3]馬略和蘇爾皮基烏斯完全知道他口中的暴君們指誰，於是拚命想辦法拖延時間。當蘇拉接近羅馬近郊時，他們派出最後一名使者，保證召開元老院會議討論他的要求，而他們自己也將與會，並服從會議的決定。他們只要求蘇拉停留在羅馬城神聖邊界的五英里外。

所有的人都知道，越過這條界線代表的可怕涵義。雖然羅馬人崇敬很多神明，卻少有比「羅馬城界」（pomerium）更神聖的空間——那是一條古老的界線，象徵羅慕路斯犁出的犁溝，自國王時代以來從沒改變過。任何羅馬公民都絕對禁止攜械越過這條界線，因為界線以內是羅馬和平守護者朱庇特的領域。朱庇特還是一名易怒的神，所以當蘇拉告訴使者他接受馬略的條件時，使者也許不疑有他。但蘇拉只是裝個樣子。馬略的使者才剛轉身返回羅馬，他就下令軍團推進，分三路奪取羅馬城的三道城門。雖然朱庇特力量強大，但蘇拉持續獲得偉大的幸運女神維納斯的庇佑。

當軍團越過「羅馬城界」，開始走入狹窄街道後，羅馬市民從屋頂向他們擲瓦片。這些攻擊極為兇猛，讓士兵們一下子亂了手腳，直至蘇拉下令，對屋頂射出火箭後才回過神來。當火勢開始擴大並蔓延到各條主要大街時，蘇拉正騎馬走在最寬闊的神聖大街，往城市的心臟地帶而去。馬略和蘇爾皮基烏斯試圖動員城中的奴隸迎戰，但未成功，於是便逃走了。全副武裝的士兵佔領了包括元老院在內的各個重要機構。難以想像的事情就此發生了。一名將軍讓自己成了羅馬的主人。

這是個充滿危險的時刻。後世的人們受惠於後見之明，將把此時看作占卜師預言過的重大轉折點，標誌著一個舊時代的過去與一個新時代的誕生。當然，隨著羅馬軍隊向羅馬進軍，一道分水嶺形成了。羅馬的天真質樸一去不復返。爭逐榮耀一直是共和國的動力所在，但現在，某種致命的東西被加了進來，如同潛伏的毒藥般令人難忘。過去在選舉中選輸、在訴訟中敗訴或在元老院的辯論中落敗——都被認為最值得一個羅馬人害怕的事。但蘇拉在追捕馬略的過程中，卻把敵意和私人仇恨推到新的極端。從這一刻起，每個有野心的羅馬人都不會忘記蘇拉的做法。

既然已經邁出決定性的一步，蘇拉急於走到底。他召集元老院會議，要求把對手定性為國家公敵。元老們懾於他的衛兵，匆忙照辦。被定罪者包括：馬略、蘇爾皮基烏斯和馬略年輕兒子在內的另外十人。蘇爾皮基烏斯被一個奴隸出賣，落網被殺，其他人則逃走了。馬略經歷多次危機關頭（包括躲在蘆葦叢中看著受僱的殺手走過），最終抵達還算安全的非洲。就此而言，蘇拉失敗了：他重創對手但未能殺死對方。馬略活了下來，靜待翻盤的機會。蘇拉雖失望，但未太過震驚。他把敵人宣判為全民公敵，不只為了發洩個人仇恨，還要以此傳達另一個訊息：透過讓共和國為他背書，他希望把他進軍羅馬的行為重新裝扮為保護羅馬的行為。雖有五個軍團撐腰，但對蘇拉而言，合法性仍重要於赤裸裸的權力運作。在元老院辯論時，一位德高望重的元老曾當著他的面說，永遠不應把像馬略這樣的偉人宣布為全民公敵。蘇拉接受這位老人發表意見的權利，沒有發作。只要可能，他都會以相似的態度對待國人同胞的思想感情。他不想表現得像一個軍事獨裁者，而寧願扮演憲法捍衛者的角色。

這不全然出於虛偽。若說蘇拉是個革命分子，那他的革命乃是為了保護現狀。因為敵視任何一丁點兒創新，他宣布蘇爾皮基烏斯所立的一切法律無效。他引入自己的法條取而代之，致力於鞏固元老院傳統的無上權威。元老院當然不會反感於這些措施，但蘇拉仍被一件兩難的事情困住了。他急於討伐米特拉達梯又害怕他不在羅馬時形勢生變，他知道他有必要把權力留給支持者。但如果他太明目張膽地干涉一年一度的選舉，那他自稱法治體現者的說法又會變得可笑。結果，選舉成為他的一場羞辱：他的兩個盟友都未得到執政官的職位。沒錯，其中一個當選人奧克塔維烏斯（Gnaeus Octavius）就像他一樣，是個天生的保守派，但另一個當選人秦納（Cornelius Cinna）卻威脅要起訴他。在這種情況下，蘇拉擺出他能擺出的最好風度接受失敗。不過，他在同意兩位新執政官就職前，要求他們在神聖的卡比托利歐丘（Capitoline Hill）發誓，表示絕不推翻他的立法。奧克塔維烏斯和秦納顯然不想和執政官的職位失之交臂，答應了這個要求。秦納發誓時，撿起一塊石頭擲向遠處，表示自己若不遵守對蘇拉的承諾，就會像那塊石頭一樣被扔出羅馬。

蘇拉對此感到滿意。不過在向希臘開拔之前，他採取了最後一道預防措施。為獎賞一個忠實的盟友和保障自身安全，他下令把「斜眼」龐培軍團的指揮權轉移給盧福斯——西元前八十八年，他執政官任上的同僚。事實上，蘇拉此舉不僅未能保障朋友的安全，這個舉措反而證明了，蘇拉對於軍隊願同他征伐羅馬之事的言外之意有多盲目。盧福斯如同當日馬略的使者，只帶一紙任命書就去到「斜眼」龐培的軍營，此外別無倚仗。「斜眼」龐培彬彬有禮地歡迎他，把他介紹給部隊認識，然後藉故離開軍營。第二天，盧福斯殺牲獻祭，慶祝自己的就任。當他舉起祭刀時，在祭壇四周圍繞的一群士兵蜂擁而上、殺了他，「彷彿他本人就是祭品。」[4]「斜眼」龐培聞訊後表示震驚，匆匆趕回軍營，但沒有懲罰犯下謀殺的士兵。曾糾纏蘇拉的謠言如今也不可避免地糾纏「斜眼」龐培。很少有人不懷疑，他授意謀殺那名打算取代他職位的人。

一個執政官竟被自己的士兵宰殺。盧福斯的命運看來印證了一個後世的判斷：蘇拉政變後，「再也沒有什麼可以阻止軍閥採取軍事暴力——法律不行，共和國的各種制度不行，甚至連對羅馬的愛也不行。」[5]事實上，它印證的恰為相反的事。謀殺盧福斯之後，「斜眼」龐培沒有發動政變，也沒有採取任何行動。由於蘇拉離開了義大利，「斜眼」龐培清楚知道，自己能左右時局，所以在西元前八十七年接觸了每個政治派系，表示自己願支持出價最高的人，同時也提出愈來愈誇張的要求。這種貪婪和敲詐只讓他更加不受歡迎。那年年底，報應來了：他睡覺時帳篷被雷電擊中，當場死亡。一群暴民直搗出殯隊伍，把屍體從棺材中拉出，拖行到泥地上。若不是一位護民官出面干涉，屍體肯定會被撕碎。在一個主要以威望來衡量人之價值的社會中，「斜眼」龐培的身後命運是對任何想買賣國家利益者的嚴重警告。即使是他，儘管有野心和機會，但從未想過軍事獨裁。蘇拉的政變固然犯了大不韙，但對共和國來說還不算有致命的影響。法律、共和國的各種制度和對羅馬的愛依然管用。

這是很自然的事。在羅馬人眼中，共和國不僅是一部憲法，還是不可推翻或顛覆的政治秩序。共和國受到最神聖的羅馬「傳統」概念加持，為所有分享它的人提供一種完整的存在模式。一個公民就是知道，自己是自由的——「羅馬人應不自由之說，牴觸天國的所有法律。」[6]每位公民對此都確信不疑。人們對共和國法律和制度的尊重並沒有隨著蘇拉進軍羅馬而消失，因那是羅馬人自我認同的最深刻表達。不錯，一個將軍把槍口對準自己的城市，但就連他也宣稱，這樣做是為了捍衛傳統秩序。絕沒有發生革命這回事，不管蘇拉進軍羅馬帶來多少創傷，都沒有人可以想像共和國會被推翻——因為沒有人能想像，將有什麼能夠取代它。

所以，在西元前八十八年的震撼過後，人們的生活依然如故。新的一年（西元前八十七年）以一切如常的外表揭開序幕。兩位羅馬人民選出的執政官走馬上任。元老院開會，為執政官提供建議。街道上沒有士兵。此時，那個膽敢進軍羅馬的人去了希臘。他的凶猛才幹不再用來對付自己的國人同胞，而是派上適當的用場。有場戰爭等他去贏取，共和國的敵人等他去消滅與懲罰。

蘇拉向東邁進。

聽不懂笑話

六年前的西元前九十三年，一位叫帕布利克拉（Gellius Publicola）的羅馬長官在前往亞細亞途中，短暫停留雅典（Athens）。他欣賞希臘文化且愛講笑話。當時，雅典的哲學家仍然馳名，而他召來各派代表，一本正經地呼籲他們解決之間的歧異。他又補充說，如果事實證明他們沒這個能力，他非常樂意介入，幫他們解決紛爭。四十年後，朋友們仍記得帕布利克拉對雅典哲學家們的這項提議，認為它表現出極端的風趣機智。「他們吵得多厲害！」[7]

我們不知道，哲學家們過了多久才意識到帕布利克拉是在開玩笑，也不知道他們是否像帕布利克拉那樣，覺得這則笑話可以讓人笑破肚皮。我們有理由懷疑，他們並不這樣覺得。哲學在雅典仍是嚴肅之事。蘇格拉底（Socrates）的傳人們被一名自負的羅馬惡作劇者戲弄了一番，想必感到顏面掃地吧？不過，他們一定還是會禮貌地笑幾聲，哪怕笑聲空洞：羅馬人解決希臘人內部紛爭的事早有過不祥的前例。

不管怎樣，長久以來，奴性和自負同時存在於雅典，就像一枚銅板的兩面。雅典人更甚於希臘任何其他地方，從不會忘記（也不會讓別人忘記），是他們在馬拉松戰爭（the Battle of Marathon）中拯救了希臘，以及他們曾是地中海最大的海上強權。帕德嫩神殿（Parthenon）仍屹立於衛城（Acropolis），永遠見證雅典曾經有過的超強歲月。不過，這一切已經過去了很久。亞歷山大大帝死後，人們提出的世界七大奇蹟名單中，帕德嫩神殿顯然榜上無名。它太小也太過時了，反映的是帝國和紀念碑都變得很巨大之前的時代假設。雅典和超級國家羅馬相比，只算是外省的落後地區。它對帝國的記憶除了懷舊症以外，別無其他。雅典人仍自視為強權的任何暗示，都會讓羅馬人笑破肚皮。在羅馬征伐馬其頓期間，雅典自願站在共和國這邊，以一篇文情並茂的傑作對馬其頓宣戰。羅馬人並不領情。嗤之以鼻地說：「雅典人對馬其頓國王的戰爭只是一場紙上談兵。語言文字是雅典人剩下的唯一武器。」[8]

帕布利克拉的笑話是殘忍的，因為它暗示著，雅典就連語言文字這種最後武器也保不住了。事實上的確如此。不論哲學家們願不願意承認，哲學就像雅典黃金時代的其他遺產一樣，已淪為服務業的附屬品。那些格外受羅馬保護人青睞的哲學家早學會了量身裁布。一名典型人物是該時代最著名的博學者波希多尼（Posidonius）。雖然他在雅典求學，後來遊歷廣泛，逐漸把羅馬各行省理想化為一個共同體。他和盧福斯（那位自己行省百姓利益的正直捍衛者）是親密的朋友，相信這位朋友比摧毀他的那些稅吏更能代表真正的羅馬人。波希多尼相信，他在共和國帶給世界的新秩序中瞥見了宇宙的秩序。他力主接受這樣一種安排，乃是共和國屬民的道德責任。文化和地理差異很快就會消解。歷史行將終結。

儘管波希多尼用語堂皇，但他只是給一些日趨明顯的事實加上註腳罷了。羅馬的來臨確實讓世界縮小。這點不需哲學家來指出。雅典的統治階級也許私下認為，他們的羅馬主子是性好霸凌的老粗，卻不會公然說出來。雖然羅馬人毫無顧忌剝削被打敗的敵人，卻很注意照顧朋友，雅典人因此而受惠。最豐厚的一次是西元前一六五年，馬其頓戰爭結束後。當時元老院注意到，羅得島（Rhodes）在這場戰爭中雖然支持羅馬，卻未盡全力。長久以來，羅得島都是東地中海的貿易集散地，羅馬人為了懲罰它，祭出經濟手段，導致破壞性極大的結果。他們在提諾島（Delos）設立免稅港，把港口轉交給雅典。於是，羅得島的經濟崩潰了，雅典則發了大財。到了西元前一世紀，雅典變得極為繁榮，以致它的貨幣在羅馬鼓勵下，成為整個希臘世界的法定貨幣。義大利和雅典的度量衡制度也統一了，由此導致的貿易繁榮不只讓羅馬獲益，裝滿義大利商品的船隻也開始航行於雅典和提諾島的港口之間。雅典的上層階級（目光緊盯他們城市之外的世界）聚焦在留給他們的唯一成就指標：成為百萬富翁。

這顯非雅典人人可有的選項。少數最富有公民操縱著經濟，他們愈富有，大多數不富有的公民就愈憤恨。這種情形在古代所有社會皆然，但也許以雅典（民主的誕生之地）為最。在雅典的窮人之間，對獨立的夢想和對一個歷史時期的記憶不可分割地聯繫起來。那時，人民握有權力不是一句口號，而是實實在在的事。當然，沒有什麼比那樣的權力更讓大商人徹夜難眠。然而，隨著大商人對政府的箝制愈甚，那些一度維持雅典民主的制度開始萎縮。不過並未被完全廢除，因為除卻別的好處，它們還有益於觀光業；可吸引羅馬觀光客來此見識民主運作時的奇景。有時，雅典提供的樂趣如同一間博物館多於一個動物園。

然後，到了西元前八十八年，一切翻轉了過來。當米特拉達梯的軍隊在愛琴海另一邊耀武揚威地紮營時，雅典的商業菁英對此心驚肉跳，而他們的貧窮國人同胞則歡天喜地聚集在一起。對自由的渴望長久遭到壓抑，此時則在整個城市搏動了。一個使節團被派去見米特拉達梯，並受到熱烈歡迎。雙方迅速達成一項協議：雅典人為米特拉達梯提供一個港口，米特拉達梯則讓雅典恢復民主制度，以作為回報。親羅馬的商業階級眼見苗頭不對，紛紛逃離雅典。民主制度正式恢復，人們欣喜若狂，殺戮也比以往更野蠻。在爆炸性的階級戰爭中，一個新政府誕生了，誓言捍衛雅典的古老秩序和傳統。雅典人不愧是雅典人，就連革命都由一個哲學家領導，他的名字叫阿里斯提昂（Aristion），始終不同意波及辯論宿敵波希多尼對羅馬的正面看法。因為義大利本土的戰爭還未平息，又有米特拉達梯這樣一名強大盟友，阿里斯提昂不太擔心羅馬人會來找麻煩。在欣喜若狂的雅典人眼中，他們的獨立和民主看似都得到了保障。然後，在西元前八十七年春天，蘇拉登陸希臘。

他直接朝雅典而去。雅典人幾乎在還不知道發生什麼事之前，就發現他們的城市被五個最如狼似虎的羅馬軍團包圍了。阿里斯提昂對此夢魘的唯一對策是創作一些粗俗的歌曲，諷刺蘇拉的臉像是燕麥和桑葚的混合體。他讓雅典人在城牆上唱這些歌唱個不停，自己則叫嚷著一些猥瑣的順口溜諷刺蘇拉和他的妻子。邊叫嚷邊比出誇張的手勢。對此，波希多尼尖刻地評論：「千萬別把劍交到小孩子手中。」[9]

雖然蘇拉喜歡諧星，但仍有個上限，所以用一些惡毒的辱罵回敬阿里斯提昂。他下令砍光柏拉圖和亞里士多德教書之處的小樹林，把樹木造成攻城槌。當一個雅典人派出的和平代表團談起他們城市的光榮歷史時，蘇拉以手勢打斷了他們的話說：「羅馬派我來，不是為了上古代史的課。」[10]之後，他遣返使節團，讓他們回城中，吃水煮皮鞋與皮夾去。如今，文化之都雅典，餓得只剩最後一口氣。

當雅典最終被攻破，蘇拉縱容部隊燒殺擄掠。很多雅典人選擇自殺。他們太清楚科林斯的下場，也害怕看到自己的城市毀滅。羅馬人的破壞仍然可怕：港口完全被毀，衛星城市遭劫掠。所有任職於民主政府中的人都被處決，他們的支持者被剝奪投票權。幸好蘇拉沒放一把火燒掉整座城市。一向極端鄙視歷史的他這次表示，他是出於對古人的尊敬才放雅典一馬。即使當他說著這些話時，鮮血仍從城市流向郊外。

雅典的殘骸由一個商人組成的政府繼承，這些商人在風暴初起時，曾逃到蘇拉那裡去。他們統治的雅典已無半點獨立和繁榮的跡象。羅馬的統治毫無疑問地很快確立起來，當時，蘇拉率領士兵從雅典向北出發，遭遇並打敗了米特拉達梯派到希臘的兩支軍隊。不久，蘇拉就和米特拉達梯舉行了一次高峰會議。兩人都有很好的理由想達成協議。米特拉達梯心知遊戲已經結束，只巴望自己的王國能保持完整。蘇拉對於他在義大利的敵人仍不放心，急著想回家。在米特拉達梯答應歸還他控制與佔領的所有領土後，蘇拉輕易放走了這名殺死八萬名義大利人的兇手。在此之前，任何與共和國交戰的人都無法全身而退。米特拉達梯雖然算是被打敗，但仍穩坐本都的王位。有朝一日，羅馬將後悔沒有一次把他解決。

蘇拉報復的直接對象一如以往，是可憐巴巴的希臘人。羅馬人在亞細亞行省的直接統治迅速恢復。蘇拉對於如此多義大利人死亡，未向米特拉達梯算帳，卻把矛頭對準希臘人。他強迫希臘的城市預繳五年賦稅、負擔全部的戰爭花費和來此對付他們的羅馬駐軍費用。蘇拉在西元前八十四年回到希臘，此時，雅典人已沒有能力反抗，所以他可以得勝羅馬將軍的傳統方式：偷竊它，致敬雅典的文化。宙斯神廟的石柱被拆下來，準備運回羅馬。蘇拉又集體帶走運動員，作為他勝利的展示品，害得奧林匹亞運動會（Olympic Games）沒有體育明星參加，只有短跑項目能夠登場。最讓蘇拉得意的是對雅典圖書館的劫掠，所有藏書被一掃而空。此後，任誰想鑽研亞里士多德（Aristotle）的作品，都得到羅馬去。蘇拉對雅典哲學的報復十分甜美。

即使如此，他的報復能力還未達到底線。正如他在一封致元老院的信中自豪表示，短短三年內，他就贏回米特拉達梯佔領的所有土地。希臘和亞細亞再次承認羅馬為主宰。話是這樣說，但事實上，他已不再代表共和國。他在羅馬建立的政府已經垮台。他在缺席的情況下被判死刑，財產被充公，家人被迫逃亡。劫後的東方無人相信蘇拉會容忍這種侮辱。現在希臘已被馴服，他準備好回國了。仍相信自己的運氣和維納斯的保護，並準備好帶領軍隊報復家鄉的城市。
羅馬再次於瑟瑟發抖中，等待他的到來。

RETURN OF THE NATIVE

第四章 土生者的歸來

CHAPTER 4

捲土重來的蘇拉

西元前八十三年七月六日，羅馬最巨大、最神聖的一棟建築被閃電擊中。古老的朱庇特神廟高踞卡比托利歐丘的丘頂。在此鑲金的屋頂下，環繞著雕像和盾牌等戰利品，羅馬守護神的聖所座落於此。在遠古的國王時代，人們曾在神廟的地基挖到一個人頭。根據占卜師的解釋，這顆人頭預言，羅馬未來將成為世界之頭。既然如此，誰又能懷疑朱庇特引導共和國走向偉大？難怪元老院每年都在這位神明的聖所舉行第一次會議，因為祂是羅馬權力的神聖泉源。

但現在，朱庇特卻決定以一道閃電摧毀自己的神廟。這顯然不是個好兆頭。幾乎用不著西比爾預言書來揭示（事實上要找它們也無從找去，因為它們也在大火中付之一炬）。但神明為何會勃然大怒？當群眾聚集起來觀看這場災難時，火焰仍翻騰著，煙霧瀰漫到羅馬廣場。這裡是羅馬的心臟地帶，從諸神之丘（卡比托利歐丘）一直延伸至權力之丘（巴拉丁諾丘）。羅馬廣場（Forum）和大競技場（Circus）是羅馬城牆內唯二羅馬公民可以自由雜處的露天空間。這幾年來，清空攤販並建立起夾道的奢侈品商店後，羅馬廣場變得貴氣起來，但這裡仍比城中任何地方更能象徵羅馬人民的一體性。自遠古時期起便是如此。這裡原來是個沼澤區，後來水被抽乾，用作鄰近山丘交戰居民的聚會地點。因此，它是羅馬人首先學會以公民身分管理自身事務的地點。羅馬廣場就像城市本身，為一些不和諧紀念碑的大雜燴，同時也是共和國歷史博物館和城市生活的軸心。律師在此為他們的案子辯護，銀行家談論放貸事宜，維斯塔貞女（Vestal Virgins）照料女神的香火。所有人都來到這裡聊天與四處看看。不

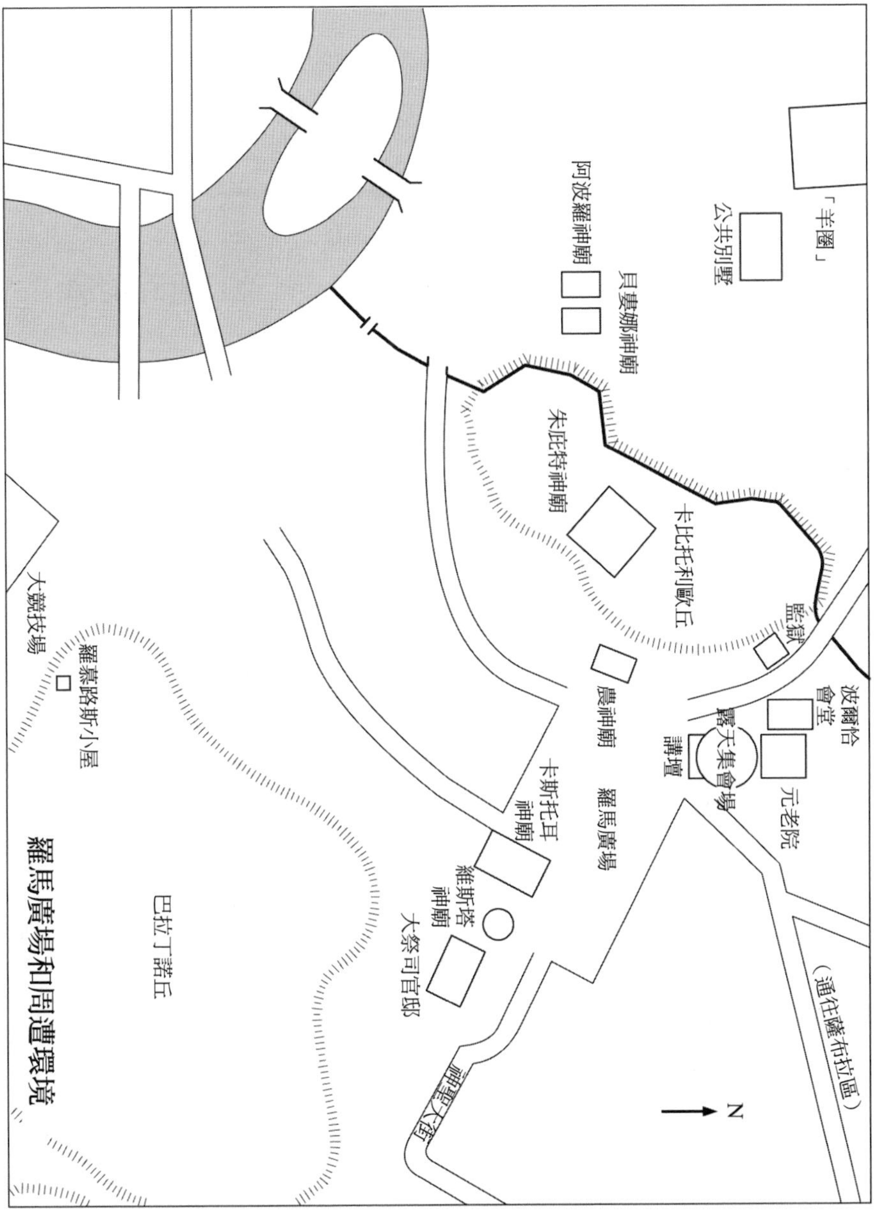
「羊圈」
公共別墅
阿波羅神廟
貝婁娜神廟
朱庇特神廟
卡比托利歐丘
監獄
波爾恰會堂
露天集會場
講壇
元老院
農神廟
羅馬廣場
卡斯托耳神廟
維斯塔神廟
大祭司官邸
神聖大街
（通往蘇布拉區）
N
大競技場
羅慕路斯小屋
巴拉丁諾丘
羅馬廣場和周遭環境

過，在羅馬廣場佔據主導地位的是政治。那些看著朱庇特神廟被燒毀的群眾習慣走到卡比托利歐丘的山腳。這裡是露天集會場（Comitium）的所在。公民經常聚集在此聆聽講壇上的演說家演講——講壇為很久以前被俘船隻的船艏製成的彎曲狀平台。緊鄰露天集會場的議事堂（Curia），也是元老院集會之處。它的南面一點點，則是卡斯托耳（Castor）和波盧克斯神廟（Pollux）——護民官會在神廟前召開民眾大會、辯論與表決法案。這些建築和戶外空間構成的軸線是共和國政治生活的大舞台，是羅馬公民其自由與價值的最有力表述。所以，卡比托利歐丘發生的大火顯得更加不祥，它把下方的羅馬廣場染成一片憤怒的紅色，紅色正是戰爭和殺戮之神馬斯（Mars）的顏色。

蘇拉日後宣稱，馬斯的女性翻版貝婁娜（Bellona）曾就這場災難對他發出事先警告。他才登陸義大利，他的一個奴隸就神靈上身，預言除非蘇拉馬上取得勝利，否則朱庇特神廟就會被大火摧毀。蘇拉的迷信沒有妨礙他成為政治宣傳大師，無疑地，他這則故事一再重複，靈巧地使對手落於下風。它顯然可以提醒大眾，蘇拉出發前往希臘之前，曾讓執政官秦納到卡比托利歐丘發誓，保證不會在他不在時對他發起攻擊。秦納幾乎馬上就違背了誓言。無怪蘇拉會把神廟失火看成天賜的禮物。從現在起，他在策劃報復行動時，便可指出諸神也一樣想報復。

事實上，秦納當初之所以會破誓，是出於自衛多於背叛。在蘇拉留下的惡劣政治氣候中，對立政治派系的暴力衝突愈演愈烈。在長年的齟齬下，西元前八十七年，義大利人選舉權的問題甚至導致兩位執政官公開開戰。秦納被另一位執政官奧克塔維烏斯趕出羅馬，設法東山再起。他的第一步是先施展討好群眾的魔法，說動仍包圍諾拉的羅馬軍團，在其上次進軍羅馬僅僅一年，再次進軍羅馬。秦納還找到了新盟友。結果，最可怕的還不是他帶來的軍團，而是他新盟友的名字。在出走非洲、籠罩於迦太基的廢墟中數月後，馬略回來了。

他在旅行義大利期間招募了一支奴隸組成的軍隊，然後與秦納聯手一起開赴羅馬，輕易把城攻破。滿腹怨氣的馬略對敵人展開了一次殘忍的清洗。奧克塔維烏斯不肯逃走，在執政官寶座上被殺。秦納收到他的首級後，得意地將其拿到講壇上展示。其他馬略的敵人要麼逃走，要麼被殘忍地屠殺。當他的奴隸軍隊還在城裡橫衝直撞的同時，馬略第七次當選執政官——這他老早就預言過了。不過他上台後，漫無節制地酗酒與夜夜做噩夢，竟導致他兩星期後就死了。

這讓秦納成為政府中無可爭議的領袖。作為一個鄙視先例的強人，他連續當了三年執政官，期間為應付蘇拉的歸來預作準備。然後西元前八十四年，隨著蘇拉擺出入侵義大利的態勢，秦納決定先發制人，在希臘對其發動打擊。不過這次，這位執政官用來迷惑士兵的花言巧語起不了作用。他的部下譁變，秦納在混亂中被殺。大部分羅馬人（他們都害怕蘇拉久經戰陣的軍團）想必認為，由於秦納的死，和平還有最後的機會。不過，蘇拉卻輕藐地拒絕了元老院中立派的建議，甚至拒絕考慮和解的可能。雖然秦納已死，但馬略派（Marians）仍牢牢掌握著權力，雙方都有殊死一戰的決心。馬略之子繼承父親的世仇：他是著名的花花公子，生活放浪，但同樣對父親的死對頭恨之入骨。朱庇特神廟失火後，小馬略趕到火場，不是為了搶救神像或西比爾預言書，而是為了搶救神廟中的金銀財寶，好讓他有錢招募更多軍隊。幾個月後，才二十六歲的他當選了西元前八十二年的共和國執政官。

到了這時，人們對憲法的濫用已經成為常規。元老們的野心已被秦納和他的同夥壓制多年，現在，他們看著一個毛頭小子在扈從簇擁下趾高氣昂地走在羅馬廣場上，只能乾瞪眼。後來，雖然小馬略明顯不受歡迎，但另一個替代選項卻讓人更加不敢恭維。蘇拉身上的邪惡氛圍，還有他長年來的暴力紀錄，在在讓人皺眉頭。沒有多少人歡迎他返回義大利。他口口聲聲說要恢復共和國的說法備受懷疑。軍隊堵住了通往羅馬的道路，遲遲不肯散去。

不過，蘇拉不再像西元前八十八年首次進軍羅馬時那樣只有一名軍官追隨。五年後的現在，他身邊跟著大批貴族，其中許多是馬略派的仇人，想藉機報復。他們之中最出類拔萃的是出身羅馬顯赫世家的克拉蘇（Marcus Licinius Crassus），他的父親曾領導反對馬略派的行動，並在失敗後被殺。克拉蘇的哥哥在接下來的清洗中同樣被殺，家族在義大利的產業遭到充公。這些家產想必相當可觀：克拉蘇的父親除了坐擁閃閃發亮的政治事業，還對進出口貿易抱持強烈興趣。無怪這個家族會被冠以「富有」二字為外號。克拉蘇將繼承父親的觀點，認定財富是權力最穩固的基礎。日後他提出一種惡名昭彰的意見，主張除非一個男人養得起一支自己的軍隊，否則不可能太富有。[1]這是個奠基於他年輕時經歷的判斷。他為躲避宿敵追殺而逃到西班牙——他的父親在西班牙總督任內發過一筆大財。即使是躲在海邊的一個偏僻地方，這位逃亡者仍生活奢華，吩咐隨從往他的山洞遞送食物和年輕女奴。幾個月後，秦納的死訊傳來，讓克拉蘇膽子大壯，將起而收回家產。雖然他只是一介平民，卻採取了一種聞所未聞的方法，招募到一支約兩千五百人的大軍。克拉蘇帶著軍隊悠轉於地中海地區，與各種反馬略派的勢力接觸和結盟，然後航向希臘，投入蘇拉麾下。毫不讓人意外地，蘇拉熱烈歡迎他的加盟。

不過，最熱烈的歡迎是保留給一名比克拉蘇更年輕、更有魅力的軍閥。當時，蘇拉已跨海抵達義大利，正向北推進，但他這時卻收到消息，說另一人招募的一支私人軍隊正在南行，將與他會合。由於道路被各種馬略派的勢力堵住，蘇拉擔心前來增援的部隊會被消滅。不過，就在他快馬加鞭前往馳援時，消息又傳來說：初出茅廬的將軍打了幾場漂亮的勝仗，讓執政官的一支軍隊夾著尾巴逃跑。現在，投誠軍隊列出完整隊形在前頭等著蘇拉。他們的武器閃閃發亮，人人臉上神氣煥發。蘇拉當然大為動容。他來到新手將軍的營帳後，下了馬。一名年輕人站在那裡守候，只見他一頭金色短髮，側臉很有亞歷山大大帝的味道。他高呼蘇拉為「大將軍」，蘇拉也回喊他「大將軍」。即使是最傑出的軍人，通常也要歷練多年才能得到這種榮譽的稱號。但當時龐培（Gnaeus Pompeius）才二十三歲。早熟的自大、自我吹噓的天賦與對成功近乎孩子氣的喜愛：這些特質將界定龐培的崛起。蘇拉一開始就看出這點，所以不吝滿足這位新歸附者的虛榮心。只要能確保得到對方的支持，他完全樂意恭維對方。龐培既值得討好，也要求討好。他從他的牆頭草父親「斜眼」龐培那裡，不只繼承義大利最大的一筆私人財產，還繼承了見風使舵的敏銳嗅覺。他不同於克拉蘇，和馬略派沒有私怨。他在蘇拉到達前，曾靠近秦納的陣營。秦納在兵變中被殺，顯然讓他覺得支持蘇拉更有搞頭。龐培總能嗅出哪裡的機會最豐碩。

他和克拉蘇都意識到，內戰已經改寫了政治遊戲的規則。對年輕一代最冷酷無情、頭腦最清楚的那些人來說，超越父輩的絕佳機會就擺在眼前。對小馬略恨之入骨的蘇拉曾悲嘆自己變老而對手變年輕。他的支持者也一樣變年輕。龐培尤其如此，他漫不經心率領軍隊的模樣就如同一名小學生在玩玩具。在羅馬人看來，年輕人激情暴烈且危險，只有動用紀律才能加以馴化。但龐培早就是匹脫韁野馬。他的敵人都喊他「少年屠夫」。[2]他在截至目前的短暫軍旅生涯中，不知傳統與法律為何物，殺起人來毫不手軟。

顯然有個人能節制他，但蘇拉本人所提供的榜樣卻野蠻得連「少年屠夫」都相形見絀。看來他蓄意刺激薩謨奈人最後一次起義，並利用這個機會對他們大開殺戒，如同他想像自己不只是個軍閥，還是羅馬的捍衛者。薩謨奈和坎帕尼亞再次遭到無情劫掠；薩謨奈人再次（也是史上最後一次）穿戴耀眼的鎧甲和高頂頭盔走進平原，加入瀕臨崩潰的馬略派陣營。在內戰開打一年後，西元前八十三年，一位執政官出逃非洲，另一位執政官（小馬略）被困在離羅馬約二十五英里的山城普雷尼斯特（Praeneste）。薩謨奈人首先想前往解救小馬略，然後又突然想到羅馬防務空虛，故毅然掉頭，揮軍首都。蘇拉驚見這一幕，便拚命從後追趕。當薩謨奈人看見羅馬城的城牆後，他們的指揮官下令摧毀整座城市。他高喊：「這些狼群野蠻地剝奪義大利的自由。若不先剷除他們棲身的森林，接下來有可能剷除他們嗎？」[3]不過，就在薩謨奈人開始向科林門（Colline Gate）前集結、耳邊傳來城中婦女驚恐的哭聲時，蘇拉的軍隊趕到了。中午，他的騎兵前鋒便已開始騷擾敵人的陣線，到了下午稍晚時，蘇拉更不顧副手的勸阻，下令筋疲力竭的部隊投入戰鬥。激戰一直持續到晚上，期間互見勝負。克拉蘇粉碎了薩謨奈人的左翼，但蘇拉的陣線已被擊破，軍隊被危險地擠向城門。但幸運仍眷顧著他。他向保佑他的諸神祈禱，然後重新集結人馬。黎明時，克拉蘇得手的消息傳來，蘇拉終於勝利了。

科林門的血戰具有關鍵決定性。他的敵人在義大利再也沒有可以繼續作戰的軍隊。隨著薩謨奈人的戰俘遭到包圍，蘇拉成了羅馬的絕對主人。

幸運兒蘇拉

科林門共俘虜了三千名戰俘，另外三千名後備軍在蘇拉保證他們的生命安全後投降。不過他們才一走出要塞就被包圍，送到其他戰俘的所在地。他們被囚禁於戰神大校場（Campus Martius），那是城北的一片沖積平原，位於卡比托利歐丘的城牆外。即使吃了敗仗，薩謨奈人一樣被拒於羅馬城城外。

蘇拉在這起事件上的謹慎帶有反諷意味。直到他自己的部隊於西元前八十八年打破禁忌前，唯一攜帶武器進入羅馬城的是舉行勝利遊行的公民。此外，羅馬城一直是軍人止步的禁區。打從王政時代起，羅馬公民都是先聚集在馬斯的平原（the Plain of Mars）——戰神大校場，發過誓後再成為士兵。在這裡，他們會按照財產多寡和地位高低分隊，因為不論在戰爭或和平時期，每個公民都必須知道自己的位置。這個層級制的最上層是那些買得起戰馬的人，稱為騎士階級（equites）。騎士階級下，為五個步兵階級，最底層是那些連投石器和石彈都買不起的公民，稱為「無產者」（proletarii）。七個階級再細分為一些百人隊（centuries）。這種安排讓地位高下更為細緻地凸顯出來。即使在階級和百人隊不再是軍隊基礎後許久，羅馬人仍未放棄一個如此讓人滿意的制度，它轉而成了政治生活的核心。

當然，少有公民不夢想在階級的階梯持續往上爬，然後爬到最高的一層。一個羅馬人爬愈高，看見的風景就愈光明燦爛，導致他愈想往上爬。例如：一個人成為騎士後，就突然有了當元老的資格；加入元老院之後，就有機會當上司法官甚至執政官。他可以讓自己投入選舉。典型共和國的公民最重視被選舉權和競選獲勝的機會。失敗的典型標誌是無法繼承父親的階級。

平坦和廣闊的戰神大校場上只見少數人工建築。最大的一棟是一個有圍牆的場所，裡面設有欄桿和走道，類似圈養牲口之處。羅馬人稱之為「羊圈」（Ovile），它是選舉行政官員的地方。不同陣營的選民從不同走道進入。陣營組合隨選舉不同而有所變化。共和國的本質導致選情的複雜度。例如，選舉護民官時，選民按部落區分。部落的歷史非常久遠，幾世紀以來，隨著共和國的擴張和變革，部落也以典型的羅馬方式改變著。後來，隨著義大利人獲得投票權，部落也被重新組織，以適應新遷入的公民。每個部落的每位成員都有投票權，但因為行使投票權需親自前往「羊圈」，所以只有最有錢的外地人負擔得起這筆旅費，出發前往羅馬行使投票權。因此，選舉無可避免地有利於富人。在大部分的羅馬人看來，這種做法頗為公平。畢竟富人對共和國的貢獻最多，他們的意見也被認為分量最大，不對等的投票權是羅馬階級制度的另一表現。

不過，這條原則在選舉最高級行政官時表達得最清楚。階級和百人隊本來的功能正是在這些選舉中，繼續維持著鬼魂般的死後生命。公民聚集選舉執政官的方式同於他們先祖集合起來前往打仗的方式。如同國王時代，一支軍號會在破曉時吹響，召集公民前往戰神大校場。一面紅旗會在台伯河過去的賈尼科洛丘（Janiculum Hill）飄搖著，示意沒有敵人。然後，公民們就像要前往打仗那樣列隊，最有錢的人排最前面，最窮的人排最後面。這表示總是上層階級先進入「羊圈」。那也不是他們唯一的特權。事實上，他們的選票佔極大的分量，往往能決定一場選舉的結果，所以其他階級是否前來投票差別並不大。又由於排一整天隊投票沒有經濟津貼，大部分窮人覺得不划算，於是就不來了。而這種情形顯然是騎士階級所樂見。

另一方面，對那些負擔得起參加投票的人來說，投票日的緊張氣氛又是羅馬公民生活中最刺激的。穿著特殊白長袍的候選人、那些擠來擠去的支持者，還有亂哄哄的叫喊和取笑聲——這一切都讓這個場合獨樹一幟。選舉結果要到當天很晚才會宣布。這時，當選的候選人會得到群眾如雷的喝采，然後在支持者簇擁下從「羊圈」走向卡比托利歐丘。大部分選民在投票後，都會留下來等待宣布結果的高潮到來。不過，若天氣很熱，在人群揚起的塵土中等上整天可是亟需耐力。戰神大校場上沒什麼便民設施，大部分疲倦的選民傾向往公共別墅（Villa Publica）走去。公共別墅是一幢有圍牆的政府建築，座落於通往「羊圈」的路上。在那裡，人們可以閒談、搧扇子和避開烈日。

蘇拉在科林門的戰鬥結束後，就把俘虜關進公共別墅裡一間兩層樓的方形接待廳，此廳裝飾地富麗堂皇，怎麼看都不像關戰俘的囚室。公共別墅房裡擺設的人像與繪畫都非常精美，反映它在共和國生活中扮演的決定性角色，因為公共別墅正是羅馬階級制度被維持與審查之處。每五年，公民都要來這裡登記一次，而且還得說出妻子及小孩的名字，擁有哪些財產和家當（從擁有的奴隸、現金到妻子的首飾、衣著）。國家有權知道一個公民的一切，因為羅馬人相信，甚至包括「個人品味和食量在內，都應被登記在冊。」[4]正是這種對公民無所不包的資訊，提供了共和國最堅實的基礎，包括階級、百人隊和部落在內，任何能把公民分門別類的範疇都由人口普查界定。兩個行政官在書記員整理好原始資料後，會仔細爬梳這些資料，然後決定提升或貶抑一個公民的地位。這個官職稱為審查官（censor），是共和國最有威望的官職——與執政官相較，更被認為是政治生涯的巔峰。一個審查官的職責如此敏感，以至於最資深、最富聲譽的公民才被委以此項重任。共和國一切架構的維護有賴於他們的判斷；很少羅馬人會懷疑，若人口普查不夠徹底，整個社會的基本結構就會分崩離分析。無怪人口普查廣泛被視為「天下太平的主宰與守護者。」[5]。

蘇拉藉由把戰俘關進公共別墅，再次證明即使在最嚴厲的環境，仍可保持其對反諷的雅好，而這種反諷很快地進一步深化。在一個仍聽得見公共別墅聲音的地方，座落著戰爭女神貝婁娜的神廟，蘇拉命令元老們到那裡見他。他們匆忙赴會時，只要抬頭看，便會瞧見卡比托利歐丘頂上朱庇特神廟的燒焦廢墟。貝婁娜曾警告蘇拉，若他不能迅速戰勝，朱庇特神廟就會被摧毀。蘇拉藉由選擇她的神廟為對元老們訓話的場地，清楚提醒其聽眾，站在他們面前的是諸神的寵兒，是上天派來拯救羅馬的人。這意味著有事將昭然若揭。當蘇拉開始講話，誇耀自己打敗米特拉達梯的功勞時，元老們開始聽見薩謨奈戰俘的淒厲尖叫聲。蘇拉刻意不理會尖叫聲，他繼續說，一會兒後才停下來吩咐元老們不要因他們所聽到的聲音而分心。「不過是有些囚犯在接受懲罰罷了。不用擔心，那是我下的命令。」他輕描淡寫地解釋道。[6]

屠殺執行得很徹底，屍體在屠宰場般擁擠的環境中高高疊起。人被殺光了之後，屍體被拖過大教場，丟進台伯河。大量屍體壅塞於河岸與橋下；最後，「河流在碧藍色的大海吐出一大灘血。」[7]公共別墅染上的血漬並不那麼容易清除。三年前，人口普查才在那裡舉行過，現在它的房間充滿斑斑血漬。其中的象徵意義既震撼人又明顯——蘇拉在擺出任何姿態前，很少未仔細考慮過效果。他透過血洗公共別墅，為他將對共和國執行的外科手術做了戲劇性的預告。若人口普查沒有合法性，那藉其獲得肯定的地位與威望的層級制度一樣沒有合法性。國家的古老基礎動搖了，近乎傾倒邊緣。上天派來的蘇拉將執行修補工作，為了達到這項目的，流多少鮮血都在所不惜。

這項表演因結合了迷信與赤裸裸的權力展演，而成為蘇拉表演的高點。元老院成員都不願意或無私到與它抗衡。即使蘇拉最不共戴天的敵人也別無選擇，只能承認他規模空前的勝利。對蘇拉本人來說，勝利總是命運女神眷顧他的鐵證。這是為什麼，他要貶低自己在科林門戰鬥的位置，然後抬高克里蘇的地位：不是因為他謙遜，相反地，他要把自己描摹為命運女神的寵兒，一個天命所繫的人。古代作家不確定應把這種心態歸因於虔誠或玩世不恭。其實兩者在他身上可謂全然相容。不過可以肯定的是，透過把自己的勝利塑造得像是神明賜予，這首位進軍羅馬之人，以「戰爭、火和屠殺」蹂躪義大利之人，[8]志在洗淨他把災難帶給共和國的罪責。這是他為何要挖出馬略的骨灰，將其撒進阿里奧河（River Anio）之因：此舉除了是一種小器的報復外，還是一種經過盤算的政治宣傳。他和仇人的生死鬥爭——這場私人恩怨曾把共和國帶到非常危險的境地——現在則被重塑為一場保護共和國的戰爭。只有這麼做，蘇拉才能為自己攫取最高權力編織出合法性。馬略何嘗不是如此？在他人生神智不清的最後幾個月，他還是知道要用第七次執政官的任期為自己的權力披上合法的外衣。不過蘇拉太精明了，他知道沒必要搞出類似的假貨，也曉得撿起傳統行政官職位的碎布已沒有意義。若他準備掩飾赤裸裸的權力，就必須往別處尋找適合的偽裝。

然而，在他能這麼做之前，必須先讓他的勝利獲得百分百的保障。所以他離開羅馬，直赴馬略派的最後要塞普雷尼斯特。他在路上接獲消息，說普雷尼斯特已經投降，馬略的兒子已死，現在羅馬沒有執政官了。蘇拉消滅兩名國家元首的事實只凸顯出他的地位在憲法中顯得多反常。他太有自信，對此也毫不在乎。他給自己加上「菲力克斯」（Felix）的頭銜，意指「幸運兒」。這是一個人人喜歡的私人暱稱，但蘇拉決定公告周知；藉此告訴人們，他的統治不需聚集在「羊圈」裡的選民批准。他因為好運而獲得權力，而他的好運也將回過頭來拯救共和國。直到她的寵兒把工作做好與憲法恢復以前，命運女神都將是共和國的主宰。

她的統治被證明是野蠻的。貶尊揚卑是命運女神最喜歡的戲碼，共和國遵循的也是這條路。然其一如既往的精巧體制與精密控制，卻演變為阻止任何暴力的改變。大規模處決對手和充公他們的財產——這種事定期在希臘城邦上演，卻非羅馬人習慣的一套。蘇拉佔領雅典後，推翻的正是一個依賴這種手段的政權。現在，他佔領羅馬之後，打算複製他們的手段。作為「希臘的學校」（the school of Greece）[10]的雅典，除了許多其他優點以外，它的恐怖統治一樣可以帶給人以啟發。

正當薩謨奈人還在公共別墅裡被屠殺時，蘇拉的行刑隊已四處行動。蘇拉本人沒打算抑制他們。就連他的支持者都對殺戮的規模備感震驚。他們其中一人大膽詢問蘇拉，兇手們何時才會被約束，又迅速補充了一句：「至少給我們一份你想懲罰之人的名單嘛。」[9]蘇拉挖苦地照辦，在羅馬廣場上貼出一份名單。馬略政權的所有要人榜上有名，他們被判死刑、財產充公、兒孫禁止出任公職。任何曾包庇他們的人也被處死。就這樣，一大批羅馬政治菁英匆匆被消滅。

新的名單陸續出爐。名單上的名字有數百人甚至數千人之多。作為對人口普查的諧仿，那些非馬略派同情者，卻有錢有地位、為人覬覦的人們也開始榜上有名。聚集在大校場上的盜墓者在瀏覽名單時可能輕易發現自己榜上有名。現在，擁有別墅和游泳池都可能是致禍之由，賞金獵人到處追捕獵物，將受害者的首級帶回首都，供蘇拉過目。有時他會把特別重要人物的首級留在家中，作為戰利品來展示。

這種恐怖的會計制度很容易被濫用。任何人都不會比克拉蘇靠它獲利更多，因為他的家產曾被充公，因此他在這方面嗅覺格外敏銳。而且克拉蘇在科林門救過蘇拉，此時的他不可一世，巧取豪奪種種奇珍與房產。不過，當他有點過分地把一名無辜的百萬富翁列入整肅名單時，蘇拉失去了耐性。兩人的關係不可逆轉地惡化了，蘇拉收回對自己前副手的恩眷。這時克拉蘇已非常富有，所以可以不介意蘇拉對他的冷落。

對精通戰略的蘇拉來說，與朋友交惡也是一種策略。透過公開打臉克拉蘇，他表明自己是共和國無私的潔淨者，血洗共和國不是為了任何個人利益。但不管蘇拉對克拉蘇的貪婪表現得多震驚，沒有幾個人相信他。他的政策總是打壓敵人，拉抬朋友。現在，克拉蘇的權勢和野心都太大了，不甘為任何人的附庸，但那些不被蘇拉看成威脅的人卻得到獎賞。他常以極低的價格將房地產賣給他們，他的政策是蓄意毀掉反對者來讓支持者發財。「直到蘇拉用財富餵飽所有追隨者後，大屠殺才最終落幕。」[11]

他出手慷慨，但從沒收財產獲利最多的人卻是他自己。這名曾被迫棲身廉價租屋的人現在比羅馬歷史上的任何人都還富有。事有湊巧，有位元老在被判死刑後躲到自己從前的一個奴隸家中。事跡敗露後，那名已成為自由人的奴隸被帶到蘇拉面前。他們馬上認出彼此：很久以前兩人曾合租一屋。在被拖去處決時，那個自由人喊著，蘇拉以前和他們並無多大差別。他說這話是出於嘲諷與不服氣，但蘇拉應該另有解釋。沒有任何比這件事更能顯示出他走了多遠的路，而且真的是「菲力克斯」。

獨裁者蘇拉

蘇拉致力於破壞，也致力於建設。即使在羅馬的街道染得血紅之時，他已在大聲宣告，要讓共和國全面恢復健康。對他來說，機會主義和冰冷信念一如既往地是一體兩面。他雖曾極野蠻地投入戰爭和革命，但這一切絲毫不減他骨子裡的保守性格。蘇拉對革新抱持根深蒂固的貴族式厭惡。所以，他在為羅馬尋找解決危機的辦法時，根本沒打算把某種嶄新的獨裁模式加諸國人同胞，而是把目光投向過去。

最緊急的是，他需要讓自己的地位合法化。雖已充公敵人的財產，但他仍拒絕透過選舉獲得合法性。幸而他有先例可援，共和國早期的歷史上，曾出過一些不經選舉就握有絕對權力的人物。執政官的選舉在重大危機發生時會被擱置，另選出一名官員獨攬國政。這樣的職位完全符合蘇拉的需要，他一點都不擔心那已是陳年舊事。他借助強烈且具威脅性的暗示，勸說元老院挖出這個陳年職位，提名他擔任。這樣，他的無上權力不只得到合法化，還披上了一層傳統的色彩。試問，羅馬人又怎會覺得自己正遭受一貨真價實的共和國獨裁官威脅？

事實上，人們總對獨裁官心存疑慮。獨裁官的無上權力不同於權力一分為二的執政官，總是個對共和國理想的冒犯。這就是為什麼，後來這個職位會被打入冷宮。就連在對抗漢尼拔的那段黑暗日子，獨裁官也只存在很短的期間，而且任期固定。獨裁官一職如同未經調和的酒類，既醉人又危險。不過，好飲酒又好權力的蘇拉認為，自己二者都駕馭得來。他拒絕為獨裁官的任期設下限制。他將擔任獨裁官直到憲法「修正通過」。[12]這話是什麼意思，只有他自己知道。

一名執政官有十二名扈從，蘇拉卻有二十四名。他們每人的肩上，不只搭著「法西斯」還夾著一把斧頭，象徵獨裁官生殺予奪的大權。沒有什麼比這個更能凸顯蘇拉與其他行政官之間不平等的地位，他很快就讓人們明白這點。他在被任命為獨裁官後不久，就下令舉行執政官選舉，兩名候選人都由他推舉。當他手下的一名將軍（攻克普雷尼斯特的戰爭英雄）企圖參選時，蘇拉命令他退出，在他拒絕後，又在羅馬廣場上公開謀殺他。蘇拉比任何人都明白，一名戰爭英雄可以多危險。

有個弔詭籠罩了他的整個改革方案。蘇拉身為獨裁官，他的任務是確保未來不再有人做他做過的事，也就是進軍羅馬。不過這點之於他本人算不算弔詭，則不無疑問。就像他的宣傳始終堅稱的，若引起內戰則過不在他，那就應該歸咎別處。又如果（這也是他的宣傳所堅稱的），是野心誘惑馬略和蘇爾皮基烏斯做出危及共和國的事，那正是共和國制度的腐敗，讓他們得以繁榮。但蘇拉太羅馬人本色了，以致無法想像追求卓越的欲望也可以是一種罪。他斷然不打算壓抑國人同胞追求榮耀的欲望。代之以，他想為它導流，讓它不但不會危害國家，反而能帶給羅馬更大的榮耀。

憲法的複雜性、自相矛盾與弔詭全都讓蘇拉惱怒。他把它們說成漏洞，想封閉它們，不留任何讓未來的馬略可資利用的缺口。野心將受到嚴格規範。每個行政官的官職都將有年齡門檻。蘇拉在二十多歲時，都把時間花在追求妓女上，現在有這個歧視少年有成者的機會，想必讓他津津有味。

他立法規定，三十歲以下的人沒資格參選，哪怕是最低階的行政官。在羅馬，最低階的行政官是成功被賦予候選人資格的財政官，擔任其中一名較高階行政官的副手一年，學習他們的經驗。有些甚至會被賦予獨立的權責，管理共和國的財政事務，藉機熟悉權力的紀律和責任。這是一種重要的訓練，因為那些當過財政官的人在三十九歲之後，便有資格問鼎另一更加尊貴的官職：司法官。司法官的任期也是一年，地位僅次於執政官，擁有廣泛的職權。他不僅執掌共和國的法律事務，還有權在元老院召開會議並主持它的辯論。不過在蘇拉制定的新架構中，司法官職位的真正吸引力在於它是通向執政官一職的必經之路。執政官之職仍是羅馬人可能得到的閃閃發光的最大獎。一如往常，只有少數人贏得過它，但蘇拉的改革目標是要確保未來的得勝者都會稱職，不再發生小馬略般小孩玩大車的醜聞。從財政官通向司法官，再通向執政官的道路是一條單一的道路，沒有捷徑可抄。

這種立法的蓄意效果是讓中年人受到重視。它在這一點上和羅馬人的基本直覺一致：他們認為政治家應是中年人。希臘的統治者也許會把自己裝扮得較年輕，但共和國欣賞的肖像是有皺紋、頭髮稀疏與下顎鬆垂之人。羅馬傳統統治機構——元老院（Senate）——的名字衍生自「老人」（senex）一詞並非巧合，元老們喜歡自稱「父老」（Father）也並非巧合。讓一群富有經驗和智慧的人統治，不讓不負責的年輕人和窮人有機會亂來——這是每個保守分子珍視於心的理想。在共和國的神話體系裡，羅馬靠著元老院的指引走向偉大，戰勝漢尼拔，打破君主制並征服世界。蘇拉雖不放過任何踐踏元老院的機會，卻以恢復它的權威為己任。

修復工作刻不容緩。內戰與肅清行動已把這個尊貴的機構弄得滿目瘡痍，人數從三百降低至僅僅一百左右。蘇拉對此要負很大的責任，但後來他又不遺餘力補充元老院的人員，以致到了最後，元老人數比歷史上任何時候都來得多。各行各業的騎士階級——生意人、義大利人和靠洗劫致富的軍官——連滾帶爬地擠入元老院。同時，元老院內部的自我晉升機會也大大增加了。在蘇拉的改革下，司法官的數目從每一年六名變為八名，財政官則是從八名增為二十名——這是為了確保能定期為權力高層輸入新血。也無怪老貴族會對這些政策深惡痛絕了。不過，勢利的羅馬人總有辦法讓新人守規矩。元老們就像共和國的任何其他人，為鐵一般等級的規則所規範。由於地位高低決定發言順序，資淺的元老很少有機會說話。就連曾公開批評元老院的人一旦被拉拔進裡頭也會馬上噤聲。儘管蘇拉以對敵人小氣著稱，但此時看來，他也認為最好把一些對手拉攏過來。

當然，有些人是他仍然管不到的。下層民眾的願望遭蘇拉藐視，代表他們願望的人則為他所痛恨。雖然蘇拉銳意提高元老院的權力，卻報復性地閹割護民官的職權。他永遠不會忘記，蘇爾皮基烏斯曾經是位護民官，每削去護民官一分權力，就會讓他多一分復仇的快感。為確保護民官提出不利執政官的法案的情形（蘇爾皮基烏斯就這樣幹過）永不再出現，蘇拉完全廢掉他們提出法案的權力。為防止護民官的職位吸引野心勃勃的麻煩製造者，他也封閉了此職的仕進之路。他出於精細的惡意，禁止曾任護民官者擔任高級行政官。財政官和司法官可以夢想當上執政官，但護民官卻無法再做這樣的夢。他們的官職沒有前途可言。一如既往，蘇拉的這項報復非常痛快淋漓。

就這樣，憲法的一根古老支柱淪為瓦礫。就連蘇拉在元老院的保守派支持者都對此感到震驚。[13]此前，從未有人企圖展開這種拆毀工作。獨裁官蘇拉把他的改革裝扮成修復，表示目的是掃除混亂。然而，混亂正是共和國的本質。它蔓生至任何蘇拉屑於一顧之處。混亂在羅馬城裡也是舉目可見。蘇拉

（他對任何挑釁的反應都是予以迅速、致命的一擊）很快地，就對羅馬城的擁擠失去耐性，下令把「羅馬城界」往外推——這在羅馬歷史上是頭一遭。為解決元老院的擁擠問題，他以同樣乾脆的作風推倒並重建元老院，讓它可以輕鬆容納新增的元老人數。元老們並不感激他。幾十年後，他們仍念念不忘原來的元老院，認為它充滿共和國歷史英雄的印跡，又抱怨新的元老院「空間擴大，意義卻縮小了。」[14]蘇拉對於這些抱怨聳聳肩，輕蔑地一笑置之。他只有在卡比托利歐丘才受到傳統的拘束。朱庇特神廟固然已被一把大火夷為平地，但它的輪廓還在。隨著一間新廟自灰燼中繼起，蘇拉從雅典劫掠回來的巨大石柱在舊神廟的結構裡閃耀光芒。舊瓶裝新酒——對蘇拉的獨裁統治來說，還有比這個更貼切的紀念碑嗎？

不過，就在距離新的朱庇特神廟竣工還有一大段日子時，蘇拉便辭去了獨裁官的官職。西元前八十一年年底的一天早晨，他突然出現在羅馬廣場，身邊沒有扈從。這位曾使羅馬歷史上最多公民死亡的人放下最高權力，「既不害怕國內的人民，也不害怕國外的流亡者……他就是這麼大膽與幸運。」[15]他的膽量再次獲得證明，他始終是個令人畏懼的人物。只有一次，有人敢於當面批評他。那是一名年輕人在羅馬廣場挑釁他，由於未能引起蘇拉反應，年輕人在蘇拉回家的路上不停嘲弄他。除了他之外，沒有人不害怕蘇拉。

辭職後翌年，蘇拉擔任執政官，下一年則卸下公職。無官一身輕後，他恢復了年輕時代的放浪生活，那是讓他不曾失去才華的生活風格。擔任獨裁官期間，他曾舉行羅馬史上最大的派對，羅馬城裡所有的人全都受邀參加。串燒烤肉在街道上吱吱作響，陳年葡萄酒自公共噴泉噴灑而出。公民們大快朵頤，直到吃不下一口肉、喝不下一口酒為止。接著，大塊大塊的肉被扔進台伯河，極盡浪費之能事。蘇拉回復一介平民的身分後，舉辦的派對當然以私人性質居多。他會和從前的哥兒們喝一整天酒，他雖已攀至令人炫目的高度，但仍對朋友忠誠——一如他對仇人毫不留情。蘇拉的朋友包括戲子、舞者和潦倒的雇傭文人，這些人全在被他整肅的人家裡混飯吃過。蘇拉會給那些沒才華的朋友金錢，讓他們不用再表演，對那些有才華的朋友——哪怕已經過氣——則非常珍視。蘇拉仍奉承與溺愛一名變裝皇后：「反串演員米特羅比烏斯（Metrobius）人老珠黃，但蘇拉堅稱自己還是一樣愛他。」[16]

顯然蘇拉不像馬略，需以肌肉證明自己是個男人；他不會到戰神大校場鍛鍊身體。當他退隱到坎帕尼亞的別墅後，樂於過著退休生活。他已經修復了共和國，而他的工作效果則是天下太平。危機已經過去。看見蘇拉穿著一件希臘式短袖束腰外衣與別的遊客一起走在拿坡里的街道上，誰又能夠不相信，美好日子已經去而復返？

一如在羅馬，義大利的美好日子以野蠻和血腥為基礎。薩謨奈山區就位於蘇拉別墅的不遠處，那裡因為一種蓄意的滅絕政策已無人煙。在它四周的坎帕尼亞平原上，許多城市因抵抗過蘇拉而仍然傷痕累累，連拿坡里也被羅馬軍團襲擊過。諾拉最終也被攻陷了，這個叛軍要塞被圍困了近十年，直到西元前八十年才被攻陷——它的守軍看到了羅馬人的殘暴，而鐵了心寧死不降。為懲罰諾拉並提供一支長駐的佔領軍，蘇拉在城中為老兵開闢了一片殖民地——無數類似的聚落遍布坎帕尼亞和薩謨奈。蘇拉為慶祝攻佔敵人最頑強的要塞，給諾拉取了一個羞辱性的新名字：菲力克斯殖民地（Colonia Felix）。只有另一次竊佔行為能帶給他更多快感。馬略的著名別墅座落於他別墅下方的海岸上，如同建在海角上的一座軍營，標誌著老兵的榮耀與男性氣概的自豪。蘇拉把它便宜賣給女兒科尼莉亞（Cornelia），在傷口上撒鹽始終是他的信條。

這種冷酷永遠不會為人遺忘與原諒。蘇拉讓羅馬人首次淺嚐被專制君主統治的滋味，並被證明其可怕與有益。人們一旦經驗過，便永遠忘不了。大整肅後，再也沒有人懷疑，羅馬人對競爭和榮耀的胃口也許會帶來怎樣的極端後果。曾經不可想像的念頭如今潛伏於每個羅馬人的內心深處：「既然蘇拉可以，為什麼我不行？」[17]

繼他之後的那一代人，將為這個問題提供他們自己的答案。當他們這樣做時，將有助於恰當地評價蘇拉：他是憲制的拯救者或摧毀者？雖然他證明了自己十分恐怖，這名獨裁官卻也賣力修復共和國，力圖確保在他之後，不會出現另一個獨裁官。後世歷史學家見慣了終生制獨裁的事例，對於竟有人自願放下無上權力感到不可思議，但蘇拉卻這麼做了。他的同代人會覺得他讓人困惑且矛盾，也就不奇怪了。當他去世時（八成死於肝臟衰竭），大家甚至對於該怎麼處理他的屍身莫衷一是。一位執政官想以國葬尊榮他，另一位執政官卻不想給他任何榮耀。這個爭論讓羅馬產生再次爆發暴力衝突的危險。一大批老兵聚集起來，把他們老將軍的屍體從坎帕尼亞護送到羅馬，但羅馬人民卻發現自己「就像蘇拉還活著時那樣恐懼他的軍隊和屍體。」[18]他的屍體才剛被放上戰神大校場巨大的木柴堆上，平原上就狂風大作，把火焰搧得老高。一等屍體燃燒殆盡，天空便開始下雨。

最終，蘇拉依然幸運。

FAME IS THE SPUR

第五章 聲譽是馬刺

CHAPTER 5

一個貴族的成長

年輕羅馬貴族的人生充滿機會和風險，內戰讓兩者都走向極端。在蘇拉底下，一名年輕人有望取得從前只有成年人才取得的成就。有些人則會暴富，這些人之中，龐培是最耀眼的明星，他在蘇拉立法限制年輕人的野心後仍然神氣十足。就連獨裁官進而立法禁止三十歲以下的人擔任公職時，他的嫩臉蛋副手仍在非洲打擊一支死硬的馬略派軍隊，而且被部下高呼為「偉大者」（The Great）。不過，龐培是個特例，其他和他同輩的人都沒他幸運。蘇拉的祕密警察既不尊重血統也不尊重年輕。例如，朱利安氏族和馬略有姻親關係，所以這個古老世家的繼承人必須逃亡。這名才十九歲的年輕人，其家族人脈本可確保他官運亨通，但現在不得不躲在山區的馬棚裡，並花大錢收買賞金獵人，這段經驗將令他永生難忘。他在未來的歲月，將證明自己有無比的決心駕馭無常的命運女神。年輕的朱利安·凱撒（Caesar）就像龐培，在蘇拉稱霸的時代脫穎而出。

兩人都無愧於他們所受的教養。堅忍不拔是羅馬的理想，這種冷酷如鋼把獵取榮耀與忍受災難的能力成為一名公民的定義性標誌。他從出生那一刻起，便被灌輸這種觀念。看來，羅馬父母對嬰兒的第一反應不是憐愛而是震驚：世界上怎會有如此軟綿綿與無助的東西？「一個嬰兒就像被洶湧波浪沖到海灘上的水手那樣，赤裸裸地躺在地上，無法說半句話，完全要靠他人的幫助才存活得了。」[1]對羅馬人來說，這種狀態幾近奇恥大辱。小孩子太軟弱了，以至於難以被理想化，所以對一個小孩能有的最高讚譽就是把他比作一個大人。結果就是，古代傳記充滿令人挫折的空白。對共和國大人物的描寫中，最讓人覺得冷冰冰與遙遠之處，就是講述他們最早年生活的部分。他們總被說成體格或學識遠勝常人。人物愈偉大，對他們童年時代的描寫就愈稀少。我們對於像凱撒這樣的人其童年幾乎一無所知。任何重建這段生活的企圖需依賴猜測和類推的程度，往往更甚於古代史上的大人物，但這種工作仍值得去做。羅馬人就像任何心理學家一樣，意識到「大自然把她的藍圖最明白地呈現於一個人的最早年歲月。」[2]童年是未來公民的可被打造之處。

那麼，我們對於那個有天將摧毀羅馬共和國的嬰兒，有什麼所知是確定無疑的呢？凱撒（Gaius Julius Caesar）生於西元前一〇〇年七月十三日，分別比龐培和克拉蘇（Crassus）小六歲和十五歲。他最早的時刻應該被許多儀式包圍。羅馬人並非一出生就自動成為公民，每位父親都有權拒絕接受新生兒，有權遺棄不想要的小孩（特別是女兒）。在嬰兒凱撒被餵奶前，他的父親必須將他高高舉起，以表示這個孩子已被接受為他的兒子，因此是個羅馬人。九天後，他會被命名，家裡將進行大掃除，把邪靈掃地出門。家人會根據鳥的飛行路線來占卜孩子的未來，嬰兒凱撒的脖子會戴上一個稱為「布拉」（bulla）的黃金護身符，直到他成年及成為真正的公民為止。

為了讓他成為真正的公民，片刻都不能有所耽擱。羅馬人沒有稱呼嬰兒的專門字眼，反映出他們不認為任何小孩太小，以置於不適合接受磨練。新生兒以襁褓緊緊包裹，以塑造體形；他們的面部要接受揉捏和擊打。若是男孩，還要拉扯包皮使其伸展。根據共和國的古老傳統與希臘的新醫學，羅馬人建構出一套節食與冷水浴的養生術，這種嚴苛的養育方式讓原本就居高不下的嬰兒死亡率更高。據估計，每三個小孩只有兩個活得過頭一年，其中又不到一半可以長大成人。小孩死亡是家常便飯，社會鼓勵父母們泰然處理喪子之事。一個小孩愈小，父母對他流露的感情就愈小，所以常有人主張：「若小孩死在搖籃裡，父母甚至不該悲悼。」[3]但情感保留未必是無情。墓碑、詩歌和私人書信都有大量證明羅馬父母可以對兒女很有愛的證據。對小孩嚴厲並非蓄意殘忍的結果。恰恰相反的是：愈嚴厲的父母被認為愈愛子女。

凱撒的養成方式以嚴格著稱，他的母親奧麗莉亞（Aurelia）也因此被後世羅馬人視為模範母親。據說她的確會親自哺乳，但臭名遠播的是，羅馬上流社會的婦女卻極少這樣做，哪怕這是她們的公民責任，因為眾所周知乳汁會包含乳汁提供者的人格個性。因此，一個女奴隸的奶水又怎能與自由的羅馬婦女相比？那些把嬰兒交給奶媽照顧的不負責貴族婦女，顯然拿她們的孩子的未來開玩笑。但她們還是這樣做了，那是清晰且驚人的時代墮落之徵候。奧麗莉亞違反時代潮流的做法值得自豪。

當她的孩子斷奶沒多久，她便開始對他們展開教育。凱撒並沒有獨佔奧麗莉亞所有的注意力，除了兒子之外，她還有兩名女兒：大茱麗亞（Julia Major）和小茱麗亞（Julia Mino）。羅馬人認為，女孩應像男孩一樣接受磨練，包括身體和智力。男孩接受身體訓練是為作戰準備，女孩接受身體訓練則是為了生育，但訓練的吃力程度一樣。在羅馬人看來，自知來自於認識自身耐力的極限。有了這種認識後，一個小孩方能為成年生活作好準備。

無怪羅馬兒童似乎少有玩耍的時間。出土的羅馬共和國時期玩具遠少於共和國崩潰後的時期（在後者，小孩長大後必須成為好公民的觀念式微了）。即使如此，小孩仍是小孩：「隨著他們逐漸長大，即使以懲罰作為威脅，也無法讓他們不盡力玩遊戲。」[4]女孩子當然有洋娃娃玩具，因為根據風俗，新娘須在結婚典禮上向維納斯敬獻洋娃娃。而讓男孩們著迷的玩具之一是陀螺，擲骰子看來也大受歡迎。婚禮上，新郎會向小孩拋撒銅板或堅果，這些東西便成了孩子的賭注。有朝一日，凱撒在面對自己人生最重大的危機時，將會談到擲骰子。[5]他對這個比喻的愛好肯定來自童年。不過，就連兒子擲骰子的時候，嚴厲的奧麗莉亞也會在一旁觀看，因她時刻關心、管好他的行為，不管是玩遊戲或用功讀書。[6]所以，凱撒大概是從他媽媽那裡學會一項最重要的技能：懂得區分可接受的風險與盲目的賭博。

然而，父親對他又有哪些影響呢？這個問題只會讓關於凱撒童年記載的缺漏更為顯著。儘管奧麗莉亞是一位模範母親，但她對兒子的嚴格管教可能有冒犯丈夫權威之虞。在歷史上羅馬婦女享有的自由也許很突出，羅馬父親的權威更突出。他的大權不僅表現於決定一名新生兒能否成為家中的一員。就連他的女兒嫁人後，也許仍處於父親的監護下，而他的兒子無論當過多大的官，始終是他的依附人。天底下沒有父親的父權有羅馬父親那麼大。不過，如同共和國其他方面，權力會帶來責任。在每次人口普查中，一家之主都會被問及，他們結婚是否為了生兒育女。為自己國家貢獻未來人力是公民的愛國義務。然而，讓一個父親感受更深切的，是他有責任增加家庭的榮譽。共和國中的地位不是繼承而來，必須是幾代人努力贏取而來。若兒子達不到父親的地位和成就，或女兒不能影響丈夫，促進她父親和兄弟的利益，都會被認為讓家族蒙羞。一家之主的責任是設法確保這些情形不會發生。所以，養兒育女幾乎就像共和國生活的任何一個面向，反映著羅馬人對競爭的熱愛。成功教育後代、向他們灌輸家族榮譽感並鼓勵他們積極追求榮譽——這些都是值得一個男人自豪的成就。

凱撒的野心是有朝一日掌管整個共和國，這種野心想必也受到父親的助長。在羅馬，有些東西只由父親傳授。小凱撒最有價值的功課大概不是從媽媽腳邊學來的，而是在他父親招呼政治盟友時站在父親身邊學來的，或輾轉於羅馬廣場上或元老的宴會上偷聽來的。一個小男孩只有透過第一手呼吸權力細緻的氣味，才能發展出對共和國多樣複雜的敏感嗅覺。凱撒父親的人脈關係良好，名字敲得開許多扇門。他家的門也會為別人打開，作為回報。羅馬人沒有多少私人空間的概念，一個貴族府邸與其說是一家人的安樂窩，不如說是供他擺姿勢與受人羨慕的舞台，是他所希望的形象在石頭中的投影。或許朱利安氏族的府邸遠離權力中心，被蘇布拉區（Subura）小酒館與貧民窟所包圍，但仍為凱撒的父親提供了一個讓人敬畏的總部。這層被保護人與恩主的關係，也是有進取心的政治家所需掌握的。若恰當利用，被保護人的支持也許會對他的野心產生關鍵的作用。一個羅馬貴族總會小心照料他的恩客，他變得愈有勢力，他的光芒就會無可避免地招來愈多恩客的依附。西元前九十二年，凱撒的父親當上司法官後，出入都有追隨者前呼後擁，標誌出他是個重要人物。然而，這種排場能滿足他八歲兒子的期望嗎？

他的期望非常遠大，即使依照羅馬的標準來看也同樣過火，凱撒從不放過任何機會要求別人對他的血緣表現出應有的尊重。他是維納斯後人這點，從他早年開始便牢牢植入他的腦袋。他家的府邸如同朱利安氏族的神廟，除了有個設計得像是神廟的門廊外，正廳牆壁上還掛滿了氏族出過的高官死人面具，訴說著家族過去的榮耀。由深淺線條連接的肖像回溯歷史，指向一位特洛伊的英雄，再由他指向一位女神。外國觀察者毫不懷疑這種壯觀畫面會給一個小孩帶來多深刻的印象。「很難想像，對一個渴望贏得名聲與實踐美德的年輕人來說，還有其他讓他印象更深刻的畫面。」[7]羅馬人自己形容，看到那個畫面的少年人，精神會如火焰般揚起。[8]不過，若一幢大宅邸的繼承人不能證明自己配得上這份遺產，將成為一個遭到嗤之以鼻的人物。「聲望崇隆的老宅，可惜啊可惜，你當前的主人多讓人失望！」[9]當人們走過此地並如此論斷時是多麼令人不快。在凱撒的情況下，家族舊日的榮耀只讓現有的榮譽更顯寒酸。他父親固然是名司法官，卻非執政官。他走過羅馬廣場時固然有批恩客簇擁，但他卻不能讓整個羅馬城，甚至所有外省的人成為他的恩客。有些最大的家族能做到這點。例如，龐培雖然是個暴發戶，但在義大利東部卻能動員整片地區。血腥殘忍的「斜眼」是個模範父親，因龐培最先學會認字，是從讀「斜眼」寫的一篇頌詞開始。反之，我們並不知道凱撒年輕時讀過什麼，只知道他寫過什麼。他的同代人想必認為他寫的東西很重要，不然不會留下對它們的記憶。其中一篇是〈赫丘力士頌〉（in praise of Hercules）[10]，赫丘力士（Hercules）是古希臘最偉大的英雄和朱庇特的私生子，他取得的成就讓自己不朽。另一篇則是講述伊底帕斯（Oedipus）的故事。

不管凱撒對父親抱持什麼看法，有件事是肯定的：有另一個角色楷模讓他印象深刻得多。凱撒父親擔任司法官一年後，被任命為亞細亞總督。這是個重量級、沒有有力人士在背後使力，不可能得到的職位。當時米特拉達梯正準備入侵，馬略也在爭取東征主帥的職位。他姻親的突然晉升，顯然和這位將軍離不開關係。後來，先是發生了義大利人起義，接著內戰席捲共和國，這段期間，馬略繼續擔任朱利安氏族的保護人。就在他去世前，在他對敵人進行殘酷報復的第七任執政官任期內，他原計劃讓年輕的凱撒當上朱庇特的祭司。這個職位因現任祭司被迫自殺而出缺，需要一個貴族擔任。由於凱撒只有十三歲，還不到就任年紀，職位先預留給他，但正因如此，小小年紀的他便被直接捲入內戰的漩渦。

凱撒之父在西元前八十四年去世——我們不知道死因。同年，凱撒脫下他的黃金護身符，穿上成年人的長袍，正式成年。繼馬略後當權的執政官秦納立即讓他成為祭司。凱撒雖然才十六歲，但顯然讓秦納印象深刻，因這位執政官還把女兒科尼莉亞（Cornelia）許配給他。當時的凱撒已經訂婚，但沒有年輕人願意錯過成為共和國最高首長女婿的機會。婚姻在羅馬一向是冷冰冰的買賣，無關愛情，全是出於政治考量。上層階級的婦女，尤其生育能力強的那些，是向上爬的賭博中很重要的一環。由於女孩出生時比男孩更容易被遺棄，門當戶對的未婚妻總是短缺。「老處女」（Spinster）就像「嬰兒」一詞，不存在於拉丁文中。由於當父親的都急於嫁出女兒換取政治利益，所以她們比男孩早三到四歲成年。一個女孩慶祝十二歲生日那天，便被預期披上新娘的傳統藏紅色面紗。如果一個太太繼續處於父親的監護下（大部分有錢的婦女都是如此），她們對丈夫的忠誠大概不會太深。婚姻可以炫目之速締結與破裂，可能因盟友關係而突然生變，並讓一段婚姻失效。凱撒一天擁有科尼莉亞這名妻子，就多一天可望得到秦納關照。一個男人不必因為愛妻才器重她。

不過，當秦納死於譁變士兵之手後，科尼莉亞在凱撒眼中想必突然成了負債。在蘇拉消滅馬略派和秦納政權的最後殘餘後，她的價值更進一步下跌。因凱撒是馬略外甥和秦納女婿，幾乎不可能在新獨裁官面前毛遂自薦。不過，他的名字並沒有出現在第一批整肅名單。他雖然是馬略派的人，但和蘇拉也關係匪淺。共和國內多樣繁雜的角色頻頻滋長矛盾的忠誠。貴族的圈子尤其小，錯綜複雜的婚姻關係常導致即使是死對頭亦沾親帶故。凱撒母親的家族為蘇拉提供了一些最具影響力的支持者，正是這層關係拯救了凱撒的性命。

代之以殺死凱撒，蘇拉滿足於只解除這位年輕朱庇特氏族祭司的職位，並要求他和科尼莉亞離婚。讓人跌破眼鏡的是，凱撒拒絕離婚。正是這個近乎自殺的桀驁之舉讓他不得不逃離羅馬，成為首級被懸賞的對象。因奧麗莉亞的親戚不斷求情，蘇拉最終饒恕了凱撒的違逆。這位獨裁官聳聳肩，挖苦地說凱撒身上有大量馬略的影子。但若說凱撒像誰，那個人絕對不會是馬略。拒絕和科尼莉亞離婚不只需要勇氣，還需要忠誠、強烈的貴族式驕傲以及願意信賴自己的運氣。這些都是蘇拉可以欣賞的特質——欣賞但不信任。

對凱撒來說，想必蘇拉多活著一天，他就不會完全安全這點十分明顯。他決定往國外跑，不純粹是為了逃亡。因仕途的快車道已對他封閉，他必須以更傳統的手段尋求發跡。要知道，朱庇特祭司不許騎馬、參軍，也不許離開羅馬超過兩天。這些古老的禁忌肯定讓凱撒鬱悶難受：他是位傑出的騎手，有用不盡的精力與活力，並經常到大校場進行武裝訓練。他所受的全部教育都教他，該把建功立業視為與生俱來的權利。現在拜蘇拉之賜，他有機會從心所欲了。

這些欲求把他帶到了亞細亞，他以參將的身分到那裡。在羅馬，一個人若沒從過軍並參加過一些戰鬥行動，就不可能從政。東方讓凱撒有大量參加戰鬥的機會，死裡逃生的米特拉達梯正在療傷止痛和重建軍力。愛琴海的列斯伏斯島（Lesbos），城市米蒂利尼（Mytilene）仍在抵制蘇拉野蠻的和談條件。軍事和外交上的混亂隨處可見。這種局面可說是為有抱負的年輕人量身訂造。

凱撒很快就脫穎而出。還在羅馬時，他的超時髦穿著曾讓蘇拉嚇一跳。蘇拉曾經不以為然地表示，這名年輕人習於把腰帶束得太鬆。不過在東方國王的朝廷上，獨具一格的服裝卻受到欣賞，行省政府也很快意識到，凱撒這個穿得像花花公子的貴族非常勝任於一些外交使命。他被派往出使比提尼亞（Bithynia），而國王尼科米德斯（Nicomedes）也著迷於這位羅馬客人的魅力。大概還是太著迷了，因據說尼科米德斯還把他引為情人——此後十幾年，凱撒的敵人都用這個醜聞中傷他。不管怎樣，凱撒的出使任務大獲成功，不僅贏得尼科米德斯的好感，還向他借到多艘戰船。接著，凱撒率領艦隊前往列斯伏斯島，參與對米蒂利尼的攻擊，表現得非常勇敢。因為他在戰鬥中救了好些國人同胞，所以獲得特別獎賞——一頂以櫟樹葉造成的公民冠。此後，每逢凱撒進入競技場觀看表演，包括元老們在內的所有人都會站起來向他致敬。他以這種方式，將成為一個人民熟悉且廣為人知的人物。他的事蹟將傳遍羅馬，這樣的榮耀是每個公民夢寐以求。

然而，若軍事榮耀是贏得人心的最穩當途徑，凱撒卻清楚知道，這對實現他的目標來說還不充分。雖然此時已為西元前八〇年，蘇拉已辭去獨裁官之職，但凱撒並不急著回羅馬享受競技場觀眾對他的歡呼。反之他留在東方，繼續在軍中效力，然後一邊研究行省的管理，並被上司們交相讚譽為能幹的助手。直到蘇拉在西元前七十八年去世，他才終於安心回到羅馬。在一座仍因已死獨裁者的陰影而顫慄的城市，凱撒就像一片鮮明的色彩。「他有著為人喜歡的非凡本領，又因好相處與親民而大受一般市民歡迎。」[11]儘管施展魅功不費凱撒什麼力，他的表現卻是一個有政治意圖的宣言。拉攏大眾的人們都標榜自己是個「平民派」。馬略是個平民派，蘇爾皮基烏斯也是。蘇拉的整個政治計畫就在於消滅平民派的傳統，但凱撒卻自視為這項傳統的繼承人。

不久後，他就以此公然自居。他從東方回來一年後，就大膽發起對蘇拉一個從前手下的起訴。因蘇拉的人馬這時還牢牢掌控著權力，該軍官被無罪開釋。不過，凱撒表現傑出，一夕間就讓自己成為羅馬最受敬佩的起訴人（orator）之一。他本來就是個戰爭英雄，精通外交和行省事務，如今更成了一名公眾人物。此時他還不到二十四歲。

凱撒擁有多方面的才能，還有用來發展這些才能的精力，這些在在讓他顯得擁有燦爛的未來，顯然偉大已被喚醒。即使如此他總是有出人意表之舉，卻不曾偏離常軌。共和國孕育了他，讓他的雄心壯志有實現的渠道。雖然之前十年處於無政府狀態，羅馬人對他們公民傳統的忠誠並未動搖。他們厭倦了內戰。家族榮耀和個人信念也許決定凱撒是蘇拉派的敵人，但他不準備以不合憲制的手段反對它。這種嘗試業已展開。蘇拉的骨灰甫隨風飛散，其中一名執政官便發起反對整個蘇拉派政權的起事，這次起事被迅速且凶狠地敉平。若凱撒有參加起事（他曾受邀參加），他的政治生涯肯定完蛋，一次過錯會失去一切。他對這種沒把握的賭博不感興趣。代之以，他就像他之前的一代代貴族，採取一步步往上爬的做法，不斷穩定地更上一層樓。他年輕時代的成就除了作為這種企圖的基礎外，沒有任何其他價值。共和國總放縱其公民追求榮耀。這種做法不但沒讓它分崩離析，反而帶給它征服世界的偉大。凱撒的早期生涯似乎顯示出，共和國雖然有過內戰和獨裁的創傷，卻沒發生什麼真正的改變。

繞著賽道跑啊跑

羅馬人把我們所說的滑桿[12]稱為Cursus。這個字可以有幾層意義。它的基本意涵和旅程有關，特別是指緊急的旅程。不過用在體育上，卻有個專門的涵義：不僅指賽道，也指馬車賽車本身——那是一個大競技場上（Circus Maximus）最風行的盛會。稱一個貴族為馬車手是種侮辱（程度只略遜於稱他為格鬥士或土匪），但這種類比又確實有道理。在共和國，體育運動就是政治，政治就是體育運動。就像馬車手必須繞著「轉向柱」（metae）一圈圈地跑，只要一個失誤（比方不小心讓車輪卡到「轉向柱」而導致馬車失控）就可能讓車子翻覆，也可能因嘗試加速卻導致車子失控；一次次參加選舉時，一名野心勃勃的貴族同樣也是在拿自己的名聲冒險。馬車手和貴族一樣，耳聞觀眾的喝采或噓聲，都是為了追求榮耀而猛力向前衝，深知失敗的風險恰恰增加了成功的價值。到達終點或贏得執政官選舉後，又有新的選手加入，比賽於焉重新開始。

「通向榮譽的賽道對許多人開啟。」[13]這句格言聽來讓人安慰，但卻不是太真實。因為大競技場的跑道頗窄，一次只容得下四輛馬車比賽。選舉也一樣有類似範圍限制，榮耀並非無限供應，每年只有數量有限的官職供人角逐。蘇拉固然把司法官從六個增加為八個，但因為他同時取消了護民官的吸引力並讓元老院的人數增加一倍，等於是讓司法官的競爭變得更激烈。「頭腦的交鋒，對榮譽的爭奪，為達財富和權力的頂峰而日夜操勞。」[14]這就是Cursus〔賽道〕提供的景觀。在接下來十幾年，這種競逐更為累人與狂熱。

名門望族一如往常，在競爭中佔盡優勢。因凱撒隸屬一出過幾名執政官的家族，感受的壓力不小於一個執政官的兒子。一個家族從前的成就愈大，如今趨於平凡的可能性愈讓人覺得可怕。在外人眼中，一個貴族選舉時只要躺著選，「勝選的榮耀就會放在一個盤子裡遞給他。」[15]但羅馬從不以這種方式遞送東西，貴族身分不靠血統而靠成就來維繫。一個貴族的人生要麼是一連串嚴厲的挑戰，要麼什麼都不是。未能獲得高級官職或（更糟的），失去元老院的職位，都會讓一個貴族的光環迅速黯淡。若連續三代人沒有顯著成就，那聽過此貴族之家名字的，便只有「歷史學家和學者，而非大街上的人們或一般選民。」[16]無怪世家大族那麼忌憚外人入侵元老院。他們也許還能容忍競選財政官的人，但對於司法官和執政官之職，卻像守護禁臠那樣兇猛地守護著。這讓野心勃勃的外人——羅馬人稱之為「新人」——要實現野心更加艱鉅。不過，雖然他們的機會渺茫，卻非絕不可能成功。一如舊家族或許會在轉彎處翻車，新的家族也許會後來居上，選舉的結果總是變幻莫測。有時，才智也許會打敗名氣——只是有時候，正如「新人」們偶爾指出的，若高級行政官的職位是世襲，那舉行選舉的意義何在？[17]

馬略當然是普通人走向輝煌的一個好例子。如果一個新人在軍事生涯中表現出色，也許會名利雙收。不過，沒有人脈的人難望當上指揮官。羅馬沒有軍事學院，參將通常由擅走門路的年輕貴族擔任。凱撒若不是貴族，不可能有機會贏得一頂公民冠。然而，軍職一樣可能為得到它的人帶來麻煩。雖然漫長的戰役可能讓一個新人贏得巨大榮耀，但也會讓他遠離羅馬。有抱負的人負擔不起長期滯外不歸。政壇新手一般都曾在部隊服役一段時期，或許還得有一些可以炫耀的傷疤，但很少靠軍事生涯成名，因為那通常是世家大族子弟的專利。對新人來說，法律是最可能讓他們仕途順遂、通往終極榮耀執政官的途徑。

在羅馬，法律是人們談興極濃的話題。羅馬人知道，他們的法律系統是定義與保障他們權利之物，因此對它極為自豪。法律是他們唯一有資格看不起希臘人的知性活動。羅馬人總喜孜孜地指出：「其他法律系統相較於我們，都難以置信地混亂，到近乎荒謬的地步。」[18]男孩小時候，都要學習法律以訓練腦筋，專心致志的程度不亞於訓練體魄、為作戰準備。法律是元老覺得唯一配得起其尊嚴的職業，這是因為法律並非無關政治生活，反而為政治生活之一經常致命的延伸。共和國沒有國家的公訴機構。反之，一切訴訟都由私人發起，所以法庭成了對付仇家的一條管道。一次成功的起訴可能把仇家打得倒地不起。理論上，若被告犯了重罪，最高刑罰可以是死刑。但實踐上，共和國因為沒有警察或監獄系統，一個被判有罪者被允許逃亡國外，而且只要他及時準備好易於攜帶的財產，他在逃亡期間也可以過得很奢華。不過，他的政治生命會就此結束。除了失去公民權，逃亡的罪犯若敢回到義大利，任何人殺死他都不會受到懲罰。每個進入「賽道」的羅馬人都要對此有心理準備。一個人只有贏得行政官選舉，才不會被對手起訴，但這種權利只限於任期之內。他只要一卸任，仇家就可以起而攻之。賄賂、恐嚇、走後門——一個人會用盡種種方法以避免被起訴。一旦真的上法庭，一個羅馬人就會無所不用其極，無論什麼下流伎倆都不避諱使用，什樣的隱私都會惡毒揭露，再殘忍的誹謗都說得出口。打官司尤甚於選舉，無異於一場生死鬥。

由於對激烈鬥爭有著上癮般的著迷，訴訟在羅馬成了一種興盛的活動。法庭開放給一般大眾旁聽。

羅馬廣場上有兩個常設法庭，必要時也可搭建其他臨時平台，所以旁聽的人總有大量訴訟可選。起訴人根據旁聽聽眾的多寡衡量自己的聲望。於是，在羅馬的訴訟中，表演藝術成了重要的一環。對法律條文的細緻掌握反而不太受重視，被視為二流頭腦訟棍的伎倆，因人人都知道，「蹩腳的起訴人才會訴諸法律細節。」[19]雄辯被認為法律才智的真正準繩。能夠控制聽眾、陪審團和法官的情緒，讓他們或哭或笑，並以一種喜劇的套路娛樂他們或扣動其心弦、令其目眩神迷，進而使其大開眼界的人，才是法庭上的行家裡手。據說，羅馬人寧願失去一個朋友，也不願錯過一個聽笑話的機會。[20]反之，他們對於表現強烈情緒不會感到半點難為情。律師會教被告盡可能裝得如喪考妣，教導被告家屬不時要哭出來。據說，馬略在一個朋友受審時哭得那麼淒切，讓陪審團和法官都為之掉淚，導致很快就宣判被告無罪。

羅馬人把起訴人和舞台表演者都稱為actor，也就不足為奇了。兩者的社會地位天差地遠，但使用的技巧卻沒多大差別。蘇拉死後那十年間，羅馬最著名的起訴人是霍騰修斯（Quintus Hortensius Hortalus），他以模仿喜劇演員的動作著名。他就像凱撒，非常注意穿著，會「把長袍上的皺摺安排地一絲不苟」[21]，並透過揮動手臂加強語氣。他的表演非常優雅，以至於每次出庭，羅馬的重要演員都會前來旁聽，學習並模仿他每個動作。起訴人如同演員都是名人，是大眾圍觀和談論的對象。人們以著名舞蹈女郎的名字暱稱他為迪奧尼西婭（Dionysia），但他滿不在乎。贏得羅馬頭號起訴人的名聲抵得過無數取笑。

很自然地，他的對手不遺餘力地想搶走這頂桂冠。按羅馬人的天性，他們不會忍耐一個國王或王后太久。霍騰修斯在蘇拉獨裁期間確立名聲，那時法庭被噤聲。他支持擴大元老院的權威，對新政權表現強烈的認同。他和獨裁官如此要好，以至於後來成為蘇拉葬禮上的致詞人。接下來十幾年，他是元老院重要的一員，這讓他的法律威望更形鞏固。但隨著西元前七〇年代逐漸過去，他的威名日愈受到威脅，這個威脅並非來自元老院裡的其他成員，甚至也不是貴族，而是來自一個從各方面來說都是新星的人。

西塞羅（Marcus Tullius Cicero）如同馬略，在小山城阿爾皮諾長大，也像馬略一樣充滿野心，兩人的相似之處僅止於此。西塞羅笨拙而瘦弱，脖子又細又長，永遠不能成為一名傑出的軍人。不過，他從童年起，就立志成為羅馬最偉大的起訴人。他在西元前九〇年代被送到首都念書，許多同學的父親都特別跑到學校聽他演講。這件趣聞軼事出自於西塞羅自己——雖然羅馬人從不認為謙遜是個美德，但西塞羅的自負在他們看來仍非比尋常。不過，他的自負有其道理。他為人極為敏感，一方面意識到自己的天分，同時又陷入一種被害妄想，擔心他人也許會因勢利作祟而不承認他的天分。但事實上，他的潛力那麼明顯，以致早被羅馬一些最有影響力的人物看出。其中一人是安托尼烏斯（Marcus Antonius），他為年輕的西塞羅提供了一個別具鼓勵性的角色楷模。雖然安托尼烏斯出自一個不怎麼樣的家族，但他憑著演講成功當選執政官和審查官，同時又是元老院的主要發言人。他是九〇年代，主宰法院和元老院一個小集團的成員之一，是咄咄逼人保守主義的代言人，也是強烈反對馬略等威脅傳統現狀的人士。有英雄崇拜傾向的西塞羅永遠不會忘記他。當時，羅馬有種回到共和國古代秩序的願望，而安托尼烏斯和同事們進一步促進了這種願望。雖然正是這種秩序，大大阻礙了他的仕途，西塞羅仍堅信它是憲制的完美體現。在西元前八〇年代，隨著共和國開始陷入內戰，他的這種信念只有增無減。

西元前八十七年馬略發動暴亂（putsch）之後，安托尼烏斯遭到殺害。他的頭顱被懸掛在羅馬廣場上示眾，屍體被丟棄，供狗鳥叼食。他那一代最優秀的起訴人隨著他而被殺害。既然舞台打掃乾淨了，大家又可以開始重新競爭。但恩主之死讓西塞羅緊張不安，所以選擇低調。他在內戰期間，埋首於學習和磨練演講術，直至西元前八十一年，他二十多歲時，才終於發起第一件訴訟案。蘇拉剛辭去獨裁官，但西塞羅仍需小心翼翼。他在法庭首次亮相的一年後，答應為一個翁布里亞（Umbrian）地主的兒子辯護，後者被控弒父。這個案子在當時具有高度的政治敏感性。正如西塞羅將揭示，那被謀殺者的名字是被蘇拉喜愛的一個自由人非法地加入整肅名單，然後這個自由人又捏造弒父的罪名掩蓋自己的行為，被告無罪開釋，但蘇拉對此未表示任何不悅。西塞羅一戰成名。

但他不以此為滿足，他知道要獲得政治上的高位，需先搶來霍騰修斯的起訴人桂冠。他為此全力投入法律事務，接下其他著名案子，挑戰自己情感和身體的極限，「毫不吝嗇地使用我的聲音和整副身體的力量。」[22]僅僅兩年後，他發現自己接近崩潰邊緣。因為醫生警告他喉嚨已過分勞損，所以他決定到希臘休養。他在雅典待了半年，到處觀光並沉浸於消遣性的哲學研究。蘇拉軍團所造成的傷痕在這座城市到處可見，但對羅馬人來說，雅典仍是一個美麗的文化藝術之都。甚至在街上，血漬尚未全乾之時，遊客已經回流。他們其中一個是西塞羅的舊同學。龐珀尼烏斯（Titus Pomponius）是發生在羅馬合法謀殺的一個倖存者，他因認定當時的物價已接近谷底，所以把繼承的遺產投資在行省的房地產，靠著利潤在帕德嫩神殿下方享受悠閒生活。他待了八年還沒半點回羅馬的打算。他的朋友們因他與眾不同的流亡生活方式，給他取了「阿提庫斯」（Atticus）的外號。但事實上他不是特例。「阿提庫斯」不是唯一一個見證十年暴力和政治崩塌，而決定過上舒適隱逸生活的富有羅馬人。

西塞羅有時會不禁同意他的生活方式。他充分意識到，「競選和爭奪公職有時是件讓人筋疲力竭之事。」[23]然而，不管他的崩潰是否純粹是身體上的，或者更甚於此，他都保留原有的熱情信念：公職生活是值得追求的理想。他離開雅典之後，橫渡愛琴海來到達亞細亞。他在那裡會見了稅吏們的舊敵人盧福斯。盧福斯的流放刑期在長達十五年後仍未結束（他被判刑，是羅馬法律歷史上的最大醜聞）。盧福斯代表一個教訓，證明以古老價值觀對抗腐敗官員的驚人貪慾有多危險。不過，他本人沒有對共和國絕望。這位老人花了幾天招待他的客人，講了自己年輕時代英雄人物的許多趣聞軼事。然後打發西塞羅去找他的朋友：羅得島上的哲學家波希多尼，這位大智者的談話比盧福斯還有激勵性。波希多尼沒放棄羅馬是天命所歸的信念，認為它的基礎是傳統美德：「堅忍剛毅、節儉、不留戀物質財富、對諸神極盡虔敬、公平買賣且對人公正。」[24]西塞羅聽得大為振奮——他總夢想成為最傳統的那種羅馬英雄。疼痛的喉嚨對實現此一夢想有何障礙？出於幸運的偶然，世界上最著名的演講術學校就設在羅得島。主持這學校的演講家莫蘭（Molon）屬於一個新品種的名流教授，專門為羅馬的上層人士量身打造課程。西塞羅很快成了莫蘭的明星級學生，這位老師在鼓勵過西塞羅採取一種更節制的說話方式後，他誇張地表示，現在甚至在演講術的領域，希臘人都已被羅馬人超越。總樂於被恭維的西塞羅為此感到心花怒放。他日後回憶：「兩年後我回國，不只更加見多識廣，還幾乎成了全新的人。我喉嚨的過分壓迫不見了，我的風格不再那麼狂熱，我的肺變得更強壯——體重甚至增加了。」[25]

如今他的精力和自信完全恢復，也回到羅馬廣場執業，繼續擔任辯護律師。他贏得大批聽眾，壓力相對地也增加了。他和霍騰修斯的距離開始縮小。同時仕途也開始加速。三十歲那年（任官的最低年紀）他當選財政官。不錯，這官職在共和國的高階官職裡是最低等級，但畢竟開了個頭。且考量西塞羅的背景，這也算是一項了不起的成就。這來自阿爾皮諾的外省人現在不只是羅馬人民的行政官，還是元老院的一員。他被派到西西里待了一年。這一年，他善加利用盧福斯的榜樣，贏得在地人的尊敬，並有效率地以船運把穀物運回羅馬。這名能幹的年輕財政官一向缺乏謙遜，所以在他的想像中，他的公民同胞都在談論他的好表現。不過，當他在波佐利港（Puteoli）上岸後，卻驚訝地發現，幾乎沒人注意到他曾經離開羅馬。不過一如往常地，他很快就從這事件中吸取教訓：

> 我相信我受益於這個事件，多於每個人都給我祝賀。我意識到，羅馬人傾向於耳聾，但目光卻敏銳且有觀察力。所以我不再在意人們沒聽過我的功績，只務求每日讓他們看見我。我生活在他們的全面注視下，人總是在羅馬廣場。人們可以隨時來見我，不管睡眠還是門房都不能阻止他們。[26]

對那些在仕途賽場上奔跑的人來說，曝光是重中之重。一個新人必須為自己大肆宣傳，否則什麼都不是。這是西塞羅永遠不會忘記的一課。

如今，他迅速變成羅馬的固定景觀。那些曾注意過他的人現在認識到，西塞羅對自己天分的估計不全是自吹自擂。隨著抱持這種看法的人愈來愈多，西塞羅開始放眼於一個真正的突破：越過最低階行政官的標竿，邁入通常由貴族佔住的那一圈。不過，他要達到這個目的，必須先把自己確立為獨一無二的起訴人，即必須壓過霍騰修斯——不只壓過，還要徹底打敗，在公眾眼前打破霍騰修斯「對法院的獨裁統治」。[27]

正因為如此，當最後西塞羅和霍騰修斯當面對決時，賭注高得不能再高。案情包含大量醜聞和色情的細節。被告是西西里的前總督瓦萊斯（Gaius Verres）。西塞羅這次打破一向的慣例，擔任起訴人。打這樁官司當然有風險，但卻是精算過的風險。即使根據內容較溫和的羅馬行省管理記錄記載，瓦萊斯也是汙點一籮筐。三刀兩面和貪婪是其政治生涯的主要標誌。在馬略派當權期間，他始終是馬略派的支持者，但一嗅到風向改變，就帶著他指揮官上司的錢箱改投蘇拉陣營。他在新政權裡如魚得水，得到一個個油水愈來愈多的海外肥缺。不管他是否像西塞羅所說的那樣，「突出之處只在於犯了滔天大罪和擁有骯髒的財富」[28]，他一向精於撿現成：無論是船隻、有爭議的遺囑或東道主的女兒等，只要有機會，他都毫不客氣地納入囊中。不過，他的真正專長是古物。他對希臘世界的多年掠奪，讓羅馬上層階級對高級藝術產生了極大的熱情。表面上，人們把這種熱情視為墮落的自我放縱，並加以藐視；但背地裡，羅馬顯貴們則狂熱地追逐任何有價值的繪畫和人像。由於搶劫希臘城市的時代已經過去，羅馬發展出世界最大的藝術品市場，以滿足貴族們的需求。藝術品的價格因此三級跳，中間商大發利市。瓦萊斯的獨到之處是把流氓手段用於交易。除了大量製作贗品外，他又僱用一隊稱為「獵犬」的專家搜尋真正的傑作。[29]瓦萊斯開出的價格絕對沒人敢拒絕。在他擔任行省總督期間，有位老者這樣試過，結果被剝光衣服，綁在廣場的一尊騎士像上。因當時是嚴冬，塑像又是青銅打造，老者很快改變主意。瓦萊斯對於其他麻煩製造者，有時會直接把他們釘上十字架——即使羅馬公民也一樣。

這就是西塞羅決心要扳倒的人。雖然被告劣跡斑斑，但他知道這個案子不會輕易勝訴。瓦萊斯有一些權大勢大的朋友，當西塞羅親自到西西里調查此案時，他發現證人都有種陷入沉默或無故失蹤的可疑傾向。幸而，他在西西里當財政官期間，建立起不少人脈關係。證據舉目皆是：即使在沉默的農村，都有大批遭瓦萊斯劫掠的農夫提出指控。作為起訴人的西塞羅顯然對有那麼多發現感到高興，但作為有抱負的政治家，這些發現卻讓他震驚。瓦萊斯的貪腐打擊了兩個他最熱情信仰的信念：一是羅馬有益於世界，二是共和國的作為有益於羅馬。這就是為什麼西塞羅會扳起臉孔指出，即將展開的訴訟後果攸關重大。他提出警告：「在大海包圍的範圍內，沒有地方——不管多遙遠和多沒沒無聞——無不在驅策我國人民的貪欲下受苦。」如果不定瓦萊斯的罪，「共和國將注定毀滅，因為這個惡棍的無罪開釋將鼓勵其他惡棍群起效尤。」[30]這番極有高度的發言不僅是起訴人嚇唬人的伎倆。西塞羅為了自己的政治理想和自尊，必須相信自己說的話。如果仕途賽道獎勵的是貪婪而非愛國，又如果瓦萊斯勝訴，那麼共和國就真的腐爛透了。這是個西塞羅將終生執著的論證：他的成功與否，是判斷羅馬健康與否的判準。真誠的原則和個人的自重在此無間地融合起來。

霍騰修斯用不了多久就明白，他的對手是怎樣的人。他未照西塞羅所設定的方向辯論，而是設法拖延訴訟的舉行。最後，開庭日在法庭將開始前的一段長時間休會前才定了下來。這對起訴方來說，是個潛在的災難性挫敗。根據慣例，律師陳詞往往要花上大量時間，又如果西塞羅堅持要講許多話，這場官司也許會拖長到幾個月。官司拖愈久，瓦萊斯就愈有機會行賄並施加壓力。因此，當審理開始後，被告得意洋洋。不過，西塞羅已準備了一次深具殺傷力的伏擊。他沒有追隨法庭的一貫儀式，而採取了一個前所未有的步驟：以一系列簡短演說一次將所有證據陳示出來。霍騰修斯馬上知道，官司已經完蛋。他放棄答辯的權利，審訊迅速告終。瓦萊斯不想等到必然的判決結果出爐，便帶著自己的藝術蒐藏品跑到馬賽（Merseille）去。西塞羅為慶祝這次勝利，把他法庭演講的全文付梓——有些為了迎合大眾口味做了修飾，攻擊霍騰修斯的幾個部分也做了補強。消息傳遍羅馬：國王失去了王冠。霍騰修斯對法院的統治已被打破。

西塞羅的霸權將持續一生。就影響力與人脈關係來說，這次勝訴帶給他的利益厥偉，同時還有許多更即時的戰利品。他剛起訴瓦萊斯時，西塞羅曾宣稱他不考慮個人收益，這種說法虛偽到了極點。他肯定知道，起訴人如果勝訴，將有權獲得被告的地位。瓦萊斯是位司法官，所以如果他被判有罪，其官職所享的一切權利都將直接移轉給西塞羅。這些權利之一，是在元老院的辯論中可先於非司法官的元老發言。對一個像西塞羅這樣的雄辯者來說，這是一項關鍵的特權。自此，他的演講魔術不只可施展於法庭上，還可施展於政治的戰場。

他當然還有一段長路要走，但他已經邁出大步。他的弟弟建議他：「經常反省這座城市是哪裡，有著怎樣的目標和你是什麼人。每日，當你走向羅馬廣場，反覆在心裡對自己說：我是個新人！我想當執政官！這裡是羅馬！」[31]

終極的錦標，將不再是不可能的夢想。

公牛與男孩

在整個西元前七〇年代，卡比托利歐丘都是一個大工地。在蘇拉的骨灰隨風四散之後，新的朱庇特神廟逐漸從灰燼中拔地而起。既然它是共和國最宏偉的工程，顯然不會是豆腐渣。在新神廟尚未完工以前，西塞羅已稱之為羅馬城「最著名和最漂亮的建築」。[32]如同其前身被摧毀、做為內戰的不祥預兆，新神廟是諸神再次眷顧羅馬的證據。和平已經恢復，共和國已經復興。

至少蘇拉的支持者希望每個人這樣相信。這就是為什麼他們小心翼翼地把持著監督新神廟興建的工作。蘇拉死後，主管神廟的責任轉移給他最傑出的夥伴卡圖盧斯（Quintus Lutatius Catulus）。卡圖盧斯是元老式的傲慢化身。出身名門加上不折不扣的老式正直品質，讓他在元老院贏得無可匹敵的權威性，並輕易成為蘇拉最著名的繼承人。然而，卡圖盧斯的忠誠一樣有限度。蘇拉原打算把自己的名字銘刻在新神廟的巨大楣樑，以垂不朽，但卡圖盧斯另有想法。他刻上自己的名字取代之。

卡圖盧斯這種自奉的行為不但未損害其正直名聲，相反地，人們對蘇拉有不好的記憶，他的名字被認為帶有邪惡意味。藉由以自己的名字取代蘇拉，卡圖盧斯等於承認了這點。他保護蘇拉遺產的志向沒有動搖，但蘇拉以劍尖逼迫共和國就範的方式卻讓任何自詡保守分子的人難為情。卡圖盧斯聯合霍騰修斯（兩人是連襟也是最親密的政治盟友），大力推進一種保守的理念，試圖讓羅馬人民依靠元老院的指導追求榮耀。另一方面，元老院要由像他那樣的人來指引，因他是羅馬古老秩序的化身，忠於祖先們的剛毅傳統。問題是，共和國有很多不同的傳統，令人頭昏眼花且抗拒典律化。過去對一個公民來說，挑戰是設法穿行於不同傳統激盪而成的漩渦之中。但蘇拉卻試圖馴服與（有時）攔住它們的水流。他引入的法律就像一座巨大的水利系統，發揮束縛與引導作用。幾個世紀以來，儀式和一種集體分享的責任感定義著共和國，不成文的習俗就是一切。現在不一樣了。卡圖盧斯和他的同仁雖為堅定的傳統主義者，但也是革命的繼承人。

不過，在蘇拉建起的河堤底下，水流的強大壓力持續發揮作用。公民無法那麼輕易地切斷對古老權利的依戀，而限縮護民官權力的立法則格外能激起群眾的仇恨。在蘇拉死後三年，西元前七十五年，禁止當過護民官的人參加行政官選舉的法令取消了。雖然蘇拉派拚命想保住河堤，但大多數的元老投了贊成票：他們有些人是屈服於激烈的抗議活動，有些是受到個人野心的影響，有些受到對政敵的仇恨所驅使，有些礙於義務，還有些是出於不明的原因。動機在羅馬總是捉摸不定。隨著共和國的傳統秩序開始自行恢復，羅馬政治的一貫難測也是如此。蘇拉的夢想——構築一條單一、公共的權力管道——和他的安排一起崩潰了。

以塞提古斯（Publius Cethegus）為例，他是惡名昭彰的變節者，但卻經常能在元老院挫敗聲名顯赫的卡圖盧斯。為什麼會發生這種事呢？塞提古斯就像瓦萊斯一樣，在最後一刻才改投蘇拉陣營，並因而得以保命。他在圍攻普雷尼斯特時勸說自己的舊同袍投降，然後又冷酷地把他們交給急於報復的蘇拉部隊，讓他們被殺。像卡圖盧斯那種出身高貴的人都很討厭他，但塞提古斯卻滿不在乎。他不像其他羅馬貴族那樣，不追求榮譽的他樂於在幕後活動，以賄賂、欺騙和陰謀等手段控制一大板塊的元老院選票，這是種連最自大的貴族都得尊重的政治武器。每逢重大議案要表決前夕，都有大量訪客出入塞提古斯的家門。

權力和榮耀竟可以這種方式分離，讓大部分羅馬人感到困惑。在任何選舉中，塞提古斯的壞名聲都注定讓他勝選無望。他的威望是一名遊說者的威望，此外別無其他。對有志成為執政官的人來說，常到塞提古斯家裡作客非常不智。老貴族雖有用得著他的時候，卻不願模仿他的政治活動模式——這強烈道出他們對他的鄙夷。然而，卻有位出身名門的貴族搞幕後政治活動的幅度遠大於塞提古斯，而且對於做這種事，不曾表露出半點顧忌。他以同樣從容的步伐出入公共生活的陰影與光明面，「只要能得到他想要的，他願意不遺餘力討好任何一個遇見的人。」[33]克拉蘇想要什麼再清楚不過：他想成為國家的頭號公民。

蘇拉死後翌年，雖然克拉蘇還沒當過司法官，已經有些人認為，他離實現野心已經不遠。事實證明，他和蘇拉的不睦不只沒有嚴重的後果，反而有助於提高他的聲望。克拉蘇與卡圖盧斯不同，他和蘇拉政權保持一定的距離。這是他偏好的運作方式：只追求自己的目標，不和任何他人的目標綁在一起。對他來說，原則只是一場大而複雜遊戲裡的棋子，採用或丟棄要視情況而定。他不會冒險在任何事情上表態，喜歡讓代理人代替他試探底線，無數依附者願受他驅使。克拉蘇熱心栽培前途看好的人。不管他真的想幫助他們當上高官，還是只把他們作為棋子，他都親切地對待他們，對他們敞開大門、毫無架子，並總記得他們的名字。他在法庭上不知疲倦地為被告申辯，期待他們日後的回報。他借出的人情債總是收到很高的利息。

克拉蘇會當元老院的銀行家不是白幹的。他的口袋比羅馬任何人都深。他的主要投資在奴隸、採礦場和房地產，但為了讓荷包更滿，沒有什麼卑鄙事他做不出。每逢有房屋失火，克拉蘇都會火速派他的私人消防隊前往，但到達現場後又會拒絕救火，除非屋主願意把房屋低價出售。他曾因為和一名維斯塔貞女睡覺而被起訴（這是一種特別重的褻瀆罪），但他辯解說，他勾引那名女子是為了得到對方的財產——結果這種申訴辯論竟然被採信了。克拉蘇雖然出了名的貪婪，但生活簡樸，對不會為他帶來利益的人極其小氣。例如，他曾吝嗇地招待一位名叫亞歷山大的哲學家，在對方出發旅行時借他一件斗篷，並說好要歸還。因為亞歷山大是希臘人，沒有投票權，但如果他是一位公民，克拉蘇肯定會借他比斗篷更貴重的東西。克拉蘇喜歡慫恿地位高的人陷入更深的債務中。金錢是他最喜歡的權力工具。他吐出的金線纏繞整個共和國。無論羅馬發生什麼事，他都會立刻知道——他蜘蛛大網上的任何風吹草動都逃不過他的耳目。

他會讓他的公民同胞產生一種罕見的恐懼也就不奇怪了。蘇拉法律的反對者敢於激烈辱罵別的公眾人物，卻從不敢對克拉蘇這樣。一個護民官被問到為什麼時，不是把克拉蘇比作蜘蛛，而是比作角上繫著乾草的公牛——對此，普魯塔克（Plutarch）解釋：「羅馬人習慣給危險的公牛角上繫上乾草，好讓遇見的人提高警戒。」[34]這種尊敬是克拉蘇最渴望的。他顯然比羅馬的任何人更加記取內戰的教訓：在羅馬共和國這樣的社會裡，嫉妒和惡意總快速盯上大人物，崇高的地位同時也是危險的地位。他若能讓人害怕又不令人憎恨，才比較安全。克拉蘇把這樣的平衡拿捏得恰到好處。

不過，讓他惱怒的是，他發現有個對手勝他一籌，而且政治引力法則並不適用於此人身上。一如以往地，這個搶他鋒頭的人是龐培。當克拉蘇正謀劃要掌控實權時，龐培從不放棄享受權力的榮耀。他透過遊戲般地扮演將軍的角色，迅速成了貨真價實的將軍——且不只是將軍，還是羅馬的寵兒。這位「少年屠夫」有著天真小孩的魅力。我們聽說：「沒有什麼比龐培的臉皮還薄：每逢有人盯著他看，他就會滿臉通紅。」[35]而公眾則認為，臉紅是他們英雄仍然年輕的可愛標誌，而且對照他無與倫比的崛起更顯可貴。誰不希望像龐培那樣，以雙手攫住獲得榮耀的機會，然後一飛沖天？這是羅馬人對他事業的容忍。龐培之所以沒有引起羅馬人的嫉妒，是因為他活出了他們內心最深處的夢想。

龐培的超級明星地位令蘇拉也不得不尊重。沒人曾像龐培那樣，測試著蘇拉耐性的極限。他在非洲打敗馬略派的部隊、回到義大利後，拒絕接受解散部隊的命令。他不是對蘇拉政權有謀反之心，而是因為他像一個小孩那樣，想獲得一件閃閃發光的新獎品：一次凱旋式（triumph）。[36]蘇拉出於嘲弄或欽佩，曾同意讓龐培以部隊稱呼他的稱號：「偉大者」（Magnus' the Great）。不過，蘇拉對於給予龐培凱旋式的最高榮耀卻猶豫了，因為龐培連元老院的身分都沒有。龐培以其慣有的屈就資態對年邁的獨裁官如此說道：「人們崇拜旭日多於落日。」[37]疲倦的蘇拉終於讓步了。於是，龐培以戰利品為前導，在盛大的凱旋式中騎馬穿行街上，接受擁護者的高聲歡呼。當時他還未滿二十五歲。

歷經這樣的興奮時刻後，乏味的日常政治事務對他失去了吸引力。「偉大者」龐培懶得爭取財政官的職位。蘇拉死後，他幫助卡圖盧斯平息了一次武裝叛亂，然後又耍了他的拿手好戲，拒絕解散部隊。他再次這樣做，不是因為有謀反之心，而是因為太喜歡當將軍。於是，他要求將他外派西班牙。西班牙這個行省仍有很多馬略派的餘孽，元老院會答應龐培的要求並非屈服於勒索。對叛軍作戰肯定是件苦差事，危險多而回報少。卡圖盧斯和同事都樂見龐培遠去。

克拉蘇想必也希望看見他的年輕對手摔跟頭。不過，龐培再次以令人難以忍受的成功跌破許多人的眼鏡。戰爭確實打得艱苦，但叛軍逐漸被消滅。克拉蘇一直覺得龐培的外號「偉大者」是個笑話，但現在他開始聽到，周圍的人們談到這個外號時諷刺的語氣日減。西元前七十三年，克拉蘇當上司法官。這時，龐培正忙於撲滅叛亂的最後餘燼，並讓自己在西班牙的利益最大化。龐培在這曾為克拉蘇提供第一支軍隊的行省中，如今也有了大量被保護人。他即將返回羅馬，頭上頂著光環，身後跟隨著久經戰陣的老兵。他會要求另一次凱旋式也就不奇怪了。那之後會發生什麼事，誰又說得準呢？

面對龐培這樣的一個威脅，克拉蘇知道，調整策略的時刻到了。此前他的威望雖大，但這樣的威望仍有一半處於陰影之中。是爭取公共認可全幅光芒的時候了。克拉蘇不是塞提古斯，他完全知道，缺少榮耀的權力總有侷限性——特別是和龐培這樣一個對手競爭的時候。他需要為自己打一場壓倒性的勝仗，而且馬上就要。但找誰打去？合格的敵人少得讓人洩氣。

但突然間，他的機會如同憑空蹦出來般地到來了。

格鬥士的陰影

西元前七十三年仲夏，坎帕尼亞一間格鬥士學校爆發了動亂。格鬥士學校如同生蠔和豪華別墅，在此區已為愈來愈大的大生意。在很大程度上，格鬥士是坎帕尼亞土生土長的專業。早在羅馬人入侵的很久之前，坎帕尼亞和薩謨奈的墓地就流行舉行武裝戰士的決鬥，用以告慰嗜血的亡靈。後來，羅馬人對這種流血儀式產生了興趣，並開始將它商業化。儘管如此，格鬥士繼續保持戰士的裝束，戴著有簷的頭盔和難看的羽飾。隨著時光流逝與薩謨奈的獨立走入歷史，這些武士的外表也愈發異國情調——就像被保護在動物園裡免於滅絕的動物一樣。

對羅馬人來說，格鬥士的格鬥之所以充滿吸引力，異國風味總是箇中關鍵。隨著共和國的戰爭日愈遠離義大利，在上位者開始擔心，羅馬人的尚武精神也許會逐漸消失。西元前一〇五年，格鬥士格鬥成了羅馬第一項政府出資的比賽，設立目的是讓大眾體會野蠻人的戰鬥。這就是為什麼格鬥士從不穿得像軍團的士兵，而總是穿著共和國敵人的奇裝異服——不是薩謨奈人就是色雷斯人（Thracians）或高盧人的服裝。這種野蠻景觀在羅馬最心臟地帶的羅馬廣場上演。格鬥士既引起人們的藐視與厭惡，也引起他們的欽佩之情。上層階級也許會假裝這種格鬥表演為平民而設，但格鬥士表現出來的勇氣卻感染了每個人。西塞羅告訴我們：「他們即使倒下，也從不失去尊嚴——更別說是還站著戰鬥的時候。當一名格鬥士倒地，你何曾看過他們縮起脖子，而是伸長脖子以就死？」[38] 羅馬人在外國奴隸的這種姿態中，看見了他們最欽佩的精神。

格鬥士如同一面鏡子，讓觀眾看見了自己。他們讓羅馬人以最原始、極端和最卑賤的方式看見他們對榮耀上癮的後果。一名角逐執政官職位的元老和一個為生死而戰的格鬥士之間只是程度上的差異。羅馬人被教會對這兩種場面激動不已。在共和國這樣的社會中，人們會著迷於競技場上的暴力是很自然的。場面愈是血花四濺，就愈讓羅馬人神往。但這種殘殺之於他們，也可謂一殊死的警告，讓他們知道，一旦競爭精神成為了脫韁野馬，一旦羅馬人像野蠻人一樣彼此廝殺，將會發生什麼事：血染沙地，屍體用鉤子拖走。若共和國的框架崩塌（內戰期間就幾乎如此），這樣的命運就會落在每個人身上——不論公民還是奴隸。

這是格鬥士學校為何集中在坎帕尼亞，和羅馬維持一個安全距離的另一個原因。羅馬人認識到格鬥士靈魂的野蠻，害怕在自己之間培養出這種靈魂。西元前七十三年夏天，雖然逃走的格鬥士少於百人，但共和國政府仍如臨大敵地派出一名司法官率三千名士兵加以對付。逃亡者躲到維蘇威火山的山坡上，羅馬人紮下軍營，以圍困的方式令其挨餓。不過，格鬥士們知道對手的軟肋在哪裡。他們把長滿山坡的藤蔓結成繩梯，滑下懸崖，繞到羅馬人背後發動攻擊。然後軍營被佔領，軍團被擊潰。很快地，更多逃亡者加入了這些格鬥士的行列。他們熔掉腳鐐，鑄成刀劍，並在捕捉野馬加以訓練後組成一支騎兵隊。這些奴隸流竄於整個坎帕尼亞，襲擊一個個剛自蘇拉的劫掠恢復的城市。諾拉再次遭到圍攻，並再次被劫掠。接下來，又有兩支羅馬軍隊潰敗了。另一名司法官的軍營遭到突襲。他的侍從和坐騎都淪為俘虜。

如今，一支本來只是湊合的游擊力量擴大為一支約十二萬人、有紀律的大軍。這要歸功於當初發起起義的領導人：一位名叫斯巴達克斯（Spartacus）的色雷斯人。他成為奴隸前是羅馬人的僱傭兵，有格鬥士的體魄和機敏老練的頭腦。他意識到，如果叛軍留在義大利，那遲早會被羅馬人消滅，所以在西元前七十二年春天，他的奴隸大軍朝著阿爾卑斯山（Alps）而去。他們後有追兵，率領追兵的是帕布利克拉，也就是多年前曾和雅典哲學家開玩笑的那個幽默家，他剛當選執政官。在他能和斯巴達克斯交戰前，起義軍已經遭遇了守衛北方邊界的羅馬軍隊，並打敗了他們。現在，通過阿爾卑斯山——

也就是通向自由——的道路已經洞開。但奴隸們卻拒絕走上這條路。反之，他們打敗帕布利克拉的軍隊後掉頭南下，回到他們本來竭力逃離的主人與一切所位於之處：羅馬人的心臟地帶。

羅馬人對此大惑不解。他們提出的一個解釋是奴隸大軍過於自信：「這些奴隸是蠢材，因為太多人加入，他們愚蠢地產生了過分度的自信。」[39]事實上，發現義大利竟有那麼多奴隸確實讓叛軍震驚。在羅馬共和國從戰爭掠得的財富中，「人」並非不重要的一部分。羅馬霸權開創的單一市場讓奴隸有如其他商品一樣，可輕易在整個地中海地區流轉。這造成了奴隸貿易的大繁榮，導致史無前例的大規模人口移植。數十萬計甚至百萬計的人們被從自家家園連根拔起，帶到帝國的中心去，為新主人做牛做馬，即使最貧窮的羅馬人也可能擁有一名奴隸。富有之家因為有太多奴隸，主人不得不挖空心思，巧立工作名目，讓不同的奴隸各司其職，例如為雕像拂塵、寫請柬，或縫製紫色衣服等。這些活兒顯然非常輕鬆，但大部分奴隸的工作都比這辛苦無數倍。這種情形在環境惡劣的鄉村地區尤甚。奴隸被成批買下、烙上烙印並戴上鐐銬，從早到晚不停幹活。到了晚上，他們會被關在擁擠的大棚屋裡，沒半點隱私和尊嚴可言，給他們的食物僅夠活命。以鞭打治療他們的疲勞，並讓精通各種酷刑的人收拾不服從的奴隸，有時還會被直接處死，傷殘和未老先衰者的命運猶如生病的牛或破掉的酒甕。總之，就像羅馬農業家喜歡提醒讀者的那樣：把金錢浪費在無用的工具上誠屬無謂。

這種剝削是共和國所有最高貴事物的基礎——無論它的公民文化、對自由的激情或對恥辱與羞愧的害怕。這不只因為，他人的被迫勞動讓公民有了可把時間投注於共和國事務的閒暇。奴隸還可滿足一種更微妙、更惡劣的需求：每個羅馬人都把「沒有他人的失去，就沒有另一個人的所得」視為理所當然。[40]根據這種觀點，所有地位都是相對的。若這是個人人都自由的世界，那自由還有什麼價值？就連最貧窮的羅馬人都知道，自己比受最好對待的奴隸優越千百倍。不自由，毋寧死：這是共和國全部的歷史所光榮證明。若一個人容許自己被奴役，那他就徹底活該被奴役。正是這種簡單的思路導致無人去管奴隸受到的殘忍對待——更遑論質疑奴隸制本身的合法性。

這是一種奴隸本身也接受的思路。從沒人反對自由和不自由的二分法，人們只會反對一己在這個架構中的位置。奴隸大軍想要的，不是摧毀奴隸制度本身，而是贏得他們前主子擁有的特權。所以，他們有時會強迫羅馬人戰俘像格鬥士一樣廝殺：「那曾為景觀的人們現在卻成了觀眾。」[41]看來，只有斯巴達克斯本人是為理想而戰。他企圖把平等主義加諸於他的追隨者，這讓他在古代世界奴隸起義的領袖中顯得鶴立雞群。他要求均分戰利品，禁止私藏金銀。不過，這個建立烏托邦的嘗試失敗了。劫掠機會太有吸引力了，大部分的叛軍無法抗拒。羅馬人相信，這是另一個奴隸大軍有機會逃走卻不逃走的理由。奴隸們家鄉的沼澤地和森林相較於義大利的誘惑力，算得上什麼？叛軍對劫掠的貪婪慾望讓他們對自由的夢想屈居第二。在羅馬人看來，這是他們「奴性的徹底證明」。[42]事實上，這些奴隸們只希望可以像他們從前的主子那樣生活，享受他人的產品和勞力。所以，即使他們橫衝直撞的時候，他們持續為羅馬人理想的一面鏡子。

當羅馬人看到奴隸大軍的有效劫掠後開始恐慌，也就不奇怪了。帕布利克拉的軍隊被打敗後，由於共和國的其他軍團都遠在海外，羅馬城突然發現自己危險地暴露在外。從未吹噓自己有錢地足以招募一支軍隊的克拉蘇也展開行動了，其元老院的支持者被動員起來。歷經激烈辯論後，兩名執政官被解除他們之於兩個僅剩軍團的兵權，克拉蘇獲派為唯一的指揮官。這位新任大元帥馬上發起募兵運動，以自己的財力把軍隊擴大四倍。他在為自己贏得成為共和國救主的機會後，不想浪費這個機會。所以，當他的兩個軍團違反其命令、和斯巴達克斯交戰又戰敗後，克拉蘇恢復了古代「十殺一」的懲罰：不分遵守或違反命令，不分勇敢或懦弱，他從軍團的每十人中挑出一人，將其毒打至死，其他人則被迫在一旁觀看。軍紀因而恢復了。同時，這種做法也是對任何考慮加入斯巴達克斯奴隸的一個警告，表明克拉蘇既對自己人也如此不容情，別指望他會對叛逃的奴隸寬大。所以，克拉蘇雖然冷酷無情，但做什麼都精算過效果。這位房地產掠奪者以單一殘忍的姿勢，搖身一變成了老式價值觀的嚴峻捍衛者。他顯然已清楚意識到，恢復羅馬人的傳統軍紀肯定能打動選民。

克拉蘇牢牢確立自己的權威後，開始加強首都的防衛。斯巴達克斯的反應是向更南方撤退。他知道，那裡是最有可能找到新兵源的地方。他的軍隊把市鎮林立的義大利中部留在後頭，開始穿過一個沉悶廣大的莊園。平原上一片荒涼，只有些被鎖鏈鎖在一起的奴隸辛勤勞動著；越過高地時，只會偶爾遇到趕著一大群牲口的外國奴隸經過。一度布滿繁榮城鎮和村莊的大地，如今變成了「義大利荒原」（Italiae solitudo）。克拉蘇藉由把叛軍向南驅趕過這片荒涼的土地，最後成功把他們逼進義大利半島的靴後跟。冬天正在逼近。克拉蘇為了讓獵物逃不掉，在海岸的一端與另一端築起了封鎖線。斯巴達克斯發現自己被困住了。他兩次拚命企圖突破羅馬軍團的壕溝和高牆，兩次都被擊退。克拉蘇大大鬆了一口氣，因為他就像他的獵物一樣開始走投無路。時間即將用完。一個比斯巴達克斯更有威脅性的敵人正在逼近：在西班牙待了五年的龐培正在回家的路上。

當斯巴達克斯了解這點後，便企圖利用克拉蘇的焦慮情緒提出談判的建議，但克拉蘇不屑地拒絕了。斯巴達克斯的回應是在封鎖線可見之處把一名羅馬戰俘釘上十字架。整整一天，寒風把這垂死之人的慘叫聲傳至他同胞的耳中。隨後夜幕低垂與大雪紛飛，斯巴達克斯第三次攻打封鎖線。這次他攻破了，他的軍隊衝破克拉蘇的包圍後，採取之字形路線向北而去。克拉蘇一眼盯著逐漸接近的龐培，一眼盯著叛軍，他拚命追趕，在一連串逐漸升高的戰鬥中抓到愈來愈多落單者。最後，叛軍再次被逼到牆角，斯巴達克斯轉身準備戰鬥。他站在叛軍陣列的最前頭，拋棄一切逃走的念頭，一揮馬鞭，不顧一切地向克拉蘇的指揮部衝鋒。他在中途被殺，大批叛軍死在他的身邊，奴隸大起義結束了。克拉蘇拯救了共和國。

只不過他的光榮在最後一刻被搶走了。話說龐培率軍朝羅馬向南而去時，路上遇到五千名斯巴達克斯的叛軍殘部。他以超高效率殺掉他們每一個人，然後寫信給元老院，誇耀自己在結束叛亂上的功勞。克拉蘇的感覺可想而知。他為了反制龐培攫取榮耀的行為，下令把所有戰俘沿著阿庇亞大道釘死在十字架上。於是，在義大利最繁忙的道路上，每隔四十碼便出現一名被釘上十字架的奴隸，一共綿延了一百多英里。阿庇亞大道成了昭告克拉蘇功蹟之陰森恐怖的看板。

然而，對抗斯巴達克斯的戰爭讓大部分的羅馬人感到尷尬。相較於龐培在一場外省戰爭中屠殺數以千計部落民眾的功勞，克拉蘇在羅馬後院進行的拯救行動還是最好忘掉。這就是為什麼兩人雖被授與桂冠，但克拉蘇必須滿足於一個二流的遊行典禮：不是坐在馬車上，而是走在街上接受民眾歡呼。龐培當然用不著壓馬路，為這位人民英雄準備的一切都是最好的。他坐在一輛四匹白馬所拉的馬車上，神氣地如同年輕的亞歷山大大帝，前頭是裝載戰利品的車隊和俘虜的隊伍，耳邊響起民眾的瘋狂歡呼聲。克拉蘇對於這一切只能在一旁吃味地看著。

儘管如此，他卻小心翼翼地不讓仇恨情緒顯露出來。人群的歡呼聲雖讓人陶醉，卻只是實現目標的工具；對克拉蘇來說，目標總是實權。他想得到執政官職位的心願遠大過於被凱旋式表揚的渴望。隨著選舉臨近，他來了個典型的靈活轉彎，向他最大的對手提議聯合競選。龐培馬上同意了：他對克拉蘇政治手段的忌憚不亞於克拉蘇對龐培受人民歡迎的忌憚。兩人都毫無意外地順利當選。

龐培成為執政官時才三十六歲，比蘇拉所設定的年齡門檻低了幾歲。他不同於其他執政官，從未當過元老。由於擔心說錯話，他請一個朋友為他寫了一篇向元老院發言的指南。即使缺乏經驗，但龐培不是個謹小慎微之人，銳氣把他帶到軍事榮耀的高峰，也把他帶到政治的戰場上。他擔任執政官不久，便提出一個法案，主張取消蘇拉對護民官的種種限制，恢復這個職位的各種古老特權。就這樣，蘇拉建立的政治系統基石被輕意地拆毀了，一個有潛力製造不穩定的因素重回共和國的政治生活。大眾歡天喜地，因為他們如此要求已近十年。

然而這一次，克拉蘇分享到了群眾的掌聲。因他不想錯過瓜分一份功勞之機，以留神的態度支持龐培的法案。就連原來反對法案的卡圖盧斯都撤回反對：他已經嗅到了風向的變化。但這並非意味著龐培已經得到元老院的認可。反之，他的威名與破格成為執政官，都讓元老院的傳統派領袖深為反感。這讓執政官資格全然合法的克拉蘇有機可乘，如同過去最喜歡的那樣雙管齊下，一方面撒錢頻頻舉辦大型公共酒會並發放免費穀物給窮人，另一方面則不斷向其他元老中傷龐培，說龐培是個蠱惑民心的危險政客。另外，他又竭盡阻撓任何能使龐培更得民心的政策。所以，兩人關係很快惡化了，開始公開互相攻擊。

在競技場上，最令觀眾興奮的是兩名格鬥士以不同武器和方法相互廝殺。最流行的格鬥是一方以劍廝殺並身穿頭盔鎧甲，另一方則用三叉戟，步法靈活地設法以一張網網住對方。龐培和克拉蘇提供了類似的場面：他們是極為不同的兩個人，又勢均力敵，誰都無法取得上風。然而，他們的格鬥帶給羅馬人的不是娛樂，而是驚嚇和困惑。奴隸的決鬥至死方休，一個格鬥士會凶猛地刺向失敗對手的脖子，但若一名執政官幹掉另一名，則是對共和國理想的最大冒犯。最後，看來龐培和克拉蘇都意識到，他們的搏鬥將讓雙方兩敗俱傷。任期快結束時，有次當他們在羅馬廣場主持一個集會，一個公民突然打斷他們的話，要求准許他說說自己的一個夢境。這項要求被批准了，他說：「朱庇特出現在我面前，交代我在廣場上宣布，在兩位執政官化敵為友之前，不應卸下官職。」[43]所有人聽到這個，愣住了好一會兒。然後，克拉蘇走到龐培面前，拉起他的手，對其加以讚揚。兩人於是和解了。

雖然這個插曲聽來像是預先安排好的，然其重要性卻沒有因而減少。蘇拉去世已十年，但羅馬人仍被一個擔憂所縈繞：也許有人會步蘇拉後塵，把自己的權威凌駕於共和國之上。所以，龐培和克拉蘇雖然勢力強大，但兩人都不敢讓自己顯得比對方強大。這是共和國仍然堅持的一個教訓，哪怕它繼續鼓勵公民追求榮耀。成就值得讚美和尊榮，但過多的成就卻有害，會對國家構成威脅。不論一個公民可以變得多偉大，真正的偉大仍屬於羅馬共和國。

A BANQUET OF CARRION

第六章 腐屍宴

CHAPTER 6

代執政官與國王

在羅馬人看來，權力之所以那麼危險，在於它有種讓人醉醺醺的特質。管理公民同胞的事務、率領他們上戰場——這些都是讓人敬畏的責任，足以讓任何人被沖昏頭。畢竟，共和國的基礎不就是以下這個洞察：王權的滋味讓人上癮與腐敗？顯然地，羅馬已經成為世界的主人，其執政官的權威更遠大於任何國王。這就更加有理地對執政官之職設下諸多限制。

另一方面，共和國不斷擴大其鞭長，讓羅馬人得面對一個兩難式。現在，他們已非一小城邦而為一超級強權，要求他們注意的事可謂無數。到處都有戰事發生。愈遙遠且難以對付的敵人，其要求執政官後勤補給的能力也愈大。元老院在極端情況之下沒得選，只能委任一人在交戰地點代替執政官之職——羅馬人稱之為代執政官（pro consule）。由於共和國在整個西元前二世紀不斷膨脹，任命代執政官的情形就日愈普遍。因戰爭需要的時間不定，代執政官的任期有時會遠遠超過一年（執政官的正常任期是一年）。例如龐培就在西班牙待了五年。他是打贏仗了，但還是引起元老院保守派的不滿。龐培大受民眾歡迎的事實更加深了元老們對於代執政官權力過大的反感。他們對西班牙的情形無可奈何，但在別的地方，若羅馬的利益沒有受到直接威脅，元老們寧願忍受低度的混亂，也不願任命一個代執政官去那裡收拾。

亞細亞行省就是如此。在那裡，對米特拉達梯的戰爭留下一片狼藉與混亂。它的城市呻吟於懲罰性的苛索下，社會結構近乎瓦解，地方王公沿著邊界彼此混戰。羅馬的「蒼蠅」圍繞著劫後行省的傷口嗡嗡叫——不僅有凱撒那樣野心勃勃的年輕軍官，還有稅吏代理人（他們曾遭遇米特拉達梯的沉重打擊，但如今血腥味又把他們吸引回來了）。儘管有這種種不利，亞細亞仍是羅馬最富庶的行省，也正是這點，讓元老院始終不在亞細亞設置規模與之匹配的管理當局。因試問誰人可以信得過，可以把亞細亞托付給他管理？沒人忘得了，對上一名被派往處理亞細亞麻煩的代執政官是誰。就連在他自己的支持者眼中，蘇拉的榜樣都是個警告。

話雖如此，每個羅馬人都意識到，對米特拉達梯的戰爭是件未了之事。當初蘇拉因急於返回義大利打內戰，刻意放棄共和國全面報復的權利，放過了那個殺害八萬義大利人的劊子手。對此，那些感覺自己被捲入此項政策的人格外不滿。這就是為什麼那些被蘇拉留在亞細亞的將領不時會對米特拉達梯發動突襲：他們希望激怒他，讓他大舉出擊。這也是為什麼元老院不批准和約，哪怕元老院是由卡圖盧斯和霍騰修斯這些蘇拉派領導。當米特拉達梯的使者去到羅馬，被告以元老們沒時間見他們時，他們空等了一個又一個月，感到如坐針氈。

這讓米特拉達梯清楚意識到，羅馬人想看他垮台。他並未放棄自己的野心。亞細亞的財富在他看來總是唾手可得。米特拉達梯避開羅馬人的窺探之眼，慢慢重建自己過去遭到蘇拉懲罰性遣散的軍隊。這次，他向敵人汲取建軍的靈感來源，不再搞珠光寶氣的鎧甲武器那套，改為著重羅馬式的紀律和效率。米特拉達梯開始讓他的步兵配備「格拉迪」（gladius）——一世紀前羅馬曾經採用的西班牙雙刃短劍。以其刺向重要器官可導致嚴重創傷，這讓東方人聞之喪膽。米特拉達梯現在把它納為己用。

西元前七十四年夏天，他為達此目的而接觸了西班牙的馬略派叛軍，情商其協助裝備和訓練他的部隊。羅馬人得到風聲後又怒又懼。共和國感到自己正面臨空前危機。以前，若不是相信自己的先制攻擊具防禦性質，羅馬人極少投入戰爭，哪怕面對的是最微不足道的敵人，但米特拉達梯顯然不是微不足道之輩。看來，亞細亞再次陷入危機之中。羅馬的憤怒浪潮如此猛烈，以致任命一位代執政官前往總理東方事務變得是無可避免。但那個要命的問題猶待解答：該任命誰才是？

西元前七十四年，蘇拉派可謂仍掌控著元老院，可以否決任何看來有潛在威脅性的人選。這種考慮排除了龐培（不管怎麼說，他還被綁在西班牙），也排除了克拉蘇（他正忙於競選司法官）。對卡圖盧斯和他的盟友來說，幸運的一點是，當年有個執政官是他們自己人。在那些支持蘇拉和他各種措施的大貴族中，盧庫勒斯（Lucius Lucullus）是最能幹與出眾的一個。然而從一開始，他的政治生涯就很不順遂。他出身於一以多仇家及婚姻不幸著稱的古老世家：母親不停地換情人，父親不斷與人結下深仇大恨，最終導致自己吃上官司且不得不流亡。盧庫勒斯繼承了父親的仇怨，首次成名，是把一個讓他父親被定罪者告上法庭。他的不屈不撓可見一斑，但他的不屈不撓與固執又是一體兩面，因他不會企圖收買人心，毫不在意別人認為他孤傲與吝惜。另一方面，他又是個仁慈與文化修養相當高的人，也是哲學家和歷史學家，深深浸淫希臘文化，真誠關懷羅馬屬民的福祉。除了對仇恨念念不忘，他在忠誠和信仰上也充滿熱情。他特別忠於蘇拉和他的回憶，幾乎可以肯定，當年陪著蘇拉進軍羅馬的唯一一位軍官就是盧庫勒斯。他在對米特拉達梯的戰爭中，很好地平衡對指揮官的責任和希望保護希臘人的願望。後來，他又成了蘇拉傳記的撰寫人、蘇拉遺囑的執行人及蘇拉子女的監護人。盧庫勒斯與龐培或克拉蘇不同，他對死去朋友的忠誠讓人放心。

所以，蘇拉派馬上動員起來支持他，其他有勢力的派系也轉向支持他。盧庫勒斯在贏得執政官選舉前不久，和一個羅馬最顯赫的家族結成姻親。克勞狄家族（Claudii）以傲慢與剛愎自用聞名羅馬，但他們也有連續五百年的重要成就可以誇耀——這是個沒有其他家族可以相提並論的紀錄。克勞狄家族的大廳掛著最多死人面具、擁有最多被保護人與最多海外利益。它是如此威名赫赫，以至於像盧庫勒斯出身那麼高的貴族也想和它攀關係。因急於和克勞狄家族結親，他甚至同意不要新娘的嫁妝。他妻子繼承了盧庫勒斯家族新娘的優良傳統，是出了名的蕩婦，但盧庫勒斯想必盤算過，這是讓克勞狄家族站在他這邊值得付出的代價。他的親家在這樁婚事上的盤算並沒有少一些。當家的阿庇烏斯（Appius Claudius Pulcher）剛從死去的父親繼承家族首腦的地位，他還有兩個弟弟和三個姊妹及自己的野心要照顧。雖然為人極專橫投機，他卻看得出盧庫勒斯是最可能讓他取得東方肥缺的人。家裡的小弟弟克洛狄烏斯（Publius Clodius）也有建功立業的抱負，他剛滿十八歲——是羅馬年輕人開始從軍的傳統年齡。克洛狄烏斯如同阿庇烏斯，也盯上了獲取榮耀的機會。

然而，在他們能出發前往亞細亞之前，盧庫勒斯得先確保獲得代執政官的任命。他雖有卡圖盧斯和克勞狄家族的支持，卻發現大多數元老都反對他。絕望之餘，他意識到自己別無選擇，只能求助於元老院的頭號喬事人塞提古斯。盧庫勒斯因為過度驕傲而不願直接這樣做，於是便去勾引塞提古斯的情婦，說服她幫忙。這個計策奏效了。塞提古斯開始為盧庫勒斯運動，並動用自己的投票部隊，僵局因而打破。盧庫勒斯被任命為亞細亞的代執政官。

另一名執政官科塔（Marcus Cotta）和他一起前往亞細亞。元老院之所以下這種決定，也許是懾於米特拉達梯的威名，但更可能是不放心把戰爭完全交給一個人負責。不管原因何在，這種安排很快就產生反效果。當盧庫勒斯準備入侵本都時，科塔把整支艦隊丟在米特拉達梯手裡，然後差點連陸軍也搞丟，最後又丟臉地被圍困在博斯普魯斯海峽的一個港口。此時米特拉達梯處於打擊亞細亞行省的範圍內，盧庫勒斯不顧部下不滿，放棄入侵計畫，回師拯救無能的同僚。米特拉達梯聽到盧庫勒斯逼近的消息，解除對科塔的圍困，但沒撤退，反而大舉入侵亞細亞。他大有理由自信滿滿：他的新軍才剛打敗一個執政官，而且人數和盧庫勒斯的五個軍團相比，幾乎是四比一。米特拉達梯想必認為，他又有機會把羅馬人趕入大海。

但盧庫勒斯沒有上鉤。他未和敵人正面交鋒，而採取騷擾戰術，切斷土朋斯（Pontic）軍隊的補給線，「把他們的胃變成戰場。」[1]隨著冬天來臨，米特拉達梯被迫撤退，把大量攻城器械及數以萬計的人馬丟在後頭。翌年春天，盧庫勒斯再度發動攻擊。這次因為後方未受到干擾，他可以入侵本都。接下來兩年，他循序漸進地摧毀米特拉達梯的力量。到了西元前七十一年，幾乎整個土朋斯王國都落入盧庫勒斯之手，一個新的行省等著共和國接收。在在看來，討伐米特拉達梯的戰爭將以勝利結束。

米特拉達梯仍頑強抵抗，他再度成功從盧庫勒斯的指縫間溜走。這位有自保本能之人絕不輕易認輸。他躲過每個羅馬人抓他的企圖，翻山越嶺去到相鄰土朋斯的亞美尼亞，請求它強大國王提格蘭（Tigranes）的保護。盧庫勒斯迅速派出阿庇烏斯，要求提格蘭交出米特拉達梯。這是羅馬對亞美尼亞派出的第一個官方使節團；在此之前，因亞美尼亞地處偏遠，羅馬極少把它列入考慮，而它的崛起也是最近的事。提格蘭花了十年多在今日的伊拉克獨霸一方，號稱「萬王之王」。朝廷實施繁縟的東方儀式，不管他到哪裡，都有四名附庸國王相隨：他們為了跟上他的馬匹，都跑得氣喘吁吁。每逢提格蘭坐下，四名附庸國王又會侍立於他的寶座旁，如同奴隸隨時等候吩咐。當然，這些氣派嚇不倒阿庇烏斯。他對待「萬王之王」的態度就如同克勞狄家族對待任何人的態度：目中無人。提格蘭不習慣別人的傲慢（更何況對方才二十出頭），他勃然大怒，拒絕交出米特拉達梯。外交互動的冷冰冰因一件事情而日愈強化：阿庇烏斯無視於國與國交往的禮儀，對提格蘭所贈的禮物不屑一顧，故意只挑了只茶杯收下。

所以，盧庫勒斯在未獲得任何官方授權的情況下，和一個沒幾個羅馬人聽過的國家進入了戰爭狀態。雖然戰爭季節已快過去，但他秉持一貫的果斷採取行動，勇敢越過氾濫的幼發拉底河（Euphrates），揮兵東進。他的目標是提格拉諾塞塔（Tigranocerta）——這座城市不只為亞美尼亞國王從無到有建造出來，還以他自己的皇族名字命名。提格蘭聽到這麼個樣板城市遭到圍攻後，火速前往救援，正中盧庫勒斯下懷，哪怕他所到之處，比羅馬歷史上的任何將軍都遠，而且軍隊人數不如敵人。當提格蘭看見敵軍人數少得可憐，不禁取笑說：「這樣的人數組成使節團嫌太多，組成軍隊則太少。」[2]妙語一出，一片逢迎的笑聲馬上響起，但很快地，國王自己就笑不出來了。盧庫勒斯在共和國歷史上最驚人的其中一次勝利中，不僅消滅了亞美尼亞軍隊，還攻破了提格拉諾塞塔。羅馬人以一貫要命的高效率，把這座城市洗劫一空：盧庫勒斯拿了皇家珠寶，他的人馬則拿了其他的一切，接著城市被夷為平地。提格蘭無力阻止，自己也不得不逃走。「萬王之王」為彰顯自己而建的宏偉紀念碑與宮殿，幾乎無一磚一瓦留存下來。

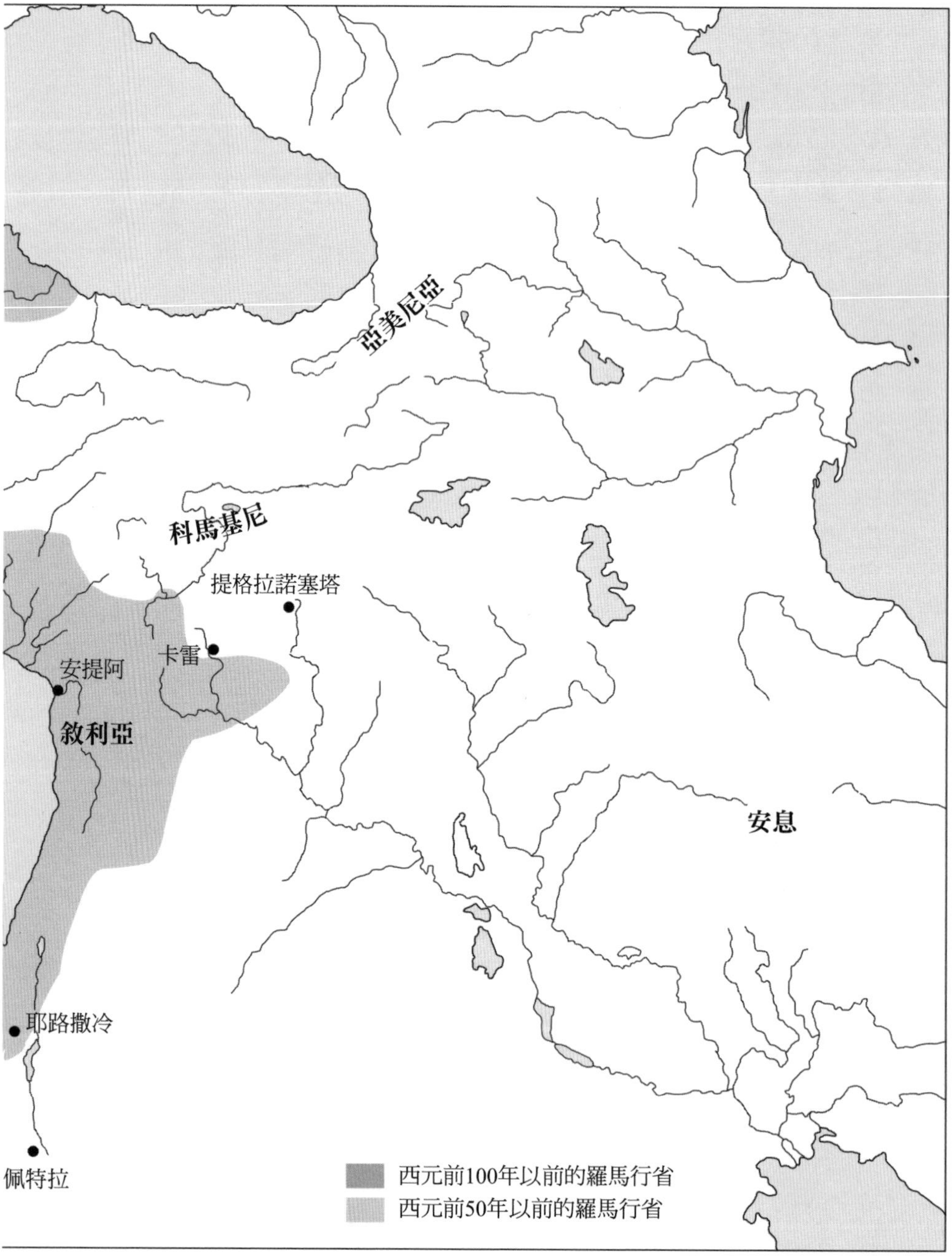
亞美尼亞
科馬基尼
提格拉諾塞塔
卡雷
安提阿
敘利亞
安息
耶路撒冷
佩特拉
西元前100年以前的羅馬行省
西元前50年以前的羅馬行省

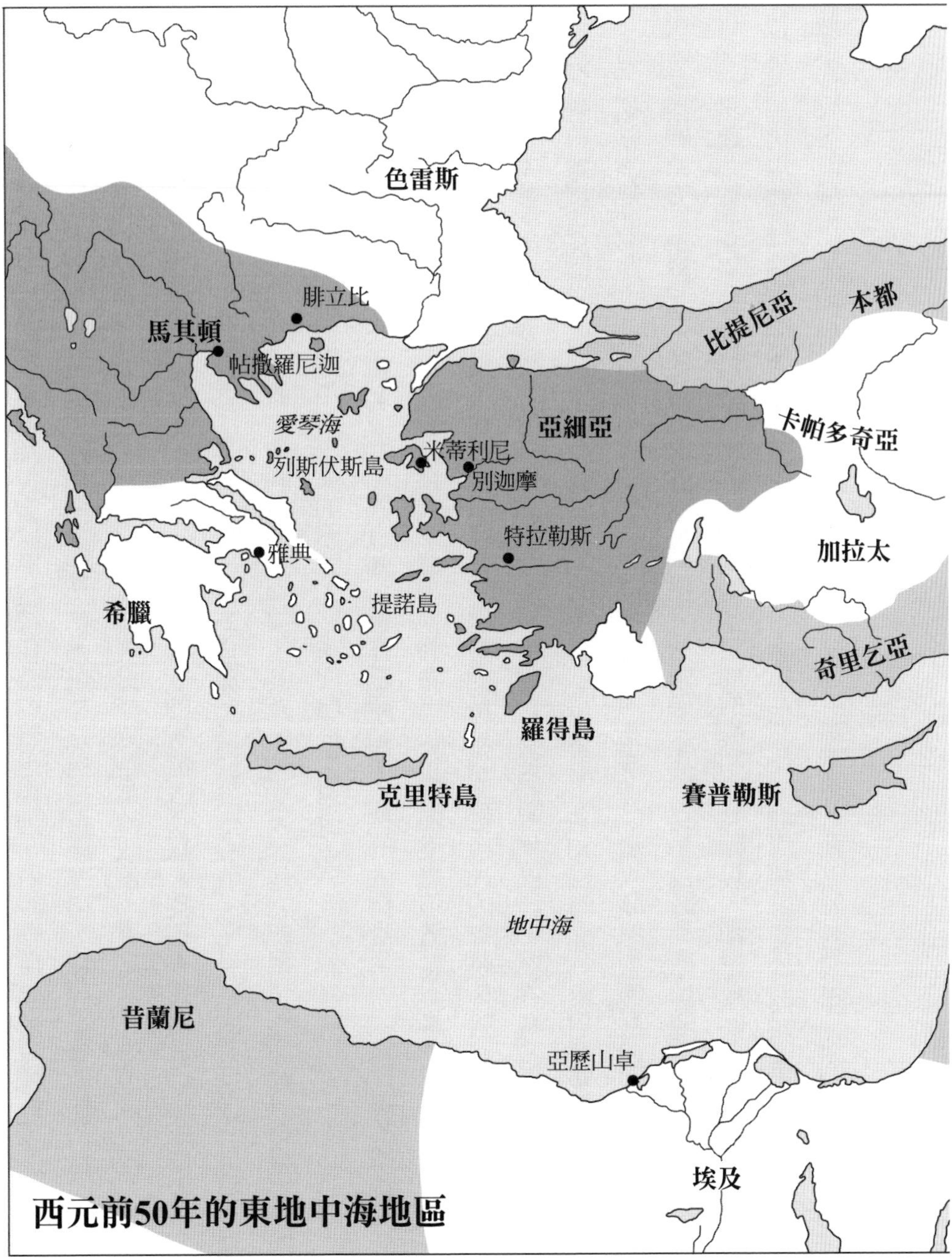

西元前50年的東地中海地區

但這個摧毀及獲益並沒有乍看的那麼徹底。根據當時的戰爭規則，盧庫勒斯完全有權把戰敗之人俘虜為奴，但他沒這麼做，反倒放了他們。他把他們強制移送提格拉諾塞塔，他想透過把他們送回家，加速亞美尼亞王國各地的分離運動。那是個狡猾與人道成分各半的政策。羅馬人從不懷疑，敵人該為被征服付出代價，但盧庫勒斯在搶劫之餘，還懷有強烈的貴族義務感。他絕不認為自己是奴隸販子的代理人（publicani）——他對這類人只有鄙視。早在他征伐提格蘭之前，就已著手對付那些折騰亞細亞多年的吸血鬼。他砍去一大截欠債利息，禁掉債主許多惡劣手段，建立起嚴格的規範。結果短短四年內，那些被巨額債務壓得喘不過氣來的希臘人城市便已把債還清。

貴族階層秉持的古老理念總賦予共和國良知，但在盧庫勒斯這樣的人物身上，一個元老的傳統父愛主義與對羅馬全球使命的嶄新詮釋結合在一起。他對希臘文化的熱愛讓他清楚看見，除非讓希臘人分一杯羹，否則羅馬對東方的統治沒有未來可言，他對提格拉諾塞塔市民的仁慈反映著某種一貫政策。盧庫勒斯在本都，不只饒了那些抵抗他的希臘人城市，一旦它們遭到攻訐，還為其支付重建的費用。他透過約束毀滅這些城市的欲望，投資了它們的未來，也投資了共和國的安全與長期健康。

這一切當然無助於平息某些羅馬人的怒氣。減輕行省債務並非一受大商業集團歡迎的政策。但只要盧庫勒斯在東方一再戰勝，他的地位就無可動搖。只不過，攻破提格拉諾塞塔標誌著他事業的高點。自那一刻起，他的指揮權就日愈不牢固。因他對提格蘭的勝利雖然輝煌，卻沒達成他的主要任務：米特拉達梯仍然在逃。翌年的西元前六十八年整年，盧庫勒斯徒勞地流轉於亞美尼亞的荒原，一再受到敵軍從背後的騷擾——他們現已懂得不要和他正面交鋒。漸漸地，他的勝利看似從他的指縫中溜走。

在羅馬，大財團的遊說團不再有所顧忌，大膽派出聽話的元老攻擊盧庫勒斯。護民官開始剝奪他一項項職權，如同攻擊受傷動物的狼群般洶湧如潮地譴責他。在本都，米特拉達梯帶著另一支軍隊冒了出來，並對羅馬守軍贏得一連串勝仗。這時，盧庫勒斯已在遙遠的亞美尼亞南部被拖住，遲遲無法完全結束對提格蘭的戰爭。他拿下有戰略重要性的城市尼西比斯（Nisibis），準備在那裡過冬。但是對他地位最嚴重的威脅不再來自提格蘭，如同他即將發現的，這個威脅來自他的軍營內。

到了西元前六十八年秋天，盧庫勒斯的部下已追隨他六年。他們受到嚴苛軍紀約束，只領少得可憐的軍餉，卻要翻過高山、穿越沙漠，來回奔波超過一千英里。對他們許多人來說，家必然是最遙遠的記憶，甚至有些人已經在東方待了將近二十年，但他們全都夢想著回家。這就是他們戰鬥的理由：不只為了以羅馬人的方式考驗自己，對抗野蠻的敵人與對暴力死亡的恐懼，還是為了重獲一種因貧窮而失去的地位。這些流浪在外的人與家鄉的富人一樣，渴望受人尊重。只有戰爭能滿足他們的這個願望，因為甚至連最勢利的人都承認：「沒有卑賤地不被甜美榮耀提升的狀態。」[3]

以前，共和國的軍隊並非總是由身無分文的自願者組成。當公民集合在戰神大校場投票時，會嚴格按財富多寡排隊。他們以這種方式，保留了一個時代的記憶：在該時代，每個階層的人都得服役，戰爭中的軍團代表整個共和國。諷刺的是，在這段受緬懷的歲月裡，僅沒有地的人被排除在參軍之列。這反映著一個羅馬人根深蒂固的偏見：「扎根土地的人可以造就最勇敢、頑強的士兵。」[4]滿手老繭與照顧自己一小片土地的農民是備受歌頌的對象。這不奇怪，因共和國就是靠他們偉大起來。多個世紀以來，攻無不克的羅馬步兵都由自耕農組成：他們在戰爭時，會放下手上的犁、抹去劍上的乾草，跟隨他們的指揮官上戰場去。只要羅馬的勢力一日侷限於義大利，戰爭都不會持續太久。但隨著共和國擴張到海外，戰事拉長了，往往經年累月。當一個士兵離家在外，他的土地很容易就落入別人之手。愈來愈多小農場遭有錢人兼併。巨大的莊園取代色彩豐富的農田和葡萄園，成了斯巴達克斯行軍時經過的「曠野」。那顯非真正的曠野，因還有人在其中勞作——不過都是些被鎖鏈鎖在一起的奴隸，難得看見生而自由的公民。「鄉村地區幾乎沒人，沒有自由的農民或牧人，只有野蠻人與進口的奴隸。」[5]震驚提比略．格拉古（Tiberius Gracchus）的正是這種景象，令其從而發起改革計畫。他提醒國人同胞，共和國的軍事基礎正備受侵蝕。每有一個農人失去土地，就意味著羅馬失去一個士兵。在推動改革的那些人眼中，失去土地者的悲慘是一個共和國的凶兆。義大利的農業危機已嚴重到無可救藥的地步，但兵源危機至少可求助於一個顯著的改革方法。西元前一〇七年，馬略為勢所逼，宣布公民不管有無土地都有資格從軍。武器和鎧甲開始改由國家供應，軍團從此成為志願役。

自這一刻起，擁有農田不再是當兵的資格，而變成當兵的獎賞。這就是為什麼，西元前六十八年冬天，盧庫勒斯的軍營開始有士兵竊竊私語，說龐培的部下不過是打打叛軍和奴隸，就可以「擁有一片肥沃的土地，娶妻生子安頓下來。」反之，盧庫勒斯甚至不准部下劫掠。這種說法不是事實（因前一年，他才縱容士兵洗劫提格拉諾塞塔），但這點卻有很多人相信。畢竟盧庫勒斯不是出了名小氣嗎？他不是曾禁止士兵劫掠本都的希臘人城市嗎？難道他的部下不是「浪費生命在整個世界東奔西跑，卻什麼獎勵也沒有，只能看守盧庫勒斯的馬車和駱駝，以及它們裝載的黃金與鑲著寶石的杯子」？[6]

職業化軍團的紀律非常嚴厲，不亞於過去，所以士兵們不敢輕易流露不滿的情緒。但幸運的是，對這些憤恨的士兵們來說，他們有個現成的代言人。年輕的克洛狄烏斯不像哥哥阿庇烏斯可以神氣地率領一個使節團。他也沒有迅速獲得提拔——身為克勞狄家族的人，他認為獲得迅速提拔是他的神授權利。他因不受重用而滿腹怨氣，一直等機會在姊夫背後捅一刀。當他開始報復時，行止是這麼地厚顏無恥：他把自己裝扮成「士兵之友」[7]，在軍營到處煽風點火。此舉很快造成災難性的後果：盧庫勒斯的士兵全體罷工。

在共和國早期，罷工是心懷不滿平民的終極（也是唯一）武器。現在，盧庫勒斯的軍隊可說重演了共和國早期歷史的一幕。不過，兩者所處的環境大相逕庭。在士兵的罷工中，至關緊要的並非他們的利益。這場兵變不只交織貴族的恩怨，還影響一大片住著幾百萬羅馬屬民地域的安危。當士兵們還在罷工時，本都傳來了消息：米特拉達梯已回到自己的王國，重新稱王。於是，孤傲的盧庫勒斯去到一個個營帳，拉起每個將士的手，淚流滿面地懇求他們。

反恐之戰

士兵發生罷工的幾個月後，心力交瘁的盧庫勒斯在對付米特拉達梯與反叛者的同時，他終於露出難得一見的笑容，他獲悉克洛狄烏斯被海盜抓走。先前，這位「士兵之友」逃離盧庫勒斯的軍營，往西去到了土耳其東南海岸的行省奇里乞亞（Cilicia）。他的另一名妹夫萊克斯（Marcius Rex）是那裡的總督。萊克斯不喜歡盧庫勒斯，樂於見他被整，因此給了年輕的克洛狄烏斯一支艦隊指揮作為獎勵，然而克洛狄烏斯正是在率領艦隊巡邏時被海盜俘虜。

這幾年被海盜綁架已成為羅馬貴族的職業風險。八年前，凱撒曾在前往莫蘭的演講學校途中被海盜綁架。當他聽說海盜要求二十塔蘭特的贖金時非常生氣，表示自己至少值五十塔蘭特（talent）。他又警告綁匪，說他一旦獲釋，將帶兵來抓他們，把他們全都釘上十字架——後來他說到做到。但克洛狄烏斯被綁架的經歷卻不怎麼光彩，他寫信要求埃及國王幫他支付贖金，結果對方只送來區區兩塔蘭特，讓海盜笑彎了腰——克洛狄烏斯自己則是氣壞了。至於他後來怎麼被釋放，有很多不同版本的傳說。他的敵人（他樹敵眾多）盛傳，他以肛門的童貞換取自由。

然而，不管海盜們能得到多少贖金，綁架都只是他們的副業。憑著精心策劃的恐嚇行動，他們幾乎能隨心所欲敲詐劫掠——不管在海上或在內陸。他們劫掠的規模足以媲美其自我標榜的程度。他們的領袖「把自己看作國王和獨裁者，他們的人馬相信，只要眾志成城，就會戰無不勝。」[8]他們不知饜足地貪婪，還有想染指全世界的欲望，都讓他們成為羅馬共和國的一個諧仿，一個讓羅馬人極度不安的陰森鏡像。海盜組織上的隱蔽與和行動上的漫射性讓他們成為一與眾不同的敵人。西塞羅抱怨說：「海盜不按戰爭規則行事，是我們每個人的共同敵人。你不可能信任他們，不可能以彼此同意的條約束縛他們。」[9]先別說消滅，你要怎麼鎖定這樣一個對手？企圖鎖定海盜就如同與幻影搏鬥。「那將是一場史無前例的戰爭，一場沒規則可言的霧中戰鬥。」[10]那顯然也是場看來永無止境的戰爭。

然而，對於一個絕不容忍不敬的民族來說，上述政策是徹頭徹尾的失敗主義。不錯，要監視奇里乞亞的岩巉海灣幾乎不可能，所以自古以來這區就是土匪窩。但諷刺的是，讓海盜的勢力能蔓延到其要塞之外的，卻是羅馬在東方建立的霸權。因共和國打破了可能對它構成威脅的每個地方勢力，又不願扛起直接統治的責任，所以為海盜留下了一片自由進出的空間。對那些同時受政治無能與無法無天折磨的人群來說，海盜至少能為他們保護的地區帶來一些秩序。有些城鎮向海盜納貢，有些為他們提供港口。海盜的觸鬚每年都伸得更遠一些。

羅馬人只有一次被刺激到大舉征伐海盜，時為西元前一〇二年。當時，西塞羅的偶像起訴人安托尼烏斯奉命統率領一支陸軍和一支海軍前往奇里乞亞。海盜馬上從他們的要塞遁逃而出，安托尼烏斯宣布得勝。元老院賞他一個凱旋式。但海盜只是躲到西西里島上，未幾就回到老巢中並橫行如昔。這次，共和國選擇閉上眼睛，裝聾作啞。一方面是因為大舉討伐海盜看來不會有什麼結果，另外也因為羅馬一些有勢力的利益集團積極鼓勵無為。羅馬在經濟上愈離不開奴隸，就愈需依賴海盜。即使共和國不是處於戰爭狀態，它也須滿足對奴隸的癮頭。海盜是奴隸最穩定的供應者。據說在自由港提諾，每日買賣的奴隸可多達一萬人。巨大的交易規模帶來巨大的收入，養肥了海盜頭目與羅馬的大財閥。對商業遊說團來說，利益比尊嚴重要。

很多羅馬人自然對於羅馬名聲蒙上這個汙點感到震驚——上層貴族階級尤其如此。盧庫勒斯是最大膽反對奴隸制的人，但元老院早就和商業階級同流合汙了。因此，對共和國的奴隸貪慾最有遠見的批評者並非羅馬人，而是一名希臘人：哲學家波希多尼。雖然他為羅馬人的帝國歡呼，認為它體現一個普世政府，也認為大規模的奴隸貿易是這幅樂觀畫面裡的陰暗角落。他四處遊歷期間，看到了在西班牙礦井裡做牛做馬的敘利亞人，看到了在西西里莊園被鎖鏈鎖在一起勞作的高盧人，他對所見不人道的工作環境感到震驚不已。很自然地，他沒想過反對作為一種制度的奴隸制。真正讓他驚恐的，是數以百萬計奴隸遭到非人對待的事實，以及這個事實對他寄予厚望的羅馬所構成的危險。如果共和國任由大財團玷汙其普世使命，羅馬的帝國可能會落入人人為所欲為的無政府與貪婪狀態。如此一來，羅馬的霸權就不會是黃金時代的前驅，而為普遍黑暗的預兆。共和國的墮落在在讓世界化膿。

波希多尼指出一系列他所擔憂之事的例證——斯巴達克斯的起義只是最近一宗，他其實大可以海盜為例證。土匪就像他們的被害者，往往也是時代苦難的產物，是苛索、戰爭和社會崩解所導致。結果就是，整個地中海地區，只要是不同文化的人被拋在一起之處（不管是奴隸營棚或海盜船），都充滿極令波希多尼害怕的毀滅世界吶喊。失根和吃苦讓人們失去敬拜傳統神明的熱情，卻為神祕宗教的成長提供了沃土。這些神祕宗教如同西比爾的寓言，通常融合了許多不同成分，例如希臘信仰、波斯信仰和猶太信仰。它們基於其性質，呈現地下與流動狀態，為書寫歷史的人所看不見。但至少，它們其中之一卻留下了永久的印記。米特拉（Mithras）是海盜之神，但最終卻在整個羅馬帝國受人膜拜。他和米特拉達梯之間有些神祕關聯，因後者的名字就意指「米特拉所給予」。米特拉本為一波斯人神明，但在海盜的理解之下，卻和希臘英雄珀爾修斯（Perseus）非常相似。有意思的是，米特拉達梯也自稱珀爾修斯的後代。珀爾修斯如同米特拉達梯，為一強大的國王，曾統一西方和東方（即希臘和波斯），統治時期遠早於新崛起的羅馬。米特拉達梯發行的錢幣上有一新月和星星的圖案，這也是珀爾修斯這位希臘英雄佩劍的圖案。同一把劍也可見於米特拉的手上：他把它深深刺入一頭巨大公牛的胸部。

扭曲了原來的波斯神話後，公牛成了「大對頭」（Great Antagonist）以及「惡」的象徵。這是海盜對羅馬的觀感嗎？我們不可能確知。但可以確定的是，海盜和米特拉達梯的聯盟不只是權宜之計。同樣可以確定的是，海盜雖然關心打劫，但他們卻自視為羅馬代表一切的敵人，他們不會錯過任何踐踏共和國理想的機會。當海盜發現一個俘虜是羅馬公民時，起先會假裝很害怕，匍匐在他腳邊，為他穿上長袍。等他穿好象徵羅馬公民的長袍後，海盜會把一把梯子垂到海面上，請他游泳回家。海上劫掠集團專門鎖定羅馬的行政官，除了把人綁走外，還帶走他們的權力信物。因為安托尼烏斯曾帶著奪自海盜的珍寶在羅馬展開遊行，海盜為了報復，把他女兒從其在海岸邊的別墅抓走。這些都是精心計算過的激怒行動，顯見他們非常了解羅馬人的心理，並專門打擊羅馬共和國聲威的核心部分。

榮譽感自然要求反應，但商業的自利心理也日愈要求反應。這是因為羅馬的經濟創造出一頭怪物之後，如今發現自己正受到自己所創之物的威脅。海盜對大海愈強的控制讓他們能切斷運輸路線，羅馬所需的一切供應（從奴隸到穀物）漸漸縮小為涓涓細流，羅馬人開始挨餓，但元老院仍猶豫不決。海盜的規模已變得非常巨大，若非一個權力涵蓋整個地中海地區的指揮官，則不足以對付。在許多元老眼中，這樣的代執政官權力過大。最後，在西元前七十四年，大起訴人馬托尼烏斯的兒子小馬托尼烏斯獲委指揮權。不過，他會獲選並非因為繼承了乃父打擊海盜的能力，反而是因為他的無能：「不用擔心，那些獲得提升的人都是無能之輩。」[11] 小馬托尼烏斯的第一個舉措是在西西里島周邊地區掠奪一番，第二個舉措則是在克里特島外海被海盜結結實實地打敗。羅馬俘虜戴上他們本來為海盜準備的腳鐐，被固定在船的棚架上，隨著海浪搖搖擺擺。

就連一大堆腳鐐手銬都不是羅馬最屈辱的象徵。西元前六十八年，當盧庫勒斯正在東方打擊提格蘭時，海盜對共和國的心臟地區發起攻擊。奧斯蒂亞（Ostia）是台伯河的入海口，僅距羅馬十五英里。海盜進到港口，放火焚燒執政官停靠在碼頭上的戰艦，在飢餓首都的港口引發大火。羅馬的饑荒更嚴重了。餓肚子的公民們聚集在羅馬廣場上，要求採取行動，任命一位代執政官解決問題——但不是一個像小馬托尼烏斯那樣的紙老虎，而是個能把事情做好的人。不過，元老院到了這個時候仍固執己見。卡圖盧斯和霍騰修斯完全清楚，羅馬公民心目中的理想人選是誰。他們也知道，誰在一旁等著這個位子。

龐培自從卸任執政官之後，就刻意保持低調。他裝出一副謙遜的模樣，如同他的所有假裝，這次也是小心翼翼地為了追求效果。「龐培最喜歡的策略是：對於最想要的東西，裝得最不想要。」[12]這一招大部分時候這招都管用。他這次未毛遂自薦，改用克拉蘇的策略，找代理人代言。凱撒是元老院裡少數為龐培發聲的人，但這並非因為對龐培有多大的好感，而因為他清楚看見風向已經轉變。如今蘇拉的改革已被推翻，護民官再次粉墨登場。龐培當執政官時恢復護民官的權力並非毫無所求，而護民官曾經幫助他解除盧庫勒斯的指揮權；西元前六十七年，也是一位護民官建議，給予這位人民英雄打擊海盜的全權。雖然卡圖盧斯大力呼籲，不要任命「一形同掌管帝國的君主」[13]，人民仍歡天喜地地批准了法案。龐培獲得了五百艘船和十二萬人馬的空前兵力，又獲准在他認為有需要時增募新兵。他的指揮權覆蓋整個地中海地區，涵蓋所有的島嶼，再從海岸向內陸延伸五十英里。羅馬共和國的資源從未如此集中在一個人手上。

龐培的新任務在每個意義下都墜入未知。甚至包括他的支持者在內，都沒人知道該如何預期。共和國以如此規模動員，本身就是個狗急跳牆的標誌，而羅馬人不看好打擊海盜的任務，也反映在代執政官的任期上：三年。但事實證明，龐培只花了三個月就肅清海盜，攻破其最後要塞，消除了一個威脅共和國幾十年的禍患。那是一場漂亮的勝仗，既是龐培的個人勝利，也讓人看清共和國的實力有多強，連羅馬人自己對此都有點吃驚。它表明了不管最初，他們對一個挑戰的反應有多猶豫，一旦他們失去耐心，就會無堅不摧。反恐戰爭順利結束，羅馬仍是一個超級強權。

雖然龐培的勝利再次證明，只要共和國願意，它就能幹得漂漂亮亮，不過，龐培這次沒傳統地使用殘忍手段向世人昭示這個教訓。他表現出如同其勝利般為人吃驚的仁慈，不只沒把俘虜釘上十字架，反而買地安置他們，讓他們務農。龐培清楚認識到，人們會淪為土匪，是失根與社會動盪的後果。只要共和國一日為動亂環境的製造者，羅馬便多一日被人仇恨。但幾乎無須強調的是，重新安置罪犯不是羅馬的標準政策。另外也許值得一提的是，龐培在討伐海盜的途中曾抽空到羅得島拜訪波希多尼。我們知道他聽了波希多尼一堂課，課後又進行私下交談。由於哲學家的任務不是挑戰羅馬的偏見，所以我們可以確定，龐培沒有聽到他不想聽的東西，但波希多尼必然至少幫助龐培釐清了一些觀念。龐培讓波希多尼留下深刻的印象。他相信，他的祈願終將在龐培那裡獲得回應：一個能體現貴族價值觀的羅馬貴族。他在這位代執政官告辭時給了他兩句忠告：「總是勇敢作戰，永遠比別人高尚。」這是出自荷馬的警句，龐培聽了很高興，[14]他正是秉持這種精神寬恕海盜。他將安置海盜的城鎮命名為龐培波利斯（Pompeiopolis），好讓他的仁慈與慷慨永遠為他的名字增添光彩。作戰時嚴峻、和平時大度，難怪波希多尼會將他譽為英雄。

龐培一如以往地貪婪，他要得更多。他並不滿足於僅當個赫拉托（Hector）。[15]從很小的時候開始，當他站在鏡子前擺弄額前的一綹捲髮時，就夢想當新亞歷山大大帝（the new Alexander）。現在他決心把握時機，東方已在他面前敞開，等他去贏得沒有羅馬公民贏得過的榮耀。

新亞歷山大大帝

西元前六十六年的一個春日，盧庫勒斯看見地平線上升起一團煙塵。雖然他紮營在一座森林旁，但在他前面展開的平原卻是焦乾與無樹。漸漸地，自煙塵裡出現了一支支看不見盡頭的隊伍。盧庫勒斯看見指揮官的扈從，他們手上的棍棒纏著月桂枝條，枝條上的葉子已經乾枯。他自己的扈從拍馬上前、迎接來人，遞上新鮮的月桂枝以示歡迎。對方拿他們的枯枝作為交換。

大家借助此項儀式，確認了心知肚明之事。自冬天的兵變以來，盧庫勒斯的權威一日不如一日。他和部隊的關係變得冷淡，完全不能依賴他們作戰，不得不帶著他們自亞美尼亞慢慢撤退。他退到本都西部的高地舔舐傷口，在那裡無奈地眼看米特拉達梯重新鞏固自己的王國，但這還不是最糟糕的。有個人一直盯著他的代執政官位置，並與金融家及聽他們話的護民官暗中密謀取而代之。如今，被派來取代盧庫勒斯的就是此人。

在海盜被消滅後，沒幾個人打算阻擋「偉大者」龐培（Pompey the Great）的路。大多數元老承認他是贏家，投票同意授予他更大的權力，不只給了他一支歷來最大的東征軍隊，還讓他有權見機行事，自行決定談和或開戰，相較之下盧庫勒斯落得一無所有。大批以前的盟友，包括兩位前執政官和一堆有著古老姓氏的貴族，急急忙忙改投新的代執政官陣營。當盧庫勒斯看著他的新鮮月桂枝被遞到龐培扈從手上時，應該認得其中許多人是赫赫有名的貴族。他們會迎接盧庫勒斯的目光嗎，或尷尬地撇開目光？在羅馬人看來，不管他們勝利或失敗，都有令人嘆為觀止的景觀。

一開始，盧庫勒斯和龐培仍保持冷淡的禮貌，但兩人的會面很快淪為一場謾罵比賽。龐培譏笑盧庫勒斯無能解決米特拉達梯，後者則反脣相稽，說自己的接替者就像一隻食腐鳥，被鮮血刺激地發狂，而鮮血是被比龐培更強大者打死的敵人所流下。場面愈來愈火爆，以致隨從們最後不得不拉開兩位將軍。但因現在龐培是代執政官，所以能作出致命的一擊。他解除盧庫勒斯尚餘的兵權，讓他孑然一身地護理那受傷的自尊，並再次以公民的身分踏上返回羅馬的漫漫長路。

儘管如此，他羞辱龐培的話語卻更有殺傷力。之後的事態證明，盧庫勒斯沒有吹牛，他確實打斷了米特拉達梯和提格蘭兩人的脊椎骨，而龐培急忙撲向獵物的樣子，的確有幾分像是嗅到風中鮮血氣味的食腐動物。米特拉達梯最後一次被趕出他的王國，他一如往常又躲進了山區。雖然他避開了追捕者，但唯一足以對羅馬人構成威脅的只剩下他的名字。至於提格蘭，因自知無法抵抗龐培的大軍又想躲入山區，故匆忙把自己交給龐培處置。抵達羅馬軍營後，他下馬交出佩劍，走到龐培面前脫下王冠，準備穿著他金紫兩色的袍服跪在地上的灰塵之中。不過，龐培馬上拉住他的手，扶他起來。他邀請國王坐在他旁邊，以有禮的語氣說出他計畫中的和平安排：亞美尼亞將成為羅馬的屬國，提格蘭須交出兒子為人質。如此一來，他將被允許保留王位，可憐巴巴的提格蘭馬上答應了，龐培也邀他到營帳參加宴會。這是羅馬將軍的一貫做法：無情地展示共和國的威武後，在餐桌上優雅地展示風度。

龐培裝腔作勢的天賦在東方找到了絕佳的舞台。因尖銳意識到歷史之眼正盯著他看，他一舉一動都不忘調整好姿勢。他如同亞歷山大大帝，也隨身帶了一位聽話的歷史學家，記錄他每次英勇行動及每件寬宏大量的作為。如同他和國王們所周旋的那樣，他邊打仗邊著意留下聳動的記載。他不滿於打敗那些敢於反抗的東方人國王，還與毒蛇打交道，追逐亞馬遜女戰士，不斷向東推進，要到達圍繞世界的大洋。同時，他不理會元老院的指手畫腳，隨意重新安排東方國家的邊界，隨喜送出了幾頂皇冠，廢除了幾名國王。現在，這個孩子氣仍未泯除之人控制著幾百萬人的命運。

不過，龐培從未忘記自己是羅馬人民的行政官員，畢竟一個公民的偉大程度只等於他為共和國帶來榮耀的程度。龐培對自己最得意的說法是：「他前去之時，亞細亞處於羅馬勢力的邊緣；離去時，它位於羅馬勢力的中心。」[16]他對國王們的羞辱、對各個王國的處置，還有在世界盡頭所打的戰役，全是為這個戰略目標服務。當他扶起即將下跪的提格蘭，是為了維護羅馬的利益而這麼做。若非如此，這幅畫面便失去它英雄主義的光彩。君王式的恭維話語很能打動野蠻人，但其真正的價值只在於充當生而自由羅馬人美德的背景。無怪他處處扮演亞歷山大大帝，讓大部分羅馬人看得如此津津有味——哪怕克拉蘇等對手也許嗤之以鼻。他們可以一眼看出那是什麼：不是一種對羅馬共和國不耐煩的表現，反而是對其無上尊嚴和價值的肯定。

因為對羅馬人來說，對於亞歷山大大帝偉大的回憶總是一種責備。更糟的是，這種回憶會鼓舞他們的敵人。亞歷山大大帝在東方建立的國王模式從沒失去過誘惑力。雖然這種模式受羅馬系統化的羞辱超過一世紀，仍是唯一可和世界新征服者的共和主義互別苗頭的政府形式。所以它會吸引些甚至不是希臘人的君主（例如米特拉達梯），也因此，最讓人驚訝的是，它會吸引土匪和起義的奴隸。當海盜自稱國王，使用鍍金的船帆與紫色的君主華蓋，並非出於虛榮心，而是蓄意為之的宣傳，公開宣示出他們反對共和國的立場。他們知道，這是個總能被認得的信號，因在之前數十年裡，每當社會秩序大亂時，起義領袖總是戴上王冠的奴隸。斯巴達克斯的共產主義是獨特的：在他之前幾乎毫無例外，起義奴隸的首領都將目標定為打倒他們的主人，然後建立一個新王朝。他們之中的大部分就像海盜一樣，除了採用君主派頭外，也有些人讓傳奇故事中的浪漫情節復活了，自稱失蹤已久的王子。這就是共和國統治世界裡「起義」二字的意義。在這混亂時局的迴旋暗流中，奴隸的王家排場自然呼應了，那些宣稱一個普世君主即將興起與羅馬注定滅亡的預言。

所以，當龐培把自己打扮成新亞歷山大大帝時，他挪用了一個君王和奴隸所共享的夢想。若說有任何羅馬人能夠欣賞它，那就非龐培莫屬。作為海盜的征服者和波希多尼的保護人，他完全意識到這個夢想在王權和革命之間，在東方王公的傲慢與受壓迫者的怨恨之間，存在危險的連鎖關係。他踏平海盜的威脅後，現在的目標是踏平悶燒於整個東方的類似威脅。有個王國特別引起他的注意。幾十年來，敘利亞都是無政府主義的溫床，盛產暴力的世界末日願景。西元前一三五年，西西里島發生反對羅馬統治的首次奴隸大起義後，起義領袖稱追隨者為「敘利亞人」（Syrians），又自稱「安條克」（Antiochus）——後者是個充滿弦外之音的頭銜。擁有這頭銜的國王們是亞歷山大大帝的後繼者，一度統治一個大帝國，在全盛時期與印度相鄰。這段輝煌的日子早就過去了。正因這個王朝積弱不振，為羅馬共和國所容忍，但領土只剩下敘利亞的心臟地帶。西元前八十三年，這片國土一度被提格蘭攫取，後來有賴盧庫勒斯收復失地，一位安條克才得以復位。龐培樂於推翻前任做過的一切，但他不肯承認新國王，不純粹出於私人恩怨。安條克既衰弱又危險，而且難望存活。他的王國一片混亂，是社會革命的暴風眼，而且他的頭銜仍散發光芒，會勾起人們反抗羅馬的欲望。敘利亞是共和國後方的一個膿瘡，若任其發展，可能會產生一個新的提格蘭、一代新海盜或一場新的奴隸起義。這是龐培不能忍。因此西元前六十四年，他佔領了敘利亞首都安提阿。十三歲的國王安條克逃到了沙漠，在那裡被一名阿拉伯酋長卑鄙地謀殺。至此，他的王國終於進了墳墓。

在敘利亞王國的廢墟上，一個新帝國誕生了。不同於元老院的孤立主義，龐培另闢蹊徑。每當羅馬的商業利益遭到威脅，共和國就會出面干涉——還會在必要時直接統治。於是，本來只是東方立足點的土地成了幅員遼闊的行省。它們外面是一片更寬闊的新月形地帶，由許多附庸國構成。它們全都聽話順服，並定期向羅馬進貢。自此成了「羅馬和平」（pax Romana）所指。靠財團支持贏得代執政官之職的龐培，無意重蹈盧庫勒斯冒犯財團的覆轍。不過，雖然他樂於認同財團的利益，卻也小心翼翼地不讓自己成為它們的工具。肆無忌憚剝削的時代過去了，官僚體系不再隨心所欲地不受約束。從長遠來看，商業集團遲早會認識到，這樣的措施能保證和以前一樣的利益，畢竟殺死會下金蛋的鵝不符任何人的利益。

龐培的真正的成就在於，他證明了商業考量能與元老院菁英的理想和諧一致，此為羅馬管治確立的藍圖將持續幾世紀，但也並非偶然地把龐培送上榮耀與財富的頂峰。那些附庸國的國王們不只填飽羅馬，也填飽龐培。西元前六十四年秋天，龐培盯上新的財富，自前安提阿南下，第一個目標是難以駕馭的朱迪亞王國（kingdom of Judaea）。耶路撒冷被佔領，聖殿被攻破。龐培對猶太人獨特的神深感興趣，所以推開憤怒祭司的攔阻，直入聖殿最深處的至聖所。他發現裡面空空如也，因而對此大惑不解。不過，在他和耶和華（Jehovah）的此次相遇中，到底是他或耶和華更有面子？不問而知。他不想進一步刺激猶太人，所以沒動聖殿裡的財寶，還給朱迪亞一個聽話大祭司領導的政權。然後他揮軍向南，準備穿越沙漠，進攻那玫瑰紅色的城市佩特拉（Petra）。但他沒能去到那裡，因為他在途中收到了一個重大消息：米特拉達梯死了。這位老國王從未放棄抵抗，但他的兒子後來也起來反對他，把他困在皇宮裡，讓這個羅馬的頭號敵人被逼到牆角。他企圖服毒自盡但沒成功，最後只好求助於一種他沒免疫力之物：侍衛的劍尖。羅馬舉行了為期十日的盛大活動慶祝這個消息。龐培向歡聲雷動的軍團宣布這個消息後，火速前往本都。米特拉達梯的兒子在那裡交出父親的屍體。龐培懶得檢查屍體，只顧著清點死者的財物。他在這些寶物中，找到了一件亞歷山大大帝的紅色斗篷。他預想自己將得到凱旋式的表揚，便立馬試穿了這件斗篷。

很少有人會否認，斗篷是他的權利。他的成就不輸羅馬歷史上的任何人。東方平定了，艱鉅的任務完成了。然而，就在這名偉人準備返回羅馬時，他的公民同胞卻沒有幾個人不對他的返回忐忑不安。包括克拉蘇在內，再貪婪的人也不曾夢想過和他一樣多的財富。他的榮耀如此耀眼，遮蓋了所有的對手。一個羅馬人有可能在成為新亞歷山大大帝後，繼續只當個公民嗎？說到底，只有龐培自己能回答這個問題，但在等他回羅馬的人群中，許多已做了最壞的打算。龐培不在的這五年，羅馬發生了很多事，共和國再次危機四伏。龐培的歸來究竟有助於解決危機或導致更大的危機，只有時間能夠揭曉。

THE DEBT
TO
PLEASURE

第七章

通向快樂的債務

CHAPTER 7

魚塘裡的陰影

當龐培在東方趾高氣昂時，那個被他取代的人心情極度鬱悶。

盧庫勒斯有各種超不爽快的理由。他的敵人不滿足於只解除他的指揮權，在他回到羅馬後還繼續刺激他。最惡毒的是，他們剝奪了他的凱旋式，那是共和國所能給予公民的最高禮讚。每當舉行凱旋式，街道便成了一片歡樂的海洋，響徹震耳欲聾的掌聲與歡呼聲。這天，被表揚的將軍不再只是個凡人。他穿上國王的金紫兩色衣服，臉被漆成紅色，如同羅馬偉大的神廟裡，最神聖的神像朱庇特。參與神聖，是種光榮、令人迷醉與危險的事；數小時內，一名將軍被容許成為一種奇觀與啟迪。對夾道歡呼的羅馬人來說，他是個活生生的證據，證明野心可以是神聖的。而在證明奮力向上與成就豐功偉績的同時，一個公民也盡了自己對共和國和諸神的責任。

幾乎沒有人懷疑，在提格拉諾塞塔（Tigranocerta）得勝的將軍值得這樣的榮譽，就連當初解除盧庫勒斯兵權的龐培也留給他幾千人，供他進行勝利的遊行。但在共和國，沒有什麼崇高到可免於遭醜陋行徑碰觸。自陰謀詭計獲利者（如贏得第一次執政官選舉時的盧庫勒斯）也會吃上陰謀詭計的苦頭。這是政治遊戲的規則。敵人的暗算程度與一個人的身分地位成正比。盧庫勒斯的成就讓他的敵人心生恐懼，一如這些成就令其盟友充滿期望。各派別的顯貴在幕後盡最大的努力想推翻護民官的反對意見，讓盧庫勒斯享受凱旋式的榮耀，但不管他們的憤怒多真誠，憤慨吶喊多響亮，他們這麼做是各有盤算。在羅馬，沒有友誼會全然撇開政治的算計。

不過，卡圖盧斯和他支持者的努力仍以失敗告終，他們一直以來，都期望盧庫勒斯成為他們的領袖。盧庫勒斯在受到雙重羞辱之下，內在的什麼崩塌了。他為消滅米特拉達梯，度過了六年的緊張歲月，此時已耗盡戰鬥激情。他放棄了政治戰場，沉溺於極鋪張的享樂中。

盧庫勒斯在東方時，為宣示羅馬力量的勝利，摧毀了提格蘭的宮殿和遊樂園，未留下任何痕跡。但現在他回到義大利，卻著手打造自己的建築奇蹟，務求更勝那些被他摧毀的奇蹟。他在城牆外的一個山脊上建造了一座令羅馬人目瞪口呆的園林，極盡奢華。裡面有大群誇張的建築，包括噴泉與各種奇花異草，許多都是他從東方帶回，包括一棵從本都弄來的櫻桃樹。他在圖斯克魯姆（Tusculum）的夏季別墅綿延數英里。沿著拿坡里灣（Bay of Naples），他至少擁有三棟別墅，最壯觀的是一座防波堤上的宮殿，有鍍金的平台屋頂，對著海面閃閃發光。這些別墅的其中之一原屬於馬略，正是他不願退休歸隱其中的那一棟。盧庫勒斯用天價從蘇拉的女兒那裡買來別墅，他似乎決心以它和他的其他一切轉變為宣示「野心皆空」的紀念碑。他蓄意把奢侈糜爛的花費抬高到冒犯共和國所有理想的程度。過去，他按自己階級的美德生活，但如今他從政壇退休後，開始踐踏這些美德。在在看來，他都不甘心於接連失去權力與榮耀，所以把怨恨發洩到共和國身上。

既然他不能在凱旋式上誇耀，於是改為誇耀驚人的食慾。蘇拉為了慶祝勝利，曾宴請整個羅馬，但盧庫勒斯花了更多金錢在私人飲宴甚至獨自用餐上。有次吃飯時，他因看見僕人準備的飯菜很簡單，憤怒咆哮說：「盧庫勒斯今日要宴請盧庫勒斯。」[1]這句話廣為流傳，人們邊複述邊搖頭，因在羅馬人看來，沉迷於高級料理最是要不得。崇拜名廚一直被認為是特別危險的頹廢症狀。歷史學家喜歡說，在生活簡樸的共和國早期，廚子「是奴隸中最便宜的」，但一等羅馬人接觸到東方的奢侈生活，廚子「就開始受到高度重視，烹飪也從生活瑣事一躍而為高級藝術。」[2]在一個新財富橫流又沒花大錢傳統的城市中，講究飲食迅速成為狂熱。羅馬不僅日益揮金如土地引進更多外國廚師，也引進外國食材。堅持共和國傳統價值觀的人們主張，這種狂熱不管在道德或經濟上都具毀滅性。元老院對此有所警覺，曾設法加以限制。早在西元前一六九年，它禁止在晚宴上有睡鼠這道菜，後來蘇拉也惺惺作態地頒布了很多法律，提倡家常便飯。但所有這些努力都是泥沙壩，被時尚的洪流沖得無影無蹤。百萬富翁愈常走入廚房和他們的廚師腦力激盪，想創造出更稀奇的菜餚。奧拉塔的生蠔養殖之所以大發利市，就是有這股時尚推波助瀾。但餐桌上，生蠔並非完全沒有對手。扇貝、肥野兔和母雞陰戶全都突然走紅，它們受歡迎的原因都一樣：雖然容易腐爛，但鮮嫩多汁，讓有飲食勢利眼的羅馬人獲得極大的快感。

不過其中最受珍視、歡迎且美味的還是魚類，一直以來都是如此。自羅馬建城以來，人們一直在湖中放養魚苗。到了西元前三世紀，羅馬已被養魚的池塘包圍。淡水魚因太容易捕撈而不再稀罕，人們更鍾情於只能在海裡找到的品種。隨著羅馬烹飪術日愈受外國影響，海魚也成了最強烈的興趣焦點。超級富豪們不再滿足於依賴漁商提供大比目魚和鰻魚，開始建造自己的海水池塘。自然地，維持海水池塘所需的巨額花費只平添它們的吸引力。

這種奢侈做法從古老的理想裡找到了依據：人應該依靠自己土地的產物生活。羅馬人的鄉村情結跨過所有社會階級的界線，甚至連最豪華的別墅也開闢了農場。無可避免地，這在城市菁英中鼓勵出一種或許瑪麗・安東尼（Marie-Antoinette）[3]會熟悉的造假：在自己的果園栽種穀物成了一項流行的造假，若不願自己耕種和收穫水果，厚臉皮的主人會從羅馬把它們帶來，放在倉庫中供客人享用。養魚也有類似的造假情事。追求魚類的自給自足需要付出驚人代價。正如農學家所指出，人工湖「悅眼而掏空錢包。它們建造昂貴、繁殖昂貴且維護昂貴。」[4]所謂自己養魚可以節省開支的說法愈來愈不可能站不住腳。西元前九十二年，一名審查官（被選出來維護共和國苛刻理念的行政官）為一條死去的八目鰻痛哭。據說他不像是為一頓失去的晚餐而哭，更像為死去的女兒而哭。[5]

三十年後，這股風氣到達狂熱的地步。例如，霍騰修斯從不會想吃自己養的心愛鯔魚，餐桌需要魚的時候，他會派人到波佐利去買。他的一個朋友疑惑地這樣說：「他寧願給你一頭拉車的騾子，也不願給你他魚塘裡一尾長鬍子的鯔魚。」[6]不過在養魚一事的種種誇張事態上，盧庫勒斯讓人瞠目結舌的程度遠超過其他人。他的魚塘是那個時代公認的奇蹟，也是公認的醜聞。他為了給魚塘提供海水，建造了穿過山間的渠道，又在海水深水處建起防波堤，以調節海潮的溫度。即使在他為共和國服務時，也沒這麼盡心盡力發揮自己的才幹。西塞羅半是鄙夷半是絕望，沒好氣地稱呼盧庫勒斯和霍騰修斯為「養魚迷」（piscinarii）。

西塞羅一眼看穿了養魚熱是怎麼回事，因盧庫勒斯丟棄唯恐不及的雄心壯志正是他最珍惜的事。養魚熱是共和國疾病的反映。羅馬的公共生活奠基於責任之上，失敗不能成為拋棄讓羅馬偉大的責任感的理由。一個公民最重要的美德是堅守崗位，必要時不惜犧牲性命，因無論在政治生活或戰場上，一個人的出逃都會威脅到整條戰線的安危。西塞羅雖然奪去霍騰修斯的起訴人桂冠，卻不想看到這個對手退休。他雖然是個「新人」，卻總密切認同盧庫勒斯和霍騰修斯這些大貴族代表的原則。現在，他正一步步小心接近執政官的位置，卻看見這些天然盟友坐在魚塘邊餵食他們長鬍鬚的鯔魚，任由共和國飄搖風中，不禁令他大驚失色。

不過，對霍騰修斯來說（如同對盧庫勒斯來說），在當過頂尖人物後被迫退居第二位，是種椎心之痛。他退休不如盧庫勒斯徹底，但感受到的痛苦不無二致。法庭日益成了西塞羅安排下，他表演怪癖的舞台。例如，他曾控告一個搞亂他長袍皺褶的人犯了侮辱罪。同樣誇張的是，他有次在案件審理到一半時要求休庭，理由是他要趕回莊園，監督僕人以陳年葡萄酒灌溉懸鈴木。如同之前的許多次，他這場官司的對手是西塞羅，奢侈鋪張是一個西塞羅無法與他競爭的場域。

這是羅馬人對榮耀的追求趨於病態化的結果。盧庫勒斯為他的魚開鑿山嶺，霍騰修斯是第一個以孔雀宴客的人——兩種行為都仍保有老式的、令人熟悉的競勝心態。但攫住他們的已不再是得到榮耀的欲望，反而是種非常類似於自厭自憎的情緒。據說，盧庫勒斯花錢時總是一臉不齒，如同這種行為是「被俘虜和野蠻」的行為。[7]他的同代人對他的行止感到震驚和困惑也不足為奇了。因為不理解他的真實狀況，他們都說他瘋了。當時的共和國還不知道「倦怠」這種病。幾代之後的人們卻曉得了。塞內卡（Seneca）生活在尼祿（Nero）統治時代（當時共和國的各種理想枯毀已久），就非常能體會這種症狀。他在談到盧庫勒斯和霍騰修斯這類人士時寫道：「他們開始尋找不會減低食慾而會刺激食慾的菜餚。」[8]這些坐在魚塘邊諦視的養魚迷留下的陰影比他們所知的還要黑暗。

派對常客

自我放縱未必是失敗的癥候。顯赫的貴族或許會把它看成退休後的甜蜜毒藥，但對另一些人來說，卻可能是天大良機。自盧庫勒斯拿坡里的別墅出發，沿著海岸走幾英里，就會來到傳奇海灘度假勝地巴亞（Baiae）。在那裡，一道道鍍金的防波堤向前延伸，伸入海灣閃爍的藍色海域，彷彿是要防止魚兒逃走，幽默作家如此形容道。在羅馬人看來，巴亞是奢侈和邪惡的同義詞。在那裡度假，總會讓人得到夾雜罪惡感的歡愉。沒有政治家會承認，自己曾在這麼惡名昭彰的地方打發時間，然而每個季節，羅馬都有大批上層階級人士被它誘惑南下。也正因如此，巴亞亦吸引了許多一心向上爬的人。無論浸泡在那著名的硫磺溫泉，或享用一頓當地風味的紫殼生蠔大餐，都提供了進入上流社會的機會。巴亞是個派對的城鎮，音樂與笑聲不斷自別墅、海灘和海灣的遊船中傳出，迴盪在溫暖的夜空中，無怪這個地方會大受道德的譴責。不管在哪裡，每當葡萄酒如流水般傾倒且衣服開始鬆開之時，傳統禮儀也開始消失無蹤。在這裡，一個幾乎還未成年的英俊高攀者可能和一位執政官稱兄道弟。交易談成了，恩庇關係也建立了。要是一個人有魅力與好看的容貌，便可加分不少。巴亞醜聞滿天飛，外貌迷人、但總籠罩著各種關於腐敗的流言。這是個人們大灑香水、大量飲酒之地，一個各種野心和性變態的遊戲場——最讓人吃驚的大概是，它也是有權女人施展手段的地方。

克勞狄氏族（Claudian）三姊妹中的大姊克洛狄婭（Clodia Metelli）是巴亞的女王及其獨一無二誘惑力的化身。她的眼睛黝黑閃亮，公牛般的外表總能令羅馬男人兩腿發軟，她的口頭禪被爭相仿效。從她不採取貴族色彩名字Claudia而採取它的粗俗體，反映出她的平民口味，這點強烈影響著她最小的弟弟[9]。模仿下層民眾的口音始終是「平民派」（popularis）政治家的標誌，蘇拉的敵人蘇爾皮基烏斯就是以此知名。但如今，克洛狄婭讓平民口音變成一種時尚。

當然，在一個共和國那樣的貴族社會裡，只有貴族出身者才可能把平民元素變為潮流——克洛狄婭靠著血緣與婚姻關係，成了貴族中的貴族。她的丈夫塞勒（Metellus Celer）來自唯一一個在聲望與傲慢方面，都能同克勞狄家族抗衡的家族。梅特里氏族（Metelli）生育力驚人，到處都是他們的人，還常出現在敵對陣營的兩邊。例如，有個梅特里極痛恨龐培，差點帶整支艦隊攻擊他，但整個西元前六十年代，克洛狄婭的老公都竭力為龐培效力。克洛狄婭顯然不介意夫家這種效忠分裂，因為她主要效忠自己的氏族。克勞狄氏族相較於梅特里氏族，他們顯然是出了名的團結——克洛狄烏斯和三個姊妹尤其如此。

盧庫勒斯非常憎恨自己的小舅子，決定毀滅他，亂倫之說就先從他那裡傳出。他從東方回羅馬後，公開指控太太和她弟弟睡覺，並把她給休了。克洛狄烏斯小時候非常怕黑，他最親愛的大姐曾讓他和她一起睡，所以一樣被亂倫的謠言糾纏上。在羅馬，道德上的吹毛求疵與對危人聳聽之醜聞的勃勃興致是一體兩面。如同凱撒被認為是比提尼亞國王（King of Bithynia）的性伴侶，克洛狄烏斯的敵人也樂此不疲地指控他亂倫。不過無風不起浪，克洛狄烏斯和三個姊妹的關係必有什麼不尋常，才會落人口舌。他終其一生，總是做些與自己年齡不相符的事，所以那些說三道四的人未必是空穴來風。不過，克洛狄婭的情況大概是因為她涉足公共領域太多，才會招來許多流言蜚語。「在客廳裡是個雞巴挑逗者，在臥室裡是塊大冰塊。」她的一位舊情人這樣描述她，反映出她對自己性吸引力的運用很謹慎。[10]甚至對克洛狄婭這種階層的女人而言，插手政治也很危險。羅馬道德對有進取心的女人並不客氣。性冷感被認為是妻子的最高美德。「莊重的女人不叫床」被認為是理所當然的道理。[11]妻子在床上應該一動不動，稍微的大動作便被認為是妓女的調調。類似地，如果一個女人談話機智奔放，也要做好遭譴責的準備。如果這樣的女人還參與政治活動，便難免被視成墮落的怪物。從這個角度來看，克洛狄婭被指為亂倫便不讓人意外。她是政治遊戲裡的一個玩家。

然而，光是厭女症並不能充分解釋之於克洛狄婭這種社交女主人的辱罵狂潮。女人想發揮影響力，別無選擇地只能在幕後活動，透過密謀和勾引她們想影響的人來達到目的。這被道德家痛斥為流言與肉慾的女性世界。在男性的野心競技場上，競爭本就激烈，女人的加入又增添危險的不確定因素，這類非得去利用人的本質在羅馬也最被藐視。從來不是派對動物的西塞羅詳列了危險因素包括：「放蕩」、「風流韻事」、「在吵鬧的音樂聲中整夜不睡」、「亂交」、「不計後果地亂花錢」。[12]最丟臉、墮落的終極標誌是成為一個舞棍。在傳統主義者眼中，沒有什麼比這更駭人聽聞的了。一名沉溺於跳舞文化的城市是個陷於災難邊緣的城市。西塞羅甚至完全能一本正經地指出，希臘就是被跳舞文化所毀。他砲聲隆隆地說：「過去，希臘人也曾撻伐這類事情，他們知道它有多危險，會以有害的狂熱和念頭逐漸腐蝕公民的心靈，然後一下子毀掉整座城市。」[13]按這類斷症的標準衡量，羅馬已經病入膏肓。對參加派對的人來說，一晚的高潮是喝得酩酊大醉，然後「在女孩的尖叫聲和震耳欲聾音樂聲的伴奏下」，脫光衣服在餐桌上狂野舞蹈。[14]

羅馬政治家的分歧更多是出於不同風格，而非政策看法上的歧見。羅馬派對的日愈鋪張糜爛進一步將其兩極化。顯然地對傳統主義者來說，看見那麼多他們心中的模範人物（如盧庫勒斯和霍騰修斯）屈服於誘惑，令其既尷尬又痛苦。儘管如此，古老的節儉觀念仍存在。事實上，新一代元老看到鋪張浪費成為時尚，使命感反而有增無減。雖然元老院包金包銀，但它的體質仍非常保守，不願正視事實，寧願想像自己沒變，仍是正直的化身。一名政治家若能讓同伴們相信這是事實而非幻想，便能大大提升自己的威望。嚴肅和簡樸的形象仍然很管用。

若非如此，我們很難解釋為何加圖（Marcus Porcius Cato）的權威如此高聳。西元前六十年代中葉時他才三十歲，官職不過是財政官。大部分資淺元老在他這個年紀都安安靜靜坐著，傾聽更資深元老的發言。但加圖不一樣，他的聲音頻頻迴盪於元老院。這聲音聽起來粗嘎而質樸無華，如同從高尚的早期共和國直接發出。加圖當軍官時，「與他的部下同甘共苦，穿的一樣，吃的一樣，行軍也一樣。」[15]他身為平民，藉由鄙夷時尚來創造新的時尚。因參加派對的人都穿紫色衣服，他便專穿黑色。他鄙視一切形式的奢侈，無論大熱天或雨雪天，不管去哪，他都走路，有時還赤腳。其中或許有些做作之處，但更多是體現了深刻的道德使命感，一種不容玷汙之內在力量的展現。羅馬人仍渴望認同這種力量，但認為它早已成為歷史。不過在加圖看來，過去的遺產卻無限神聖。對公民同胞的責任與服務就是一切。他詳細研究過財政官的責任後才投入選舉。就職後，他的勤勉和正直「足以讓財政官的官職如執政官般榮耀。」[16]儘管元老院為自己的腐敗感到痛苦，但還未降格至不對加圖刮目相看的程度。

加圖的榜樣讓老一輩元老特別受鼓舞，他們很快地便在他身上看出共和國未來的希望。例如，急於向後人交棒的盧庫勒斯為慶祝自己離婚，娶了加圖的異母妹妹。新夫人只比原來那位強一點：她的風流韻事不涉及亂倫。雖然不走運的盧庫勒斯又娶了位派對女郎來為妻，但出於對加圖的尊敬，他忍了幾年才離婚。但這不表示加圖已準備好讓自己的妹夫行方便：若他認為共和國的利益受到威脅，他會起訴盧庫勒斯的朋友，不會放過任何人。有幾次，他甚至教訓卡圖盧斯。加圖不打算參加那些被每個人視為理所當然的幕後活動，他所表現的不妥協性格常讓他的盟友困惑與生氣。西塞羅雖然非常欽佩他，但仍抱怨：「他在元老院大唱高調，彷彿生活在柏拉圖的理想國而非羅慕路斯的糞坑。」[17]這種批評嚴重低估了加圖的政治敏銳度。事實上，他在很多方面的策略都和西塞羅南轅北轍，後者的整個政治生涯都是在測試妥協的極限。加圖只追隨自己原則的韻律起舞。他從共和國最苛刻的傳統汲取力量，以成為活生生的時代輕浮批判者。

他刻意讓他的敵人相較於他樹立的標準，顯得更加不道德和娘娘腔。對羅馬人來說，追逐女人與酒不是男子氣概的表現，反而恰恰相反。行為放縱被視為有損一個人的性能力。格鬥士在決鬥前一星期，也許需以金屬螺旋鎖住陰部，但公民應依賴自我節制。沉迷於色慾會讓人不再是男人。控制慾強的女人如同克洛狄婭，可能被形容是吸血鬼，會「吸乾」男人的活力[18]，而如同克洛狄烏斯的浪蕩公子則被認為連女人都不如。類似指責被人們樂此不疲地一遍遍重複著。

然而，雖然這種辱罵深藏偏見，卻反映出某種緊張不安的情緒。任何羅馬人都不會去打擊他們不害怕的敵人。那些娘娘腔的標誌同時也是見多識廣、優越和圓滑世故的標誌。時尚發揮其一貫的功能：把追隨它的人自芸芸眾生區分開來。在競爭如此激烈的共和國社會，時尚有種顯然與即時的吸引力。

羅馬有無數野心勃勃的年輕人，全都急於獲取公共地位，加入時尚潮流就是取得這種地位的方法。他們為此，流行以一根手指繞頭這類的神祕手勢、蓄山羊鬍、身穿蓋過手腕腳踝的外衣、穿透明如面紗的長袍——正如一句經常重複的措詞：把衣服穿成「腰帶鬆鬆」。[19]

這顯然是凱撒十年前的打扮方式，那是個有披露性的對應。西元前六十年代一如西元前七十年代，凱撒仍是羅馬最時髦的男人。他揮霍的花錢方式就如同他穿長袍的方式一樣惹人注目。有次他委託建築一棟鄉村別墅，卻在落成的那一刻令人拆了它，理由是別墅不符合他的嚴格標準。他的許多對手拿這類奢侈浪費大做文章批評他。但凱撒是在一場高風險的賭博中下注。成為時尚圈的寵兒並不是在浪費時間，這顯然要冒著破產的風險——不僅是經濟上的，還有政治上的破產。不過，正如他較精明的敵人注意到的，他從不讓派對活動危及他的健康。他吃得像加圖一樣簡單，極少喝酒。若說他的性慾出了名的旺盛，那他在選擇長期伴侶一事上卻很冷靜與謹慎。他的太太科尼莉婭在西元前六十九年便已去世，之後他尋求一個新妻子時，鎖定了蘇拉的孫女龐培婭（Pompeia）。凱撒終其一生都非常重視高品質的情報，而這在他擇妻和擇情婦方面都明顯可見。他一生的摯愛是塞維利婭（Servilia）——她湊巧是加圖的異母姊姊，也因此是盧庫勒斯的大姨子。同樣好的是，他又是卡圖盧斯的表親。天曉得，她會在情人耳邊說出多少家族祕密？

無怪敵人十分提防他的魅力。雖然凱撒不會把寶全都押在塞維利婭一人身上，但他卻把自己的未來抵押在誘惑國人同胞上。他比任何人做得更過分，他把辦派對的精神引入公共生活。西元前六十五年，三十五歲的他成為市政官（aedile）。這個官職並非能競選執政官的行政官，但因主管公共娛樂活動而非常受人歡迎。也因此，它為凱撒這個搞秀高手提供了量身訂製的機會。他讓格鬥士歷來第一次穿上銀色鎧甲。為了娛樂公民同胞，他安排三百對格鬥士一起對打，盛況空前。若非他的政敵急急立法限制格鬥人數，表演可能還會更壯觀。元老們知道，凱撒是在無恥地行賄，他們也知道，沒有賄賂不求回報。

在個人前途的大賭局上，凱撒下了高風險但經過仔細盤算的賭注。他的敵人也許會譴責他是個娘娘腔的花花公子，卻不得不承認他日愈成為一個重量級的政治對手。凱撒常把這個事實擺在他們眼前。他因為是市政官，除了主管娛樂活動，還負責維護保養公共建築。一天早晨羅馬人發現，馬略（一個被遺忘已久的人）的所有紀念碑全被修復，讓當權的蘇拉派一片譁然。當凱撒承認修復工作是他下令進行後，卡圖盧斯甚至指控他攻擊共和國。凱撒一臉憤怒地爭辯自己無辜。他說，難道馬略不就像蘇拉一樣偉大嗎？難道對立派別握手言和之時，尚未到來嗎？難道他們不都是同一個共和國的公民嗎？聚集起來支持凱撒的民眾高聲吶喊：「是！」卡圖盧斯氣急敗壞卻莫可奈何。於是，馬略的紀念碑保留了下來。

這類插曲表明了，深受蘇拉打擊但未被摧毀的「平民派」傳統開始重新抬頭。這是個驚人的成就，但也要付出代價。下層民眾之所以把凱撒看成偶像，他的慷慨大方是關鍵，所以他的政敵有理由期待，這種大方慷慨總有天會讓他破產。如同加圖以清貧著稱，凱撒以債臺高築出名。每個人都知道，算帳的日子將會到來。西元前六十三年，這一天來臨了。當年，凱撒決定要打入元老院的最高層，為自己「腰帶鬆鬆」的形象增添些許傳統威望的色彩，所以選擇把一生的事業押在一次選舉上。當時羅馬大祭司（pontifex maximus）的職位剛出缺，那是共和國最德隆望尊的職位，而且是終身職。除了擁有巨大的道德權威外，大祭司還可以入住羅馬廣場內神聖大街的官邸。所以如果凱撒成為了大祭司，他名副其實身處羅馬的中心位置。

他的競選對手是貴人中的貴人：卡圖盧斯。在一般情況下，卡圖盧斯會覺得自己穩操勝券。凱撒的參選簡直是樁醜聞。大祭司一職按照慣例，是保留給當過執政官的傑出人士，尤其不適合政治新秀問津。不過，凱撒不是那種會被傳統小細節妨礙之人。他祭出自己在遇到難題時屢試不爽的法寶：大量撒錢。他把借貸額度拉到最大，以前所未聞的規模賄賂選民。宣布競選結果那天，他在出門前吻別奧麗莉亞，對她說：「母親，今天你要麼看我當上大祭司，要麼看我跑路。」[20]

事實證明，他確實要搬出蘇布拉區，不是為了跑路，而是要搬入神聖大街（Sacra）的官邸。凱撒將它贏到手，當選了大祭司。他的揮霍再次獲得豐厚的回報。他竟敢賭那麼大——且是和既有秩序賭，和共和國最古老的傳統賭——而且還賭贏了。

凱利烏斯的陰謀

許多人賭錢都以輸錢收場。凱撒大肆揮霍的策略其實很危險，對輝煌未來的承諾是毀滅。大把錢花出去後，可能什麼結果也沒有。一旦競選落敗，便無法爭得一個肥缺，而且可能會葬送掉整個政治生涯。

無怪外省貴族在培養兒子的雄心壯志時，也會給他們提出一點警告。把一名繼承人送去羅馬有其風險，年輕人很容易就成為高利貸放貸人的俎上肉。如果一個父親夠審慎，就會設法在首都給兒子找個保護人。這名保護人不但可以教導年輕人認識共和國迷宮般的路徑，還可防止他們受到城市裡燈紅酒綠的誘惑。特別是對從來沒在羅馬當過官的家族來說，找到一個最好的保護人極為重要。所以，當一位名叫凱利烏斯（Caelius Rufus）的銀行家為兒子找到克拉蘇和西塞羅當保護人時，人人都覺得小凱利烏斯的前途獲得了保證。但諷刺的是，這也立即使其信用額度大大提高。當高利貸放貸人蜂擁而至時，凱利烏斯伸開雙臂歡迎。這個年輕人英俊、風趣且有些魯莽，很快就養成入不敷支的生活習慣。他太有野心，所以沒忽略學業，不過，他在跟著兩位保護人學習的同時，也獲得羅馬三大舞棍之一的名氣。新的社交圈子歡迎他加入——都是些西塞羅絕不涉足的社交圈。隨著他日愈成為派對常客，凱利烏斯開始受到一批性質完全不同的熟人影響。

這些熟人之中，聲明狼藉的貴族——喀提林（Lucius Sergius Catilina）——特別要不得。凱撒不是唯一靠揮霍無度建立事業者，也非貴族中唯一執著於為家族重振聲望的人。喀提林的曾祖父是著名的戰爭英雄，曾以一義肢鐵手與漢尼拔作戰。不過，他的家族在政治上卻毫無成就。儘管家族裡已幾乎四百年沒出過執政官，喀提林的貴族地位仍給他提供了許多便利。例如，出了名勢利的卡圖盧斯就對他青睞有加，他們的友誼名副其實以血鍛鑄。喀提林在大清洗的那段日子，曾幫助卡圖盧斯懲罰殺父兇手。兇手被鞭打著走過街道，一直走到卡圖盧斯父親的墳墓前，棍棒落在他背上，他的臉被打得支離破碎，最後頭被砍了下來。對卡圖盧斯來說，這種殘暴行為是他孝心的體現，可告慰父親不安的靈魂。但喀提林卻沒有這種藉口。他殺人之後，提著死者首級走在街上到處展示，即使以內戰的標準衡量，都是令人反感的行為。後來，雖然法庭沒能證明什麼，但謀殺的指控——更不用說通姦和褻瀆的指控——一直阻礙著他的仕途。不錯，邪惡的名聲之於他並非總是不利因素：在一些聲名較為狼藉的圈子裡，這種名聲與他的親和力加乘，讓他成為一個令人敬畏的魅力人物。不過，那些圈子既為喀提林提供了一批堅定的支持者，也把他置於一個策略性的困境之中。「他主要只對年輕人有吸引力。」[21]在他繼續維持這種吸引力的同時，他能不疏遠卡圖盧斯之類的盟友嗎——更不用說，能不疏遠大多數本已不信任他的多數元老嗎？

他為擺脫困境，曾求助於克拉蘇——至少謠言是這樣說的。是否如此，顯然沒人說得準，因克拉蘇的運作總在幕後進行。但有件事卻可以肯定：西元前六十年代，克拉蘇煩惱很多，他再次面臨被龐培勝過的可能性。他的老對手不僅很快就會帶著一支百戰雄獅返回羅馬，還將驚人地富有：這是克拉蘇羅馬首富的地位首次遭受威脅。他會拚命網羅支持者也就不奇怪了。喀提林有巨大的野心與更加龐大的債務，克拉蘇肯定覺得值得在他身上賭一把。

找到一名聽話的執政官候選人並非克拉蘇的唯一目的。喀提林還能為他提供別的幫助。他在所有最汙穢的地方都很受歡迎，包括：蘇布拉區家道中落上流階級人士的家、放蕩女人的沙龍，以及那些負債、失望與失去耐性的人之間。簡言之，對生活很節制的前執政官克拉蘇來說，這些地方都是禁區——哪怕西塞羅曾經批評，如果能贏到一筆遺產，克拉蘇會願意在羅馬廣場上跳舞。[22]也許是這樣，但只要有喀提林為他在各個聲名狼藉的場所與激進分子密謀，克拉蘇就不用擔心自己名譽受損。

我們不可能確知，凱利烏斯在其中扮演什麼角色。當然我們可以想像，他在從克拉蘇那裡習得第一手黑暗的政治手腕時，也在他的引薦下認識喀提林。甚至可能是西塞羅當他們的介紹人。話說喀提林曾任非洲總督並大撈一筆，在西元前六十五年，克洛狄烏斯從東方回到羅馬，急於在法庭上大顯身手，所以控告喀提林敲詐聚斂。這時，作為「新人」的西塞羅準備競選執政官，他知道喀提林也有此意，所以曾短暫考慮為他在即將到來的訴訟中辯護，希望兩人來年可以聯手競選。不過，喀提林帶著貴族式驕傲拒絕了西塞羅的建議。他不怕打這場官司，也很快就無罪開釋：他可能和克洛狄烏斯私下達成了協議，而且克拉蘇肯定也願意為他付出高額賄賂。至此，喀提林可以無拘無束地參加西元前六十三年的執政官選舉，並和西塞羅正面交鋒。

凱利烏斯在整場選戰中，都站在他的保護人這邊。對一個自己也是「新人」的年輕政治家來說，這想必是非常過癮的經歷。選舉結果是多年來最難預測的一次。西塞羅的一生都是在為這次選舉準備，但喀提林一樣卯足了勁，務求彌補家族四百年來的缺憾。爭取勢利的心態構成他競選活動的基礎。他和另一名貴族海布里達（Antonius Hybrida）公開結盟。海布里達是個放蕩的無賴，很難想像他是西塞羅心目中英雄安托尼烏斯之子。貴族們面對如此聲名狼藉的兩個候選人，深深吸了一口氣、屏息選了不是最差的選項。騎士階級也如此。開票結果西塞羅遙遙領先。喀提林被海布里達遠遠甩在後頭，落居第三。

這對任何貴族而言都是羞辱，對喀提林來說，更可能構成一場災難：債務已將他淹沒，而克拉蘇肯定沒興趣資助一個輸家。但喀提林未放棄一切希望。當西塞羅開始穿上執政官紫邊長袍時，喀提林邊舔著傷口，邊策劃捲土重來。他的信用額度還能支持到下次選舉，所以他繼續借貸，把錢大量花在賄賂上。同時，他不但沒有隱瞞負債規模，反而拿出來炫耀。這是個天大的冒險，但其實是為勢所迫，不得不如此做。負債的淒慘遠非他那金玉其表的圈子所獨有。在義大利，到處都瀰漫著對壓迫者的仇恨情緒，蘇拉的老兵已抵押掉他們全部的土地，只能緬懷內戰時的好日子。喀提林在和窮人私下會面時向他們保證，他將擔任他們的捍衛者，他終究指出：「誰最有資格成為絕望者的領袖和旗手？難道不是一個大膽又同樣絕望的人嗎？」[23]

始終以一隻眼盯著喀提林的西塞羅，非常樂意按字面理解這些煽動話語。他開始好奇，他是否可能得到比當執政官更大的榮耀——把羅馬從動亂中拯救出來的榮耀？這種前景讓西塞羅既驚恐又醉醺醺。他和喀提林互相監視，兩人都有興趣提高賭注，也盡力嚇唬各自的聽眾。不過當兩人最終在元老院正面交鋒時，喀提林出於對西塞羅的恨意，作了一次錯誤的虛張聲勢。他說：「我看見兩個身體，一個瘦弱但長顆大頭，另一個強壯但沒有頭。如果我把自己奉獻給那個沒有頭的身體，真的有那麼恐怖嗎？」[24]喀提林的貴族同仁並不覺得他的「大頭」字謎有趣。不管有無用比喻掩飾，革命情緒都不受元老院歡迎。當時，喀提林已在第二次執政官選舉中落敗。投票當日，西塞羅在戰神大校場行走時，故意在長袍下多穿一副胸甲，還特意讓選民看到。選舉結果宣布後，高利貸放貸人紛紛撲向落選的喀提林。

喀提林就像凱撒競選大祭司一樣，押上了全部的家當。他賭自己能扮演兩面神傑納斯（Janus），一張臉面向元老院和騎士階級，另一張臉面向窮人和負債者。他賭輸了。但若說菁英階層厭棄了喀提林，下層民眾卻沒厭棄他。喀提林在他們身上激起的希望比他自己知道的更大也還更迫切。在鄉村地區，農民開始以鐮刀和鏽劍武裝自己；在羅馬，遊行示威日愈接近騷亂程度。就連元老院本身也有些人因未能取得更大成就來抵銷自己的債務與失望而開始談論革命。在這裡，凱利烏斯參與了這些不切實際的談論。

為什麼？這個年輕人因負債太龐大而放棄合法取得成就的機會，改為想參與革命嗎？還是密謀帶來的興奮誘惑了他？或理想主義作祟？許多有著光明前途的年輕人同情喀提林的訴求。世代衝突不只促使父親反對兒子。有位元老寧願殺了自己的繼承人而不願見他和喀提林攪混，雖然這名年輕人就像凱利烏斯一樣「極有天賦、教養而且英俊」。[25]就連西塞羅都不得不承認，喀提林「靠著披上一層道德外衣，得到許多優秀人士的忠誠。」[26]所以，凱利烏斯要麼是因為最卑賤的理由支持喀提林，要麼是因為最高尚的理由——又或兩者兼有之。但還有一種進一步的可能性：不無可能，他根本完全不支持喀提林。儘管凱利烏斯剛愎自用，他也是玩世不恭的機會主義者，他大概只是充當自己保護人的耳目。

西塞羅絕對需要臥底的耳目。在喀提林競選執政官失敗後，西塞羅對於革命的預感日愈言之鑿鑿。人們開始要求他拿出證據。就在羅馬人的情緒開始從緊張轉為嘲弄時，一疊信件突然寄到西塞羅家裡。它們把喀提林的計畫勾勒為一場大屠殺。轉交這些控告文件者不是別人，就是克拉蘇。他聲稱，這份信件是名「身分不明的男人」交給他的門房。[27]當隔天早上，西塞羅在元老院讀出這些信件後，恐慌在羅馬城蔓延開來。國家宣布進入緊急狀態，西塞羅被賦予處理危機的全權。克拉蘇公開出賣自己的門人之後，又躲回陰暗的角落。我們讀著這個匪夷所思的故事，難免會得出一個推論：西元前六十三年秋天，搞陰謀的並不只喀提林一人。那「身分不明的男人」是誰？我們只知道有個人同時與西塞羅、克拉蘇和喀提林熟識，就是凱利烏斯。

這顯然是大膽的猜測。以上任何或全部解釋都有可能。我們對於這個謎團，不該只歸咎於資料不足。它也反映著共和國本身的某些根本之物。羅馬人對榮耀的渴求就像熊熊火焰，既照亮他們的城市與整個帝國，也投下搖擺不定和背叛出賣的陰影。每個有野心的政治人物都需具備陰謀家的技巧。當西塞羅最後一次在元老院和喀提林面對面時，他剖釋了敵人的計畫，揭露密謀的細節，將它們大白於天下。喀提林當晚就跑路，離開羅馬。此後，西塞羅將認為這一天是他人生中最美好的一天，讓他站在「不朽榮耀的頂端」。[28]他在他的自我形象中，成了共和國的無畏保護者——這種純粹、簡單的形象將在他餘生的政治事業充當試金石。不讓人意外的是，這並非喀提林分享的觀點與角度。他離開羅馬前寫信給克拉蘇，仍為自己的無辜辯白，忿忿抱怨自己落入別人的陰謀而被迫流亡。他向北而去，表面上是要到馬賽退休，實際上卻在中途改變方向，接手指揮一支農民和老兵拼湊起來的雜牌軍。同時在羅馬，喀提林陰謀更聳動的細節陸續在元老院「曝光」：說他煽動義大利北部的高盧人叛亂；釋放奴隸；把羅馬城付諸一炬。這讓整個羅馬陷入歇斯底里。西塞羅是當時得令的英雄。然而，若干懷疑的聲音也出現了。有些人竊竊私語：喀提林說得沒錯，這場危機是人為製造，貪婪榮耀的西塞羅把他逼上造反之路。

當然，如同所有陰謀論，這個陰謀論也缺乏有力證據。沒有人像西塞羅盤問喀提林那樣盤問過西塞羅，但真相在缺乏資料的情況下依然朦朧不清。西塞羅顯然曾使用了一些卑鄙手段把他的敵人趕出巢穴，但此外，他還做過些什麼我們則不得而知。不過在某個意義下，若非他要手段逼敵人跳崖，他就不是羅馬人了。每個執政官都夢想在任內留下光輝的印記，自抬身價的遊戲就是這樣玩的。西塞羅的行為也許不符合其自我標榜的標準，但除了加圖之外，誰又做得到這一點呢？

無論如何，最先提高賭注的是喀提林本人。內戰已顯示暴力可以升高多快。在羅馬競爭這麼激烈的社會，即使談論用武都有危險，如同把火柴投進火絨箱。這解釋了為何西塞羅急於在喀提林四周建立防火牆。他擔心若不孤立陰謀者，火勢可能會迅速變得無法控制。不出所料，一旦卡圖盧斯相信喀提林真的密謀推翻共和國，他就動了控告克拉蘇之念。他為了以防萬一，也想告凱撒。西塞羅或許也懷疑他們，但卡圖盧斯的舉動正是他竭力避免。他不想把克拉蘇這樣的人逼到牆角。

十二月五日，隨著駭人的謠言如野火蔓延，他在元老院召開了一個危機處理會議。他宣布羅馬陰謀集團的頭目都已查明與逮捕。克拉蘇或凱撒的名字都沒出現在名單上。不過，跟著舉行的大辯論至少透露了更多發言者的仇恨和野心。最關鍵的問題是如何處理喀提林的黨羽。他們很多都出身名門望族，而且法律嚴格禁止未經正式審判，便處置任何公民。但當前的緊急狀態，不是讓西塞羅有權違反這個神聖禁令嗎？凱撒因擔心羅馬的歇斯底里情緒會波及他，提出一個新穎的主意：把陰謀者終生監禁。加圖反對，要求處死他們。這兩人在才智上旗鼓相當，個性上則南轅北轍——日後，他們的衝突將使共和國為之顫慄。不過，目前這次是加圖贏了。大多數元老都贊成他所說的，羅馬的安全比個別公民的權利更重要。另外，又有誰聽過把監禁當作懲罰呢？所以，陰謀叛亂者一律被判處死刑。

他們其中之一曾任執政官。他在困惑與害怕的群眾圍觀下，被帶到羅馬廣場。西塞羅走在他旁邊，一臉正氣凜然，後面跟著四名元老。隨著黃昏陰影愈深，五個人犯被帶進一間幽暗的地下室接受絞刑。然後西塞羅自幽暗中現身，簡單地向群眾宣布，人犯已被處死。廣場上有許多人都是死者的朋友，聽到結果後便散開了，但在城市其他地方，人們卻以如雷掌聲歡迎這個消息。一連串火把照亮了自羅馬廣場到西塞羅家的這條道路，西塞羅本人也由羅馬最著名人士組成的方陣護送回家。所有人都稱許他是國家的救星。顯然這名來自阿爾皮諾的外省人做夢也沒想過自己會有這麼一天。

他讓同僚刮目相看，不僅他拯救了共和國，而且是在沒流太多的血的情況下做到這點。他仍汲汲於在陰謀四周保留防火牆。例如拒絕調查他的執政官同僚海布里達，哪怕海布里達是喀提林的密友之一。西塞羅以馬其頓總督的職位賄賂海布里達（這個肥缺讓他還清欠債還足足有餘），並讓他指揮討伐喀提林的戰爭。由於海布里達不只被懷疑鼠首兩端，還是個膽小鬼與酒鬼，西塞羅這個決定引起許多人的不安。龐培的朋友開始施壓，要求他收回成命。這又反而讓加圖怒氣大發，表示他寧死也不願看到龐培被委以義大利主帥的軍權。不過，若有任何人真想擋龐培的路，那就非西塞羅莫屬。他最大的惡夢就是看見羅馬分裂為不同的武裝派別，它們之間的鬥爭演化為不斷升級的暴力衝突，最終導致內戰爆發。現在，龐培有了很好的藉口，可以帶著他的軍團回來干預政局。西塞羅正是於此意義下，真的拯救了羅馬。

西元前六十二年夏天，就在龐培回義大利前的僅僅數月前，喀提林的雜牌軍終於被逼到牆角且遭到摧毀。在戰爭期間，海布里達一直裝病，並留在營帳裡。接著匆匆趕到馬其頓就任，開始專心聚斂，但其他方面則保持低調。他不是唯一戰術性撤出羅馬之人。許多不那麼重要的陰謀參與者也溜出首都，其中一人是凱利烏斯。他去了非洲，他父親在那裡有許多生意。但凱利烏斯完全沒打算放棄政治生涯。他在非洲擔任一年新任代執政官的副官，表現非常傑出。不管凱利烏斯在喀提林派的陰謀中真正扮演什麼角色，他的前途仍一片大好。他對政壇已夠熟悉，知道那裡沒有什麼地久天長。盟友隨時可變為對頭，今年的英雄未嘗不可能是下一年的壞蛋。政治風景可在一眨眼之間發生天翻地覆的變化。

這一點，很快就得到戲劇性的證明。

醜聞

每年十二月初，羅馬貴族之家的婦女都會齊聚一堂，以神祕儀式慶祝良善女神的節日。這項神祕儀式嚴禁男性參加，就連男性雕像在這段期間都必須以布罩住。這種神祕兮兮自然會引起一些男性浮想聯翩。每個公民都知道女人天生墮落且淫蕩，而不讓男人參加的良善女神節是否會極荒淫之能事？沒有男性曾膽敢偷窺，以證實這種猜想。羅馬宗教奇怪的特徵之一是，即使是那些竊笑它的人都一樣認為它令人敬畏。良善女神是羅馬的保護神之一，男人和女人同樣崇敬她。顯然地，如果她的儀式受到褻瀆，所有人的平安都會受到威脅。

西元前六十二年冬天，羅馬的婦女特別需要祈求良善女神的眷顧。喀提林雖死了，但恐懼與謠言仍散播於羅馬廣場。龐培在希臘的各個旅遊勝地逍遙了一段日子後，終於抵達亞得里亞海海岸。據說他將在月底前渡海返回義大利，到時其他有野心的貴族將會是什麼處境？他們必須如同侏儒生活在「偉大者」龐培的陰影下嗎？主持良善女神節儀式的兩名婦女格外關切這個問題：她們一人是凱撒的母親奧麗莉亞，另一個人是他的太太龐培婭。大祭司本人雖提供官邸作為舉行儀式的場地，但顯然不在場。凱撒和官邸裡的其他男性（不管是自由人或奴隸）將整夜在外。

官邸裡滿是裊裊香燭、音樂聲與重要的女人。如今幾小時內，羅馬的安危將掌握在這個城市的女人手裡。她們不用再隱於角落，不再害怕窺探的眼睛。不過，奧麗莉亞的一名侍女卻注意到有名吹笛女正窺探著她們。侍女走上前，吹笛女卻向後縮。侍女大聲質問吹笛女是誰，後者先是搖搖頭，然後模模糊糊說出龐培婭的名字。侍女尖叫了起來，因為吹笛女雖然穿著束胸和長袖外衣，但聲音顯然是個男人。大廳裡一片騷動。奧麗莉亞趕緊以布蓋上女神聖像並終止儀式。其他女人紛紛尋找那個不敬的闖入者，最終在龐培婭一名侍女的房間找到了她。摘去冒牌吹笛女的面紗後，赫然發現他是……克洛狄烏斯。

這件事馬上像野火一樣傳遍羅馬，流言蜚語鋪天蓋地。無論克洛狄烏斯的朋友或敵人，都聚在一起交換猥褻的細節。若蓄山羊鬍或以一根手指繞頭可被視為娘娘腔的標誌，那麼克洛狄烏斯穿上女人的衣服偷溜進一場神聖儀式，顯然是把冒犯提升到一個全新的高度。一夜之間，他成了羅馬所有保守分子眼中的怪物，也成了所有「腰帶鬆鬆」花花公子的偶像。凱撒處於這兩個極端值中間，處境特別尷尬。他自然必須表示憤怒。因克洛狄烏斯不只侵犯大祭司的官邸，還（根據謠言的說法）計劃侵犯龐培婭。在羅馬，如果一名奴隸給主人戴綠帽，他會被毒打、雞姦甚至閹割，所以若凱撒把克洛狄烏斯拽上法庭，一點都不為過。但大祭司得考慮形象問題：儘管有崇高的宗教地位，他同時也是許多流言的主角，被說成「在女人中間是個男人，在男人中間是個女人。」[29]若此時他採取道德立場，說不定會招來更大的恥笑，更不用說，還豎立了克洛狄烏斯這麼個敵人，也疏遠了他天然支持者的時尚一族。畢竟他計劃兩年內競選執政官，而克洛狄烏斯人脈太廣又反覆無常，他得罪不起。最後，凱撒決定和龐培婭離婚以解決這個兩難式，但拒絕說明理由，只說了一句如德爾斐神諭般謎樣的話：「凱撒的妻子必須沒有可容懷疑的餘地。」[30]在任何人逼他進一步採取行動前，他就去了西班牙當總督。他在元老院未來得及確認他的任命前就任，反映出他有多急著離開羅馬。

凱撒的離開沒有讓醜聞的熱度冷卻。羅馬人繼續歇斯底里地談論克洛狄烏斯，甚至讓龐培回到首都的消息沒沒無聞。有別於大部分人所擔心的，龐培的回來沒有引起任何風波。歸來的代執政官沒有進軍羅馬，反而解散了部隊，「沒帶武器，除了幾個好朋友外沒人護衛，就像從國外度假回來。」[31]龐培在表現簡單自在時總在炫耀。夾道歡迎他的群眾仍喝彩到聲音沙啞，但他在羅馬的對手卻沒那麼容易感動。他們既然用不著再害怕他，便集中力量於一更愉快的活動：進一步削弱他的力量。讓人人都高興的是，他的首次公開演講是個敗筆。他在演講中，混合了自誇自大和假謙遜，給了他的敵人一個無可抗拒的箭靶。當他居高臨下誇讚元老院鎮壓喀提林時，克拉蘇馬上站起來，把西塞羅捧上了天，以最誇張的措辭讚美他——比方宣稱自己每次望向妻子，都會感謝西塞羅讓他們夫妻得以存活。西塞羅本人卻完全聽不出箇中的諷刺意味，而感到飄飄然。他總是把龐培偶像化，所以能在這名偉人在場的場合得到讚美，宛如身在天堂。不過，就連他都不得不承認，他的偶像在聽過克拉蘇的發言後顯得有點「氣惱」。[32]

這並不奇怪，最近一段時期，龐培聽到許多關於西塞羅的事。前一年他還在希臘時，西塞羅寄來了一封厚厚的信。整封信充滿了自我吹捧，把自己的功績和新亞歷山大大帝相提並論，但龐培的回應不是很熱絡。因為西塞羅的自信心還不夠堅強，所以偶像的冷淡回應讓他很受傷。他安慰自己，龐培只是吃味，但對方的冷屁股不只傷害了西塞羅的虛榮心，還有他對羅馬未來的整個願景。就像他常認為的，這兩者銜尾相隨。沒錯，他拯救了共和國，但他也謙遜地承認，沒有公民同胞的支持，他不可能做到這點。他擔任執政官的那一年，不只是他自己的最美好時光，也是他們最美好的時光。這種共同目的感確定可以維持嗎？畢竟一個共和國若不是基於利益和正義攜手合作，那麼會是什麼別的東西？西塞羅身為「國家的救星」，將繼續掌舵，但他也豁達大度地肯定其他領導人物的作用。特別是龐培。所有公民——不分元老們、騎士階級和窮人——將和諧地生活在一起。個人利益將服從於羅馬的利益。

當然，西塞羅這種想法只是一種烏托邦願景，他本人絕非沒有野心。在一個人人都有固定位置的社會，自由以及一個外人贏得執政官的機會將被窒息，這是個令西塞羅終生受折磨的弔詭。他對未來的藍圖不管多麼不切實際，都是大量痛苦思索的產物。他自豪地自詡為共和國最高貴傳統的繼承人。這些傳統之一是野心與責任的平衡。若這種平衡被搞亂了，罪犯也許會一路爬到高位，暴君也會出現。喀提林的野心固然遭到挫敗，但肯定會有後繼者。摧毀他們至關重要。因如果偉大者不同時也是好人，共和國還有什麼希望可言？

因為西塞羅熱情懷抱這些觀念，無法坐視克洛狄烏斯幹的好事不管。顯然只有個喀提林第二做得出此等厚顏無恥之事。讓西塞羅更興奮的是，他意識到這時的元老院如同他當執政官時非常團結。雖然沒有法律禁止人們偷窺良善女神的儀式，但一股壓倒性的意見力量開始認為那是一種罪。投票表決的結果同意起訴克洛狄烏斯。這除了反映真誠的憤怒外，還反映著羅馬私人恩怨的惡意。克洛狄烏斯仇家不少，盧庫勒斯顯然是他的主要仇家之一。讓盧庫勒斯願意離開他的魚塘需要一些特別的原因，其中一次是為了接受凱旋式的表揚：西元前六十三年，時任執政官的西塞羅終於為他爭取到凱旋式。盧庫勒斯利用此次機會，在街上的大看板說明他付給士兵多少軍餉：每人整整九百五十德拉馬克（drachmas）。可見兵變在他心裡留下的創傷還沒癒合。如今事隔兩年，盧庫勒斯再次殷切現身。他嗅到了克洛狄烏斯的血味。他在準備審訊時，還說服霍騰修斯振作起來領導這次起訴。大批證人集中起來，奧麗莉亞是其中引人注目的一人。不管兒子有何顧慮，她都非常樂意指證克洛狄烏斯在良善女神節的晚上出現在她家裡。

但克洛狄烏斯也有一些有權有勢的朋友。為他辯護的，是元老院最顯赫的人物之一，而且當過執政官的庫里奧（Gaius Scribonius Curio）。他一接手此案，便設法為他的當事人編造不在場證明。他找到一名騎士願意證明，克洛狄烏斯在良善女神節當晚整晚都和他在一起，地點距離大祭司官邸九十英里。接下來輪到霍騰修斯找反證。起訴方花不了多少時間，就找來最具權威性的一個證人。原來西塞羅在良善女神節當晚就和克洛狄烏斯在一起，而且兩人不是遠在九十英里之外，而是在羅馬市中心。

然而，他打算出面作證嗎？不管他多麼厭惡克洛狄烏斯的行為，這都是個讓人痛苦的決定。兩人向來無仇無怨。西塞羅擔任執政官期間，克洛狄烏斯還是他的扈從官之一。此外，他們現在更是鄰居。西塞羅最近在世界的地位提高了——名副其實地如此。他卸任執政官之後，在巴拉丁諾丘買了棟豪宅——雖然昂貴得要命，但他認為自己的新地位值得這個花費：他可是共和國的救星。現在，他從有白楊樹遮蔭的門廊，可以眺望羅馬廣場——這是世上極少人享有的景觀。他的鄰居除了克洛狄烏斯之外，還有克洛狄烏斯那出名的姊姊。西塞羅對於和羅馬最高貴的家族如此親近，感到十分光榮——真的很親近，他的太太甚至指控，哈洛迪婭想勾引西塞羅。

根據傳言，西塞羅是因為被老婆抱怨得受不了，為求耳根清淨才出面指控克洛狄烏斯。另外，能和元老院菁英站在同一陣線的機會太難得，也令人難以抗拒。他在法庭的現身適時地引起一陣轟動。當他開始作證時，克洛狄烏斯的支持者愈來愈吵鬧。貧民區的人們在庫里奧兒子的動員下，成群結隊出現在羅馬廣場數週，威嚇克洛狄烏斯的敵人。雖然克洛狄烏斯辯護人之子被西塞羅稱為「庫里奧的小女兒」[33]，但卻是個不擇手段的危險對手。不過這次他的招數起了反作用。最能讓西塞羅壯膽的是自己成為大明星的感覺，他在陪審團組成的人牆保護下，以清晰、毫不猶豫的聲音作證。第二天，一群群眾聚集在他家門口歡呼喝采、表示支持。克洛狄烏斯會被定罪看來已成定局，陪審員紛紛要求保鏢保護。

儘管陪審團堅定捍衛過西塞羅，但接下來兩天，當一名神祕奴隸開始敲他們家的家門時，他們的表現遜色多了。克洛狄烏斯提供的賄賂是大把鈔票、美女或一流的男孩。這種明目張膽的賄賂發揮了決定性的作用。克洛狄烏斯以三十一票對二十五票獲得無罪開釋。他的敵人氣炸了。卡圖盧斯惡毒地詢問一名陪審員：「這就是你要求保鏢的原因吧？好保護你收到的賄款？」[34]

對所有顯貴，尤其對盧庫勒斯來說，克洛狄烏斯的無罪判決是一次沉重打擊。但對西塞羅來說，這更是一場災難。如今他發現自己少了卡圖盧斯或霍騰修斯擁有的資源，發現自己惹來了一個連凱撒都不願去惹的仇家。對事情更沒幫助的是，在審判後幾週，西塞羅在元老院裡對克洛狄烏斯展開一連串有欠思慮的奚落。就這樣，在羅馬本屬常見的小仇小怨迅速升級為深仇大恨。克洛狄烏斯的才智也許不及西塞羅，但在報仇雪恨這件事上，他很快就證明自己舉世無雙。

在西塞羅自己看來，他個人的災難總是全羅馬的災難。不過換作別的場合，他大概會承認政治生活的野蠻是自由的指標：運氣來來去去，盟友分分合合，這是自由的共和國應有的韻律。擔任執政官時贏得的榮光正迅速褪色——這點也許讓西塞羅難過，卻讓他大多數同僚感到滿意。羅馬的人們欣賞成就，但害怕過大的成就。權力是分享的，沒有人被容許取得絕對權力。只有蘇拉那樣做過，但他很快就退休了。

有什麼理由認為這種現象將永遠改變？

TRIUMVIRATE

第八章 三巨頭同盟

CHAPTER 8

加圖的賭注

西元前六十一年九月二十八日，「偉大者」龐培在羅馬的大街上第三次接受凱旋式表揚。即使按照他自己的標準衡量，凱旋式的場面仍是無可比擬地盛大。儀式的焦點當然是那位得勝的英雄。為照顧那些看不清楚的觀眾，遊行隊伍帶著一個巨大的半身像，全以珍珠打造而成。半身像最特別的地方是前額的一綹捲髮。龐培十八年前第一次接受凱旋式表揚時就是這種髮型。看來少年英雄的形象難以割捨，龐培對自己的年齡如此敏感，以致他特意將自己的凱旋式安排在四十五歲生日前一天舉行。他沒有把這一點廣為散布。他披著亞歷山大大帝的斗篷和額髮，不想讓人覺得自己是名裝年輕的中年人。亞歷山大大帝死得早，三十二歲就撒手人寰。龐培在三十四歲之後，已整整多活了十年。

在羅馬，只有少年得志的人才會經歷中年危機。大部分龐培的國人同胞都渴盼不惑之年的來到。中年是一個羅馬公民人生的黃金時代，對上層階級來說，則是他們終於可以競選執政官的年紀。在羅馬人看來，崇拜年輕是一種紛擾的外國現象，尤其受到東方國王的喜愛。希臘君主始終很在意留住自己的青春——或用大理石雕像，或以宏偉的紀念碑。羅馬人被認為理應更加懂事。畢竟，共和國的醇香不就是因為它歷史悠久嗎？執政官年年更替，若太緬懷自己的執政官任期（西塞羅便是如此），就會成為笑柄。一如水可被用來稀釋酒，時間也被用來打破榮耀。羅馬人確實比世界上的任何民族更重視榮耀，但正因如此，也更警覺榮耀可能構成的威脅。它的味道愈甜美，讓人醉倒的危險就愈大。所以執政官的任期被定為一年，凱旋式則為期一或兩天。當遊行結束、飲宴散席和戰利品掛在神廟之後，唯一留下的就只有街道上的垃圾了。對羅馬人來說，榮耀的真正紀念碑並非以大理石，而以記憶塑成。壯觀的場面應為轉瞬即逝，如同組織這些場面的執政官任期。共和國禁止採用宏偉的建築記功，反而選擇了節日的藝術形式。

只有在想像中，羅馬這個髒亂的城市才更像帝國的首都。羅馬人固然也會建造出一座劇院，並給它加上大理石石柱、玻璃或鍍金的地板和青銅塑像——但劇院本身不過是布景而已。羅馬人是為了節日打造它們，並在節日一過後就野蠻地將其拆毀。只有一次，審查官批准在巴拉丁諾丘丘麓建一座永久性的劇院——那是西元前一五四年的事。不過，到了劇院即將竣工時，元老院卻出現大量反對聲浪，所以它又被一塊一塊石頭地拆毀。結果，甚至近百年後，一個強烈不協調的事實仍然存在：哪怕義大利最偏遠的城鎮都有座石砌的劇院，世界首都羅馬卻付諸闕如。

許多公民依然為此感到自豪，認為它清楚揭示了共和國的美德，保證了「讓羅馬人總是獨樹一幟的陽剛氣息。」[1]但其他公民卻感到難為情。例如，曾在東方耀武揚威的龐培對於羅馬的鋒頭被輝煌的希臘建築搶去就很不高興。他在搶走從鎮酒冰壺到鳳仙花樹等大批寶貝後，又在他的戰利品裡加上一幅米蒂利尼（Mitylene）大劇院的素描畫[2]，並打算「以更大和更華美的規模複製一座」。[3]當人們還在打掃其凱旋式留下的垃圾時，他的建築團隊已進駐戰神大校場。平坦、空曠又靠近羅馬廣場，對於一個想大興土木的人來說，沒有比這裡更誘人的地點了。況且龐培從不善於抵抗誘惑。從一開始，他心目中的劇院就是一座宏偉的建築。他虛偽地宣稱，他要建造一座維納斯神廟，其基座採階梯狀，然後往上直通神殿，但沒有人會傻到相信他。再一次，如同龐培畢生一直做的，先例之類的全被他踩在腳下，但他一點都不在乎先例。無論如何，他花的是自己的錢。他這麼做，不就是為了想送給羅馬人民一件禮物嗎？

不令人意外的是，大部分羅馬人沒有意見。即使龐培的仰慕者對他們偶像的慷慨激動不已，他在元老院的同僚（特別是元老院高層）卻不領情。已經有人指出，新劇院的地基延伸至幾乎和「羊圈」接壤，顯然地，完成後的建築將聳立在投票場前。屆時，行政官選舉名副其實地在龐培的「陰影」下進行。看來共和國正面臨危險。這種憂慮總能把貴族團結起來反對僭越者，這次也不例外。卡圖盧斯一直是龐培不合體制行徑的主要批評者，但他已在克洛狄烏斯審判案結束不久後去世（大概是被審判結果氣死）。不過，加圖仍是傳統的堅定維護者，而且已準備好要修理龐培。他聯合妒火中燒的克拉蘇，組織了一個反對龐培的集團，讓這位大將軍突然自雲霄墜下。元老院拒絕批准他對東方的善後安排。他給老兵分配農場的承諾遭到否決，就連他對米特拉達梯的勝利都被加圖取笑為「對付女人的戰爭」。[4]

龐培感到既受傷又困惑。他不是征服了三百二十四個不同的民族嗎？他不是讓羅馬帝國的版圖倍增了嗎？為什麼元老院拒絕給予他應得之物？他採取的手段也許不合法，但他的目標卻非常合乎成規。迥異於他的政敵不懷好意的暗示，龐培從沒想要建立一個王朝，追求的不過是被羅馬的建制派接納。他也有他的不安全感，他並非出身世家大族，加圖的成就只有他的零頭，但擁有的威望卻讓他又妒又羨。即使在威望如日中天的西元前六十二年，他也表現出一種近乎孩子氣的願望，想確認加圖對他的尊敬不下於他對加圖的尊敬。為了可和加圖的姪女結婚，他還不惜離婚，即使妻子是他親密盟友塞勒的妹妹，接著他還預告，他和他的兒子將分別迎娶加圖的兩名姪女。因為龐培已經成了羅馬最有價值的獨身漢，他自然認定加圖一定會同意這樁婚事。準新娘也這麼想，但就在兩名女孩興奮地開始為婚事作準備時，她們的叔叔卻叫她們省省吧。笑聲遂變成哭聲。家裡的女人都站在女孩這邊，但加圖不是會因為女人發脾氣而改變主意的那種人。他輕藐地說：「龐培應該知道，從一個女孩的閨房對我展開包抄這招並不管用。」[5]這讓那個尷尬的求婚者顯得陰險卑鄙，除了得罪塞勒之外什麼都沒撈到。加圖對道德高地的好眼力再次讓他奪得戰略的高地。龐培在不熟悉的領域中踉踉蹌蹌，開始在敵人連續打擊下左支右絀。到了西元前六十年春天，他看來已幾乎放棄這場戰爭。西塞羅向阿提庫斯（Atticus）透露，龐培終日無所事事，只是靜靜坐著，「盯著他在凱旋式上所穿的那件長袍看。」[6]

不管加圖從這類報告得到多少滿足，他仍保持戒備。即使連續失去政治陣地，龐培仍然是個可怕的對手。任何人都清楚的是，若龐培想突破加圖和克拉蘇技巧性建立的封鎖線，就必須有位執政官盟友，而且不能是隨便一個盟友，必須是位重量級、能壓到加圖的盟友。有個人顯然是合適人選，但西元前六十年春天時他遠在西班牙。

出乎大多數人意料之外，凱撒在西班牙總督任上幹得有聲有色。這位「腰帶鬆鬆」的花花公子天生就是當將軍的料。一場在今日西葡萄牙北部發生的小型戰爭，不僅讓他還掉許多債務，還讓他得到元老院賞賜的一個凱旋式。然而，這些樂事相較於龐培深陷困局的消息都相形失色。凱撒有本領在看見一個畢生難逢的機會時認出它。不過，他若想抓住它，則必須盡快。有意參加執政官選舉的人必須在七月初宣布參選。凱撒為了趕時間，在接任人還沒抵達前便拋下他的行省，並以慣有的疾風之速趕赴羅馬，終於及時趕到戰神大校場。不過，他在龐培建築工地的嘈雜聲和煙塵中不得不停下步伐。因為他想起，在接受過凱旋式表揚前，他名義上仍是軍人，因此不能進入羅馬。為此，他在公共別墅住下來，然後匆匆申請由代理人代為競選執政官的權利。元老院有一天的時間可以決定是否批准，看來沒什麼意見。

但加圖卻很有意見。因為他知道不論批准凱撒的申請與否，都必須在日落前表決，於是他站起來滔滔不絕地發言直到晚上。如此一來，憤怒的凱撒就會發現自己必須在凱旋式與競選執政官之間選擇。他幾乎毫不猶豫。他與龐培不同，總能區分權力的實質和表象。於是他進入羅馬，前往參加一場肯定勝券在握的比賽。

加圖和盟友也知道這點。在他們和龐培的鬥爭中，凱撒是半路殺出的程咬金。凱撒不只可倚仗龐培撐腰，還可依靠自己巨大的民望——這讓他成為危險性加倍的威脅。既然無法堵住這個老敵人的競選之路，加圖匆忙採取行動，以抵消凱撒預期會當選的衝擊性。最緊急的需要，是確保一名自己這方的人當選另一名執政官，並以他來抗衡凱撒的作為。來自龐培無底財富的金錢業已大量流入選民口袋：顯然只要能把兩個執政官的職位都買下，他不惜任何花費。加圖相中的候選人是自己的女婿比布盧斯（Marcus Bibulus）——一個認真得有點乏味的元老，他對於自己忽然被看成共和國的救星感到高興。龐培的政敵傾力支持他。對加圖來說，局勢顯然很嚴峻，否則加圖不會對於比布盧斯像龐培那樣砸大錢收買人心視而不見。

事後證明，這些錢花得很值得。凱撒在選舉中以壓倒性的優勢第一高票當選，但比布盧斯還是撈了個第二。這種發展讓加圖感到滿意，不過，在搞亂過龐培的操作後，他現在必須堵住凱撒的野心。這位執政官當選人的軍事才幹眾所皆知。在加圖看來，讓這個榮耀獵取者再次靠近一個行省讓人無法忍受。但要如何遏阻他呢？根據慣例，每位執政官卸任後都會被外派為總督。但加圖指出，當家門口還不是太平靜時，把一名卸任執政官派去帝國邊境當總督實在不太適宜。畢竟斯巴達克斯的起義雖已事過十年多，但義大利仍充斥著土匪和逃亡的奴隸。為什麼不讓卸任的執政官花一年的時間消除這些不安定的因素呢？元老院被加圖說服了。他的建議變成了法律。代之以管理一個行省，凱撒將負責義大利的治安。

雖然加圖為人嚴肅，但顯然不是沒有幽默感。他把像凱撒這樣的人弄成笑柄，顯然是危險的做法，但加圖這麼做，其實是要為他設下一個圈套。如果凱撒拒絕接受元老院的決定，他就要靠武力推翻它，但如此一來，他就成了一名罪犯，也就是喀提林第二。龐培也會受到牽連，名聲將被永遠被玷汙。加圖的策略總把自己放在憲制的一邊，然後逼對手扮演破壞分子。雖然凱撒大膽且不擇手段，但他又敢走多遠呢？任何訴諸暴力的極端分子都會受到一個強大聯盟的回擊。在凱撒身旁，他的執政官同僚處處掣肘他：比布盧斯一輩子都被凱撒的光芒掩蓋，所以對他恨之入骨。加圖的盟友在元老院構成了一個強大且有凝聚力的多數。克拉蘇和他旗下的元老當然也可以倚靠，因為若要說羅馬政治圈有個常數的話，那就是克拉蘇總會反對龐培支持的一切。鬥爭雖然凶險，但加圖有信心取勝。他也必須要取勝，因為他選擇了拿共和國及它的穩定做賭注。

所以，凱撒一年的執政官任期從一開始就危機重重。聆聽新任執政官的首次演講時，元老院的情緒是不信任。凱撒表現得非常大度，試圖以魅力感染聽眾，但加圖還是一樣倔強，拒絕被迷倒。當凱撒提出一個安置龐培老兵之合情合理的計畫時，加圖跳起來反對，用的是他最愛的老招：滔滔不絕地發言。凱撒最後忍無可忍，向扈從官點頭示意。隨著加圖被架走，元老們紛紛離座。凱撒問他們為什麼要走，他們其中一人回答說：「因我寧可和加圖一起待在監獄，也不寧願在元老院和你待在一起。」[7]凱撒壓抑怒氣，收回命令。加圖被釋放了。就這樣，在兩人瞪眼交鋒的第一回合，凱撒先眨眼了。

應該說情況看來是如此。但事實上，凱撒很快證明他的撤退是戰術性的。幾天後，他把元老院晾在一邊，直接將土地法案提交給在羅馬廣場召開的公民大會。隨著他這樣做，大批龐培的老兵來到羅馬。凱撒的敵人對於這種有威脅性的現象日愈惶恐不安。緊張的比布盧斯犯了個超級口誤，他竟告訴投票人，他並不在乎他們的意見。加圖看到這一幕時，想必是雙手遮臉。即使如此，他仍相信凱撒只是虛張聲勢。不錯，一個獲得人民通過的法案擁有全部的法律效力，但違背元老院已經申明的意向是一種強盜策略。若凱撒堅持這樣幹，他在同事中的信譽便完蛋了，他的事業也完了。想必沒有人會這樣不智，自找這樣的命運。

不過，凱撒自有他的如意算盤。就在法案開始投票前，支持他的顯貴露面了。沒有人會對於看見龐培為安置他老兵的法案說話感到驚訝，但第二個發言人的身分卻如青天霹靂。在此之前，克拉蘇雖然滑頭且投機，卻仍堅持一個原則：和龐培主張的一切唱反調。不過這次，他看來連這個原則都放棄了。克拉蘇把他的大轉彎說成是政治家的本色，是為共和國的利益著想。但任誰都知道，他一輩子做什麼都先考慮自己。在他冷酷和愛盤算的靈魂裡，似乎連復仇的快感都無法勝過對權力的熱情。他一直沒能好好品嚐身為卓越人物的滋味，現在他的機會來了。被包抄的加圖發現自己的防線遭到突破。他很快就明白，若說他還能抵擋龐培和凱撒的聯手，那麼再加上一個克拉蘇的話，他就徹底沒戲唱了。他的敵人將成為羅馬的實質主人：三人結成的「三巨頭同盟」將可隨他們喜歡地瓜分共和國。無怪凱撒會如此自信十足。

加圖和比布盧斯竭力阻止這項土地法案通過。投票那天，比布盧斯出現在羅馬廣場上，宣布他觀察到天空出現不吉利的徵兆，所以投票必須延期。大祭司聽到這項宣布後，他的反應是倒桶糞便在他頭上。倒楣的執政官沒來得及抹去眼中的糞便，龐培老兵組成的保鑣團便開始毆打他的扈從官，並折斷他們的「法西斯」。在一片嘲笑聲中，比布盧斯和加圖逃離羅馬廣場。投票按原訂計畫進行，這項土地法案順利通過。為實施這個大有油水可撈的法案，一個委員會組成了——負責人除了龐培和克拉蘇外，又會是誰呢？最後，凱撒為確認這項勝利，要求元老們發誓遵守新法律。因受到威嚇且不知所措，他的敵人乖乖聽話。只有兩個人抵死不從。一個是塞勒（Metellus Celer），他病得厲害，但仍有力氣反對那個深深傷害過他妹妹的人，另一個當然是加圖。最後兩人在西塞羅的勸說下讓步，因為他指出，他們若被放逐將對大局不利：「你們也許不需要羅馬，但羅馬需要你們。」[8]

雖然加圖打起精神繼續戰鬥，但他卻不能不痛苦地反省自己在這場危機中的角色。由於把凱撒和龐培逼入牆角，又沒能認清克拉蘇反覆無常的程度，他對於促成這場政變要負很大的責任。「三頭怪獸」（The three-headed monster）[9]已從黑暗中走出，可以無拘無束地尋找食物。龐培對東方的安排獲得了批准，克拉蘇忙著自稅法中獲利，凱撒則尋求代執政官的職位。他獲得了兩個行省，一為巴爾幹半島的伊利里庫姆（Illyricum），一為義大利北疆的「長袍高盧」。就這樣，凱撒在羅馬的大門口被授予了三個軍團。元老院唯一的安慰是，凱撒將掌管的兩個行省都沒有太多展開征服戰爭的機會。不過到了春天，塞勒忽然病死，這讓凱撒有了染指第三個行省的機會。塞勒的死不僅讓龐培少了根肉中刺，還讓「山外高盧」的總督職位出缺。「山外高盧」是個遭到許多蠻族侵擾的行省，所以凱撒求之若渴，也將它弄到了手。他在這三個行省的任期都長達五年。在那裡，有一大堆榮耀等著這位新任代執政官去摘取。

對加圖來說，這是個格外慘痛的挫敗。他的聯盟已支離破碎，無力反對。當盧庫勒斯出於對龐培的仇恨，最後一次走出退休狀態，凱撒則以非常輕藐的態度敵視他，讓他一下子就崩潰了，跪下來懇求原諒。這麼個傲慢的大人物竟會如此自輕自賤，令所有人感到震驚。不過，他會在凱撒面前灑淚，大概是老年癡呆症的早期徵兆。他的病情將逐漸加深，並在兩年後過世。若真如此，盧庫勒斯日益黯淡的心靈在加圖眼中，則乃共和國疲弱化的不祥之兆，而他決計不向這種病症屈服。

真正的公民不會忍受當奴隸，這是一條羅馬史上以鮮血寫下的真理。當日，比布盧斯被澆了一頭糞水後，他轉頭看著凱撒，解下濺滿糞跡的長袍，然後露出喉嚨。凱撒被他逗樂了，但沒接受割破他喉嚨的邀請。但比布盧斯憑著這種戲劇化的姿態恢復了榮譽。加圖和他的盟友都無懼於當個烈士。接下來一年，比布盧斯把自己關在家裡，足不出戶，以此抗議；加圖則繼續在羅馬廣場擺出挑戰的姿態，看敵人還能幹出些什麼最糟糕的事來。兩人都為自己招來了恐嚇和暴力。他們不只成功地給凱撒的立法蒙上一層非法陰影，還毀掉了其背後「三巨頭同盟」的形象。凱撒為了自己的政治生涯，不惜玩弄共和國的憲法，但龐培和克拉蘇都不想被看成為共和國的蹂躪者。他們認為自己遵守了共和國的遊戲規則：所有先人在這場政治遊戲裡，都按不成文且複雜的規則攪和在一起。自共和國最早的時期起，有權有勢者便相互串聯，所以，例如當凱撒想和龐培強化同盟關係時，用的便是最傳統的方法：讓自己的女兒嫁給龐培。不過，加圖馬上稱他為皮條客，拒絕使用類似的步數，並對其加以譴責。克拉蘇一貫圓滑，逃過了許多侮辱，但凱撒和龐培卻遭到愈來愈多的謾罵。他們固然仍牢牢掌握權力，但對一個羅馬貴族來說，這樣還不夠：他還要求被敬重、尊榮與愛戴。

對龐培來說，不受歡迎令他格外難受。這名一輩子都沐浴在粉絲愛慕中的人物現在發現自己因失去威望而「悶悶不樂，痛苦不堪」。他看來非常可憐——西塞羅告訴阿提庫斯，他相信龐培的可憐模樣「只有克拉蘇一人看了會感到高興」。[10] 老敵人的笑臉當然無助於改善龐培的心情，於是兩人的關係變得緊張起來。再度尋找新獵物的克拉蘇與溺於自憐的龐培，都不覺得有義務忠於彼此。三頭怪獸出現不過數月，其中兩個頭便凶猛地相互撕咬起來。加圖心滿意足看著這一幕，心中燃起了共和國或許還有救的希望。

當然，怪獸的第三個頭仍是個嚴重威脅，高盧正等候凱撒前往。他幾乎一定會在那裡發起一場戰爭，而戰爭肯定是個讓他重建聲譽的空前機會。儘管如此，加圖仍準備好為他製造永久的傷害，計劃讓羅馬人憎恨且害怕他。不管凱撒在高盧贏得多少榮耀，奪得多少黃金，羅馬都會有群核心的反對者，視他為罪犯。凱撒只要一天擔任代執政官，便一天免於被起訴——但他不可能永遠待在高盧。五年任期終將過去，加圖將在任期盡頭準備行動。正義要求他這麼做，共和國需要他這麼做。若不摧毀凱撒，便無法扭轉力量凌駕於法律的局面。一個由暴力統治的共和國幾乎算不上是個共和國。

克洛狄烏斯提高賭注

每年冬天，羅馬人都會在每個十字路口慶祝一個狂歡節日：康姆皮塔利亞節（Compitalia）。對窮人來說，這是個難得的節日。平時，他們蜷縮在橫街窄巷構成的迷宮，只有這個節日才有機會聚在一起，敬奉保護他們社區的諸神。但對有錢人來說，康姆皮塔利亞節卻隱藏著危險。元老院不能容忍任何會威脅到其權威之事，所以在西元前六十年代，一直致力於立法取消這個節日。傳統上，康姆皮塔利亞節的街頭派對由地方同業公會（collegia）主辦——正是這些地方同業公會，讓元老院很不放心。西元前六十四年，它們遭到完全的取締。康姆皮塔利亞節變得奄奄一息。

到了西元前五十九年，康姆皮塔利亞節已完全不會構成威脅，以至於西塞羅認為，以這個節日作為背景散散步是一大樂事。他的老朋友阿提庫斯從希臘來到羅馬，一月時為了慶祝康姆皮塔利亞節，他建議兩人同遊羅馬城各個十字路口。他們有不少事要談。當時，正是凱撒擔任執政官的第一個月。幾星期前，有個「三巨頭同盟」的人找過西塞羅，問他是否願意加入凱撒、龐培和克拉蘇的陣營？當時，西塞羅沒想到對方提供他一個統治羅馬的機會，但即使有想到，他也肯定會推掉這個邀請。他畢竟是喀提林的摧毀者，現在怎有可能參加一個不利於共和國的陰謀呢？法治精神對他來說非常重要，甚至比他的個人安危還重要。西塞羅本質上不是一個無畏的人，也知道這個決定會讓自己身陷危險。

他告訴阿提庫斯，自己此舉等於是放棄了「與敵人和解及愜意的晚年生活。」[11]

不過他的神經也沒有太過緊張，否則他就不會建議阿提庫斯同遊一些十字路口了。喀提林正是在羅馬橫街窄巷構成的迷宮鼓動人們革命。在他死後三年，債務和飢餓的幽靈仍徘徊於化膿的街頭。當然，西塞羅和阿提庫斯走過垃圾和汙水時，不可能沒注意到貧窮的跡象。貴族對窮人的痛苦並非全然無知。西塞羅在符合自己的需求時，也會為他私下稱為「烏合之眾」的窮人請命。其他人則不只停留在口惠的層次。例如，主張給羅馬窮人加倍的穀物津貼者不是別人，正是共和國的柱石加圖。不過，即使他在促進人民福利，仍一貫公事公辦的模樣。他不同於愛討好國人同胞的凱撒，不會讓國人同胞覺得他愛他們。政治家之間，形象上的不同多過於政策上的不同。稱加圖為煽動家著實侮辱，令人困惑的程度不啻於稱呼一名端莊的婦女為妓女。

十字路口以煽動家和妓女常出沒而臭名昭著，所以有身分者極少前往。他們或許偶然路過，但僅此而已。一個公民的名字若和十字路口有所鉤連，會對他和妻子的聲譽構成很大的傷害。例如，克洛狄婭（Clodia Metelli）就發現自己多了個侮辱性的外號「銅板女郎」——意指在街角拉客的低級妓女。[12]一個被她拋棄的情人說她「在十字路口和後巷出賣肉體」[13]，另一名則寄給她一個裝滿銅板的錢包。克洛狄婭因濫交的名聲和對下流時尚的愛好，所以容易惹上謠言。不過，她對下層社會風氣的欣賞並不限於粗話的層面。於是，冒犯者無一例外地遭到懲罰。侮辱她的人受到同等的侮辱。那個送她一個錢包銅板的人很快就笑不出來了：他被當眾毆打，而且如同妓女那樣地遭到輪姦。

克洛狄婭對時尚和暴力的附庸風雅最深刻地影響了她的小弟。對傳統政治家的事業致命之物被克洛狄烏斯視為潛在的生命線。雖然他在擾亂良善女神節儀式的審判中獲得無罪釋放，但政治前途卻因這件官司受到嚴重損害。對共和國最高傲家族的成員來說，發現自己得到那麼少同階層的支持，是個很受傷的侮辱。克洛狄烏斯就像盧庫勒斯一樣，對於自己受到的冒犯非常敏感，只不過他的報復方式極具想像力。因元老們對他冷淡，他開始把目光轉向貧民區尋求慰藉。窮人在勢利眼方面，不輸羅馬任何其他階級，很容易受到新奇人物與事物的蠱惑。克洛狄烏斯既擁有明星般的氣質，又對民眾具有感染力：他曾挑起一場兵變的事實足以證明他是個煽動天才。不過，若他想讓「暴民」可為己所用，必須先當選護民官。這裡有個問題：護民官是個專門保留給平民的職位，但克洛狄烏斯卻是一名貴族。他只有讓自己變成平民才能解決這個問題。貴族變成平民是很不尋常的舉動，當事人需得到一個平民家庭收養，並得到大眾投票同意，此外還需執政官批准。西元前五十九年，時任執政官的是凱撒，他完全清楚克洛狄烏斯有多少製造麻煩的才華。他或許有一天用得著這個小丑，但目前看來，凱撒樂於讓這個一心成為護民官的傢伙到一邊涼快去。

阿提庫斯（他是克洛狄婭家晚宴的常客，很了解克勞狄氏族的事）把這一切告訴了好朋友。西塞羅聽了之後大大鬆了一口氣。然而，雖然克洛狄烏斯遭到挫敗，西塞羅卻發現有很多舊帳不斷被翻出來。一個令他格外尷尬的人物是他的前執政官同事海布里達。這個喀提林派（Catilinarian）的變節者剛結束在馬其頓的總督任期（任內以腐敗和無能著稱），並回到羅馬。凱利烏斯（Marcus Caelius）也回羅馬了，他急於出人頭地，也急於掩飾自己和喀提林的牽連，並發現打擊海布里達是可以同時達到這兩個目標的方法。西元前五十九年四月，他起訴了海布里達，並以機智的演講作踐被告，把被告描繪成共和國的恥辱，總督任內只知道找女奴和喝酒。西塞羅身為被告的辯護人，並不覺得凱利烏斯的笑話好笑。他對海布里達沒什麼好感，但知道若他被定罪，對他自己也很不利。人們沒有忘記他當年倉促處決陰謀叛亂者，也有很多人不原諒他。審判結果是海布里達被判有罪。消息傳出後，貧民區歡聲雷動。喀提林的墳墓上也出現了一束鮮花。

由於對形勢的致命誤判，海布里達被定罪，造成西塞羅雙倍的災難。審判期間，他演講時因心情不佳，竟指名道姓地批評「三巨頭同盟」的成員。凱撒對此怒火中燒，立即採取行動。辦法是現成的，不到幾小時內，克洛狄烏斯便被宣布為平民。西塞羅大為恐慌，因而逃離羅馬。他躲在海岸邊的一棟別墅中，連連去信阿提庫斯，求他從克洛狄婭那裡探聽她弟弟的動向。月底時，西塞羅冒險走在阿庇亞大道上，遇到一名來自羅馬的朋友。對方告訴他，克洛狄烏斯確實在競選護民官。不過，壞消息中也有好消息。克洛狄烏斯一如往常善變，他開始攻擊凱撒。這個消息馬上讓西塞羅異想天開：他的兩個敵人是否可能相互毀滅？一星期後，他替克洛狄烏斯加起油來。他對阿提庫斯說：「帕布琉斯[14]是我們的唯一希望，就讓他當選護民官吧！」[15]

甚至，依西塞羅自己的標準來衡量，這個轉變也夠驚人。但在一個充斥陰謀詭計的城市裡，沒有什麼恩怨是永恆的。最能說明這點的，是西塞羅在阿庇亞大道碰見的那個朋友。他是庫里奧。庫里奧是克洛狄烏斯最親密的政治盟友，善變、不講原則的程度不亞於克洛狄烏斯。他自從在克洛狄烏斯的訴訟案安排恐嚇西塞羅的行動後，繼續以各種謠言抹黑西塞羅。他和一名粗獷英俊年輕人的關係成了羅馬的話題。後者名叫安東尼（Mark Antony），是海布里達的外甥。即使按那個時代的標準來看，他們的關係也夠驚人。據傳，雖然安東尼的脖子粗且肌肉發達，卻在庫里奧面前穿著女裝，扮演他的妻子。當兩人被禁止見面後，庫里奧從父親的屋頂暗自把安東尼偷渡進屋——至少八卦炮製者[16]是這麼說的。然後，在凱撒擔任執政官那年，流言和反感突然轉為讚頌。庫里奧是個驕傲的人，不會阿諛奉承。由於他公開頂撞凱撒，整個元老院的士氣為之一振，從此不再有人稱他為「庫里奧的小女兒」了。相反地，他的愚勇被譽為愛國者的勇氣。德高望重的元老院在羅馬廣場致敬他，競技場的觀眾對他報以熱烈歡呼。

這些是任何公民都渴望獲得的榮譽。庫里奧的桀驁不遜照亮了籠罩於「三巨頭同盟」陰影的共和國。所以，若說西塞羅希望克洛狄烏斯對他朋友所獲得的榮耀怦然心動，並起而效尤，那可不是什麼愚蠢的幻想。不過事實很快證明，那終歸是個幻想。克洛狄烏斯遠比任何人都更敏銳且憤世嫉俗，他充分認識到，眼前的危機中隱藏了多少機會，至少共和國的模子目前是破碎了。對於從不放過機會對傳統表露不屑的他來說，眼下無法無天的氣候最適合不過。他不打算採取一種反對「三巨頭同盟」的立場，而準備模仿他們的方法，並把這些方法推到極端。反正傳統的政治生涯沒他的份，他沒什麼好損失的。克洛狄烏斯對於西塞羅曾得到的那種讚美不感興趣，他真正想要的是權力。有了權力之後，榮耀自然很快地會隨之而來。

他的計畫很簡單：煽動暴民並佔據街頭。在略為安定的時期，克洛狄烏斯肯定不敢打這種幾近流氓、犯罪的主意。不過，隨著凱撒在執政官任上的種種表現，致命的暴力毒素被再次引入共和國，而且毒性快速擴散開來。不管是想維持箝制的「三巨頭同盟」，或想擺脫箝制的元老院保守派，兩邊都需要一個願意弄髒雙手的盟友。克洛狄烏斯把自己裝扮成這樣的人，對兩邊輪流使用討好與威脅的方法。西塞羅嗤之以鼻地把他形容為妓女：「他把自己一時賣給這個客人，一時賣給那個客人。」[17]就像他的姊姊一樣。不過，在克洛狄烏斯反覆無常的背後，存在著極強的目的感。他想證明自己無愧於家族名聲。另外，他當然也想摧毀西塞羅。

到了十二月，克洛狄烏斯成了護民官。他為這一刻做好精心準備，很快就在人民面前提出一大堆法案，全都是討好民眾的法案。最引人注目的是這個建議：取消加圖所制定的穀物津貼政策，改為每月免費發放。貧民區當然感恩戴德，但克洛狄烏斯了解，這本身不代表什麼。在一個政治人物可以找到的所有基礎中，最不可靠的就是窮人的好感：與暴民和紀律造就的軍隊相反，他們是一盤散沙。但若找到一個動員窮人的方法，又能怎麼樣？克洛狄烏斯以看似無害的第二個法案偷偷摸摸地引入了這個問題。他建議完全恢復康姆皮塔利亞節，也恢復地方同業公會。在整個羅馬城的範圍內，每個十字路口，被取締的地方同業公會都要重新組成。克洛狄烏斯和他那幫昂首闊步的混混，總在炒短線。現在，如果這個法案通過了，它們將永遠和他緊密地連繫在一起。以後，每個十字路口都將有一群他的私人人馬。

這是個潛在的巨大創新——事實上，因為太過創新，元老院完全看不出箇中意涵。貴族與窮人之間具有親密義務關係的觀念之於羅馬人可謂全然陌生，也沒人想像得出來，那或許會帶來什麼後果。所以，克洛狄烏斯輕易讓法案闖關成功。他為了對付有限的少數反對者，採取威逼利誘的策略。連西塞羅都被他買通了。克洛狄烏斯透過阿提庫斯這個中間人，保證不起訴西塞羅處決陰謀叛亂者的做法。

西塞羅幾經猶豫後，答應以不反對法案為回報。法案在西元前五十八年一月初通過。同一天，克洛狄烏斯和他的人馬佔據了離羅馬廣場中心區只有一箭之遙的卡斯托爾神廟。各地方的同業公會將在那裡組織起來。神廟四周的空間慢慢被來自各十字路口的商販和工匠佔滿，他們吟誦克洛狄烏斯的名字並譏笑他的對手。通往神廟的台階被拆毀，基座留下，被用作堡壘。同業公會按準軍事路線重建。空氣中的暴力威脅變得更加具體可觸。然後，突然颳起了風暴。當凱撒的一名副手遭到指控和起訴時，他向護民官求助。克洛狄烏斯的人馬闖入法庭，襲擊法官，鬧得天下大亂。審判遭到永久擱置。這是一次有計劃的流氓行動演練，成功程度看來，是超過了克洛狄烏斯本人的預期。

對此，西塞羅看得膽戰心驚。克洛狄烏斯作為他最可怕的敵人，不僅顯示自己有策劃暴力的高超手段，還公開向凱撒的利益靠攏。凱撒這位新任的高盧總督在卸任執政官後，就待在羅馬城的邊界之外，留意著它的任何動靜。現在，他靜靜地看著克洛狄烏斯為報復行動作準備。護民官在一項新提出的法案中，撕毀了自己和西塞羅的協議，這種協議若非字面上的，就是精神上的。在打扮成共和國苛刻原則守護者的同時，這項法案建議，任何公民若未經審判便弄死了另一個公民，都應處以流放的懲罰。無需指名道姓，每個人都知道這項法案劍指何人。克洛狄烏斯這麼巧妙一推，就把西塞羅推到了懸崖邊緣。

他在絕望中拚命把自己拉回來。他留起了頭髮，穿上喪服，穿行於大街小巷。克洛狄烏斯的人馬尾隨他，辱罵他，向他扔石頭與糞便。霍騰修斯企圖幫助自己的這位老對手，但差點被逼到牆角打死。無論西塞羅逃到哪裡，都無路可退。當時的兩位執政官是受人尊敬的元老，本應站到西塞羅一邊，卻被人以行省總督的肥缺收買了。元老院受到恐嚇，不敢作聲。當西塞羅可憐兮兮地去到凱撒的營帳求助時，這位代執政官聳聳肩，表示自己愛莫能助。然後又奉勸他，也許可以重新考慮他的反「三巨頭同盟」立場，到高盧總督府擔任職位。但不論西塞羅的處境有多困頓，到高盧總督府任職都是個他不能接受的羞辱。即使流放，也勝過如此的名譽掃地。有那麼一刻，西塞羅考慮過反擊，自己也組織了一支街頭隊伍，但他的朋友勸阻他別這麼做。仍一身傷疤和瘀傷的霍騰修斯勸告他別再拖了，趕緊離開羅馬。西塞羅對於災難來得這麼突然與凶猛，感到十分震驚。他聽著暴徒在門外不斷叫罵，想著自己畢生成就可能就此完蛋，於是麻木地收拾行李。直到深夜，才敢偷偷走出家門。為避免引起克洛狄烏斯的人馬注意，他以雙腳走過街道，走向城門。到了破曉時分，他安抵阿庇亞大道。在他身後，羅馬人開始生火做飯，炊煙處處。整座城市隨後消失在灰黃色的一團煙霧後。

消息在醒轉的城市傳開後，克洛狄烏斯和別人一樣驚訝。在得勝的狂喜中，他手下的暴民湧上巴拉丁諾丘，佔領西塞羅的房子。他們在外頭大肆破壞一陣子後，進到房子裡面。在羅馬廣場上密密麻麻的人群注目下，房子被一磚一瓦地拆毀。它的旁邊，正是克洛狄烏斯神聖不可侵犯的宅邸。克洛狄烏斯為避免這個行為被視為暴民的報復而非懲處人民公敵，匆忙推出了另一項法案，正式宣布西塞羅有罪。在罪犯的房子原址上，一座自由女神神廟建了起來。克洛狄烏斯則兼併了剩餘的土地。這一切都被記錄在一塊青銅碑板上，上面還有護民官表情嚴肅的畫像。接著，碑板被拿到卡比托利歐丘公開展示。它將永遠留在那裡，訴說護民官的榮耀與西塞羅的罪行。

既然獎品如此甜美，那也難怪榮耀爭奪在共和國會變得如此野蠻了。

凱撒皆戰連勝

就在西塞羅不情不願地離開羅馬時（他最終會落腳馬其頓），凱撒正朝北而去。既然偉大的起訴人與克洛狄烏斯的決戰已經結束，高盧總督也不再流連首都郊外浪費時間。整個阿爾卑斯山脈都受到嚴重威脅，日耳曼人大舉越過萊茵河，開始侵犯羅馬邊界。

凱撒以他一貫的高速前進，直奔最大的壓力點。離開羅馬八天後，他抵達日內瓦（Geneva）。在萊蒙湖（Lake Leman）再過去的地方，克爾維西亞人（Helvetians）龐大的馬車隊停在邊界上。克爾維西亞人是阿爾卑斯山脈土著，厭倦了山區的家園，想往西遷徙。新任總督眼見機不可失，採取了拖延戰術。他首先告訴克爾維西亞人，他會考慮他們穿過羅馬領土的要求，但接著卻迅速封鎖邊界。新增調的五個軍團把守在那裡，其中兩個為新招募的軍團。克爾維西亞人眼見邊界封閉，只好繞遠路而行，長長的隊伍慢慢向西前進，共有三十六萬名男女老幼。凱撒尾隨他們越過邊界，進入「自由高盧」（free Gaul）。出乎克爾維西亞人意料之外的是，凱撒伏擊了他們的後衛。當克爾維西亞人予以還擊時，凱撒在一場激戰中再度打敗了他們。剩下的人們開口求和。凱撒則命令他們回到山裡去。

這是一場驚人的勝利——但卻完全不合法。前一年，大量新法令開始實施，專門用來節制行省總督的野心與並使其權責免於遭到濫用。這些法令的起草人正是凱撒本人。現在他和一個不是共和國屬民的部落作戰，而且並非在共和國領土內作戰，凡此都明顯違反他自己制定的法律。他在羅馬的敵人立即指出這點。加圖甚至建議，把凱撒交給被他攻擊的那些部落。在許多元老看來，高盧的冒險行動既沒獲得授權，也有欠正義。

不過，大多數公民卻不這樣想。在他們眼中，凱撒不是戰犯，而是英雄。蠻族的遷徙一直是羅馬人的重大惡夢。每當馬車開始在北方嘎吱作響，震動聲總會迴響於遙遠的羅馬廣場。羅馬人嚇唬小孩子時，最喜歡提到膚色蒼白與善於騎馬的高盧人。漢尼拔固然曾在羅馬城門前耀武揚威，但從未拿下過共和國的首都。只有高盧人做到過這點。那是在西元前四世紀初期，一支蠻族大軍毫無預警地翻越阿爾卑斯山，打跑一支羅馬軍隊，並殺進羅馬。只有首都沒有陷落——且這是拜天后朱諾神聖的鵝驚醒守軍，擋住了突襲。隨後，高盧人在隨意燒殺擄掠後撤退，羅馬則發誓，再也不要受到這等羞辱。正是這種堅強的決心讓羅馬人成為世界的主人。

即使三個世紀後，羅馬人對於首都陷落的慘痛往事仍記憶猶新。每年都有一些狗被釘上十字架，作為對其祖先的追加懲罰（這些祖先在高盧人進襲時沒有吠叫），而天后朱諾（Juno）的燒鵝則持續受到褒獎，可以坐在金紫兩色的坐墊上看著狗兒受罰。一個更實際的措施則是設立一筆緊急基金，專門用於應付蠻族再次入侵。即使羅馬已成為超級強權，此舉仍被認為是明智的預防措施。蠻族並非公民，而是半人半獸，誰說得準他們何時會突然獸性大發？有些羅馬人還記得，曾有來自極寒地帶的三十萬野蠻人突然從北部荒原冒出來，一路上毀掉一切，他們是從世界的冰冷邊緣冒出來的半人半獸。男人吃生肉，女人敢以赤手空拳攻擊羅馬軍團將士。若非馬略在兩次輝煌的勝利中消滅入侵者，羅馬及其周遭的世界肯定已經完蛋。

人們並未輕易忘記這些恐怖的往事。無怪大部分羅馬人聽到克爾維西亞人被打敗後，不在乎這是否違背法律。一名代執政官最大的職責，難道不是確保羅馬的安全嗎？凱撒反駁對於他的獵名指控，指出他的行省和義大利都受到威脅。只要羅馬的邊界外還有蠢蠢欲動的部族，以及不理會文明行為成規的野蠻人，危險就會一直存在。這種思路為歷代羅馬人熟悉，也讓攻擊克爾維西亞人的行動可被視為自衛。往後，凱撒的戰爭也是打著自衛的旗號。他一把克爾維西亞人趕回老家，讓他們充當日耳曼人與羅馬共和國的緩衝後，接著便揮兵向東，直接攻擊日耳曼人。日耳曼人國王擁有「羅馬人民之友」的官方稱號，但凱撒沒有把這個事實當一回事。他成功刺激日耳曼人出戰，把他們打敗並趕回萊茵河的另一側。在那裡，在陰暗潮濕的森林，他們愛幹什麼都行，就是不得靠近凱撒的行省，不得靠近高盧的任何地方。

但兩者的區別正在消失。[18]西元前五十八年到五十七年冬天，凱撒不但沒把他的軍團撤回到他的行省，反而讓他們深入理論上，屬於一獨立民族的領土，他在行省邊界以北一百英里之處紮營。再一次地，這是不合法的行為，而代執政官又再次把它解釋為預防性防衛。這種主張也許可讓羅馬的輿論滿意，但高盧人的憤怒卻不斷攀升。凱撒新政策的全部意涵如今已昭然若揭。到底怎樣才可以滿足羅馬人對一條可防禦邊界的渴望？既然這樣的邊界在東部是萊茵河，那北部的邊界為何不能是英倫海峽，西部的邊界為何不能是大西洋海岸？在整個森林與凍土地帶，從一個村莊到另一個村莊，從一個部族到另一個部族，同一則謠言口耳相傳：羅馬人的目標是「平定整個高盧」[19]。於是，部落戰士擦拭他們裝飾珠寶的盾牌，年輕人為了證明自己已準備好投入戰爭，身穿全副鎧甲橫越冰封的溪流。敵對的部族開始修補關係。「自由高盧」準備好展開作戰。

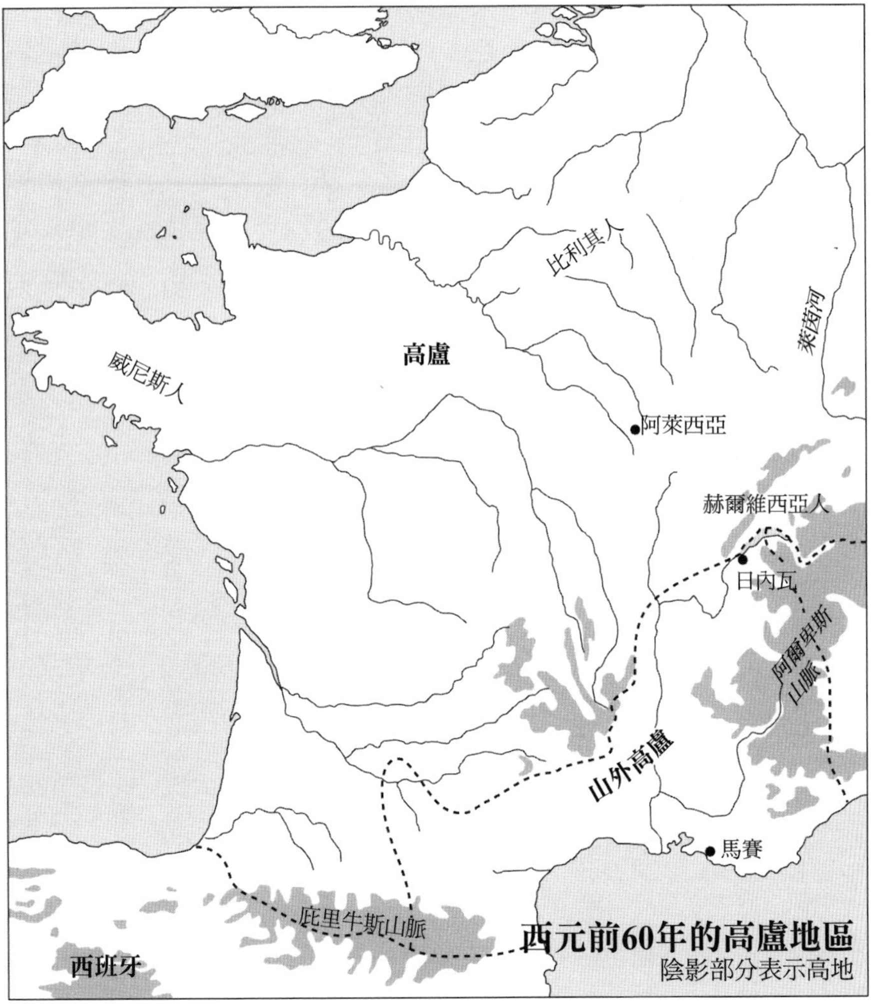
比利其人
萊茵河
高盧
威尼斯人
阿萊西亞
赫爾維西亞人
日內瓦
阿爾卑斯山脈
山外高盧
馬賽
庇里牛斯山脈
西班牙
西元前60年的高盧地區
陰影部分表示高地

凱撒也準備好了，他無法忍耐反羅馬的煽動行為。一個部族自由或曾被打敗，對羅馬人來說沒有什麼差別。共和國要求受到尊敬，而榮譽感要求一個代執政官落實這點。凱撒激起高盧人的反抗後，自覺完全有道理摧毀他們。那個冬天，他再多組了兩個軍團：他擅自擴軍，在未徵得元老院同意的情況下增加了一倍的兵員數。隨著冰雪融化，春天到來。當凱撒拔營時，身邊有一支八個軍團、總數約四萬人的軍隊。

每個人他都用得著。凱撒向北進擊，深入到羅馬軍隊從未抵達的土地。那裡陰暗而險惡，因為沼澤和屠殺而十分潮濕。旅行者之間口耳相傳著一些殺生祭神的奇怪儀式，舉行的地點在死去的櫟樹之間，或無底的黑水湖湖邊。據說在夜晚有時會被巨大的柳枝火把照亮，這些火把被安排成為巨人的形狀，在巨人四肢與肚子的地方，則填滿了垂死抽搐的俘虜。甚至在高盧人的著名宴會中，他們的習俗仍野蠻且令人作嘔。在西元前九〇年代，遍遊高盧的波希多尼（Posidonius）曾經指出，他觀察到高盧人常為了爭取較好的肉塊而決鬥；即使這些戰士們也有飲宴，但他們不像文明人那樣躺在躺椅上吃喝，而是坐著吃，任由八字鬍沾滿油脂與肉湯。若說貪婪的吃相還不算什麼，他們還有個更令人反胃的習慣：割下敵人的腦袋，插在竿子上或放在壁龕裡。波希多尼承認，這種裝飾品在高盧人的村莊是如此常見，以至於到了旅程尾聲，他幾乎對此習以為常。[20]

軍團沿著坑坑窪窪、彎彎曲曲的小路，不斷向北前進。眼見無窮無盡的樹木，將士們肯定自覺進入了絕對陰暗的國度。這就是為什麼，他們肩上除了扛著長矛，還扛著標樁。每日行軍結束時，他們所紮的軍營都一模一樣。這些軍營除了提供他們防護外，也是對文明與家園的模仿，因它們都是由一個廣場與縱橫的兩條直街構成。當衛兵自柵欄後凝視外面的黑暗時，他們可以放心地知道，在這個蠻荒地帶的中央，他們背後有個暫時的羅馬。

然而，對軍團將士來說，凱撒的情報機器早已充分掌握了這個蠻荒地帶不可思議之處。他們的將軍清楚地知道自己要往哪裡去——他並非要走入未知。凱撒也許是第一個率領軍團越過邊界的將軍，但幾十年來，始終有義大利人漫遊於高盧的荒原上。西元前二世紀，隨著羅馬人在高盧南部駐紮常駐部隊，有些土著開始染上他們征服者的壞習慣。特別是其中一種：飲葡萄酒，對他們的腦袋瓜起了作用。以前沒喝過酒的高盧人完全不知道該怎麼喝酒。他們不像羅馬人那樣兌著水喝，而是直接飲用，集會時大口灌酒，以致集會結束時，「不是呼呼大睡就是在發酒瘋。」[21]商人發現賣酒的利潤很高之後，不遺餘力地大力推廣，他們走遍這個羅馬行省的東西南北，直到整個高盧都浸泡在葡萄酒裡為止。有了這麼個市場可供剝削後，商人們自然會坐地起價。由於他們能賺取暴利有賴於土著沒有種植自己的葡萄園，所以元老院宣布，把葡萄藤賣給「阿爾卑斯山脈另一邊的部族是非法行為。」[22]到了凱撒的時代，一罈酒固定可以換到一個奴隸，至少對義大利人來說，這造就了一個利潤驚人的出口商業。奴隸可以更高的價格賣出去，羅馬也因有更多額外人手栽種葡萄而產出了更多的葡萄酒。這對奴隸以外的每個人來說都是良性循環。高盧人爛醉如泥，商人們財源滾滾。

凱撒很清楚，他之所以敢於夢想征服廣大、好戰且獨立的高盧，義大利的商人們功不可沒。他們不只為他提供間諜。日耳曼人注意到，葡萄酒對高盧人有不良影響，決定「禁止葡萄酒進口，因他們認為，這東西會導致男人變得軟弱。」[23]對高盧的酋長來說，葡萄酒比黃金還珍貴。為了得到奴隸，部族之間不停相互劫掠，高盧的人口因而大為減少，而且部族與部族之間也陷入激烈的敵對關係——這一切都讓高盧成為凱撒的俎上肉。雖然凱撒聽到間諜回報說，當地部族組成了一個二十四萬人的聯盟對抗他，而且這些部族是比利其人（Belgae），但他卻絲毫不擔心。在高盧，比利其人「離文明與奢侈最遠，接觸到的商人最少，得到各種使其變軟弱的東西也最少」，因此被認為是高盧最勇猛的部落。[24]凱撒調動一切力量，狠狠打擊他們。他向北走得愈遠，比利其人的聯盟愈是四分五裂。他對歸順的部落毫不吝嗇賞賜，對反抗的部落也雞犬不留。凱撒軍團的老鷹旗幟最終插在北海海岸。就在此時，帕布琉斯．克拉蘇（三巨頭之一克拉蘇勇猛的兒子）也派使者來報，說他率領的軍團已征服所有西部的部落。凱撒在戰報中得意寫道：「和平被帶到整個高盧。」[25]

羅馬聽到這個消息後欣喜若狂。西元前六十三年，龐培曾獲得十天的公共感恩假期，如今在西元前五十七年，凱撒被賞賜十五天。就連他最苦毒的政敵都無法否認他成就驚人。無論如何，加強共和國的威望都不能算犯罪，而教會高盧尊重共和國的名字則是凱撒的功勞。就像他一個老對手在元老院裡熱情洋溢所說：「以前，我們沒聽說過這些地區和民族。我們的書裡沒有記載，第一手報告裡也沒有，甚至流言都不曾提過他們。但如今，我們的將軍和軍隊已深入其地。[26]真是快如之何！」

但凱撒仍不能放鬆，儘管他的入侵造成很大的破壞，帶來很深的影響，但還不足以把高盧變為一個行省。目前這個地區打算承認凱撒的權威，但在彼此競爭非常激烈、內部矛盾重重的高盧人之間，任何最高權威都無法有個穩定的立足點。當然，羅馬也一樣。這就是為什麼凱撒始終要有一眼盯著首都的政治戰場。羅馬的局勢不會因為他不在而風平浪靜，許多變化已經發生。最能體現這點的是，在元老院裡建議以十五天公共感恩假期表揚凱撒戰功的那個人。西塞羅歷經十八個月的艱苦流亡後，已經回到羅馬。

龐培再次出手

這位急得發狂的起訴人在流亡前的黑暗日子裡，不只卑屈地求助於凱撒，還求助於龐培。西塞羅早對自己的偶像失望，但未對他完全絕望。雖然龐培明顯涉入凱撒擔任執政官時所幹的種種離譜勾當，但西塞羅仍不抱希望地希望他會回心轉意，重回捍衛合法性的這一邊。龐培本來對西塞羅求他保護感到榮幸，還屈尊警告克洛狄烏斯不要太過分。這個舉動當然有自憐的味道：在龐培的名聲直線下降，一生中首次被人噓時，龐培只有在西塞羅對他的偶像崇拜中，才能找到一點過去美好時光的影子。因急於卸下疑慮和挫折感，他甚至向西塞羅承認，他後悔參與「三巨頭同盟」。西塞羅聽到這個後大感振奮，馬上轉告所有朋友。無可避免地，凱撒聽到了風聲，決定趕走西塞羅。龐培被迫在岳父和朋友之間選邊站，勉強默許了凱撒的做法。在克洛狄烏斯對西塞羅的迫害抵達暴力的巔峰時，龐培只能尷尬地躲進自己的鄉間別墅。西塞羅拒絕相信這個具有暗示性的姿態，還跑到別墅去找他。守門人告訴他，老爺不在家。因龐培沒臉見那位被他出賣的西塞羅，因而從後門溜走了。

西塞羅安然流亡後，龐培再次陷入沉思。推諉躲閃不符他的自我形象，他從東方回來至今，距離解決折磨他的兩難式仍沒有更進一步。他既想得到同僚的敬重和欽佩，又想得到他認為他有資格獲取的無上權威——但二者無法兼得。現在，他做出選擇後，發現只有權力而沒有別人的愛戴，滋味非常苦澀。龐培在被羅馬拋棄後，轉而向妻子尋求慰藉。他迎娶凱撒的女兒朱麗亞（Julia），本是出於最為冷酷的政治動機，但用不了多久，年輕的新娘子就讓他神魂顛倒。朱麗亞也給了他所需要的仰慕與崇拜。夫妻倆如膠似漆，日益常把自己關在鄉間的愛巢。一些國人同胞不習慣這種夫婦感情的強烈展示，開始以下流的言語譏笑他們。公眾對龐培的厭惡開始帶有輕蔑的色彩。

沒有人比克洛狄烏斯對這種氣候意見的轉變更敏感了。他對於別人的虛弱有很好的嗅覺，開始懷疑龐培雖然頭頂光環，並有大批老兵忠心擁護，但其實只是個稻草人——這樣的假設太有誘惑力了，令克洛狄烏斯不禁馬上付諸測試。他知道，要惹火龐培，最好的方法是重新攻擊他的東方安排方案（當初龐培就是因為這個問題，被迫與克拉蘇及凱撒建立要命的聯盟）。當時，亞美尼亞國王之子提格蘭王子還在羅馬當人質，距離他父親把他交給龐培，作為其會規舉行事的保證已過了八年。克洛狄烏斯不只在龐培眼皮底下挾持王子，還落井下石地把他送上一艘開往亞美尼亞的船。當龐培設法捉回人質時，他的人馬遭到攻擊與毒打。政府沒有站在龐培這邊，對他的無能與憤怒看得津津有味。這當然為克洛狄烏斯所樂見。雖然他手下的流氓在街上橫衝直撞，卻發現自己仍得到元老院的支持。

不過，當克洛狄烏斯有機會羞辱某個敵人時，他並不需要許多鼓勵。如同他對西塞羅，如今他也在龐培身上嗅到了血腥味。他的人馬迅速撲了上去。每當鬱鬱寡歡的龐培走進羅馬廣場，都會迎來大合唱般的譏笑。這可不是等閒之事，根據共和國歷史最悠久的法律之一規定，透過吟唱辱罵他人幾近於謀殺。從這個角度來看，克洛狄烏斯是對他發出了死亡威脅。龐培當然會緊張不安。他從未成為被取笑的對象，他對妻子的熱情也特別遭到奚落。克洛狄烏斯會如此地高聲詢問一票手下：「那個性癲狂的將軍叫什麼名字？是誰以一根手指繞頭？」他每問一個問題，就抖抖長袍上的皺褶，作為給手下的一個信號。然後，他的手下就會如同訓練有素的合唱隊齊聲喊出：「龐培！」[27]

「是誰以一根手指繞頭？」對曾經穿得像舞女的男人而言，指控羅馬最偉大的將軍娘娘腔可需要勇氣。更何況在克洛狄烏斯最親密的圈子裡，許多人都是醜聞纏身。與庫里奧有一腿的安東尼換成在克洛狄烏斯深愛的妻子富爾維婭（Fulvia）身邊兜轉，顯然越過朋友的界線。此事很快地讓兩個男人互相威脅要殺死對方。類似的麻煩也發生在另一個女人身上，而克洛狄烏斯對這個女人的感情尤甚於對妻子。話說凱利烏斯在成功告贏海布里達後，從克洛狄烏斯那裡租了一棟位於巴拉丁諾丘的豪華房子。他在那裡認識了克洛狄婭。凱利烏斯機智、英俊而善舞，正是守寡的克洛迪亞喜歡的那類男人。野心勃勃的凱利烏斯當然想和克勞狄氏族攀關係，而喪夫不久的克洛狄婭也顯然需要人安慰。守喪期間的她獨樹一幟之舉就是拋媚眼。羅馬的八卦挖掘者對於這個女人的風流韻事興致永不衰退，而這也是羅馬廣場上的熱門談資。但不管人們對於克洛狄烏斯和他姊姊有什麼閒言閒語，他都有辦法讓他們噤聲。關於他不道德的指責愈甚，只會激起他愈加狂暴的斥責，這種令人忍無可忍的偽善只是徒增樂趣。因此，龐培與其好色繼續受到嘲笑諷刺。

克洛狄烏斯畢竟是克洛狄烏斯，他很想知道能將對龐培的惡整推到哪個地步。八月某一天，當龐培走過羅馬廣場，前往元老院參加一個會議時，聽到卡斯托耳神廟（the temple of Castor）傳來金屬撞擊石頭的聲音。原來是克洛狄烏斯的一個奴隸正故意把一把匕首弄落在地。龐培覺得自己的生命受到威脅，於是馬上從羅馬廣場折返家裡，在大門口築起防禦工事。克洛狄烏斯的人馬尾隨在後，在他家門口安營紮寨。護民官威脅要以對付過西塞羅的方法對他如法炮製：佔領他的府邸，將其夷為平地，並在原地蓋一間自由女神神廟。龐培不像西塞羅，他沒有逃跑，但卻發現自己被困住了，無法前往任何地方。元老院再次不發一語在一旁看好戲，克拉蘇像每個人那樣竊笑（克洛狄烏斯一直小心翼翼，和克拉蘇聯保持極好的關係）。對護民官本人來說，這是個近乎難以置信的勝利時刻，極度令人陶醉。他同時身為貴族的捍衛者與窮人的恩主，看似已經成了羅馬的主人。

然而，他當家作主的時光匆匆而過。克洛狄烏斯透過測試街頭暴力能製造的機會，開闢了一條別人準備效法的道路。他的護民官任期在西元前五十八年十二月結束。在新任的護民官當中，有位龐培陣營的人選：粗暴的米洛（Titus Annius Milo）。米洛受龐培鼓勵，正式起訴克洛狄烏斯使用暴力。但這件官司還沒成案便結案：克洛狄烏斯的哥哥阿庇烏斯是新一年度的司法官，他壓下這個案子，又派人洗劫米洛的家以為報復。但米洛得到龐培無限資源的支持，沒被嚇倒，他知道除非以暴制暴，否則他就會是砧板上任人宰割的肉。米洛開始招兵買馬，但不同於克洛狄烏斯，他並非花錢去貧民區僱人，而是到龐培的莊園招募那些裝備好且訓練有素之人，並買下一些格鬥士以增強實力。自此，克洛狄烏斯對街頭暴力的壟斷宣告結束。前護民官以極大的熱情迎接這個挑戰。街頭暴力天天升級，不久後打鬥的凶猛程度便導致羅馬廣場上的所有政府機構（包括法院）無法運作。一天又一天過去了，羅馬的公共空間都淪為無政府狀態。

過去幾個月形同遭到居家拘禁的龐培，以這種狗急跳牆重建了自己的權威。不過，他還準備讓元老院及街頭完全順服他的意志，讓自大地不可思議的克洛狄烏斯自食其果。為達到這個目標，顯然得向在亞得里亞海另一側翹首而盼的苦命人招手。前一年，龐培拒絕出力幫助西塞羅，而如今他卻在義大利四處旅行，呼籲人們支持讓這個流放者回家。他在鄉村地區及外省城鎮的恩客都被召到羅馬。西元前五十七年整個夏天，他們源源不斷地湧入首都。此時，遠在高盧的凱撒也被說服，勉強同意召回西塞羅。一場在元老院的投票也支持這項決定，比數是四一六票對一票。那不同意的一票肯定是克洛狄烏斯所投。到了八月，人們期待已久的公共投票終於在戰神大校場舉行。克洛狄烏斯想搗亂，但被米洛防阻：他的人馬整天都守護住「羊圈」。西塞羅對於投票結果如此有信心，以致當投票仍在舉行時，他已揚帆航向義大利。他在布林迪西（Brundisium）等待時，收到了召回他的正式通知。接著，他在心愛的女兒圖莉婭（Tullia）陪伴下前進，如同夢想成真。他的支持者在阿庇亞大道夾道歡迎他。群眾在他快到羅馬時湧出城門對他歡呼。無論他走到哪裡，掌聲就到哪裡。「我不只回到了家，還上了天堂。」他說。[28]

西塞羅儘管自負，但仍知曉真正的勝利屬於龐培。相較於過去任何時候，這位起訴人其習以為常的自吹自擂中蒙上了恐懼的氣息。每個羅馬人都會苦於拖欠人情，而如今西塞羅的政治事業同時欠了龐培與凱撒人情債。這就是為什麼，他在元老院除了帶頭讚揚凱撒的征服外，還建議讓龐培負責羅馬全部糧食的供應。這個動議通過了，只有克洛狄烏斯一人反對。他指出這項法案的真正意涵：讓龐培可以麵包收買飢餓的窮人，讓以煽動家打擊者自居的西塞羅可以成為民意代表。這些毫無掩飾的指控與敵意並沒有令其顯得較不真實。西塞羅理所當然地顯得侷促不安。

發生在元老院的這次交鋒，顯見克洛狄烏斯並沒有因為敵人回來而有一點點受罰的感覺。當西塞羅成功說服羅馬的祭司，他在巴拉丁諾丘的豪宅如果重建，將不會得罪自由女神，克洛狄烏斯的反應是直接訴諸恐怖主義。西塞羅的工人在工地被趕走，他弟弟的房子遭縱火，而他本人也在神聖大街受到攻擊。同時，克洛狄烏斯和米洛的街頭戰爭抵達新的暴力巔峰，兩幫人馬的領袖除了相互發出死亡威脅之外，還企圖在法庭上扳倒對方。米洛再次控告克洛狄烏斯使用暴力，克洛狄烏斯也再次透過幕後運作脫身。西元前五十六年二月，他出於偽善的個人標準，以同樣的罪名控告米洛。西塞羅和龐培都已準備好為米洛辯護。看到三個不共戴天的敵人聯手，克洛狄烏斯陷入狂怒。當龐培站起來講話時，羅馬廣場響起一片噓聲與譏笑聲。這時，克洛狄烏斯也在原告席上向黨羽發出暗號。一如往昔地，他站起來並抖抖衣袍，要他的支持者展開暴力行動，很快地，他們向米洛的保鏢吐痰，接著朝他們扔石頭並以拳腳相向。米洛的人馬動手還擊，把克洛狄烏斯揪下演講台。一場全武行就此爆發。大混亂中，審判無疾而終。

龐培也被打了，他一肚子火地回到家裡。他完全清楚，這場混戰的幕後指使者不是克洛狄烏斯。過去三年來，雖然他和克拉蘇坐在同一條船上，但每次遇到狀況，他都會怪罪他的老對手搞鬼。不過，他這次的懷疑卻有根有據。自從西元前五十七年秋天，他當上羅馬的穀物專員後，又再次尋求成為東方的指揮官。克拉蘇也一樣。直到這次混戰以前，兩人考慮到對方可以帶給自己的利益，競爭都在私底下進行，但克洛狄烏斯卻揭開了這一層面紗。他在和一票手下一問一答時詢問他們：「誰想到東方去？」「龐培。」當克洛狄烏斯再問：「我們想讓誰去？」回答聲震耳欲聾地彷彿想讓龐培中風：「克拉蘇。」[29]幾天後，龐培告訴西塞羅，關於克洛狄烏斯的一切，克拉蘇才是法庭混戰的主謀，接著又指出，克拉蘇暗中策劃謀殺他。

這個消息如野火般傳開。「三巨頭同盟」結束了。對每個人來說，至少很多事情都清楚了。若有人對此感到驚訝，他們也只是對這個同盟怎能持續這麼久感到驚訝。如同每個季節都會過去，掌權的大人物也都有下台之時。西元前五十六年春天，共和國似乎全面復甦了。比如：比布盧斯和庫里奧等「三巨頭同盟」的老敵人自冬眠中甦醒，開始伸展四肢，到處活動。在元老院裡，羅馬廣場的混戰被定調為「有違共和國的利益」[30]，是龐培而非克洛狄烏斯被認為應為此事負責。如此對名譽的羞辱讓龐培再次勃然大怒，他也理所當然地大罵克拉蘇，認定是他搞的鬼。儘管這本可讓他稍稍出氣，但他在元老院不受歡迎的程度已明白到令其無法忽視。他所有的野心——獲得同僚讚揚和尊重，再次獲得東方的指揮權——如今顯得只是毫無實現希望的幻想。看來「偉大者」龐培的光榮日子已逝。怒氣沉寂後，他陷入巨大的抑鬱之中。

龐培的失敗氣息如同動物腐屍的氣味，讓元老院的食腐動物振奮無比。他們看見龐培被困淺灘，改為把注意力放在第二頭巨獸上。凱撒的敵人知道，要消滅他，沒有比現在更好的機會了。他們已等了三年，如今他們其中之一就要動手了。

多米提烏斯（Lucius Domitius Ahenobarbus）一向行事魯莽，讓人分不清他是過分自大或愚蠢。他富有得要命，而且教養好得要命，被西塞羅形容為天生就是要當執政官。西元前五十六年春天，多米提烏斯準備要行使這份天生權利了。因為他是加圖的妹夫，又是龐培的世仇（龐培在內戰時曾處死他的兄弟），他會對誰忠誠，就不言而喻了。他宣布競選執政官時曾公開表示，若勝選的話，他將解除凱撒的兵權，並建議他來擔任代替人選。「山外高盧」為他祖父征服，所以他認為自己有權繼承。在他的背後，則有建制派的大力支持。解決了龐培之後，現在輪到凱撒。任何野心太大的潛在暴君難道不都該注定滅亡嗎？

共和國四百五十年歷史的回答是：「當然。」傳統比任何「三巨頭同盟」更加強大有力。一個人滑倒了，其他人會接替他。一直以來都是如此。如同龐培、凱撒和他們後繼者的式微。不管發生什麼事，共和國將永遠存在。

至少每個人都如此假設。

THE WINGS OF ICARUS

第九章 伊卡洛斯的翅膀

CHAPTER 9

克拉蘇丟掉腦袋

「三巨頭同盟」破局後，其他處於食物鏈較低層的人展開了激烈鬥爭。四月初，凱利烏斯被人告上法庭。他色雜斑駁的過去禁不起仔細檢視。當然，要羅列出他的許多惡行與罪名並不難（其中最駭人的一項，包括：攻擊一個使節團並殺死其領袖）。不過，給凱利烏斯的官司添上醜聞色彩的卻是另一項指控：他企圖毒死情婦克洛狄婭。兩人顯然沒有相親相愛。

原告隻字未提這件事，因為牽涉的細節肯定對凱利烏斯和克洛狄婭構成損害，所以他們算準了，辯方一定也不會提這件事。但他們忽略了西塞羅。雖然他和凱利烏斯這個前門人的關係很牢固，然而他卻不願錯過對克洛狄婭發起正面攻擊的大好機會。西塞羅不僅沒有遮蓋其事，反而把整件事件當成辯護主軸。他是這樣說的：「假定有一名失去丈夫的女人對所有需要釋放性慾的男人敞開家門，公然過著妓女的生活，又假定她從不拒絕參加陌生人主辦的派對，也不錯過羅馬或巴亞的任何狂歡場合，那麼，若像是凱利烏斯這樣的年輕男人把上她，又有什麼可恥的呢？」[1]當然不可恥！克洛狄婭不過是個街頭妓女，人人可把。陪審團聽到羅馬的時尚女王被人這樣大揭瘡疤，都大感震驚又過癮。他們沒有察覺的是，西塞羅藉著猛烈攻擊原告的姊姊，悄悄轉移了對他當事人真正危險的指控，將其淡化為一些微不足道之事。這個辯護策略非常成功，凱利烏斯獲判無罪。西塞羅心滿意足地達成了這次詆毀工作。

西塞羅的表演如此精彩，以致完全掩蓋了凱利烏斯另一個保護人發表的演講。不過，克拉蘇對此並不以為意。他從來不以辯才聞名，也不需要辯才。由於他對凱利烏斯的未來投注了許多資金，他才會出面解救這名年輕人。這個目標達成了，而且政治代價低廉。他固然參與了攻擊克洛狄婭之事，而克洛狄烏斯對保護家人聲譽之事一向不遺餘力，但克洛狄烏斯應該懂得分寸，不會對克拉蘇發作。克拉蘇的手法陰險狡詐，擅於幕後操作而非公開威脅，他一直是羅馬最可怕的人物。現在，到了西元前五十六年春天，他已準備好證明自己有多可怕。甚至他在為凱利烏斯辯護時也心不在焉。他正在策畫一項政治大計。

上個月，克拉蘇去了一趟拉文納（Ravenna）。這個城鎮位於凱撒的高盧行省，離義大利邊界不遠。兩個權力掮客在那裡等著他，一為凱撒本人，另一人是克洛狄烏斯高傲的大哥阿庇烏斯。三人密會之後，克拉蘇返回羅馬，凱撒則帶著阿庇烏斯往西而去。四月中，兩人到了邊界城市盧卡（Lucca），龐培也從羅馬趕來，於是有了第二次密會。儘管達成什麼協議，外人不得而知，但消息很快就傳開了，說有兩百名元老陪伴龐培赴會。在盧卡街頭，人們至少看到一百支「法西斯」。他們都是想往上爬的元老，鼻孔嗅到了權力的氣息。對他們那些留在羅馬且更講原則的同事來說，這個現象傳遞著不祥的訊息。權威似乎再度從元老院溜走了。難道「三巨頭同盟」還沒壽終正寢？

龐培和克拉蘇展開第二次結盟，看來很不可思議。他們能達到怎樣的緊密程度呢？凱撒又在這宗交易裡扮演什麼角色？這一次他要的是什麼？其中第一個找出答案的人是西塞羅。他歷經流放生活的懲罰後，不再幻想自己能對抗三巨頭的聯手。他對付得了克洛狄烏斯和克洛狄婭，但對付不了那些「資源、軍力和權力比他優勝無限倍之人。」[2]當龐培靠向他的時候，他投降了。西塞羅脆弱而神經質，既雄辯滔滔又受人尊敬，是極好的工具人。一些工作直接派到了他頭上。那年夏天，他不得不在元老院提議，多米尼烏斯一直覬覦的高盧行省仍歸凱撒管轄。西塞羅的這種大轉彎讓多米尼烏斯（Domitius Ahenobarbus）大吃一驚，氣得暴跳如雷。西塞羅在想什麼？他為何要主張一些自己當年譴責之事？他還要不要臉？私底下，這些問題讓西塞羅很難過，痛恨自己被人利用。不過，他在公開場合卻強詞奪理，表示改變立場才符合政治家的本色。「在共和國裡，立場僵化和不知變通從不被認為是一大美德。」他說。與其說他見風轉舵，倒不如說他「與時俱進」。[3]

沒人太相信這件事——西塞羅自己尤其如此。肇因於自我厭惡，他變得情緒脆弱。為了振奮精神，他縱容自己對克洛狄烏斯報仇。在卡比托利歐丘，那塊慶祝他流亡的青銅碑板仍公開展示。西塞羅在米洛陪伴下取下碑板，藏在自己家中。[4]克洛狄烏斯不但有膽譴責他的行為不符憲法，還在巴拉丁諾丘設立看板，明列一長串西塞羅的罪名。所以，在共和國不斷改變的政治風貌中，有些事還是不會改變。

不管兩人的纏鬥有多激烈，他們會發現，除了仇恨之外，還有些別的東西把他們繫在一起。先前阿庇烏斯認為，該是輪到他當執政官了：正是為了這件事，他才會到拉文納和盧卡與三巨頭會面。三巨頭力挺他競選西元前五十四年的執政官，而他和弟弟則答應全力支持「三巨頭同盟」，以做為回報。對遭到克洛狄烏斯羞辱兩年的龐培來說，這個承諾格外珍貴。因自此以後，克洛狄烏斯獨一無二的煽動才華將任由三巨頭使用。如同西塞羅被用作維護凱撒利益的工具，克洛狄烏斯也被用為服務龐培和克拉蘇利益的工具人，透過他將命令傳達給他的護民官及流氓頭子的網絡。當西元前五十五年執政官的選舉日益逼近，他發動了一場恐嚇戰，目的是讓選舉延期。如同克洛狄烏斯介入的任何實情，暴力迅速升級。一批元老企圖堵住元老院大門，不讓克洛狄烏斯進入。他的支持者威脅要放火燒掉元老院。同時，三巨頭的恩客不斷湧入羅馬，其中包括大批凱撒的老兵，他們得以離開高盧，展開特別休假。元老們遭到激怒後披上喪服，可怕的懷疑佔據了他們的心思。最後，那個在羅馬被私下傳播數月的問題終於被拿上檯面詢問龐培和克拉蘇：他們計劃參加西元前五十五年的執政官選舉嗎？克拉蘇仍是一貫的滑頭作風，他回答說，自己只打算做對共和國最有利的事。但龐培在人們的不斷追問下，不小心說出了真相。如今，那個讓他們結束敵對的利益瓜分方案大白於世。

反對的聲音來得又快又猛。令兩位候選人大吃一驚。當初他們推遲選舉，是為了讓凱撒的老兵來得及到羅馬投票，但現在他們擔心，即使有老兵助陣，他們一樣贏不了選舉。於是，與他們競爭的候選人家中，紛紛有不速之客在深夜上門。歷經一番暴力展示後，只剩多米提烏斯拒絕退出選舉。現在已是一月。西元前五十五年的頭幾週，共和國完全沒有執政官，選舉不能再拖延下去了。在投票開始前數小時的深夜，多米提烏斯和加圖想在戰神大校場佔據一塊地方，然而，一夥武裝暴徒殺了為他們舉火把的人，並打傷加圖，驅散了他們。隔天，龐培和克拉蘇聯手二度當選執政官。即使到了這時，他們還沒結束對選舉的操縱。加圖當選司法官後，龐培宣布選舉無效。他們還不知羞恥地在支持者之間分配市政官職位，如此做法在戰神大校場上引發了新的暴力衝突。這次，龐培身陷打鬥最激烈的地方，長袍上濺滿了鮮血。

染血的衣服被送回家，當時他懷孕的妻子正在家裡焦急等候消息。朱麗亞一見血衣便昏了過去，胎兒也沒了。人們相信，因為龐培身上沾滿國人同胞的鮮血，朱麗亞才會流產。諸神藉此徵兆展示他們的裁決。共和國流產了，西塞羅在寫給阿提庫斯的信中調侃說，三巨頭的筆記本想必寫滿了「未來的選舉結果」。[5]在龐培和克拉蘇的同僚看來，他們的罪行如此赤裸，到了近乎褻瀆神明的地步。於此之前的西元前五十九年，他們利用凱撒為代理人。現在，他們更直接玷汙神聖的執政官之職。目的何在？他們還嫌自己得過的榮耀不夠多嗎？為什麼只是為了二度當選執政官，便採取那麼無法無天的暴力手段？

答案在不久後揭曉，甚至連當事人都感到難為情。當一個聽話的護民官提出一個法案，建議兩人卸任後，分別統領敘利亞和西班牙各五年時，他們都裝出滿臉驚訝的模樣。不過沒人蠢到會相信他們。愈仔細審視法案的條款，便愈令人感到沮喪。兩位未來的代執政官都有權招募軍隊，不必徵詢元老院或人民，便有權宣戰或媾和。另一項法案給了凱撒相同的特權，除了確認他目前的任期外，又多給他五年任期。現在，三巨頭直接控制了二十個軍團和羅馬最關鍵的省份。在羅馬，常有人被指控為專制，但這種說法從沒像這次顯得這麼有道理。

從最早期起，羅馬共和國就擔心也許會被自己的理念所害。西塞羅曾言：「令人困擾的是，正是那些最優秀的人們最容易受貪婪的慾望攫住，沒完沒了地追求行政官官職與軍事指揮權，追求權力與榮耀。」[6]這是一種歷史悠久的智慧。羅馬人總是意識到，最傑出的公民有時也會是危險的泉源。這解釋了幾世紀以來，羅馬為何發展出那麼多對野心的限制。法律與風俗、先例與神話構成了共和國的骨架。沒有公民在行為時可當它們不存在，膽敢藐視者會自招滅亡和恥辱。龐培和克拉蘇都是道地的羅馬人，打從骨子裡明白這個道理。雖然龐培征服了陸地和海洋，但他卻渴盼從像加圖這樣的人那裡獲得尊敬。這也是為什麼克拉蘇雖為羅馬最讓人害怕的人物，卻選擇隱藏權力。然而，他們的顧忌現已無法再約束他們。別的不說，為了二度贏得執政官選舉，龐培差點把加圖給殺了。在一次關於任命代執政官的辯論中，克拉蘇也老羞成怒，一拳揍在一名元老的臉上。

事實上，人們都注意到，西元前五十五年的夏天，原本謹慎低調的克拉蘇變得非常張揚。他現在很健談，也喜歡說大話。他在統領敘利亞的任命確定後，便滔滔不絕地談著這件事。就算他並非已年過六旬，如此舉動仍被認為不得體。人們開始在背後取笑他，而以前從未發生這樣的事。他不受歡迎的事情愈昭著，邪惡與神祕感就愈褪色。他發現自己走在路上會被暴民推擠，有時還得改道並要求龐培保護。羅馬人民以這種方式懲罰他背叛共和國之舉。當他最終要出發前往外省就任時，沒有任何歡送的場面。「他真是個大壞蛋！」[7]西塞羅驚嘆說，並對他離開羅馬時的寒酸相幸災樂禍。不過，沒人歡送還不是最糟的。當這位代執政官離開城門、即將前往阿庇亞大道時，他看見有個護民官在路邊等著他。早前，護民官曾試圖逮捕克拉蘇，但被他輕鬆擋開。現在，護民官站在一個火盆旁。陣陣香煙自火盆升起，飄過古代英雄的墳墓，為冬天的微風染上香氣。護民官看到克拉蘇之後，便開始吟誦。他吟誦的文字很古奧，幾乎難以索解，但用意再清楚不過：他在詛咒克拉蘇。

克拉蘇在吟誦聲的陪伴下離開羅馬，向東而去。護民官提醒克拉蘇，他為了得到代執政官之職付出了多大的代價。他以前最寶貝的東西——威望——已經四分五裂。無怪他在執政官任內常神經緊張，那並非衰老的表徵。在克拉蘇心靈的帳本中，支出和收益仍以一種張狂之法保持平衡。只有一件無比珍貴的獎品能說服他犧牲在共和國的聲譽。僅僅一個敘利亞還不夠，只有全世界的財富夠資格交換克拉蘇的好名聲。

過去，他曾取笑這類狂想。當年，龐貝接受第三次最為浮誇的凱旋式表揚時，隊伍中尾隨著一輛代表世界的彩車。但他太尊重羅馬的傳統，不敢太投入地扮演亞歷山大大帝。克拉蘇理解這種心理，當初也覺得自己沒必要扮演世界的征服者。不過，凱撒後來卻演起了這個角色，並在短短兩年內就贏得匹敵龐培的財富。總在打算盤的克拉蘇很快明白了箇中意涵。於是他去了拉文納，與龐培、凱撒達成協議，策劃了野蠻的選舉行動。驅動他的既是貪婪與恐懼的混合，也是貪欲蔓延後，害怕落於人後的心理。他大概比他的兩個犯罪搭檔更清晰地窺見一種未定的新秩序。在這種新秩序中，少數極傑出者（也許是兩個人，但克拉蘇希望是三個）將獲得一種國人同胞前所未見的權力，連羅馬本身的光芒都將被掩蓋在他們的陰影下。畢竟，共和國是世界的主宰，若有人大膽控制了它，隨自己喜歡調動其資源，他還有侷限性嗎？大概只有天空會是他的界線。

西元前五十四年春天，克拉蘇抵達他的敘利亞新行省後，隨即繼續向其東部邊界推進。在幼發拉底河另一側平坦的沙漠上，一條大道延伸至天邊看不見終點之處。但克拉蘇知道它通向哪裡。他瞇起眼睛，看著旭日東升，並想像著看到了香料、瑪瑙、紅玉髓和珍珠。關於東方的財富，許多匪夷所思的說法流傳下來。據說波斯有座全由黃金構成的山；據說整個印度受到一道象牙建築的高牆保護；[8]據說在中國這塊絲國人（Seres）的土地上，絲綢由比甲蟲大一倍的生物織成。當然，有頭腦的人不會相信這些誇大的傳說，但它們仍道出了一個無可懷疑的事實：能讓自己當上東方主人的代執政官將富有無雙。無怪克拉蘇會盯上東方，並做起美夢。

當然，他若想把羅馬的軍旗插在外洋（Outer Ocean）的海岸，就必須先對付家門口的蠻族。幼發拉底河另一側是安息王國（Kingdom of Parthia）。羅馬人對它所知不多，只知道那裡的土著像所有東方人一樣，既娘娘腔又狡詐。盧庫勒斯和龐培都與安息人簽過和約——克拉蘇對此不便的事實，並無半點尊重的打算。因此西元前五十四年夏天，他率兵越過幼發拉底河，攻佔了一批邊境城鎮。安息人憤怒地要求他撤退，但遭到拒絕。克拉蘇發動戰爭後，按兵不動地靜待時機。他當上總督的第一年，都把時間花在有利可圖的洗劫上。耶路撒冷的聖殿和許多其他地方被劫掠一空，「收穫的財寶日復一日愈堆愈高。」[9]克拉蘇仔細計算過，要招募到足夠為他野心服務：七個軍團的軍力，共四千輕步兵與同等數量的騎兵。一千名高盧人給騎兵部隊增添了異國情調，他們的指揮官是克拉蘇最小的兒子帕布琉斯——他曾在凱撒麾下建功立業，如今又準備在父親麾下再次發威。西元前五十三年春天，一切準備就緒後，克拉蘇再次率軍橫渡幼發拉底河。大冒險啟程了。

起初，空空蕩蕩的大地看似嘲笑著克拉蘇準備的部隊規模。軍隊前頭，除蒸騰的熱氣外，什麼都沒有。然後過了許久後，終於發現了馬蹄印，看來是一支很大的騎兵分遣隊留下。足跡後來離開大路，消失在沙漠中。克拉蘇決定追擊。不久後，他的軍團就去到一個荒涼的平原，舉目沒有一條溪流、一片草地，只有滾燙的沙丘。羅馬人猶豫了，克拉蘇最能幹的副手——一位名叫卡西烏斯（Cassius Longinus）的司法官勸告主帥掉頭，但在政治領域擅長戰略性撤退的克拉蘇拒絕聽從。軍團繼續前進。接著，探子報來了主帥一直希望聽到的消息。安息人就在附近，而且不只一隊騎兵，而是一支大軍。克拉蘇急於消滅敵人，下令軍隊進攻。現在，他們處於一片酷熱多沙的平原中央，疲備的騎兵一身沙塵地排在前頭，軍團士兵併攏盾牌。這時，安息人（Parthians）脫去了長袍，他們與坐騎穿著的耀眼鎧甲顯而易見。同時，平原四周傳來了可怕的鼓聲和鈴聲，「像猛獸的吼叫，中間又夾雜著霹靂般的巨響。」[10]在羅馬人看來，這些聲音彷彿不是真的，而是熱昏後的幻覺。他們感到害怕。

接下來漫長的一整天，就像一個揮之不去的惡夢。安息人避免正面交鋒，像海市蜃樓般閃躲於沙丘之間，但退卻時卻把鐵頭箭射向揮汗如雨、快被烤乾了的軍團士兵。帕布琉斯帶領他的高盧人部隊追擊，但卻遭到敵人重騎兵包圍，並被完全殲滅。帕布琉斯被斬首，一個安息騎兵以長矛挑著他的頭，疾馳過羅馬人的陣列，高聲侮辱克拉蘇。到了這時，羅馬軍團被包圍了。安息人的箭雨整天不停地向他們落下，但他們也頑強地抵抗一整天。黃昏降臨後，克拉蘇疲憊不堪的殘餘部隊開始撤退，他們要退往最近的城市卡雷（Carrhae）。在那裡，少數倖存者在卡西烏斯的機智指揮下，退回到共和國的邊界內。在他們身後，兩萬同袍戰死沙場，十萬多人成為戰俘。七個軍團消失了。自坎尼（Cannae）之戰以來，羅馬軍隊沒遭遇過這麼慘重的失敗。

克拉蘇目瞪口呆之餘，希望全然破滅，並被安息人誘去談判。他一生騙過許多人，這次則輪到他中了圈套。他在一陣混戰中被砍倒，死亡讓他免於羞辱的折磨。安息人失去了獵物，便在戰俘中找個人假扮克拉蘇。他們給他穿上女人的衣服，讓他模仿接受凱旋式表揚的樣子遊街，並尾隨一群嘲笑他的妓女。他的扈從官的「法西斯」上裝飾著錢袋，斧頭上掛著軍團士兵的腦袋。顯然地，安息人對羅馬人軍事傳統的了解遠勝於羅馬人對他們的了解。

同時，克拉蘇的首級被送到安息國王的皇宮。首級送達時，著名演員傑森（Jason of Tralles）正演出歐里庇得斯（Euripides）著名悲劇《酒神的女祭司們》（*The Bacchae*）裡的一幕。出於令人毛骨悚然的巧合，這場戲也包含一個被砍下的頭顱。傑森具備專業演員的急智，他上前抓住血淋淋的戰利品，將它抱在懷中，唱了一段即興的獨白。不足為奇地，這個以克拉蘇為道具的表演贏得了滿堂喝彩。對一個目標如此之高、卻摔得如此之慘的人來說，很難有比這個更加恰如其分的結局了。

勇敢攀爬明星

羅馬人相信，他們是世界上最正直的人。若非如此，要怎麼解釋他們擁有幅員如此廣大的帝國？但他們也知道，共和國的強大潛藏著危險。濫用這種強大會招致神怒。所以，羅馬人急於反駁他們霸凌別人的指控，堅稱自己是出於自衛而贏得一個帝國。對那些遭軍團掃蕩的民族來說，這種說法十分可笑，但羅馬人照樣深信不疑。所以，反對克拉蘇入侵安息的聲音異常激烈。所有人都知道，這件事的動機除了貪婪之外別無其他。諸神也明白這點，否則卡雷的黃沙不會沾滿羅馬人的鮮血。

話雖如此，克拉蘇不是唯一一個夢想把羅馬霸權推到世界盡頭的人。共和國的心緒正在發生改變。併吞寰宇的夢想甚囂塵上。從硬幣圖案到凱旋式彩車，環宇的形象處處可見。對帝國的傳統疑慮迅速消退。看來羅馬承擔海外使命的時刻已經到來。就連元老院最保守的分子也開始接受這一點。早在西元前五十八年時，加圖曾奉派前往賽普勒斯島，他的任務就是兼併它。起初他強烈反對兼併政策，部分是因為這項政策是克洛狄烏斯建議——他想以賽普勒斯的稅收資助他的免費穀物政策。但狡猾的克洛狄烏斯又建議，應由他最正直的對手前往管理羅馬的新領土，元老院又對此表示熱烈贊成。這樣一來，加圖才覺得自己有責任前往。他到達賽普勒斯（Cyprus）之後，以一貫的審慎態度執行任務。賽普勒斯人得到了和平與一個好政府，羅馬人則得到原來統治者的財富。加圖返回羅馬時，船上裝滿了銀幣和帳冊。帳冊記載著每一筆收支的明細，將加圖的誠實表露無遺，元老院看了非常高興，授與他穿上紫邊長袍的特權——加圖對此浮誇則堅決拒絕。

不過，他仍很為自己在賽普勒斯的成就感到驕傲——他不只讓共和國得利，還讓賽普勒斯人得利。他認為有一點不證自明：相較於賽普勒斯原先的無政府狀態，正直羅馬管理者的統治不知強了多少倍。元老院最固執的傳統主義者設法調和羅馬的古老美德與其在世界的新角色。當然，這始終為希臘知識分子所推動（加圖相當了解這點，因他對哲學深感興趣，始終以一貫的認真態度鑽研希臘哲學）。例如，羅馬人至愛的精神領袖波希多尼一直主張，羅馬的屬民應歡迎羅馬的征服，因這有助於締造一個人類的共同體。現在，羅馬人自己也訴諸一樣的論證。一些幾十年前，仍不可想像的假設如今變得稀鬆平常。鍾情帝國的人們力主羅馬正擔負一項開化的使命：因羅馬的價值觀與制度明顯優於蠻族，所以有責任將其發揚光大。只有整個寰宇都落入羅馬統治之後，才有可能世界大同。道德不僅追上了帝國擴張的腳步，而且還想要更多。

在這件事情上，征服遙遠、陌生土地帶給羅馬的五光十色與黃金顯然有幫助。在整個西元前六十年代，這類快樂都與龐培的名字連在一起。如今在西元前五十年代，羅馬人拜凱撒所賜，有機會再次享受這些歡樂。甚至在高盧最陰暗的地區，凱撒這位代執政官也沒忘記他在羅馬的觀眾，因而以慷慨的方式提醒他們注意他。他總喜歡花錢在別人身上（這是他得人愛的原因之一），現在他總算是花自己的錢了。來自高盧的財富源源不斷流入南方。凱撒對每個人都很慷慨，包括對朋友、任何他認為對他有用的人和整個羅馬。大肆擴建羅馬廣場的計畫正在籌備中，這讓凱撒的名字不斷地掛在每個人的嘴巴上。但他除了想以大理石討好國人同胞，還想娛樂他們，以其戰功讓他們心嚮神馳。所以他把戰爭經過寫成傑作，並向首都發送，讀到此作的羅馬人無不感到興奮與自豪。凱撒知道怎樣才能讓國人同胞自我感覺良好。一如往常，他在演一齣戲——舞台是整個廣大的高盧。

當然，在西元前五十六年三月，要不是他的急智和手腕，凱撒也許會把高盧輸給多米提烏斯。逼近的危險逼他快速行動。凱撒建議，克拉蘇和龐培分別到拉文納和盧卡與他會面。他並不特別嫉妒「三巨頭同盟」之另外兩巨頭的野心。他只關心自己能否在高盧多待五年，至於克拉蘇和龐培想要什麼都無關緊要。

當拉文納和盧卡的會晤確保了他的目標後，凱撒發現不列顛亟需他的幫助。先前有個軍團被派駐那裡過冬，後來隨著食物儲備減少，司令官不得不派出隊伍四處徵糧。他們因闖入當地部落威尼斯人的地盤，導致一些軍需官被綁架。秋天，威尼斯人曾被迫向羅馬人繳交人質，此時則想拿他們的俘虜為交換。這種要求在他們自己看來合情合理，卻透露出他們對敵人致命的誤解。天真的威尼斯人以為，羅馬人會遵守部落戰爭的規則，包括打了就跑的搶劫和伏擊、針鋒相對地抓捕人質等。但在羅馬人眼中，這類戰術是恐怖主義，有必要加以懲戒。凱撒準備好要給威尼斯人一頓慘痛教訓了。因為威尼斯人擅長水戰，凱撒命令能幹的軍官布魯圖（Decimus Brutus）打造一支艦隊，然後出其不意地突襲威尼斯人的船隻，並將其消滅。威尼斯人別無選擇，只得投降。他們的長老們被處死，其他人則被賣作奴隸。凱撒一向以寬大自豪，但這次卻決定「殺雞儆猴，好讓蠻族知道要更尊重使節的權利。」[11]——他所說的「使節」顯然是他的軍需官。這種「雙言巧語」暴露出他的真正目的。高盧人必須認清一個新的現實：從現在起，制定遊戲規則的是凱撒。部落鬥爭和反抗的時代都過去了。高盧必須保持和平——一種由羅馬監視與維護的和平。

對威尼斯人的殘忍懲罰起了預期的作用。那年冬天，整個高盧處於一種鬱鬱不樂的服從心緒。大多數部落都沒和羅馬人交手過，但傳言已充分發揮作用：如今眾所周知的是，羅馬人不管在什麼地方戰鬥，都所向無敵。不過，這個傳言看來沒有能深入濃密的日耳曼森林。西元前五十五年春天，兩個日耳曼部落不知死活地渡過萊茵河，進入高盧。這時，凱撒已對搗亂的土著失去耐性。入侵者迅速被殲滅。接著，凱撒為了給萊茵河彼岸的部落一個明確無誤的警告，他親自渡河。他不是坐船過河（他認為這種交通方式「有損他的尊嚴」[12]），而是走過一條他特別建造的橋。不管建橋所用的高超技術或軍團過橋時的嚴整軍紀，羅馬的實力都藉此表露無遺。日耳曼人在萊茵河彼岸只看了騰起於急流中的木構大怪物幾眼，就退回到森林中。日耳曼森林是許多傳說的主題，據說有怪物出沒其中，而且無比廣大，走兩個月都走不完。凱撒不打算驗證這些傳說。他任由日耳曼人躲起來，並燒了他們的村莊和莊稼，然後過橋返回高盧。至於那條費力費神建造的橋，他下令士兵將它拆了。

凱撒總對壯觀的破壞行動抱持強烈興趣。不說別的，十年前他才拆掉自己的新別墅，讓自己成為羅馬的談資。這位鐵血將軍在身為浪蕩公子時雅好的刺激與大動作，如今融入了他身為代執政官的策略。一如往常，他追求目眩神迷。建造與拆除跨越萊茵河的大橋只讓他尋求更壯觀刺激的胃口變得更大。所以凱撒一回高盧，便帶著軍團向北進擊，前往英倫海峽海岸。

帶有傳奇色彩的不列顛島被冰冷的海水包圍著，多雨多霧、極其神祕。羅馬人甚至不確定它是否存在。即使商旅（凱撒通常的情報來源）也只能提供一鱗半爪的資訊。他們不願在不列顛島四處走，並不讓人感到奇怪。眾所周知的是，住在不列顛愈北的部落愈野蠻，他們奉行許多令人髮指的習俗，比如吃人肉和喝奶。為了讓他們懂得尊重共和國，必需使出洪荒之力。對凱撒來說（他從不讓任何人忘記，他的家世可追溯至特洛伊戰爭），這是個他所抗拒不了的誘惑。

他在寫給元老院的報告中，把當地土著曾幫助過威尼斯人用來合理化攻擊不列顛的理由，而且該區蘊含豐富的銀礦與錫蘭。這種說法不是很有說服力，因為如果這兩個動機在凱撒心裡那麼重要，他就應該準備在島上留一整季。直到七月羅馬艦隊才出航，而那名副其實地是一趟回到過去的旅程。在肯特（Kent）峭壁上等待入侵者的，是一幅直接自傳說走出的場景：蠻族戰士就像赫克托（Hector）和阿基里斯（Achilles）曾在特洛伊平原上那樣，坐著戰車全速奔馳。不列顛人蓄著古怪鬍鬚並把臉塗成藍色，則讓這一幕更添異國情調。軍團士兵看了大吃一驚，因而在小艇上呆若木雞。最後，一名勇敢的掌旗官緊抓軍旗，獨自跳入波浪中，向著海岸走去。他的同袍們深感羞愧地追趕上去。一陣混戰後，羅馬人建立了灘頭堡。隨後更多戰鬥發生了，羅馬人燒了村莊並捉了戰俘。隨著天氣變壞，凱撒集合人馬返航高盧。

雖然未能取得什麼具體成就，但一支羅馬軍隊渡過萊茵河和海洋的消息仍轟動了羅馬。沒錯，少數頑固的掃興鬼，譬如加圖就指出，凱撒的行為愈來愈過分，指控他犯了戰爭罪，但大多數公民卻懶得理會。即使沒有戰利品，也不會減低大眾的興奮情緒。西塞羅在幾個月後也指出：「現在明明白白的是，整個不列顛沒有一盎司的銀，除了奴隸之外沒什麼好搶。不過，就算有奴隸好搶，難道你能指望在不列顛找到一個懂音樂或文學的奴隸嗎？」[13]但他不屑的口氣騙不了人。西塞羅和所有人一樣興奮。當羅馬軍團在西元前五十四年夏天第二次越過英倫海峽時，他以極大的興趣追蹤事態發展。每個人都一樣：整個羅馬都等待著最新的消息到來。凱撒對不列顛的遠征曾被適切地比作人類登陸月球：「一篇超乎想像的史詩，一個同時是科技與直接出自探險史的壯舉。」[14]少有人會懷疑，整個不列顛很快就會臣服於共和國的無上權威。只有加圖對這種戰爭狂熱免疫。他搖搖頭，陰鬱地警告人們，小心諸神發怒。

凱撒確實走得太快也太遠。當他渡過泰晤士河，尋找跑得無影無蹤的不列顛人時，他收到了不祥的消息：高盧莊稼歉收，土著蠢蠢欲動，凱撒有必要馬上親自回去一趟。英倫海峽曾颳起一場強烈風暴，現在軍團將士都誠惶誠恐，擔心另一場風暴會摧毀他們的艦隊，讓他們得待在島上過冬。凱撒決定停損。他為了挽回面子，和一名部落酋長簽訂條約。抵達世界盡頭的夢想需暫時擱置。現在，不只對不列顛的征服，還有高盧的未來也變得不確定。

那年冬天和隔年夏天，不同部落起義了，反叛之火在各處孤立地燃起。一個軍團要塞遭到攻擊，近七千人被消滅。另一個要塞被包圍，靠著凱撒在緊急關頭馳援才得以解圍。這位代執政官因擔心叛亂的火焰擴散開來，他四處奔走以踩熄火星。有時，他會把救火工作留給高盧人自己來做，並把叛亂部落交給他們的鄰居任意洗劫。這種分而治之的政策仍然奏效。西元前五十三年的夏天過後，全面性的反叛仍然沒有發生，凱撒開始鬆了一口氣。前一年他被迫作戰整個冬天，現在則不用了。他待在拉文納，準備結束總督任期，衣錦還鄉回羅馬。面對擔心行省局勢的國人同胞，凱撒再次宣布，高盧已經平定。

西元前五十二年一月，雪下個不停，各山口處的積雪特別深厚。凱撒的軍團駐紮在遙遠的北部，與他們的將軍斷了聯繫。惡劣的天氣還不是他們面對最嚴重的問題。儘管大雪紛飛，高盧人完全能夠互相聯繫。軍事聯盟在海拔較低的地區迅速形成。在高盧的北部和中部，大批部落似乎為了對抗共同的敵人而捐棄嫌隙，達成協議。這個聯盟的推手與無可爭辯的領袖是一位相貌堂堂、名叫維欽托利（Vercingetorix）的貴族。「他身為指揮官，對紀律和細節表現出最大的關注，因他決心把搖擺不定者打造為堅強的戰士。」[15]這是連凱撒都會尊敬的品質，因那是一種羅馬人的品質。維欽托利痛恨羅馬人，但辛勤研究過他們，決心掌握他們成功的祕訣。當他命令每個部落都交給他一定名額的部隊時，他是在模仿羅馬管理人員與稅吏之令遍及整個高盧甚至更遠之處的方法。世界正在縮小。不管打贏或打輸，高盧人都不可能改變這一點。他們的新聯盟既出於絕望的抗爭，也是羅馬大肆擴張的結果。是凱撒教會了高盧人，何謂一個民族。現在，這個成就威脅著要反噬他。

至少表面上看似如此。事實上，六年來凱撒竭力防止高盧部落聯盟的出現，但現在的聯盟卻給了他一個誘人的機會：一個一次粉碎所有抵抗的機會。就像他一向喜歡的那樣，凱撒直奔最危險之處。眼見維欽托利的軍隊集結在邊境，威脅著老共和國對阿爾卑斯山脈另一側所有高盧地區的統治，凱撒向著起義的中心全速前進。他在身邊僅有少量隨從的情況下，得翻過積雪深達兩公尺的山口，穿越大片敵人控制的地區。他的大膽獲得了回報，成功與軍團會合。不過，現在他和義大利的聯繫一樣被切斷了。羅馬人正在挨餓，因維欽托利說服盟國友，寧可燒掉糧草也別讓敵人奪取糧草。凱撒為獲得糧食，攻下了一座城池，但在攻打另一座時被擊退。這是他六年代執政官生涯中，首次在正面戰鬥中失敗。這個消息鼓舞了更多部落投入維欽托利的懷抱。凱撒有些副手開始感到絕望：他們建議主帥，設法撤退到安全地區，以保住那些能保住的，然後放棄高盧。

但凱撒拒絕了。「這樣做太丟臉，也太屈辱了。」[16]——也因此難以想像。不管多擔心多疲憊，他的外表仍一如既往地自信。凱撒的精力兼具妖魔和雄渾的成分。勇敢、不屈不撓、追求成為最棒的——他的精神是共和國最有鼓舞且最致命的精神。無怪他的部下會崇拜他，因為他們也是羅馬人，對於能和他們的將軍一起冒險而備感榮幸。他們在多年戰爭中久經磨練，面對現在的危險處境並不感到恐慌。他們仍然堅信凱撒和自己會戰無不勝。

當不這麼想的維欽托利企圖消滅他們時，凱撒的部隊重創了他的騎兵，逼他們撤退。維欽托利決定等待增援，他率部退到阿萊西亞（Alesia）——一個位於今日第戎（Dijon）以北的要塞，城牆極其堅固，以前從未被攻破過。不曾被先例嚇到的凱撒立即展開包圍。一道巨大的土木工事建了起來，幾乎長達十五英里，將維欽托利和他的人馬圍困在城中。阿萊西亞有三十日的存糧，但三十日過後，它仍被牢牢包圍。高盧人開始挨餓。維欽托利決心不惜任何代價要讓戰士保持體力，於是採取了冷酷無情的做法，把所有不能作戰的人驅逐出城——婦幼、老人和病人無一倖免。但凱撒拒絕讓他們通過，就連求他把他們納為奴隸也不答應。為了讓維欽托利感到羞慚，凱撒把難民留在開闊的空地上，看著他們以草果腹，慢慢地病死或冷死。

最終，凱撒早準備好應付的事情發生了。二十萬高盧人趕來解救他們的領袖。凱撒馬上下令，構築另一道土木工事，這次方向朝外。高盧戰士在一波又一波的吶喊聲中衝擊防禦工事。一整天下來，羅馬人堅守陣地。夜幕降臨後，戰鬥停息，但考驗還沒結束。高盧人想有所突破，到處尋找防禦工事最脆弱之處——最終也找到了。城市北面有座小山，那是兩個軍團駐紮之處，直接俯臨防禦工事，自黎明起，高盧人對此大肆展開攻擊。他們填平壕溝，蜂擁衝向柵欄。這時，維欽托利在羅馬人的後方，也帶著人馬出城接應。羅馬軍團被夾在中間，拚命抵抗。雙方都知道，決定性的時刻已然迫近。羅馬人成功守住了陣線——僅僅只是守住而已。高盧人以鉤子拖拉柵欄，看見塔樓倒塌時發出了歡呼聲。羅馬人調動人手填補空缺，但竟然也發出歡呼聲。原來他們瞥見，在俯臨他們陣地的小山頂上，出現了一團紅色：那是他們將軍的斗篷。凱撒整天都在防禦工事全線來回奔跑，給部下鼓勵打氣，並不停跑向戰鬥最激烈之處。最後，他決定出動他最後的儲備隊。這些羅馬騎兵自各處悄悄溜出防禦工事，在山上集結後猛衝下來，把敵人打得措手不及。下面的軍團士兵也揮著刀劍猛刺，自防禦工事中衝出來接應他們。現在輪到高盧人受夾擊了。羅馬人在一陣血腥屠殺後，取得了絕對的勝利。維欽托利的人馬聽到自己人在外線的臨死哀嚎，趕緊撤回阿萊西亞。論人數，凱撒的部隊比被他包圍的軍隊還少，更遠少於後來包圍他的軍隊，但他把兩者都打敗了。這是凱撒一生事業中最驚人也最輝煌的勝利。

第二天早上，身穿耀眼鎧甲的維欽托利從阿萊西亞騎馬出城，跪倒在他的征服者面前。然而凱撒卻無從寬發落的心情，命令人給他銬上鎖鏈，投入監獄。戰爭雖未結束，但凱撒已然贏定。此項勝利的代價極高。在阿萊西亞的城牆與羅馬人的防禦工事之間，躺著密密麻麻的婦孺屍體。在他們之上，又堆著被羅馬軍團砍倒的高盧戰士屍體。再過去，軍團外線工事的周圍還有數不清的屍體自阿萊西亞向外延伸數英里之長。人與馬的肢體可怕地交纏，屍體腹部鼓脹，血水浸泡著泥濘的土地。但阿萊西亞之戰仍只是一場戰役。征服高盧的全部戰役加起來共死了一百萬人，並有一百萬人淪為奴隸，八百座城市被摧毀——至少古人是這麼說的。[17]

這些近乎大屠殺的數字。不管精確性如何（有些歷史學家認為可信）[18]，它們都反映了凱撒同代人對高盧戰爭的觀感：這場戰爭在恐怖和輝煌兩方面都無可比擬。在羅馬人看來，要檢驗一個男人的能力，最好的方法莫過於看他能經受何種程度的生死考驗。從這個角度來看，凱撒證明自己是共和國的頂尖人物。他堅守一個公民最嚴肅的責任：永不投降，永不退卻。若這麼做的代價是一場規模與恐怖程度均極其罕見的戰爭，那它帶來的榮耀就更大了——對當事人和羅馬來說都是如此。在阿萊西亞（Alesia）之戰一年後的西元前五十一年，凱撒懲罰另一個反叛的城市時，下令砍下拿起兵器反對他的每個人之手。他深信，「他的寬大為懷如此眾所周知，以致別人不會把這種嚴厲措施誤解為殘忍。」[19] 他沒有說錯，他在羅馬人之間，確實以寬大仁慈知名，但他對榮耀的熱愛更為知名。整個高盧為滿足他的這種熱愛，不得不血流成河。

不過，畢竟偉大的任務完成了，和平也恢復了。共和國自凱撒受惠良多。隨著他的任期接近結束，羅馬想必為他準備了些盛大的獎賞。等待他的，會是國人同胞心懷感激的歡呼聲，還是壯觀的凱旋式，抑或另一次執政官任期？無論如何，誰又有正當理由拒絕高盧征服者享有這些榮譽呢？

凱撒在外將近十年後，準備回羅馬了。

為大象哭泣

在羅馬，當然還有個人比凱撒聲譽更隆且更富有，無人可遮蔽「偉大者」龐培的鋒頭。凱撒顯然不能，他總被龐培視為門人。龐培以一種和羅馬首席將軍身分相適的屈尊態度，自然會為岳父的成就感到驕傲——但僅此而已。他從不認為凱撒能和他競爭，更遑論超過他。

有人拚命想讓他張開眼睛。回到西元前五十五年（當時克拉蘇準備遠征東方，凱撒的眼睛盯上了不列顛），一個不速之客登門造訪龐培。此人就是加圖。他剛度過了難過的幾個月。一月時，他因為想阻擋龐培和克拉蘇第二次當選執政官，而被龐培手下的流氓狠狠揍了一頓。之後，他又奮勇阻擋給予兩位執政官統治行省五年的任期，但再次徒勞無功。現在龐培想讓凱撒得到同樣的任命，而加圖正是為了讓他重新考慮，才放下身段登門造訪。他問龐培，難道他看不出來他以肩膀扛起了一隻怪獸嗎？他總有一天，將不再有力氣甩掉凱撒或承受他的重量。屆時兩個人都會踉踉蹌蹌地仆倒在地。共和國因為經不起這兩名巨人的重擔，到時也一定會被壓扁。

龐培未理睬加圖的說法。西元前五十五年整年，他對自己的權力和好運氣有無比的信心。他的建築工人已在戰神大校場為建築大劇院而辛勞多年，現在終於到了可以拆下鷹架的時刻。展現在羅馬市民眼前的，將是羅馬歷史上最為美輪美奐的一座建築群。劇院建築群坐落在一個漂亮的公園裡，不僅包括一間劇院，還有一道公共柱廊、一間元老院的議事堂和龐培為自己興建的新宅邸。這一切的上方，則是維納斯神廟——當初他就是以興建這間神廟為由大興土木。他希望維納斯能保護劇院建築群不受嫉妒他的對手們破壞。

這是一種明智的預防措施，因為整個建築群非常引人嫉妒。建築的花費也毫不吝嗇。花園裡栽種著稀有草木，它們散發的芳香在在提醒人們龐培征服東方的偉業。在大柱廊內，金絲壁毯掛在石柱與石柱之間，背景中，水流自無數噴泉湧出。眾多女神像衣袂飄飄，春光半露，害羞似地躲在角落，為花園增添了綺麗的氛圍。一夜之間，這裡成了羅馬最浪漫的地方。所有雕像、繪畫都是著名傑作，由公認的鑑賞家阿提庫斯和一批其他的專家選出。龐培希望他的展品是絕對的品質保證。不過，最令人印象深刻的雕塑卻不是古代的作品，而是一尊特別訂製的龐培雕像。它被刻意擺在新的元老院裡，好讓龐培缺席時，他的陰影仍能籠罩議事程序。

身為這樣一座大觀園的起造人，龐培還有必要追逐蠻族來證明自己的實力嗎？不錯，在分配給他的西班牙行省北部，確實還有些野蠻人有待馴服，但那不過是些小蒼蠅罷了，不值得他這個世界征服者費神。龐培倒沒想過放棄西班牙總督的職位或他麾下的軍團。他只是想從遠處統治西班牙，並讓副手代勞。克拉蘇要打安息人或凱撒要打高盧人就由他們去吧，龐培沒這個興趣，因為他已經征服過三個大洲。如今，他的劇院已經落成，他為共和國取得的許多勝利將能搬上舞台，成為壯觀的娛樂。「偉大者」龐培不用旅行到世界盡頭，因為在他指揮之下，世界的盡頭將在羅馬交會。

它們也會以殘忍的方式交會。在龐培二十多歲、還是個早慧的年輕將軍時，曾於討伐利比亞人期間抽空獵獅。他宣稱：「即使是生活在非洲的野生動物，也應學會尊敬羅馬人民的力量和勇氣。」[20]在共和國的邊界，遠離軍團搖曳不定的軍營螢火之處，獅子就像開天闢地以來那樣潛行夜間，牠們是恐怖的原始象徵，獵捕人心的自在安適。如今，五十多歲的龐培為慶祝劇院落成，下令運來獅子。不光是獅子。一世紀之後，艦隊還為羅馬載來了其他的外國猛獸，成為了共和國鞭長全球的最佳象徵。「以黃金籠子運來的老虎舔著人類的鮮血，獲得觀眾的掌聲。」佩特羅尼烏斯（Petronius）這樣寫道。[21]

龐培進口猛獸，不只是為了娛樂羅馬人，還要教育他們。這就是為什麼動物極少被養在動物園。只有透過讓牠們和人類展開搏鬥，龐培才能讓公民們了解，擔任世界的統治者意味著什麼。有時候，這種教誨血腥地令國人同胞無法忍受。有一次，當數量空前的二十頭大象遭到持矛者攻擊時，牠們的哀號聲折磨著觀眾，以致劇院中的每個人都哭了。也是觀眾之一的西塞羅滿心困惑：如此壯觀的場面帶來的歡樂怎會如此之少？

他分析自己的情感，暴力不只沒有讓他興奮，反而使他麻木。不管是獅子攻擊奴隸，或奴隸以長矛刺穿這種猛獸，看來都不能為一個文明人帶來許多歡樂。這種娛樂最令西塞羅憂鬱的是它的規模。他承認，一次過屠殺二十頭大象，是「從未有過的盛大表演」[22]，是共和國威力的空前展示。龐培以來自帝國各個角落的奇珍異獸填充他劇院的每個角落：除了獅子、老虎和大象，還有花豹、山貓、犀牛和雄狼，更別說還有一種名叫賽佛斯（cephos）的神祕生物。[23]那是一種長著如人般手腳的動物，來自衣索比亞（Ethiopia），非常稀有，羅馬人僅見過一次。儘管西塞羅身為一個公民，很為羅馬的成就感到自豪，也儘管他是羅馬世界使命最能言善道的發言人，龐培提供的表演還是讓他覺得無聊且有壓迫性：「如果這些是你必須看的，那你已經看過它們很多次。」[24]過量的歡樂和刺激會讓人變得遲鈍。西塞羅再也感受不到龐培想讓他感受的感情。榮耀共和國的表演到頭來只榮耀了表演的主辦人。環繞劇院四周，十四尊人像謙卑地注視著殺戮的場景，每尊人像都代表一個曾被龐培征服的民族。[25]大理石和鮮血聯手創造出一種共和國歷史上從未有過的、鋪張的自我宣傳。此前，羅馬人從沒感覺到，自己在某人面前是那麼渺小。是否正因如此，他們對大象痛苦的同情才更甚於對持矛武士的欽佩？表演結束時，觀眾沒有為將軍雀躍歡呼。相反地，「他們站了起來，淚流滿面地大聲詛咒他。」[26]

羅馬人是善變的，他們對於龐培的憤怒情緒未能維持多久。但他們的疑心——懷疑他的偉大和慷慨——仍然存在。龐培的鬥獸表演舉行於西元前五十五年九月，幾星期後，羅馬舉行投票。儘管劇院建築群俯臨投票的地點，選民仍以選票表明他們對劇院起做人的不滿。去年，龐培挫敗了多米提烏斯和加圖這兩名競爭對手，但在西元前五十四年的今年，他們都當選了：多米提烏斯當上執政官，加圖當上司法官。不錯，龐培支持的阿庇烏斯也選上了，而且當上了執政官，即使他是盧卡會晤的共謀者之一，卻難說他是個可靠的盟友。阿庇烏斯自私自利，不賣任何人的帳。他固然沒有起造一間劇院，但卻有著顯赫的家世，而他認為那一點更為有用。

這種結果讓龐培全面意識到自己的地位的曖昧性。不管從哪方面來看，他都是羅馬的頭號公民。他剛結束第二任執政官任期；他是西班牙總督，是軍隊的指揮官與將領；他的慷慨造就了羅馬的奇觀。

然而，他愈想鞏固自己的權力，權力就愈從他指縫間溜走，每次鞏固權力的努力都帶來新的挫敗。雖然手段愈來愈流氓，龐培在夢想上仍是個傳統主義者。新任執政官阿庇烏斯和多米提烏斯都以傲慢著稱，他們大大取笑龐培這名地位不穩當的「新發戶」。新任司法官加圖也是如此，而且說的話更刻薄。這名暴躁、倔強且卓越之人沒有軍團，也沒有巨大的財富可收買國人同胞的心。他在官職上比不過執政官，更遑論凱撒和龐培。然而，他擁有的權威一點不比兩人小。雖然元老們接受龐培贈與的新元老院，或暗中收受來自高盧的禮物，但他們仍然認同加圖，認同他代表的原則和信念。多年來，他看來已經成為合法性的化身——幾乎就是共和國本身的化身。凱撒遠在高盧，故可藐視加圖的自命不凡。但龐培卻無法這麼做——在他內心深處仍然渴望得到加圖的肯定。

他獲得這種肯定的希望看似愈來愈渺茫。他先前強搶執政官職位之舉不會被輕易原諒。他的軍隊一直以來，都對共和國構成威脅。不過，雖然他持續恐嚇政府，卻又老希望得到它的芳心。對羅馬這樣一個共和國的公民來說，孤單是一種令人困惑甚至難以理解的狀態。只有亡命之徒或國王，才能真正懂得孤單的意義。這就是為什麼龐培那麼粗野地冒犯同僚，但仍千方百計討好他們。他被人衷心愛戴已經太久，無法不繼續渴望並需索這種愛戴。

說起來，這真是殘忍的諷刺：就在他重新賣力討好元老院之時，他一向極為幸福的私人生活突然蒙上一層陰影。西元前五十四年八月，他的愛妻朱麗亞臨盆，不幸再次流產，而且這次沒能活下來，她的丈夫和父親都悲痛欲絕。之於凱撒，女兒的死還讓警報響起。一直以來，他和龐培對朱麗亞的愛是兩人之間強烈的紐帶，曾幫助他們度過多次政治緊張的關係。如今這個紐帶沒了。當時凱撒正忙著在高盧平亂，非常擔心自己在首都的地位降低。他需要龐培，多於龐培需要他——兩人對此都心知肚明。有一陣子，共同的悲痛持續連結他們，但這種情形不會長久下去。龐培的單身生活會維持多久呢？他適婚男人的身分是寶貴的資產，不善加利用的話太可惜。重回婚姻市場將給予他預期不到的操作空間。每當思及這點，他的前岳父都寢食難安。

然而，龐培仍然受到協議的約束。只要克拉蘇這個威脅一日存在，他就不願招惹凱撒。對彼此的恐懼而非友好，讓「三巨頭同盟」得以牢固。三人之中，沒有一個人能同時對抗另外兩人。這就是為何三個密謀者在瓜分共和國的帝國時會小心翼翼地把他們的權力基礎環扣在一起。如此一來，他們不僅能對付共同的敵人，還能防範彼此。不過，就在朱麗亞死後一年，也傳來了克拉蘇死在卡雷的消息。對凱撒來說，這又是個沉重的打擊，但龐培不可能為克拉蘇掉太多眼淚。畢竟，還有什麼勝利的滋味比對手失敗更為甜美？讓羅馬人發抖吧——安息人的勝利有助於提醒他們，戰勝東方民族並非理所當然。如果邊界的局勢正變得嚴峻，那龐培的國人同胞自會知道求助於誰。不過，即使安息人不乘勝入侵敘利亞（事實正是如此），龐培仍有理由放鬆自己，並沉浸在興奮之中。他生命裡的一個威脅被拔除了，再也不能遮蓋、困擾與折磨他。克拉蘇不存在了。

突然間，龐培看來諸事順遂。醜聞開始侵蝕元老院的道德權威。在一片群情激憤中，阿庇烏斯和多米提烏斯丟掉了執政官的官職：他們被指控收賄與操縱下一屆的執政官選舉。四名候選人受到牽連並被起訴。隨著更多骯髒交易被揭發，選舉被推延半年。對於同時擔任元老院發言人的多米提烏斯來說，這樁醜聞別具殺傷力。正如西塞羅惡毒指出，阿庇烏斯沒有什麼名聲好損失，但「他的同僚卻徹底名譽掃地，成了一根折斷的蘆葦。」[27]在一片混亂中，看來只有一個人能夠恢復秩序。龐培的應聲蟲開始喃喃細語，疾呼該讓他擔任獨裁官。加圖聽到這個建議後，當然氣炸了。龐培表面上推辭此議，但竊竊私語沒有平息。在整個多事之秋的首都——不管在元老院、羅馬廣場或貧民區，總能聽見這樣的私語。共和國正在瓦解，羅馬需要一個強人，只有龐培能夠勝任。龐培本人沒什麼動靜，他正態度謙遜地等待時機。

這是最佳策略，隨著危機感穩步加深，共和國的氣氛不只惡化了，還開始帶有血腥味。快發狂的加圖為了找到一個可以抗衡龐培的人物，做出了個異常的選擇。他屬意的西元前五十二年執政官候選人是克洛狄烏斯的死對頭米洛。米洛曾是龐培的狂熱支持者，後來被龐培不客氣地拋棄，他現在樂於把命運押給加圖和他的計畫。龐培要求他退選，見他拒絕後，便全力支持他的競爭對手。不過，龐培的怒氣遠不及米洛的最大死對頭。克洛狄烏斯循規蹈矩了三年，企圖為自己創造出一個負責政治家的形象，但米洛可能會當上執政官的前景仍讓他忍無可忍。如同酒鬼伸手拿酒，克洛狄烏斯重回街頭，一批他從前的打手宣布復出。米洛買下了一些格鬥士學校作為回應。西元前五十三年近年底時，羅馬陷入了無政府狀態，共和國也是如此。因為行政官選舉在四年內已第三度延期，這次延期出於主事官員被一塊磚頭打昏了。隨著政府的一切事務停擺，暴徒們手持棍棒，呼嘯穿過大街小巷。反觀守法的公民則蜷縮在他們所能找到的任何角落。

正當局勢看來不可能再更糟糕的時候，西元前五十二年一月十八日，更糟的局勢出現了：克洛狄烏斯和米洛在阿庇亞大道不期而遇。雙方奚落著彼此，然後米洛的一個格鬥士擲出標槍，刺中了克洛狄烏斯肩膀。保鏢們簇擁受傷的領袖進到附近的小酒館，但米洛的手下窮追不捨，制服了他們。克洛狄烏斯被扔到街上，性命很快被了結。他赤裸的屍身血肉模糊地躺在一座良善女神神庵旁。看來女神終於報仇了。

克洛狄烏斯的朋友當然不這麼認為。人們找到他的屍體並帶回羅馬，他被謀殺的消息迅速傳遍每個十字路口，貧民區開始出現哀悼的聲音。沒多久，人群就聚集在巴拉丁諾丘克洛狄烏斯的豪宅外。富爾維婭讓他們看丈夫的屍體，詳細指出每一處的傷口，人群又憤怒又悲傷。第二天，這位人民英雄的屍體被抬下巴拉丁諾丘，抬過羅馬廣場，並放上了「講壇」。同時，在附近的元老院裡，長凳被踢飛，桌子被砸爛，文檔被搶走。然後，暴徒在議事堂的地板上擺放一大堆木材，然後把克洛狄烏斯的屍體放在上頭，一支火把點燃木材。朱庇特神廟發生火災已是三十多年前的事，而這次羅馬廣場再度被熊熊火焰照得通紅。在搖曳火光映照之下，克洛狄烏斯的支持者與謀殺者開戰了，血腥程度到達新的高峰。大火肆虐，將元老院燒成一片灰燼，火勢繼而又蔓延到旁邊的波爾恰會堂（Basilica Porcia）。這座會堂是羅馬第一個常設法庭的所在，起造者不是別人，就是加圖的祖先。它饒富象徵意義地被大火吞噬了。當晚，克洛狄烏斯的黨羽設宴紀念他們死去的領袖時，筵席其實是擺在元老院權威的灰燼中。

現在，龐培終於當時得令。就連加圖——眼見祖先建造的會堂被燒成灰燼——都不得不接受他，任何局面都勝於無政府狀態。加圖仍不能接受獨裁官，但提出了一項折衷方案，同意讓龐培擔任當年唯一的執政官。以這個職位的弔詭性來顯示時局的危急性再適合不過了。元老們在龐培的劇院集會，並根據比布盧斯的動議，邀請這位偉大者拯救共和國。龐培以迅速的軍事行動回應了此項要求，自內戰結束後第一次武裝部隊開進羅馬。克洛狄烏斯和米洛的黨羽完全不是軍隊的對手。米洛迅速被起訴，由於他被指控的罪名是謀殺克洛狄烏斯，西塞羅便跳出來為他辯護，他希望藉此機會發表他一生中最重要的演講。這個機會在審判最後一天到來。那天早上，他離開巴拉丁諾丘的府邸前往法庭，發現羅馬籠罩在一片怪異地從未有過的寂靜中。所有商店都關上門，每個街角都有衛兵站崗。龐培本人就駐守在法庭旁，被部隊的人牆包圍，太陽把他的頭盔照得閃閃發亮。這裡可是羅馬廣場，羅馬城最中心的地區。西塞羅被這個場面嚇了一跳而失去了勇氣。一個資料來源指出，他這天發表的演說「失去了他一貫的自信。」[28]其他資料來源則說，他結結巴巴地說不出話來。米洛被判有罪。他在一個星期內流亡到馬賽去。其他暴民頭目也受到類似懲罰。羅馬不到一個月便恢復了平靜。

就連加圖都不得不承認龐培幹得很漂亮，不過他也一如以往地毫無風度。當龐培把他拉到一邊感謝他的支持時，加圖嚴肅地反駁，他只支持羅馬。又說：「如果你向我要忠告，我會私下給你；若你不跟我要，我也會當眾說出來。」[29]龐培聽到這個，假裝像是挨了一記耳光，心裡卻很高興。十年前他從東方回來時，便期待著這樣的時刻。不管多勉強，加圖總算承認了他頭號公民的地位。看來龐培等了這麼久，終於兼得權力與尊重。

他會拒絕凱撒的提親也就不奇怪了。這一年，凱撒為了給他找到合適的新娘而絞盡腦汁，最後推薦自己的甥孫女屋大維婭（Octavia）。龐培推辭了。他不是想結束和凱撒的友誼，只是不想凱撒把這友誼視為理所當然。既已重獲元老院的敬意，他有了比凱撒所提更好的人選。龐培留意那些最好人家的千金已有一段時日，其中一個特別合他的意。克拉蘇年輕的兒子帕布琉斯在卡雷戰死之後，他妻子科尼莉婭（Cornelia）成了寡婦。這個女人美麗、有教養又人脈豐富。她父親的顯赫血緣充分反映在他響噹噹的名字上：昆圖斯・凱西利烏斯・梅特盧斯・皮烏斯・西庇阿・奈西卡（Quintus Caecilius Metellus Pius Scipio Nascia）。不過，梅特盧斯本人除了舉辦色情表演外，並沒有出名之處。但對龐培而言，這無關痛癢。真正重要的是，梅特盧斯乃梅特里氏族的族長，而這個氏族與許多顯赫貴族有關，例如擊敗漢尼拔與佔領迦太基的西庇阿就是他們的祖先。科尼莉婭自身的優點更是額外的紅利。龐培在掃蕩羅馬街道的空檔，戴上了婚禮花冠。這是他第五次結婚，此次他的年齡長新娘一倍，可想而知肯定少不了譏笑聲，但龐培不在乎。婚姻生活適合他，最重要的是，再婚可讓他走出失去朱麗亞的悲痛。很快地，這對新婚夫妻便情濃至化不開的地步。

更讓龐培覺得甜蜜的是以下的事實：加圖（就是那聲稱龐培配不上他姪女的加圖）自己曾被科尼莉婭的母親甩掉過。久遠的積怨埋藏心中，加圖和梅特盧斯對彼此沒什麼好感可言。饒是如此，當龐培宣布羅馬的緊急狀態已經結束，邀請岳父和他共同擔任西元前五十二年剩餘時日的執政官時，加圖也無法反對，畢竟龐培的做法完全符合憲法精神。共和國曾經生病，如今已康復。一切悉如舊觀。

龐培的國人同胞急著相信這點，就連那些一直懷疑他有野心的人，現在也有了承認他卓越的理由。看著龐培為他色情鬼岳父所做的一切，高傲的貴族開始學會掩飾他們的不屑。加圖對於龐培說些不合憲法的話時仍會掩耳不聽，但一般來說已願意聽聽這位老對手在說些什麼，長久以來第一次如此。再來當然還有凱撒。在高盧，在阿萊西亞的鮮血與煙霧中，凱撒仍對於他和龐培的友誼有所指望。所以，許多不同的利益（它們大部分時候勢不兩立）都指望同一個人的支持。

在共和國的歷史上，這個現象並無先例。這也就難怪，西塞羅會驚異於龐培的「能力和好運氣——這讓他達成了前人不曾達成過之事。」[30]然而，儘管龐培為自己的卓越地位感到洋洋得意，但每個爭取龐培眷顧的派別都力圖消滅別派，逼著龐培和他們站在同一邊。究竟誰在利用誰？暫時還沒有答案。但很快地，答案便呼之欲出——這是一個直抵毀滅程度的答案。

相互毀滅保證

建築劇院的藝術沒有隨著龐培的宏偉大劇院落成而結束。為了爭取人心，野心勃勃的貴族紛紛起而效尤。其中，最不同凡響的是克洛狄烏斯死黨，年輕聰慧的庫里奧所建的一間劇院。話說，他父親在西元前五十三年過世，當時他還在亞細亞的行省政府任職。為了讓父親長留去思，他回羅馬前便計畫為他舉行一系列表演活動。當上演這些表演的劇院竣工後，觀眾們興奮地發現，他們也成了表演的一部分。劇院包括兩個舞台和兩套觀眾席位，在一個旋轉軸上維持著危險的平衡。兩齣戲可同時上演，到了中午，當表演結束時，劇院便在巨大機械曲柄的帶動下旋轉起來，兩個舞台會扣在一起，合併為一個舞台。一個多世紀後，老普林尼仍覺得這種設計不可思議。他說：「那是格鬥士打鬥之處，只不過那些坐在椅子上旋轉的觀眾比格鬥士還危險。」但這還不是最令人吃驚的。更不可思議的是，觀眾竟對於能坐在不牢靠且會隨時垮掉的椅子感到歡天喜地。」[31]

也許有人會認為，在對凶兆十分敏感的羅馬，庫里奧的劇院會被看成為充滿不祥。在後來世代的眼中，把羅馬共和國比作庫里奧的圓形劇場再當然不過，因二者均又璀璨又不穩定。事實上，也正是這個原因，有關劇院的記憶才會被保存下來。但若說曾有觀眾意識到他們在做的事情有多危險，卻沒有相關紀錄流傳下來。共和國的心緒固然焦慮不安，卻非大難臨頭的預感，事情很難不是如此。羅馬共和國畢竟已存在了快五百年，它贏得了驚人的霸權，世界上沒有一個國王可與之抗衡。更重要的是，它給每個公民自我度量的尺度，他並非屬於他人之物體或奴隸，而是一個人。一個羅馬人不可能想像共和國會崩潰，一如他無法想像自己是一個埃及人或高盧人。他們也許擔心諸神發怒，但不會為不可能發生的事擔驚受怕。

儘管庫里奧的劇院嘎吱作響，但無人把它看成大災難逼近的兆頭。恰恰相反，它令人熟悉的旋律催眠了選民。庫里奧有志於護民官一職，他的劇院不只是為了紀念亡父而設，還為了服務自己的野心。為此，它必須搬出人獸對抗的戲碼，因人們雖曾為龐培的大象掉淚，而這類表演已成為時尚。庫里奧特別喜歡讓黑豹上場——凱利烏斯在這一點上也是如此，他不斷要求行省提供更多這種猛獸。

兩個人都知道，在選民面前擺闊有多重要。他們如同之前的凱撒，為了押前程的寶而債台高築。過去人們認為，只有輕量級的人物才會這麼做，但現在，做這種事被認為是明日之星的標誌。

另一些更久經時間考驗的天賦也是如此。當那麼多野心、仇恨與陰謀共存時，共和國的漩渦仍狂暴如昔。但庫里奧和凱利烏斯都擅長航行於凶險的水流，知道何時該堅持立場，何時該順應新的風向。原則很少成為他們前進的障礙，兩人的關係就是個例子。雖然在克洛狄烏斯被謀殺後，共和國逼近無政府狀態的時期，兩人曾站在敵對陣營，但他們都認識到，對方是有用的盟友。庫里奧是克洛狄烏斯最老的同盟，對死去的朋友始終忠誠，這帶給了克洛狄烏斯遺孀富爾維婭極大的安慰——兩人後來也因此結了婚。反之，凱利烏斯始終仇恨克洛狄婭和她弟弟。西元前五十二年時，時任護民官的他動用所有資源支持米洛。饒是如此，一年後當凱利烏斯急需黑豹時，庫里奧想也不想，便把自己的二十頭黑豹轉賣給他。兩面下注從來都是政治家最明智的策略。

只不過在當時最重大且最難解決的問題上，兩面下注變得有點棘手。說來諷刺，正是凱利烏斯自己把這個問題擺上了檯面。話說，在西元前五十二年年中，凱撒在阿萊西亞大捷的消息傳到羅馬，讓一直對高盧局勢憂心忡忡的羅馬人大大鬆了一口氣，表示復仇心重的野蠻人將不會揮軍南下，展開掃蕩。元老院投票批准了二十天的感恩假期。身為護民官的凱利烏斯提出了一項補充法案，要給凱撒一項特權：允許他不回羅馬，得以待在高盧參加執政官選舉。凱利烏斯的九個護民官同事都贊成此項提議。法案順利變成了法律。

然而，這種做法幾乎沒有解決任何問題。相反地，它在元老院製造了一道每個月都擴大一點的裂痕，最終把全體羅馬公民推到深淵邊緣。危機的核心為一簡單的事實：若凱撒可從高盧直接二次當上執政官，那他在兩個職務中間，便沒有回到平民階段。這令許多人難以忍受，因為只有一個平民才能被起訴。凱利烏斯的法案才剛通過，加圖就暴跳如雷地加以反對。他沒有忘記凱撒首次執政官任期內的罪行，也不打算原諒他。近十年來，凱撒的敵人一直等待機會將他繩之以法，如今時機迫近，他們不願讓獵物溜掉。

許多人想方設法調和這種不可調和的狀況。凱利烏斯提出法案時得到西塞羅的鼓勵，後者自認為是凱撒和加圖的共同朋友。但更關鍵的是，龐培顯然也這樣自認為。在危機重重的幾個月裡，他成功平衡了老盟友和一大群凱撒反對者（包括加圖）之間的利益。因龐培贏得了渴望已久的無上權威，現在不希望被迫在支持者中的對立集團之間選邊站。但不管他多堅決地裝聾作啞，兩難式仍拒絕被化解。在辯論凱撒的未來時，雙方都拒絕讓步，都相信自己絕對正確。

凱撒則對事態的發展倍感憤怒：他是堂堂的代執政官，正在高盧作戰，卻不得不防備後方，以免遭到加圖之類的小人暗算。將近十年了，他都在為共和國拚命，難道現在羅馬要以審判他作為回報嗎？米洛被定罪是前車之鑑：羅馬廣場被鋼鐵嚴密地保護起來，辯護律師遭恐嚇，判決草草作出。一旦在法庭上被定罪，凱撒的偉大功勳將幫不上他半點忙。他將在那些畢生不曾帶兵血戰兩大群蠻族、不曾在冰冷北海馴養老鷹的敵人歡呼聲中被迫流亡，在瓦萊斯之類的人陪伴下度過餘生，而他的壯氣將埋沒於馬賽的陽光中。

但凱撒愈吹噓自己的傲人成就，他的敵人就愈討厭他。凱撒背後有軍隊撐腰，這支軍隊因非法徵兵而兵員眾多，又因長年東征西討而歷經錘鍊。若凱撒能以執政官的身分回到羅馬，便可強行通過一些法律，保障他的老兵獲得土地。如此，他便有了一支讓龐培相形見絀的後備武裝力量。為防止這樣的事發生，加圖和他的盟友準備不惜一切代價阻擋。元老院每次開會時，就凱撒兵權展開的爭論都會沒完沒了。該允許他保留幾個軍團？該何時任命一個繼任人？該何時讓凱撒離開崗位？凱利烏斯對西塞羅抱怨說：「你知道那是什麼情形。每次就高盧作出一些決定後，都有人站起來反對。然後又有其他人站起來反對前一個人……如此不斷拖下去。」[32]

儘管辯論令人感到乏味，但凱利烏斯的厭倦哈欠卻是裝出來的。在羅馬，他對愚蠢和野心的分析不比任何人差，他看出一場空前的大災難不遠矣。私人仇怨固然一直存在於共和國，但如今怨氣和敵意已擴散開來，超出兩個敵對派系的範圍。加圖鐵了心想一次摧毀凱撒，而重複自己的老戰術：拒絕一切和解的可能，盡量孤立敵人，奉共和國的名義反對凱撒。凱撒這邊則以巨額金錢收買人心，並以不費吹灰之力的魅功魅住國人同胞。大部分人仍希望保持中立。那不是他們的爭吵。然而，這場爭鬥攸關太重大了，以致他們無法不被捲入漩渦。逐漸地，羅馬人分裂成兩派。一個自蘇拉後就很少聽到的字眼：內戰又開始低聲呢喃。

這倒不是說，真的有人相信內戰會發生。敵對雙方的期望只是贏得龐培的支持並贏得爭論。龐培本人則搖擺不定，他仍不想疏遠任何一方，對凱撒伸出一隻手的同時，又抽回了另一隻手。正如凱利烏斯指出，這個策略的問題在於「他不夠狡猾，不會隱瞞自己真正的想法。」[33] 到了西元前五十一年夏天，龐培的想法已昭然若揭。加圖的陰森警告產生了效果，因為凱撒的最終憑藉是他的軍隊，龐培不禁認為那是一個對他的威脅。榮譽感和虛榮心同時逼他不再讓步，羅馬最偉大的將軍絕不能向高盧人的軍團示弱。到了九月底，他終於做出一個毫不含糊的決定：凱撒應在來年春天卸下指揮官職位。因春天離開執政官選舉仍有數月，這讓加圖有足夠的時間起訴凱撒。但萬一，凱撒找到一個護民官否決了這道命令，在繼續掌控軍隊的情況下贏得執政官選舉，那該怎麼辦呢？龐培被人問到這個問題時輕聲細語地回答，但威嚇意味十足：「你幹嘛不問我，如果我兒子舉起棍棒反對我，我會怎樣做？」[34]

現在，兩個老盟友終於公開決裂了。當過凱撒女婿的龐培如今宣稱自己對凱撒擁有父親一般的權力。高盧征服者若敢亂來，將受到如叛逆兒子般的對待。由於這同時是一種對凱撒利益和自尊心的攻擊，所以加倍地不可原諒。不過，若凱撒想抵抗，他將需要一些新的支持者。尤其需要一個護民官，這樣一位重量級人物需兼具勇氣和精神，並敢於對抗他們背後擁有絕對實力的龐培。凱撒知道，要是不能否決龐培的命令，他就完蛋了。

不過，當西元前五十年的選舉結果公布時，凱撒的運氣看來變得更壞了。在新任的護民官中，最能幹且最有魅力的一名為庫里奧，他是拜他的壯觀劇院而當選。自凱撒擔任執政官那個夏天以來，有將近十年，他一直受到羅馬人民的喜愛。當時二十來歲的他因膽敢不理會執政官的威脅，而在大街小巷贏得人們的歡呼。此後九年，兩人的關係持續惡化。所以，可想而知誰最害怕庫里奧這位火爆的新任護民官。因此，想必人們已開始預期凱撒將會讓步，危機將得到解除。

那年冬天非常寒冷，看來事態發展也和人們的預想一樣。凱利烏斯在寫給西塞羅的一封信中感嘆，整座城市冰冷而了無生氣，就連庫里奧這位護民官也無所作為，彷彿「處於永凍中」。但信寫到一半時，他的口氣卻來了個大轉彎：「我收回上面說過的一切。我先前說，庫里奧做事的方式冷冰冰的。因為我剛剛得知，他突然把溫度加熱了！怎麼會這樣！」[35] 凱利烏斯剛剛聽說的消息很驚人，近乎難以置信：庫里奧倒向了老敵人一邊。人們原本都信心十足地認為，他一定會和加圖及其他憲法擁護者站在同一邊，卻沒想到他竟反其道而行。現在，凱撒有了他所需要的護民官。

這是一次聳人聽聞的伏擊。凱利烏斯把他朋友的大轉彎歸咎為不負責任——但就像後來他才知道的，這種說法並不公道。其他人猜測，庫里奧受到高盧黃金的收買——這比較有可能，但仍解釋不了整件事。事實上，這位護民官是在玩一個經典遊戲。庫里奧想為凱撒做的，正是凱撒曾為龐培做的，庫里奧透過包抄加圖，也指望得到類似回報。這當然完全將原則置之度外，不過幾個世紀以來，政治遊戲就是這麼玩的。

加圖、龐培、凱撒，又有誰不這樣幹的？在共和國的全部歷史中，偉大的人物莫不致力贏得榮耀，打垮敵人。現在，除了機會增加、相互毀滅的能力更強以外，其他的一切都沒有變。一個稍後時代的羅馬人在哀嘆失去自由之餘，對於這個悲劇性事實也看得更清楚了。例如，身為共和國最後一代人的佩特羅尼烏斯（Petronius）便寫道：「如今，包括陸地、海洋和星星的軌道，整個世界已落入羅馬人手中。但他還想要更多。」[36]因為他想要更多，所以他拿更多；又因為拿更多，所以想要更多。要在古代風俗和道德的界線內滿足這麼大的胃口幾乎不可能。龐培和凱撒都是羅馬最偉大的征服者，為自己贏得的資源超過前人的想像。現在，這種可怕權力的後果已經很明顯了，兩人都有能力摧毀共和國。兩人都不想這樣做，但威懾的考慮逼他們做出最壞的打算。因此，凱撒爭取了庫里奧。因為權力平衡如此恰到好處，以至於凱撒希望單憑一位護民官的行動，就足以打破恐怖的平衡，讓和平不致淪為無可挽回的災難，庫里奧也這樣想。

但他們的敵人仍決心和他們攤牌。由於庫里奧否決了所有剝奪凱撒指揮權的企圖，人們要求龐培出手，逼凱撒讓步，而龐培的反應是躲到床上去。不管他是否裝病，都讓義大利焦慮萬分。共和國境內的每座城市都在向諸神獻祭，為龐培祈福。不令人感到奇怪的是，病人對此感激萬分。當他終於走出病房，他對自己的人望有了百分百的信心，他已取得為戰爭作準備的終極授權。當一名緊張的支持者問他，萬一凱撒進軍羅馬，他有什麼力量可以投入戰場，龐培靜靜地微笑，叫對方不用擔心。「只要我一跺腳，整個義大利就會從地上冒出千軍萬馬來。」他說。[37]

但不是人人都像他這麼有把握。凱利烏斯認為，凱撒的軍隊顯然比龐培能調動的任何軍隊精良許多。他在寫給西塞羅的信上說：「在和平時期，參與國內政治最重要的，是站在對的一邊——但戰爭時期，站在最強的一邊才最重要。」[38]並非只有他一人這樣想。這種想法背後，是庫里奧也打響過的算盤：支持凱撒可以得到一條通往權力的捷徑。就這樣，渴望趕緊功成名就的心態讓一整代人背離對合法性的追求。元老院的資深元老（他們因職位和年紀而有尊嚴）與年輕一代的關係一向緊張，但如今在人人都談戰爭的氛圍中，他們藐視彼此的情況更已擴至不祥的程度。

一場激烈的選舉使這種情況變本加厲。競選的兩人一為建制派的代表多米提烏斯，一為年輕的安東尼。在那個瀰漫煙霧與不詳徵召的鬱悶夏天，霍騰修斯死了，留下義大利最大的一個私人動物園、一萬瓶葡萄酒和占卜官的職位。在共和國似乎面臨大難的時刻，怎麼可以少了占卜官？有賴於占卜官，才能透過研究小鳥的飛行路線、閃電的樣式或神聖雞隻的飲食習慣解釋諸神的心意，找出平息他們怒氣的最佳方法。由於占卜官的職位格外崇隆，多米提烏斯自然覺得非他莫屬。但他的年輕對手不同意。不錯，人們還記得這位浪蕩子的種種不名譽（包括他和庫里奧的曖昧關係，還有他和克洛狄烏斯之妻的瓜葛），但那已是很久以前的往事了。後來他在高盧從軍，為自己贏得多項榮耀，被認為是凱撒最傑出的軍官之一。多米提烏斯獲得元老院建制派的全力支持，擁有壓倒性的優勢。不過，安東尼已習於在阿萊西亞與其他地方強弱懸殊的情況下取勝。果然這次又是如此：幾可媲美凱撒贏得大祭司選舉，安東尼也在占卜官的選舉中獲勝。多米提烏斯氣得七竅生煙，元老院兩派的裂痕又擴大了一點。

現在，政治圈的每個小摩擦看來都同樣有著擴大裂痕的效果。對兩派都漠不關心的絕大多數民眾備感絕望。西塞羅悲嘆道：「我喜歡庫里奧，我希望凱撒得到他應得的榮耀。至於龐培，我願為他獻出生命。但無論如何對我來說，真正重要的是共和國本身。」[39]但對於他或和他想法一樣的人，沒有可效勞之處，而呼籲和平的人日愈被看成姑息主義者。敵對的派系擁抱他們注定滅亡的命運，如同在懸崖眺望，暈眩感令他們想往下跳。殺戮的欲望日漸高漲，人們開口閉口都是戰爭。

西元前五十年十二月，其中一位執政官馬塞盧斯（Gaius Marcellus）帶著所有隨從造訪龐培位於阿爾班丘（Alban Hills）的別墅。他的執政官同事在這年年初原屬於反凱撒派，但現在也像庫里奧一樣，被說服換邊站了。但馬塞盧斯不為所動，拒絕一切試探，對凱撒的敵意也絲毫不變。如今，在執政官任期不剩幾天的情況下，他希望加深龐培的決心。在眾多元老注視下，馬塞盧斯遞給龐培一把劍，肅穆說道：「我們責成你對抗凱撒，拯救共和國。」龐培回答說：「倘若沒有其他辦法，我將照辦。」[40]說罷接過了劍，也接過駐紮於卡普亞（Capua）兩個軍團的兵權。他還開始招募更多兵員——這些舉動都極度不合法，也成為凱撒支持者的話柄。庫里奧把這些消息帶給第十三軍團，威脅性地駐紮於拉文納的凱撒——當時庫里奧的護民官任期已經結束，他不想留在羅馬受審或遭到其他更糟的對待。同時在首都，安東尼接替了他的護民官職位，而安東尼整個十二月都在猛烈攻擊龐培，又否決一切動議。隨著形勢日愈緊張，僵局繼續鎖死。

接著，在西元前四十九年一月一日，安東尼雖然受到兩位執政官激烈反對（如同馬塞盧斯，兩人都是強硬的反凱撒派），仍在元老院讀出了一封凱撒的親筆信。信件為庫里奧親送。在信中，代執政官把自己形容為和平的愛好者。在詳列自己的許多豐功偉績後，他建議龐培和他一起放下兵權。元老院擔心，這封信會對公眾輿論產生影響，於是把它扣押下來。接著，梅特盧斯站了起來，對和解的最後希望予以致命一擊。他定下一個日子，規定凱撒屆時一定要放下兵權，否則便被視為共和國的敵人。這個動議立即付諸表決，只有庫里奧和凱利烏斯投下反對票，但馬上遭到護民官安東尼否決。

對元老院來說，這是壓垮駱駝的最後一根稻草。它在一月七日宣布國家進入緊急狀態。龐培馬上把軍隊調進羅馬，宣布護民官的人身安全不再受到保證。安東尼、庫里奧和凱利烏斯化裝成奴隸，藏身於馬車中，往北到了拉文納。在那裡，凱撒和他的一個軍團仍在觀望。一月十日，聽說龐培緊急被授予兵權後，他立刻派出一支分遣隊向南進擊，佔領距邊界最近的一個義大利城鎮。部隊出發後，他在下午洗了個澡，然後又主持一個宴會，席間與客人閒聊，彷彿毫無心事。直到黃昏，他才從躺椅上站起來，匆匆忙忙上了一輛馬車，沿著黑暗與彎蜒小路趕路，最後在盧比孔河岸邊趕上部隊。一陣猶豫後，他渡過了漲滿水的河流，然後進入義大利，朝羅馬而去。

當時沒有人知道，四百六十年歷史的羅馬共和國即將結束。

WORLD
WAR

第十章 世界大戰

CHAPTER 10

閃電戰

凱撒在高盧對付蠻族時，喜歡不計風險，以最快的速度出現在敵人最意想不到的地方。現在，他在投入人生最大的一場賭局後，計劃以同樣策略對付他的國人同胞。凱撒不像龐培預期的那樣，等待後續部隊從高盧趕來和他回合，而決定利用奇襲的效果。他在盧比孔河另一側沒有遇到阻攔。他的辦事人一向忙著以賄賂軟化義大利。如今，在他出現的那一刻，邊界城鎮都向他敞開大門，通向羅馬的大道暢通無阻。凱撒一路南行，始終沒遇到從首都開來的部隊。

成群結隊的難民把凱撒採取閃電戰略的消息帶到羅馬，他們的到來讓羅馬也出現了大量離城出走的難民。來自北方的侵略喚醒共和國古老的惡夢。不斷關注凱撒推進狀況的西塞羅納悶道：「我們正在談的，是一位羅馬人民的將軍還是漢尼拔？」[1]然而，還有些更近期的鬼魂在出沒。在馬略墳墓旁邊田裡工作的農人聲稱，看到老將軍從他的石棺裡走出來；又有人在戰神大校場中央，蘇拉被火葬之處看見他的鬼魂，嘴裡說著共和國「即將滅亡的預言」。[2]人們的戰爭狂熱消失了——幾天前，他們談到戰爭時還興高采烈、信心十足。雖然龐培向元老們確保得勝易如反掌，但現在他們則開始擔心，自己的名字會出現在凱撒公布的人民公敵名單上。他們圍住龐培，一個元老指責他欺騙了共和國，把它引向了災難。另一個元老——加圖的密友法弗里烏斯（Favonius）——諷刺地要龐培跺跺腳，好產生他承諾過的千軍萬馬來。

但龐培已經決定放棄羅馬，並向元老院發出撤退令，警告任何留下來的元老都會被視為叛徒。然後他向南進擊，任首都自生自滅。他的最後通牒讓共和國產生了無可挽回的分裂。每場內戰都會割裂家庭和友誼，但羅馬社會在忠誠方面尤其複雜，而且鄙視非黑即白的敵我之分。對許多公民來說，在凱撒和龐培之間選邊站仍千難萬難。要他們其中一些這麼做更是格外殘忍。所以，所有眼睛都看向他們。例如：布魯圖（Marcus Junius Brutus）會怎樣選擇呢？他為人真誠、盡責、深思，卻與兩邊都有密切關係，所以他的取捨在人們心中特別有分量。那麼，他將投靠哪個陣營呢？

鼓勵他加入凱撒陣營的因素並不少。他媽媽塞維利婭是凱撒生命中最愛的女人，甚至有傳言說，布魯圖就是兩人的愛的結晶。無論這個謠言是否屬實，他法律上的父親都在第一次內戰時死在年輕的龐培手上，所以一般都認為，他會青睞母親的舊情人而非殺父仇人。不過，龐培雖然曾是「少年屠夫」，現在卻是共和國的捍衛者，而布魯圖身為極為正直的知識分子，無法有愧於心地背棄合法的立場。雖然他和凱撒關係密切，但和加圖更親，因加圖同時是他的舅舅和岳父。最後，布魯圖遵照龐培的命令拋棄了羅馬。絕大部分元老在經過一夜猶豫後也這麼做了，只有極少數的元老留下。羅馬城從未有個行政官這麼少的時候。凱撒渡過盧比孔河還不到一星期，整個世界業已翻轉了過來。

龐培當然可以辯稱，他放棄羅馬城是出於很好的軍事理由，而這些理由也確實存在。不過，這個決定仍是個災難性的錯誤。共和國不能以抽象概念的形式存在。它的生命力蘊藏在羅馬城的街道和公共場，與古老神廟的裊裊煙霧中，也蘊藏於年復一年的選舉韻律中。共和國被連根拔起後，還能忠於諸神的意向或了解羅馬人民的願望嗎？逃離首都的元老院與絕大多數的人民斷了聯繫，而這廣大的多數人民沒有打包跑路的能力。至此，即使最貧窮的公民亦是國家一份子的共同體意識遭到背棄。難怪那些偉大的貴族，拋下祖先留下來的房子，兀自驚懼於打劫者與貧民區的憤怒。

如果戰爭像龐培保證的那樣很快就結束，這本來也沒什麼大不了，但日趨明顯的是，只有凱撒有希望輕易取勝。當龐培向義大利南方撤退，追擊者也加快了腳步。在在看來，從四處召來保衛共和國的軍隊可能會步上斯巴達克斯軍隊的後塵：被釘死在義大利半島的靴跟。只有完全撤出義大利，才可望避免這種災難。元老院開始想像那不可想像之事：在義大利半島之外的地方舉行會議。各行省已分配給幾名重要領袖：加圖得到西西里，梅特盧斯得到敘利亞，龐培自己則分得了西班牙。自此以後，這些共和國命運的主宰者看來將不再躋身羅馬這座賦予他們身分地位的城市，而成為住在遠方與蠻族之間的軍閥。他們的權力將僅靠武力背書。如此一來，他們與凱撒何異？如此一來，不管哪一方獲勝，共和國要如何才能恢復？

就連那些最認同建制派追求的人，都備受這個問題所折磨。加圖因預想得到他投入這個偉大和災難性賭局的後果，沒對追隨者說些鼓勵士氣的話，只是穿上喪服，（不管輸贏地）為每場戰事的結果哀哭。至於中立派——當然，他們不認為共和國是因為正當的追求而被摧毀——心裡更沒著落。西塞羅服從龐培拋下羅馬的命令，但在離開首都後完全失去方向感，以至於變得歇斯底里，有幾星期什麼都無法做，只管給阿提庫斯寫一封封哀怨的信，問他說自己該怎樣做、該去哪裡還有支持誰。他把凱撒的支持者看作一幫凶手，把龐培看作無能的罪犯。西塞羅不是軍人，卻清楚看出，放棄首都是個大災難，因此舉讓他所有心愛的事物（從房地產價格到共和國本身）全面崩盤。「我們像乞丐一樣帶著妻兒流浪，把所有希望寄託在一個每年大病一場的人身上。甚至我們不是被驅逐，而是被召喚離開我們的城市！」[3]帶著難以癒合的傷口，西塞羅總如此痛苦與煩惱。他已了解一件其他元老即將明白的事：流亡中的公民幾乎不算是公民。

放棄羅馬後，也沒有其他可作為立足點的地方。阻擋凱撒唯一一次的嘗試以崩潰告終。多米提烏斯對於龐培和凱撒的痛恨不分軒輊，因此拒絕撤退的命令。這不是因為他有什麼了不起的戰略眼光，純粹是因為愚蠢與固執。眼見凱撒橫掃義大利中部，多米提烏斯決定在位於交叉路口的城市考菲尼姆（Corfinium）攔截他。考菲尼姆就是四十年前，被義大利起義軍定為首都的城市，而那場大起義的記憶還沒完全從人們的記憶消失。雖已得到公民權，但許多義大利人仍感到自己被羅馬疏遠。共和國的大業對他們來說沒有什麼意義，但對凱撒來說卻是另一回事。凱撒畢竟是義大利人大保護者馬略的繼承人，又是蘇拉的門人與龐培的敵人。久遠的仇恨復活了，讓多米尼烏斯必敗無疑。顯然地，考菲尼姆人不打算為多米尼烏斯犧牲自己，所以當凱撒一出現在城牆下，他們便乞求投降。多米尼烏斯新組成的部隊看見凱撒五個精銳的軍團，馬上同意了。他們派去見凱撒的使節受到熱烈歡迎。多米提烏斯儘管憤怒，卻莫可奈何。

他被自己的軍官揪到凱撒面前。他乞求一死，但凱撒不答應，反而放了他。這個姿態看似仁慈，但對一個公民來說，沒有比欠人一命更大的恥辱。多米提烏斯像隻鬥敗的公雞，垂頭喪氣地離開了考菲尼姆。他認為凱撒的仁慈只是一種謀略，這是不公平的，若易地而處，多米提烏斯肯定會處死凱撒。不過，仁慈確實符合凱撒的利益。此舉不僅能滿足他那難以言喻的優越感，還有助於讓各地的中立派相信，他不是蘇拉第二。即使是他最大的仇人，只要願意低頭，都有可能獲得赦免與寬恕。凱撒沒有計劃在羅馬廣場公布人民公敵名單。

人們對此歡欣鼓舞。沒幾個人像多米提烏斯那樣驕傲；他所招募的部隊，還有他佔領城鎮的居民，都毫不猶豫地歡慶他們征服者的寬大為懷。「赦免考菲尼姆」的消息很快傳開。自此，抵抗凱撒的民眾起義將不會出現，而義大利人大舉站在龐培一邊，並突然得到他拯救的可能性也消失了。隨著多米提烏斯的人馬轉投他老敵人的陣營，共和國的軍隊更少了。它唯一剩下的要塞是著名港口與通向東方的門戶布林迪西（Brundisium）。龐培現在就在那裡拚命徵集船隻，準備渡海前往希臘。他知道，自己不能冒險和凱撒正面交戰，至少現在不能。凱撒這邊則知道，如果他能拿下布林迪西，便可一舉結束戰爭。

所以，雙方展開了一場不擇手段的時間競賽。凱撒在從考菲尼姆向南高速奔跑與襲擊的途中得到消息，敵人的一半軍隊已在兩位執政官帶領下揚帆出海，但龐培指揮的另一半軍隊仍擠成一團、留在港口，等待艦隊自希臘返航。凱撒一到布林迪西外圍，立刻命人划平底船前往興建一道封鎖港口的堤壩。龐培的對策是派出甲板上加蓋三層塔樓的商業船隻，到港口外攻擊凱撒的工兵。戰鬥在接下來幾天持續進行，兩軍奮力向對方投擲石塊、木頭和火把。最後，在堤壩還沒完成前，一艘帆船從大海慢慢駛近，那是共和國自希臘返航的艦隊。它衝進港口、成功靠岸，導致撤出布林西迪的行動終可展開。龐培以一貫的高效率執行這次行動。隨著暮色愈深，艦隊的船杖划開港口的海水。凱撒得到城中支持者的通風報信，下令對城牆發起猛攻。不過，他攻入城中時卻為時已晚。龐培的艦隊穿過未完成堤壩留下的縫隙，開進開闊的大海中。凱撒速戰速決的最後希望破滅了。當時距他渡過盧比孔河還不到兩個半月。

黎明時分，大海一片空空蕩蕩。龐培的艦隊已無影無蹤。現在，羅馬人民的未來不再寄託於他們自己的城市，甚至不再寄託於義大利，而是寄託於地平線之外，遠離羅馬廣場或元老院的蠻夷國度。隨著共和國搖搖欲墜，全世界都感受到了震動。

龐培的慶功宴

不同於羅馬，在東方，人們熟悉的是帝王。他們不理解精緻的共和制度，也無法想像君主制之外的政府形式，有時甚至會把君主當成神明膜拜。羅馬人自然覺得這種迷信可笑。儘管如此，東方行省的總督一樣被治下人民高抬至神明的地位：人們敬拜他的禱詞臻入天聽，他的人像被放入神廟燒香供奉。在羅馬共和國，偉大誇功總伴隨著嫉妒與懷疑；而當那些共和國公民受到上述的恭維時，他們愉悅地陶醉其中，但這也十分危險。在羅馬的政敵總急於譴責任何帝王排場的跡象。「莫忘你只是一個凡人。」[4]一個奴隸曾在龐培耳邊如此警告，當時這位東方的征服者正在羅馬接受第三次凱旋式表揚，正陶醉地飄飄若仙。這句忠告與共和國未來的健康如此息息相關，以致龐培的敵人顯然不願只讓一個奴隸來說一說。他們如此嫉妒龐培，乃致於以各種手段反對他，最終把他送到凱撒的刀口下。現在這批敵人成了他流亡中的盟友。瑟縮在帖撒羅尼迦（Thessalonica），元老院不得不忍耐龐培被奉若神明的地位。畢竟，有賴於他這種地位，才能把他們送回家。

幸運的是，龐培的新亞歷山大大帝威名仍然管用。除了把東方各行省的軍團集中起來之外，他又傳喚那些他曾扶持或認可的各個在地統治者。他們的熱情回應表明，在東方真正有主宰權的是龐培，而不是共和國。在希臘，大批稀奇古怪的輔助軍與公民士兵組成的軍團一起受訓，率領他們的王公名字也稀奇古怪：加拉太的迪奧塔盧斯（Deiotarus of Galatia）、卡帕多奇亞的阿里歐巴贊內斯（Ariobarzanes of Cappadocia）、科馬基尼的安條克（Antiochus of Commagene）。這些大老爺聚集在帖撒羅尼迦（Thessalonica）附近的軍事訓練營裡，無怪龐培像一個東方的萬王之王，更甚於羅馬的代執政官。

至少多米提烏斯這麼諷刺他。這個典型的辱罵來自那名在考菲尼姆打了敗仗後、脾氣毫無改善的男人，但他這話不無道理。長久以來，龐培這位偉人身上都不乏些許東方的味道。西塞羅在他背後，曾開玩笑地稱他為「薩姆西式拉姆斯」（Sampsiceramus）——這個詰屈聱牙的名字最適合一個波斯的獨裁君主。不過，如今飽受煩惱困擾的西塞羅在坎帕尼亞再也看不出這種說法有什麼好玩了。在他眼中，龐培這名共和國的捍衛者愈來愈像一個米特拉達梯，讓人難以感到自在。他告訴阿提庫斯，龐培曾向他透露，打算以什麼戰略打敗凱撒，而那是個可怕的策略：佔領各個行省，截斷它們對義大利的糧食供應，讓義大利挨餓。然後大開殺戒。「從一開始，龐培的計畫就是掠奪整個世界，還有掠奪所有海洋，驅趕蠻族國王為他賣命，然後把武裝的蠻夷送到我們的義大利海岸。此外還有動員大量軍隊。」[5]這番話出自共和國最雄辯的代言人筆下，呼應了至少一個世紀之前的預言。西塞羅的想像讓人瞥見，長久以來羅馬屬民之間流傳甚廣的世界末日畫面。西比爾不是預言過羅馬將被自己的兒子們強暴嗎？米特拉達梯不是也預言過東方將出現一位統治世界的大君王嗎？無怪義大利人在聽說龐培的計畫後都嚇到發抖，並對共和國感到失望。

不過，人們對一個軍閥的恐懼並不會為另一個軍閥的形象加分。凱撒的確是政治宣傳的天才，極其成功地消除人們可能對他進行血腥報復的疑慮，也勤於在那些毀謗與中傷他的人之間鑑別出自己的權力。但他高明的宣傳本領無法掩蓋：犯下叛國大罪的事實。當凱撒在三月底終於進入羅馬後，他發現這個城市悶悶不樂，而且對他冷淡。不管他承諾為羅馬人民提供多少免費穀物，他們都拒絕被他迷倒。留在羅馬的元老們更不領情。當凱撒召集他們前往聽他自我辯解時，幾乎沒人出席。

凱撒向出席的少數元老院要求支配羅馬緊急基金的權力。最後他指出，高盧人入侵的危險已不復存在，而且誰又比他這名高盧征服者更有資格掌管這筆財富？膽怯不安的元老們準備要讓步，沒想到一名護民官凱西利烏斯・梅特盧斯（Caecilius Metellus）勇敢站出來，投下了否決票。凱撒失去耐性，不再以人民權利的保衛者自居。相反地，軍隊開進羅馬廣場，農神廟被強行撬開，公共財富遭到掠奪。當固執的梅特盧斯仍試圖阻止這種褻瀆行為時，凱撒大發雷霆，威脅說若梅特盧斯不讓開，就會把他砍倒在地。九年來，凱撒已習慣人們服從他的每道命令，現在沒有時間或心情改變這個習慣。梅特盧斯讓到一邊去，而凱撒拿到了黃金。

在首都過了屢受挫折的兩星期後，他如釋重負地回到軍中。一如往常，他急於發起新的攻勢。龐培派的軍團在西班牙十分活躍，正等待他前往征伐。他留下一名聽話的司法官雷必達（Marcus Lepidus）管理難搞的首都。元老院則全被甩在一邊。雖然雷必達的貴族血統十分高貴，還是一名當選的行政官，但這些事實都無法掩蓋凱撒任命的不合法性。人們自然感到憤怒，然而凱撒置之不理。他在乎合法性的門面，但更重視實權在握。

然而，對那些凱撒以外把法律看成自由屏障的人來說，現在一切都亂透了。一個高尚的公民應該怎麼做？沒有人知道。舊的路徑圖只會把人帶到死胡同。內戰讓共和國成了使人暈頭轉向的迷宮，熟悉的大街在其中，也許會突然變成羊腸小徑，過去被珍視的地標如今也許成了瓦礫堆。以西塞羅為例，雖然他最後鼓起勇氣跳進龐培的陣營，卻仍失去方向。加圖曾把他叫到一邊，說他不該跟著出來，表示：「如果他留在家裡保持中立，對國家與朋友更好。」[6]即使是龐培，當他發現西塞羅對戰爭努力的唯一貢獻是說些失敗主義者的俏皮話後，也曾公開表示，希望他改投敵人陣營。西塞羅沒有去，他只是鬱鬱不樂的坐著。

不過，這種絕望實為有錢知識分子的特權。一般公民無法坐享這種奢侈。大部分人尋求其他方法在時代的混亂中理出秩序。對羅馬人來說，沒有比失去共同體更讓人沮喪的事了。為改變這種情況，他們願意做任何事。但在一場內戰中，公民要向誰付出自己的忠誠呢？不是他的城市、祖先的祭壇，也不是共和國本身，因交戰雙方都聲稱擁有這些。但他可把自己和一位將軍的運氣綁在一起，也一定可以在該將軍的部隊中找到同志情義，並於將軍的名聲中找到自己的位置。這就是為什麼高盧的軍團願意渡過盧比孔河。歷經九年征戰後，遙遠的羅馬廣場和他們在軍營中結成的同志情誼相比，算得上什麼？共和國與他們的將軍相比，算得上什麼？凱撒在激發軍隊熱情獻身更多方面無人能及。雖然戰爭有種種不確定因素，但這點大概是造就他豐功偉業最明確的因素。早在西元前四十九年夏天，他到西班牙討伐龐培派的三支老兵部隊，便因能激勵士兵忍受最大的苦頭，他在幾個月內就消滅了敵人。有如此鋼鐵之師為後盾，難怪凱撒敢於嘲弄其他人的侷限性，有時甚至是肉身的侷限性。西塞羅日後會對凱撒這麼說：「你的精神總不甘於受限上天為我們設定的狹窄界線。」他部隊的精神也是如此。[7]他自誇，他的軍團「能把諸天拆下」。[8]

在凱撒與他部隊的靈魂交融中，可讓人瞥見一個新秩序。對彼此忠誠總是為羅馬社會提供組織與結構。內戰時期依然如此，但原有的精緻與複雜則逐漸消失。在矛盾的義務中遭到拉扯總是公民生活的特徵，而聽到軍號吹奏就衝鋒，相較之下簡單多了。但要把那些義務甩在一邊也沒那麼容易，因為它們是由幾個世紀的禁忌和傳統所鍛造而成，共和國沒有了它們就會死亡。那些把追求個人榮耀與野心導向造福國家的制衡手段很快就會消失。事實上，在內戰頭幾個月，這種災難性後果的苗頭已然顯現。政治生活雖然繼續維持，但只不過是諧仿自己。說服的藝術日愈遭到拋棄，由暴力和恐嚇取而代之。現在行政官員的野心不再靠選票實現，而可以公民同胞的鮮血買單。

無怪許多凱撒的追隨者在擺脫麻煩傳統慣例的束縛後，會覺得自己能在世界取得的成就沒有上限，這讓他們其中有些人因為走得太快太遠而付出代價。例如，庫里奧仍和過去一樣魯莽大膽，率領兩個軍團在非洲作戰，結果大敗。他戰敗後恥於逃命，和部下死在一起（他們緊緊把他圍在中間，所以死後屍體沒有倒下，就像田裡捆綁在一起的玉米）。凱利烏斯仍醉心於陰謀，企圖以喀提林的老方法解決自己的債務。當他被驅逐出羅馬後，在鄉村地區煽動了一場親龐培的暴動，結果被抓並被殺，成就了一個卑劣的結局。當初逃向凱撒的三個朋友中，唯一沒摔倒的是安東尼。這倒不是因為他踏實穩健，而是別的事情佔據了他的心思。雖然凱撒把他留在義大利指揮軍隊，他卻把大部分精力用於欣賞女演員的表演、在民眾大會上吐酒，或穿得像酒神戴奧尼索斯（Dionysus）一樣，駕著馬車衝向群獅。

因他是一名天生的戰士，所以凱撒容忍他的粗野行為。因此安東尼擢升地很快，也勝任他的職務。當凱撒在西元前四十八年年初冒著嚴寒橫渡亞得里亞海（Adriatic），與龐培正面對決時，安東尼躲過風暴與龐培的艦隊，帶著另外四個軍團增援凱撒。當兩軍交鋒時，他總是出現在戰鬥最激烈之處，不知疲倦地衝殺，而成了兩邊最引人矚目且被討論最多的人。

凱撒邪惡和巨大的精力似乎會感染全軍。這支軍隊如同死靈，似乎能靠著敵人的鮮血維持力量。凱撒的老對手比布盧斯指揮著龐培的亞得里亞海艦隊，「即使在嚴寒冬天也露宿船上，事必躬親，竭盡全力對付敵人」[9]，但凱撒仍成功突破了他的封鎖。被擊垮的比布盧斯因發燒不治身亡。龐培在隨後的消耗戰中，企圖以飢餓讓敵人屈服，但凱撒的士兵挖掘草根烤成麵包。他們把這種麵包扔到敵人的防禦工事後面，展示出不屈不撓的決心。難怪龐培的部下「懼怕敵人的凶猛與堅韌，彷彿他們是野獸而非人。」[10]龐培看見凱撒士兵所烤的麵包後，下令封鎖消息。

但私底下他卻覺得沒什麼好擔心。他知道，即使是凱撒，老吃草根任誰也受不了。他在加圖支持下，靜待凱撒的軍隊崩潰（加圖還是老樣子，不分敵我地為每個陣亡的公民哀悼），而這個戰略似乎成功了。西元前四十八年七月，凱撒因為軍隊在兩軍之間的一塊空地上受挫，突然放棄了亞得里亞海岸的陣地，向東進擊。現在，回義大利的道路向龐培開放了。如果他就是西塞羅預言的獨裁者，他現在本可入侵義大利。但他卻沒這麼做，反而向東追擊凱撒，只留下一小批駐軍交由加圖指揮。他緊追敵人東轉西轉，自巴爾幹半島的荒原一直追到希臘北部。法薩盧斯（Pharsalus）附近是一片開闊平坦的空地，非常適合決戰。凱撒迫不及待展開正面對決，並把軍團部署於龐培軍營的視線範圍內。龐培不肯出戰，他知道無論錢糧供應或當地人心的向背，優勢都在他這邊，所以他有本錢耗下去。凱撒日日求戰，龐培卻日日高掛免戰牌。

但他的軍事顧問團卻感到不耐煩。龐培陣營中的元老們想速戰速決殲滅凱撒的部隊，他們納悶：他們的大將軍怎麼了？為什麼不出戰？由於十多年來的懷疑和仇恨，他們對這個問題的答案是現成的。他們抱怨：「龐培耽於指揮，喜歡像對奴隸一樣對待前執政官和前司法官。」[11]他那位有同理心的對手[12]這樣寫道。凱撒沒有這些麻煩，可隨意命令屬下，不用擔心會被取笑。但這是因為他並非以共和國捍衛者而戰，而龐培卻是。龐培非常看重這個頭銜，現在他的同僚要求他，藉由順從大多數人的意願，證明他適合領導他們——也就是要求他一舉粉碎凱撒的軍隊！龐培勉為其難同意了。他下令隔天交戰。偉大的龐培藉由把自己與共和國的未來抵押在一場戰役上，終於證明自己是個好公民。

那天晚上，元老們開始準備慶功宴，以月桂樹枝妝點營帳，並爭論誰該繼承凱撒的大祭司職位。龐培做了一個夢，夢見自己走進戰神大校場的大劇院，爬上通往維納斯神廟的台階，在神廟裡接受羅馬人民的歡呼和掌聲，並把戰利品獻給女神。這個夢讓他驚醒並滿身大汗。其他人也許會為這個夢境感到高興，但龐培卻想起凱撒是維納斯的後人，因此擔心自己的榮耀與不朽會溜走，而且一去不返，成為對手的榮耀。

事實證明如此。第二天早上，儘管龐培的人馬是敵人的一倍有餘，但卻是他們被擊潰。凱撒的士兵接到命令，不許投出標槍，而要將其用作長矛，刺向敵人騎兵的臉。這些騎兵都是貴族，人人都很在乎自己的臉。這個戰術為凱撒發明，他自己就曾經是名十足的花花公子。龐培的騎兵掉頭就跑。接著，他的弓箭手和投石手因裝備不好而被驅散。率領軍隊左翼的多米提烏斯在軍團崩潰時死於亂軍中。凱撒的人馬迂迴繞過龐培的戰線，從背後發動攻擊。戰鬥到中午便結束了。當天黃昏，凱撒坐在龐培的營帳，使用龐培的銀製餐具，享用龐培廚師準備的慶功宴。

夜色漸深，星光閃爍於酷熱的八月之夜，凱撒起身回到戰場去。他的四周全都堆疊著羅馬人的屍體，傷兵的哀嚎迴盪於法薩盧斯大平原。凱撒巡視著這個屠宰場時，既怨恨又傷感地說：「是他們想要這麼做的。」[13]但他錯了，沒有人想要一場大逃殺。那是一齣悲劇，而悲劇也還未結束。凱撒的勝利是決定性的，但共和國離解決痛苦卻沒有更近一步。羅馬和世界已落在征服者手中。事已至此，但他準備拿它們怎麼辦呢？他能做些什麼呢？凱撒經過這場大災難後，將如何重建並重建什麼？

他對龐培的殘餘部隊，表現出他著名的慈悲為懷。在那些肯接受這種慈悲之人的手中，最讓他感到高興的是布魯圖。戰爭結束後，他曾特別下令搜索這個舊情人的兒子，並擔心他的安危。毫髮無損的布魯圖被找到後，馬上成為凱撒最親密顧問中的一員。這個任命既有個人感情因素亦包含利害的盤算。布魯圖為一廣受敬重之人，凱撒希望他的歸附會鼓勵其他死硬分子效法。他沒有完全失望。例如，和加圖待在一起的西塞羅就認為戰爭已經結束，決定投效凱撒。此舉差點要了他的命，幸得加圖出面干預，他才沒被忠於龐培的人殺掉。加圖本人自然不會想投降，他帶著自己率領的駐軍航向非洲。只有這樣，才能確保戰爭持續下去。加圖為表明不屈服的決心，宣布不再剃鬚理髮，不再躺在躺椅上吃飯。對羅馬人來說，這真是一種決心如鐵的表現。

再來，當然還有龐培，他仍然在逃。在法薩盧斯（Pharsalus）戰敗後，他從軍營後面逃走，抵達愛琴海海岸，並在那裡躲過賞金獵人的追蹤，乘船到米蒂利尼。先前，他就是把妻子科尼莉婭留在米蒂利尼，此處坐落在那劇院的陰影下，是他自身的模範，也能讓他想起過往快樂的日子。現在，首次嚐到戰敗滋味的龐培亟需安慰，只有妻子能給他這種安慰。她沒有氣餒，即使她父親是個春宮畫家也許讓祖先蒙羞，但科尼莉婭沒有讓龐培失望，她在聽說法薩盧斯之戰的結果後，清楚知道自己該做些什麼。兩人在米蒂利尼街頭相擁而哭，而科尼莉婭嚴正告誡丈夫，永遠不可放棄希望。龐培大感震撼，也許這名扮演古代英雄的老手甚至相信了妻子的話：沒錯，他打輸了一場戰役，但還沒有失去東方，所以戰爭也還沒失敗。許多欠龐培人情的國王固然投入了法薩盧斯之戰，不是被殺就是投降，但並非全然如此。缺席的國王中有一人特別重要，他坐擁地中海最富裕且船隻最多的王國。另外，這個國王只是個少年，他的姊妹因覬覦王位而公開叛變，所以要把他的王國弄到手很容易。至少龐培是如此希望。於是他命令他的小艦隊往南方開去。就這樣，龐培的船隻在法薩盧斯之戰後不到一個月，就停靠在埃及的平坦海岸。

他向國王派出使者，在沙洲外搖晃了幾天後，龐培看見一艘小漁船划過淺淺的海灣，直向他的船而來。這天是西元前四十八年九月二十八日。來人先後以拉丁語和希臘語向龐培致敬，然後邀他登上漁船，這是他第二次到訪希臘。登船前龐培先和科尼莉婭吻別，當小漁船朝著海岸划去時，他試圖和船上的人交談，但沒有人理他。他不安地望向岸上，看見頭戴冠冕且身穿紫袍的少年托勒密十三世（Ptolemy XIII）正等著他。他放心了。當他感到船底碰到沙地時，他站了起來，但就在這時，一名羅馬叛徒突然拔劍，刺穿他的背部。更多劍刺了過來，鮮血噴湧而出。「龐培忍耐著，雙手掀起長袍遮住臉，什麼也沒說，什麼也沒做，只是發出虛弱的呻吟。」[14]「偉大者」龐培就此一命嗚呼。

科尼莉婭在甲板上目睹了一切，但除了眼睜睜看著埃及人割下直到最近仍是羅馬共和國最偉大人物的首級外，她什麼都不能做。龐培的無頭裸身像漂流物一樣被留在沙灘上。科尼莉婭一行人不但什麼都不能做，還得趕緊掉頭逃往外海，只留下一名先前和龐培一起登上漁船的僕人，在岸上為主人準備火葬用的柴堆。根據普魯塔克奇異且令人難忘的記載，一名從前龐培麾下的老兵幫忙這件事。屍體焚燒後，堆起一個石堆為標記。但沙丘很快就淹沒了石堆，記憶散佚了，不留一絲痕跡。無邊無際的貧瘠沙洲兀自向遠方延伸而去。

大都會的女王

尼羅河三角洲的海岸線險惡無比，地勢低又沒有突出的特徵，無法為水手指引道路。不過，接近埃及的水手並非完全缺乏指引。夜晚，在離海岸很遠的地方，南方天空下有一點閃爍的光芒。白天時可以看見，那不是一顆星星，而是一座巨大的燈塔，從大老遠就看得見法羅斯島（Pharos）燈塔。它不只是希臘人興建過的最高建築，還是——藉由以它為模型的旅遊紀念品廣泛流傳——辨識度最高的建物。這座大燈塔是視覺與工程奇蹟，也是地球上最大的都會亞歷山卓（Alexandria）的完美象徵。

就連來此觀光的羅馬人都不得不承認，亞歷山卓有其特別之處。龐培被殺害後三天，當凱撒航行經過法羅斯島時，他來到一個比羅馬更大[1]、更國際化且顯然美麗多了的城市。若說破破舊舊與迷宮似的羅馬代表共和國的簡樸美德，亞歷山卓則見證了一位國王所能達到的最高成就，而不只是所有的國王而已。亞歷山大大帝的陵寢持續如同護身符，坐落於他建造的這座城市。街道的棋盤式格局也是這位馬其頓人征服者在三個世紀之前設計，是他在此人跡罕至海邊的呼喊。這裡曾經只是一片有沼澤鳥類盤旋上空的空曠沙地，如今一個精巧的人造龐然大物在海邊綿延伸展開來。亞歷山卓是世界上第一個有地址編號的城市。它的銀行同時潤滑東、西方的商業，運往世界各地的貨物在其碼頭裝卸。它的圖書館擁有七十萬卷藏書，雄心壯志是收有一本被寫下的每一本書。亞歷山卓還有投幣機器與自動門。它的一切都是頂級。毋怪乎西塞羅雖然常把羅馬之外的地方稱為「可憐的鄉下」[16]，卻把亞歷山卓看作一個例外。他承認：「是的，我夢想到亞歷山卓去看看——夢想很久了。」[17]

他不是唯一一個對亞歷山卓浮想聯翩的羅馬人。埃及肥沃的土地無處可比，任何征服亞歷山卓的代執政官等於掌握了地中海的麵包籃。長久以來，這種野心毒化了羅馬原本就十分混濁的政治空氣，孕育出無數耍手段和賄賂的醜聞。然而，無論克拉蘇或龐培，都未能成功統領埃及。根據不成文的規則，太誘人的獎賞遙不可及。在大多數公民看來，讓埃及的王朝管理自己，更加安全也更有利可圖。這個連續的王朝非常適合扮演羅馬共和國傀儡的角色。它穩定地為它的保護者壓榨自己的人民，同時又很虛弱，對羅馬不構成一丁點兒威脅。在此使人蒙羞的基礎上，它是希臘人最後一個獨立王國，最初由亞歷山大大帝麾下一名將領所建立，一度成為東方的最大強權。

不過，埃及的國王都懂得生存之道。看著龐培在海濤中被殺死的托勒密，是一長串名為托勒密的國王之一，他們全都準備好為保持權力而對任何暴行忍氣吞聲。所有東方的希臘人王朝都以貪婪、墮落與縱情聲色著稱，托勒密們也不例外，但除此之外，他們又加入一項源自法老王歷史的惡癖：習慣性亂倫。近親繁殖的惡果不僅展現於許多嗜殺的宮廷陰謀上，還展現於極度羸弱的身體上。羅馬人公然把托勒密們說成怪物，甚至認為，利用每個機會指出這點是他們身為共和主義者的責任。若在位國王身體肥胖且虛弱，到訪的代執政官就會興致勃勃地拉他一起走在亞歷山卓街頭，看著他在他半透明的龍袍裡搖晃且大汗淋漓。其他羅馬人則找到更生動的方式表達他們的藐視。加圖在治理賽普勒斯期間，有一位托勒密來訪，當時他剛好拉肚子，竟然就在眾目睽睽下坐在馬桶上會見國王。

凱撒也是如此。就在埃及正上演爭奪王位的生死鬥爭時，他只帶著不到四千人便去到亞歷山卓，讓人覺得彷彿他缺乏軍隊。但他只是故意顯示自己不把埃及的實力放在眼裡。他對托勒密王朝的藐視在他上岸的那一刻得到確認。碼頭上，龐培的首級被當成禮物呈獻給他。凱撒不但不高興，反而哭了：不管私底下，對手的死多讓他鬆了一口氣，女婿的命運都讓他感到難過——特別是知道了對方遇害的詳細情形之後。

原來，龐培是陰謀集團的犧牲品。該陰謀集團的成員包括托勒密的幾名主要大臣、一名太監、一名傭傭兵和一名學者。在凱撒心中，沒有比這種極不合乎羅馬格調的陰謀更可惡的了。然而，策劃謀殺的太監波提紐斯（Pothinus）還在等待他的感激，而且滿有把握地預期，凱撒會幫助國王對付造反的姊姊。不過，凱撒被困在亞歷山卓的逆風中，很快就彷彿自己才是國王般地發號起司令。選擇住處時，他自然地選擇王宮。王宮是有城牆的龐大建築群，幾世紀以來一再擴建，如今覆蓋的面積近乎亞歷山卓的三分之一，成了亞歷山卓另一項世界紀錄。凱撒從此要塞，提出了驚人的財務要求，並皇恩浩蕩地宣布，準備解決托勒密姊弟的內戰——但非以托勒密支持者的身分解決，而以裁判的身分。他下令兩姊弟解散軍隊到亞歷山卓見他。托勒密沒解散多少軍隊，但在波提紐斯勸說下回到王宮。他姊姊克麗奧佩脫拉（Cleopatra）進不了首都，只能徘徊在托勒密的防線之外。

一天晚上，隨著夜色逐漸加深，一艘小船偷偷靠近王宮旁邊的棧橋。一名西西里商人爬出船艙，肩上扛著捲成一卷裝在袋子裡的波斯地毯。當波斯地毯在凱撒面前攤開時，妖媚的克麗奧佩脫拉意外地從中現身。一如她所料，凱撒很喜歡這種戲劇化的情節（coup de théâtre）。克麗奧佩脫拉擅於讓人留下深刻的印象。雖然她可能沒有傳說中那般美麗（從硬幣上的圖案來看，她骨瘦如柴、長著鷹鉤鼻），但卻有著驚人的魅惑力。普魯塔克寫道：「她性感的吸引力與迷人的談吐，還有所說所做的每件事都魅力十足，讓人無法抗拒她。」[18]看看克麗奧佩脫拉的生活紀錄，誰又會懷疑這點呢？她不隨便陪睡——才不是這樣。被她看中的都是非凡人等，權力之於她是唯一的春藥。托勒密家族的女性總比男性可怕：聰明、不擇手段、野心勃勃與意志堅強等特質，經過蒸餾後匯聚於克麗奧佩脫拉一身。她正是凱撒欣賞的類型：戎馬生涯十幾年後，有名聰慧的女性陪伴，想必是罕有的樂趣吧。當然，克麗奧佩脫拉的年齡也是優勢，才二十一歲。凱撒當晚就和她上床了。

托勒密得知姊姊征服凱撒後暴跳如雷，在街上大吼大跳，把冠冕扔在泥地上，尖叫著要求人民集結起來保護他。亞歷山卓的居民本來就對羅馬人有諸多不滿，而凱撒獅子大開口地要錢也讓他不得民心。所以現在，當托勒密要求暴民攻擊羅馬人時，他們踴躍地包圍了王宮。凱撒的處境岌岌可危，不得不同意托勒密和克麗奧佩脫拉共掌王權，還答應把賽普勒斯讓給他們姊弟。即使如此，他仍無法擺脫這個令人為難的困境。幾週後，托勒密所有的軍隊加入圍困王宮的行列，人數高達兩萬多人。凱撒發現自己的處境每下愈況。他身陷埃及王宮，周圍是奸詐的太監與亂倫的王族，與外界的聯繫也完全中斷。共和國在法羅斯燈塔照不到的遙遠地方也在打仗，但如今凱撒連偷偷送封信到羅馬都辦不到。

接下來五個月，凱撒有如演出滑稽劇一般，重演他以前戰役的可怕勝利。愛書的凱撒在火燒港口的埃及艦隊時，無意間點燃堆放珍貴圖書的倉庫[19]；為能登上法羅斯島，他不得不跳船，然後把將軍斗篷留給敵人。雖然有這種種尷尬，但他總算成功脫離了王宮和港口。他還用別的方式重建了權威：除處死滿肚子壞水的太監波提紐斯外，他又讓克麗奧佩脫拉懷孕。這種造王的行為勝過龐培的所有成就。西元前四十七年三月，當增援部隊終於抵達埃及時，女王在凱撒呵護下的腹部明顯隆起。托勒密慌慌張張地逃出亞歷山卓，但被沉重的黃金鎧甲拖累，淹死在尼羅河中。這樁便利的意外讓克麗奧佩脫拉名正言順獨攬王權。凱撒重新成為贏家。

但他付出了什麼代價？看來十分沉重。隨著通訊重建，凱撒與各處部下恢復聯繫，但傳來的卻不是讓人高興的消息。他在亞歷山卓忙裡偷閒的這段期間，已揮霍了在法薩盧斯之戰贏得的許多優勢。在義大利，安東尼的管理引起廣泛憎恨；在亞細亞，國王法納西斯（Pharnaces）入侵本都，證明自己就像父親米特拉達梯一樣難纏；在非洲，梅特盧斯和加圖正集結一支大軍；在西班牙，龐培派重新製造不安。總之不管東西南北，整個世界都是戰火。儘管每個地方都亟需凱撒前往，但他仍在埃及多待了兩個多月。凱撒不曾饜足的野心引起了內戰，讓共和國深陷重大危機，但此時，他卻懶洋洋地依偎在情婦身邊。

無怪許多羅馬人覺得，克麗奧佩脫拉的魅惑力近乎帶有妖魔的成分。她讓一個以精力無限著稱的公民變得懶散，讓他遠離自己的職責，讓他對羅馬不聞不問，讓他無視於諸神授與的天命——這一切都值得以偉大與令人敬畏的詩歌記述。也值得淫穢的小曲傳唱。長久以來，凱撒強烈的性慾是部下津津樂道的話題。他們會如此唱道：「鎖起你的老婆，我們的指揮官是危險的傢伙。他雖然禿頭，卻會操任何會動的東西。」[20]另一些笑話不免拿他和尼科米德斯的舊傳言做文章。雖然凱撒證明了自己的偉大，證明自己的身心靈都堅如鋼鐵，但共和國的道德準則仍不饒人。只要一個的公民長袍沾上了汙點，便總會遭人指指點點。

這類對嘲諷的顧忌當然有助於一個羅馬人成為真正的男人。凱撒時代最偉大的學者寫道：「固定的思想模式發展下去就會形成一種風俗。」[21]其為共和國所有公民分享與接受，為羅馬的偉大提供最穩固的基礎。亞歷山卓的情形是多麼大相逕庭啊！這座城市建於淺淺的沙地上，缺乏深根。難怪在羅馬人眼中，它與妓女如此相像。沒有風俗就沒有廉恥，沒有廉恥就什麼都幹得出來。一個民族的傳統若枯萎了，便會滋生最令人反胃與墮落的習慣。托勒密家族就是最好的例子。克麗奧佩脫拉剛送走一個弟弟，便嫁給了另一個。大腹便便的女王下嫁十歲弟弟的光景讓克洛狄婭的一切醜行黯然失色。雖然克麗奧佩脫拉是希臘人，而希臘文化哺育了羅馬人，但她在羅馬人眼中完全是個異類。對凱撒這樣喜歡觸犯禁忌的人來說，克麗奧佩脫拉想必加倍地有魅力。

雖然克麗奧佩脫拉讓一名羅馬行政官縱情聲色、放鬆警戒幾月，但凱撒卻絕非忘記自己或羅馬未來的人。在他思考這兩者時，想必亞歷山卓提供了他不少資糧。這座城市如同它的女王，是為人熟悉與奇怪事物的混合體。它的圖書館與神廟讓它顯得非常希臘，並實際上讓它成為希臘世界的首府。然而有時候，當風向發生變化，不再有來自大海的清風時，城市裡就會瀰漫著來自南方灼熱沙漠的沙塵。埃及的內陸太廣也太古老，不容許人們全然忽略。由於這塊內陸的存在，亞歷山卓成了一夢幻般的混合地方。它的寬闊街道不只裝飾著希臘雕刻家四肢勻稱的傑作，還裝飾著尼羅河沿岸的各種獅身人面像、獸首神像與面帶神祕微笑的法老王人像。然而，更讓羅馬人感到古怪的是，城中有些區域完全看不到神像。除了希臘人和埃及人，亞歷山卓還是眾多猶太人的家——人數斷然比耶路撒冷的猶太人還多。他們雄霸城市的五個行政區之一，雖使用希臘文翻譯的《托拉》（*Torah*），但在其他方面卻強烈抗拒同化。猶太人在他們的會堂裡敬拜，敘利亞人在一尊宙斯人像下敬拜，二者又同時處於一尊掠奪回來的方形尖碑陰影下——這就是國際大都會的風貌。

羅馬的未來也是如此嗎？許多公民肯定害怕這樣的事發生。對羅馬人來說，擔心羅馬被蠻族文化淹沒，總為其被害妄想症的肥沃源頭。統治階級特別厭惡外國的影響力，擔心共和國會因此而變軟弱。羅馬城可以當世界的主人，卻不可以當一座世界性的城市。本質上，這就是元老院之於羅馬的宣言。出於這種考慮，猶太人與巴比倫占星師不斷被逐出羅馬，埃及的神明也是如此。即使在凱撒渡過盧比孔河之前數月的緊張氣氛中，一位執政官仍有拿起斧頭、前去拆毀伊西絲（Isis）神廟[22]的工夫。不過，猶太人和巴比倫占星師總有辦法找到門路返回羅馬，而聖母暨天后伊西絲在信徒之間也因太過深入人心，不那麼容易被趕走。那位執政官會被迫自己掄起斧頭，是因找不到別人肯做這件事。羅馬正在改變。一波波移民潮接踵而至，並非元老院所能阻擋。新的語言、風俗和宗教傳入羅馬，而這些都是共和國霸權的果實。條條大路通羅馬事出有因。

因為凱撒不怕想像不可想像之事，也因為他長期不在羅馬，對於這點看得比其大部分同儕清楚，而且他大概一直都知道。小時候他就有猶太人鄰居，還曾以朱利安家族的名義保護他們。羅馬多了那麼多新住民不只不讓他慌張，反而有助於支撐他的自負。現在，他身為法薩盧斯之戰的得勝者，有能力保護各民族的人了。在整個東方，雕刻家都忙於鑿去銘文中龐培的名字，換上凱撒的名字——自然地，在共和國境內任何地方，這種事都不會被提及。在一座座城市中，這位維納斯的後人被稱頌為住在凡間的神。他在以弗所（Ephesus），被看作人類的救主。即使冷靜沉著如凱撒者，也難免會為此感到醉醺醺。他無需全盤接受這些恭維，才能領會它們的暗示。人類救主的角色顯然不易與共和國的憲政安排兼容並蓄。若凱撒想要靈感，他就會望向別處。無怪當他流連於亞歷山卓時，會覺得克麗奧佩脫拉引起他莫大的好奇心。他模糊、扭曲地從這位年輕的埃及女王身上，瞥見了自己可能的未來。

西元前四十七年晚春，這對愛侶暢遊尼羅河。這是一趟從一個世界到另一個世界的旅行。不管亞歷山卓讓羅馬人感覺多奇特，它終究不是全然的怪異。它的公民就像羅馬人一樣，以其圖書館自豪。表面上，亞歷山卓是一座自由的城市，女王僅僅被認為是「同儕之首」，基本上與國人同胞平起平坐。源於希臘古典時期的公民傳統仍為人珍視，不是克麗奧佩脫拉可完全置之不理。不過，一旦離開首都，隨著遊船輕輕划過金字塔與卡納克神廟（Karnak），她就完全變成另一個人了。這時，她以最嚴肅的態度扮演法老王。她是第一個能說埃及語的希臘人君主。她和弟弟作戰期間，是向外省土著而非亞歷山卓尋求支持。她不僅是古老神明的虔誠信徒，而且是他們之中的一員，是天后的人間化身。

克麗奧佩脫拉同時是亞歷山卓的頭號公民和新伊西絲。對凱撒來說，和一位女神上床，讓遙遠共和國的種種顧慮比以往都更顯土氣。據說，若非部下開始抱怨，他將和情婦一路航行到衣索匹亞。這不過是毀謗的謠言，但它道出了一個危險、貌似可信的事實。凱撒確實打算在一個未經探勘的地域展開旅程。當然他首先還有場內戰要打贏，也正因為如此，他才會在五月底結束他的尼羅河之旅，率領軍團展開新的征戰。但勝利之後他要做什麼？和克麗奧佩脫拉在一起的時光裡，他對此問題深思良多。思考結果決定了日後的許多事。事情不僅有關他自己的未來，還有關羅馬與更廣大的世界。

反對加圖

西元前四十六年四月，太陽沒入尤蒂卡（Utica）另一邊的城牆。自海岸往南走二十英里之處，已成為廢墟的迦太基籠罩於一層薄霧中，其對開的非洲海面上船隻星星點點，滿載逃亡者，黑夜已然降臨。凱撒很快就要追來了。先前雖然他的兵力遠遠不及對手，但仍再次打了一場大勝仗。在凱撒不在埃及與亞洲的這幾個月，梅特盧斯所招募的軍隊遭到擊潰與屠殺。非洲已注定落入凱撒手中。尤蒂卡根本不可能守得住，現在城防的負責人加圖十分確定，共和國沒救了。

雖然他為梅特盧斯的殘兵提供逃走的船隻，自己卻不肯走，逃走不是加圖的作風。那晚，他如同法薩盧斯之戰以來地如常用餐，沒半點慌張的神色，甚至從頭到尾都沒提凱撒的名字。反之，他邊喝葡萄酒，邊把話題轉向哲學。他談到自由的概念時，強調只有善良的人能真正得到自由。一位客人引經據典地反駁這個主張，加圖愈聽愈惱火，拒絕聽完他說的話，這是他有心事的唯一證據。但見大家陷入沉默後，他趕緊改變話題。他不想讓任何人猜到他的情緒或料到他的計畫。

當晚回寢室看了一會兒書後，他揮刀自戕。隨從發現他倒地了，但還沒斷氣。當大家忙著為他包紮時，他推開醫生，拉扯自己的腸子，很快就因失血過多而死亡。凱撒抵達尤蒂卡時發現全城正在守喪。他來到加圖海邊的墳墓對死者說：「加圖啊，一如你嫉妒我有機會饒恕你，我也嫉妒你已死去。」[23]凱撒確實不喜歡加圖的壯烈犧牲。沒有人比加圖更能代表羅馬的自由精神，若凱撒有機會饒恕他，將可摧毀他對共和國想像力的強烈執著。然而，透過壯烈成仁，如今他的執著已獲得確認。即使化作幽靈，加圖仍是凱撒最頑強的敵人。

鮮血、榮譽和自由——他的自殺濃縮了羅馬人最喜愛的三個主題。擅長操弄大眾的凱撒知道這點。他在西元前四十六年七月底回羅馬後，準備將死去的敵人放到他認為他們應隸屬的陰影中。加圖之死雖然戲劇張力十足，凱撒決心要以更有戲劇張力的方法將它比下去。當年九月，他的公民同胞被邀請參加其祝捷活動。多年來，羅馬人已看慣了鋪張奢靡的場面，但凱撒安排的表演與景觀如此壯觀，讓他足以推翻回報遞減率。長頸鹿、不列顛戰車、絲綢華蓋、人工湖上的海戰：這些全都取得了觀眾目瞪口呆的預期效果。就連龐培曾提供的表演都黯然失色。他也從沒有像凱撒這樣，一口氣連辦四場凱旋式。

高盧人、埃及人、亞細亞人和非洲人——這些外國敵人輪流被鎖鏈串成串，在群眾的歡呼聲中遊行。即使凱撒厭惡以這種方式慶祝勝利，但他卻無法抗拒此偶爾為之的幸災樂禍。凱撒在非洲打敗法納西斯之後，尚未與克麗奧佩脫拉展開埃及之旅的空檔，寫下一句名言，炫耀自己取勝的速度：「我來，我看見，我征服。」[24]現在，這句話寫在看板上，隨著遊行隊伍穿越羅馬，藉此把龐培比下去——因為龐培把打敗法納西斯的父親米特拉達梯說成一件很了不起的事。不過，如果博學的公民可以辨識，一個敵人的幽靈正於凱撒戰車後頭拖曳而行，另一個幽靈則拒絕遭這名征服者囚禁。固然凱撒打敗了龐培，但沒打敗加圖——這個事實讓凱撒罕有地在宣傳活動中出醜了。在慶祝他征服非洲的第四場凱旋式中，凱撒下令，遊行隊伍中加入一輛刻畫加圖自殺的花車，用意在於表達如下觀點：加圖及其他與他為敵的公民都是非洲人的奴隸，已作為共謀者遭到消滅。但群眾不同意這種觀點。他們看到花車時哭了。加圖的影響力並非凱撒的仇恨可以消滅。

但顯然地，凱撒現在已牢牢掌控共和國本身。元老們對凱撒的豐功偉績與巨大權力感到驚懼，在心慌意亂中認可其勝利的同時，也加減使之與過往備受珍視的傳統作了妥協。共和主義者對於這種扭曲的嘗試備感痛苦。凱撒業已當過兩次獨裁官：第一次在西元前四十九年年底，為期十一天，當時他正匆忙準備參選執政官；另一次是西元前四十八年十月，為期一年。如今，在西元前四十六年春天，他第三次被委為獨裁官——任期是史無前例的十年。他本來就是執政官，現在還有權力提名共和國所有行政官的人選，並創立羅馬的「風紀長官」的職位自任之。蘇拉當政時，權力也不曾如此集中於一人手上。不過，蘇拉的例子也帶來了一點希望。十年的獨裁官任期的確讓人難以忍受，但起碼還不是終身制。重藥治重症，這個道理的有效性有過先例。畢竟誰又能否認，共和國真的病得很重了？

甚至有人對肩負治病重任者深表同情。西塞羅寫道：「我們都是他的奴隸，但他是時代的奴隸。」[25]沒人真的知道凱撒對共和國的計畫，因為沒人知道如何治療共和國在內戰中所受的傷。然而，人們仍模模糊糊把希望寄託在凱撒身上，認為若有誰可為當前的危機找到出路，當非凱撒莫屬。

他的傑出和仁慈顯然都無與倫比，也無人有足夠的威望與他匹敵：龐培、多米提烏斯和加圖都死了，連梅特盧斯都在非洲海岸的風暴中喪命。龐培的兩個兒子格尼涅斯（Gnaeus）和塞克斯圖斯（Sextus）還活著，但年輕、臭名在外。當西元前四十六年冬天，他們在西班牙成功發動起義時，連龐培從前的支持者都希望前往征討的凱撒旗開得勝。典型的例子是卡西烏斯（Cassius Longinus，他在法薩盧斯之戰後、凱撒原諒他之前是龐培最傑出的海軍司令官）。他在和西塞羅論及凱撒前進西班牙的消息時表示：「我寧願這個熟悉、仁慈的老主人，也不要一個嗜血的新主人。」[26]

即使如此，卡西烏斯的話裡仍有一絲苦澀。不管主人多麼寬宏大量，那仍是主人。絕大多數公民對於能自內戰中倖存感到高興，沒工夫計較太多。但凱撒的同僚卻備受嫉妒感、無力感與羞辱感困擾。寧死也不當奴隸——這是一個羅馬人從小受到的教導。一個人可以服從獨裁者，甚至欽佩獨裁者，但永遠無法壓抑被羞辱的感受。「對於接受凱撒賞錢的自由人來說，他的施捨能力是種冒犯。」[27]發生在尤蒂卡的事件，讓人對這個道理的感受尤為深切。

加圖的鬼魂仍縈繞羅馬的良知。他那些改投凱撒陣營並因而獲得獎賞的前盟友，不能自已地把他的死看成一種自我譴責。最明顯者莫過於加圖的外甥布魯圖。他最初以哲學理由批評叔叔自殺，後來卻日益被叔叔所樹立的榜樣弄得心神不安。正直、思想高尚如他，不願被視為共謀者。因他心裡仍相信，凱撒是個共和主義者，所以不覺得支持這位獨裁者與忠於加圖的英靈有所衝突。為了讓這點表現得更明顯，他與妻子離婚，另娶加圖的女兒鮑西婭（Porcia）為妻。由於鮑西婭的前夫是比布盧斯，凱撒對於這樁婚事感到不快也可想而知。布魯圖藉此表明了自己的立場。

還不僅止於此。布魯圖為了讓叔叔死後的名聲永垂不朽，而著手寫了一篇訃聞。他又央請羅馬最偉大的寫手西塞羅做一樣的事。這種委託是種恭維，但西塞羅於再三考慮後接受，卻是愧疚與虛榮心同時促成。正如他痛苦意識到自己未曾英勇作戰，並接受凱撒的原諒證明他是個牆頭草。西塞羅面對眾人的輕藐，想繼續以共和國美德的無畏代言人自居，但現實的情況卻是，自他與凱撒和解以來，他的道德高度已崩潰於別人偶爾的刻薄取笑之中。現在，透過公開為犧牲於尤蒂卡的烈士們鼓掌，他大膽為自己爭回了一些名聲。西塞羅寫道：加圖是少數比自己的名聲還偉大的人。這顯然話中有話，不只劍指獨裁者，還暗中貶低所有向其霸權屈服的人——當然包括作者自己。

這時凱撒雖遠在西班牙，但在塵埃與鮮血養肥的蒼蠅包圍下，仍留意羅馬的文學動態。他讀到西塞羅和布魯圖的文章時怒不可遏，一等到贏得一場決定性戰役後，便撰文大加撻伐。他反駁道，加圖根本算不上什麼英雄，不過是個可鄙的酒鬼、不識時務的瘋子，完全不值一提。當這篇題為《反對加圖》（*Anti Cato*）的文章傳回羅馬後，人們讀得興高采烈。但凱撒的攻擊不僅絲毫無損加圖的名聲，反而將它推到一個新的高度。

凱撒恨得牙癢癢地，當他仍在西班牙戰爭期間，有跡象顯示他的耐性快用光了。這場仗進行地特別殘酷。凱撒不僅沒以慣有的仁慈對待戰敗的叛軍，反而根本性地拒絕承認他們是公民。他們的屍體被用作建築材料，首級被插在竿子上。龐培的小兒子逃脫了，但長子被抓到並遭到處決，首級被用作戰利品加以展示。通常只有高盧人才會受到這種對待。不過即使凱撒變得嗜血，他仍拒絕為自己的軍隊淪於獵頭族負責，反而認為，他對手的陰險和愚蠢才是真正該被歸咎的對象。命運之神把羅馬人民交到他手中，若現在他們拒絕支持他為他們包紮與療傷的努力，那四濺的鮮血亦無法平息諸神的怒火。如此一來，羅馬和世界將陷入一片黑暗，野蠻主義將大行其道。

對於對抗這種末日情境的需要，西塞羅或布魯圖的思想與感情有何意義？甚至共和國的思想與感情有何意義？凱撒對於仍被其他公民同胞看得極其神聖的傳統日愈不耐。他不急著返回首都諮詢元老院，或把他的政策提交給人民，反而流連於行省，為老兵闢建殖民地，並把羅馬公民權授予土著的上層階級。羅馬的貴族階層聽到這個消息後深表震驚。有一則笑話是說，高盧人已經脫掉發臭的褲子、換上長袍，打聽如何才能進入元老院。這種仇外心理顯然始終為羅馬的特權。就定義上來說，那些最為共和國自由驕傲的人幾乎最為勢利眼。但凱撒對他們嗤之以鼻，他不再有在乎傳統主義者如何作想的閒情逸致。

他對傳統也興致缺缺。這樣正好，因為他的政策為共和國運作帶來實際的困難。若說義大利的公民去羅馬投票已經很不實際，海外行省的公民更不可能行使投票權。凱撒對此置之不理，不想為這種小問題分神。他為一個真正的世界帝國奠定基礎，同時也順便為自己的世界威望奠基。每個獲得公民權的土著和獲得土地的老兵都是凱撒打造新秩序的一磚一瓦。羅馬的貴族習慣收攬恩客，但凱撒的恩主身分將涵蓋天涯海角。如此一來，敘利亞人、西班牙人、非洲人和高盧人等各色人種往後將不是效忠羅馬共和國，而效忠單一一人。作為這種未來的象徵，沒有比凱撒對迦太基與科林斯的計畫更重要的東西了。他準備重建這兩個當年被羅馬軍團夷平的城市，以其為一普世和平新時代的紀念碑。新殖民地迦太基將永遠掩蓋尤蒂卡的光芒。未來將自過去的瓦礫堆中誕生。生活在羅馬的公民將會首次意識到，他們除了是世界的主人之外，還是世界的一部分。

這不表示凱撒打算忽略他的城市。他對羅馬同樣有些重大計畫：建立一間圖書館；在卡比托利歐丘蓋一間可匹敵龐培劇院的新劇院；在戰神大校場上建造世界最大的神廟。由於台伯河阻礙了他的建築計畫，凱撒甚至決定將其改道。顯示出他擁有無上權力這點再好不過了，因他不只可以決定蓋些什麼，以及蓋在哪裡，還可以像個神明一樣，動動手指指尖，便能改變羅馬的地形地貌。顯然地，凱撒十年獨裁官的任期將讓羅馬改頭換面。這座城市一向都藉助眾多臨時建築展現它的古老自由——很快地，這種情形將發生劇變，羅馬將變為近乎希臘城市的樣貌。

它和亞歷山卓尤其相像，這在凱撒選擇請進家門的客人時已有跡可循。西元前四十六年九月，克麗奧佩脫拉為及時觀賞情人的凱旋式，一陣風似地來到羅馬。她住進凱撒台伯河另一側的豪宅，毫不在意羅馬人的共和主義情感，從頭到尾扮演埃及女王的角色。她不僅帶來丈夫（弟弟）和一群太監，還帶著繼承人——一歲大的小王子。因為凱撒已婚，所以拒絕承認這個私生子，但克麗奧佩脫拉毫不畏縮，炫耀地給兒子取名凱撒里昂（Caesarion）。克麗奧佩脫拉對待訪客的態度反映出她眼中他們的斤兩：例如西塞羅認為她可惡，她也冷冷以待。當然，女王真正看上眼的只有一個男人。西元前四十五年八月，凱撒終於回到義大利，她匆匆趕去與他會合，兩人奢侈地在鄉間度了個長假。直到十月凱撒才回到羅馬。

他發現首都裡小道消息滿天飛，謠傳他計劃把帝國首都搬到亞歷山卓。還有人說他雖是有夫之婦，但打算娶克麗奧佩脫拉為妻。凱撒沒花什麼工夫闢謠，反而在維納斯神廟為情婦設立了一尊黃金像。

這是一種前所未有、令人震驚的榮譽。由於維納斯被認為是最接近伊西絲的女神，凱撒此舉似乎有個更可怕的暗示。如果克麗奧佩脫拉在共和國的心臟地帶被表現為一名女神，那她的情人為自己又有何打算？為何建築工人會在他的宅邸增設一面三角山牆（pediment），讓它看起來如同一間神廟？安東尼已被任命為凱撒大祭司的謠言是否屬實？從凱撒拋出的許多暗示觀之，他幾乎不想隱瞞自己的打算。迎娶女神，並將新娘與自我神格化：他知道他的國人同胞肯定會對此大吃一驚。不過也有些人不會感到驚訝，尤其是住在東方的那些人。羅馬固然已向凱撒俯首，但世界上仍有些地方還沒。最倔強的是安息，它的騎兵利用共和國內戰之便，大膽越過邊界入侵敘利亞。共和國對於安息，當然還有卡雷之戰的仇還沒報，還有被俘虜的軍團等著解救，這些都是獨裁官值得關注的責任。不過凱撒才剛回羅馬，若他立刻策劃新的戰爭，這座城市難免會感覺受忽略甚至被拋棄，如同共和國的問題已令他厭煩，或羅馬是個不夠他施展手腳的小舞台。在東方，人們會欣賞他如此。東方人業已把他奉為神明。在東方，凡人可變為神明與信仰萬王之王的傳統比共和國的歷史還要久遠。

對焦慮不安的羅馬人來說，問題就出在這裡。西元前四十五年年底，元老院宣布此後把凱撒尊為「神明尤利烏斯」。至此，還有誰能懷疑他準備打破最後的禁忌，自封為王？這些可怕的猜想顯然不無根據。西元前四十四年年初，凱撒開始穿上高筒紅靴——傳說中，義大利過去的國王都是穿這種靴子。差不多同一時期，一頂王冠神祕地出現在他的一尊人像上；再者，當有人挪走了王冠時，他還勃然大怒。公眾的疑慮不斷增加。看來，凱撒知道自己做得太過頭了。二月十五日，他身穿紫色長袍、頭戴金色花環，拒絕了安東尼所呈獻的王冠。當天是節日，羅馬到處擠滿了人，當安東尼再次獻上王冠時，「呻吟聲響遍整個羅馬廣場。」[28]凱撒再次拒絕，這次的態度很堅決，顯然不想再有第三次。若人群換成歡呼，他說不定就接受了。他知道，羅馬人絕不能容忍一個國王尤利烏斯。不過說到底，他並不在乎國王的名分。表彰偉大的方法，各民族有所不同，這是他停留在亞歷山卓時學到的一課。如同克麗奧佩脫拉，既是埃及人眼中的法老王，也是希臘人眼中的馬其頓女王，他凱撒，無妨也同時是亞細亞人眼中的下凡神明與羅馬人眼中的獨裁官。廢除共和國有何必要，那個傷害國人同胞的思想感情呢？共和國如同凱撒所指出的，已經「沒有身體和實質了，只剩下名義而已」。[29]真正重要的並非門面而是實權。凱撒不同於蘇拉，他根本沒有打算放下權力。

安東尼向他獻上皇冠的前幾天[30]，元老院正式任命他為終生獨裁官。隨著這項要命的舉措，盼望凱撒會還政於民的最後一絲希望宣布破滅。但羅馬人在乎嗎？在凱撒的盤算裡，他們不會在乎。他為人民帶來表演、福利和太平。他讓元老院噤若寒蟬，不是透過公然威脅的方法，而是指出除掉他，將導致什麼可能的後果：「不合法的暴君總勝過一場內戰。」[31]這也是加圖最忠實的仰慕者法弗尼烏斯的觀點。因凱撒明白這個道理，因此不把同僚對他的恨意放在眼裡。我解散了自己多達二千人的衛隊，大剌剌走過羅馬廣場，身邊只帶著法定數目的扈從官。當有眼線告訴他，傳聞中，有人計畫暗殺他，催促他趕緊剷除陰謀者時，凱撒不當一回事，「他表示，他寧死也不寧願害怕。」[32]

他也不準備在羅馬久待。他預定三月十八日出發前往安息。的確，一名卜官提醒他注意「望日」（Ides）——每月的十五日，但凱撒不太把迷信放在心上。只有在他的私人談話中，我們才窺見他有凶死的預感。十四日黃昏，正好是他被任命為終身獨裁官一個月後，凱撒和雷必達（Lepidus）共進晚餐——西元前四十九年雷必達加入凱撒的陣營，現在是他的副手，正式官銜為「騎兵統帥」。因他相信在座的都是朋友，所以摒退衛兵。席間有人詢問：「怎樣才是最愉快的死法？」凱撒不假思索地回答：「毫無警告的那一種。」[33]有警告就會讓人產生恐懼，有恐懼就會讓人失去勇氣。那晚，凱撒的妻子做了惡夢，乞求丈夫隔天不要前往元老院。凱撒聽了只是笑一笑。第二天早上，他坐轎來到元老院，途中遇見提醒他當心三月「望日」的占卜官。他微笑地說道：「你提醒我要小心今日，但我還活著。」占卜官不免快速回答說：「對，但今日還沒過去。」[34]

那天早晨，元老們在龐培所建的大議事堂裡集會。旁邊的劇院正在進行格鬥士廝殺，凱撒下轎時，應該會聽到觀眾受血腥場面刺激而發出的陣陣驚呼。但這些噪音很快地，便被柱廊以及大會堂陰涼的大理石吸去了不少。龐培的人像仍雄視元老開會的地方。在法薩盧斯之戰後，這尊人像曾一度急急地被移走，但凱撒以他一貫的寬容下令恢復舊觀——同龐培的其他人像一起。西塞羅認為，凱撒此舉作為一種投資型的政策，是為了預防日後自己的人像被移走，但他的這項指控意在傷人，而且不公道，凱撒沒理由擔心自己人像的命運。當他走進議事堂，看見元老們一一站起來向他打招呼時，他也沒有理由擔心自己的命運。然後，一批元老向他走過來，圍著他團團轉，紛紛親吻他，讓他在鍍金的椅子上動彈不得。突然間，他感到身上的長袍被人自其肩上扯下。「怎麼搞的，這樣太暴力了！」他驚呼道。[35]剎那間，他感到喉頭傳來椎心的疼痛。掙扎扭過頭後，他看見一把匕首沾滿了他的鮮血。

大約有六十個人擠在他身邊，每個人的長袍裡都藏著一把匕首。他們全都是凱撒熟悉的人。其中許多都是獲得他寬恕的前敵人，但更多是他的朋友。[36]有些是他在高盧時效力他麾下的軍官，包括曾孅滅威尼斯人的艦隊指揮官德西莫斯．布魯圖（Decimus Brutus）。不過，最讓人心情沉重的背叛，則來自一名和凱撒更親近的人：正是他的一擊才讓凱撒不得動彈，停止徒勞的抵抗。在幢幢人影中，凱撒瞥見一把刀插上了自己的腹股溝，而握刀的則是另一個布魯圖——傳說是凱撒私生子的馬爾庫斯．布魯圖（Marcus Brutus）。「你也有份嗎，我的孩子？」[37]凱撒氣若游絲地說，說完就倒地不起了。因為不想讓別人看見他痛苦的死狀，他把頭埋在長袍的絲帶中。他的鮮血染紅了龐培人像的基座。凱撒死了，倒在大對手的陰影中。

不過，若有人從中看出了象徵寓意，那只是個假象。凱撒並非死於黨派鬥爭。行刺計畫的兩大領袖之一卡西烏斯從前的確是龐培的軍官，當他主張除了除掉凱撒外，還要除掉安東尼和雷必達（換言之，他主張摧毀獨裁者所建立的整個政權），但他的建議遭到否決。另一個領袖布魯圖拒絕聽從。他力主他們只是執行死刑判決，不是搞政治鬥爭。布魯圖的意見勝出。他是個備受尊敬之人，所以夠格充當共和國的代言人和復仇者。

羅馬一開始是由國王統治，末代國王是個暴君。一個名叫布魯圖的人趕走了他，設立了執政官和共和國的所有制度。現在，事隔四百六十五年後，他的後人——另一個布魯圖——打倒了另一名暴君。他帶著同謀們走出龐培的劇院建築群，興奮地跑過戰神大校場，驕傲高舉染血的匕首，朝羅馬廣場而去。在那裡，那個屬於人民的地方，他宣布了個好消息：凱撒死了，自由恢復了，共和國得救了。

如同嘲笑他一般，戰神大校場傳來了尖叫聲。龐培劇院裡的觀眾騷動起來，在恐慌中亂成一片。縷縷煙霧飄向天空，搶劫者砸毀商店。在更遠處，猶太人開始哀哭，為那個始終為他們保護者的人哀悼。不過在其他地方，人們聽到凱撒遇刺身亡的消息後都沉默不語。他們不但沒跑到羅馬廣場為刺客喝彩，反而跑回家關緊了門。

共和國得救了，但如今共和國是什麼？整個城市鴉雀無聲，聽不到任何回答。

THE DEATH OF THE REPUBLIC

第十一章 共和國之死

CHAPTER 11

最後的抵抗

不管危機是否存在，四季更替如常。百花盛開的春天，是上層階級出城度假的季節。西元前四十四年四月，情形仍無二致。凱撒遇刺身亡後幾星期，羅馬漸漸地人去城空。那些鎖起府邸出遠門的人想必對於能離開充滿恐慌的城市感到鬆一口氣。不過鄉村也有鄉村的問題，例如西塞羅去了羅馬以南他最喜歡的一棟別墅，卻發現那裡到處都是建築工人。他決定再到遠一點的地方，往南朝拿坡里灣（Bay of Naples）而去──在那裡，他很快地被房屋鑑價人包圍。他在波佐利繼承的零售業大樓生意岌岌可危，兩間店鋪已經關門。他感嘆：「連老鼠都搬出去了，更不用說是承租人。」不過，這位包租公以蘇格拉底（Socrates）為榜樣，不以為意地說道：「永生的諸神，這些俗事與我何干？」[1]

但哲學的慰藉有其限度。在其他時候，西塞羅承認他老處於一種惱怒的心緒。他抱怨道：「上了年紀讓我消化不良的症狀愈來愈嚴重。」[2]六十多歲的他覺得自己的人生是一場失敗。不僅政治事業走入低谷，過去幾年來家庭生活也出了問題。首先，歷經無數次爭吵後，他與結縭三十多年的妻子離了婚，接著又娶了自己一名年少富有的被監護人。人們嘲笑他一大把年紀還娶一個處女，他反駁說，她不會繼續是個處女太久──不過，她也沒持續當新娘。婚禮才過幾週，西塞羅的女兒圖利婭（Tullia）便死於分娩併發症，讓西塞羅悲痛欲絕。沒想到他的新婚妻子從一個可人兒成了嘮叨婆，他因為受不了而把她打發回娘家，一個人沉浸在悲痛中。圖利婭既熱情又聰明，是父親身邊最貼心的人，現在她走了，留下西塞羅備感淒涼。朋友難過地看他這樣自傷自憐，試圖喚醒他身為公民的責任感，但這些曾啟人以思的話語，如今只加深他的絕望感。西塞羅對一個前來安慰他的朋友痛苦地指出：「從前，公共生活碰到挫折時，我可以在家裡找到避風港。但現在家裡發生了不幸，我無法在國家事務裡找到慰藉。所以我同時遠離羅馬廣場與家。」[3]透過西塞羅悲傷的映照，羅馬共和國和他的女兒看起來依稀相像：一名女神似的年輕女子，深深地被愛著……但卻死了。

然後，三月望日悄然來到。布魯圖舉起沾著凱撒鮮血的匕首，高喊西塞羅的名字，為了自由得以恢復而向他道賀。西塞羅既驚訝又高興地稱刺客為英雄，把凱撒之死稱為光榮事件。但行刺只是個開端——西塞羅很快就不安地意識到，它可能連開端都算不上。布魯圖和卡西烏斯固然聯手扳倒凱撒，卻沒有想要摧毀他建立的政權。相反地，行刺者與凱撒心腹訂定了和平協議，結果讓自己一天天失去優勢。布魯圖和卡西烏斯在親凱撒煽動家的威脅下，被迫離開羅馬。西塞羅曾呼籲他們採取更無情與決絕的做法，現在更批評他們的戰略「荒謬」。據說，一群刺客當初沒把西塞羅拉入行刺計畫，是因為擔心他年紀大，會感到膽怯。現在這位老人家以其人之道還治其人之身，指出肩負消除獨裁與恢復共和國神聖任務時，行刺者具有「成年人的勇氣，但只有小孩子的遠見」。[4]

即使身處深刻的絕望中，西塞羅仍樂於自居練達的年長政治家。沒人能否認他有這個權利。對年輕一代來說，這位來自阿爾皮諾（Arpinum）的「新貴」已成為近乎傳奇的人物，而且是傳統的化身，是業已消失的巨人時代活化石。雖然西塞羅對於行刺抱持肯定態度，但凱撒派仍對他很感興趣。一名凱撒派分子還特地到西塞羅位於皮佐利郊外的別墅向他致敬。此人一頭金髮，眼睛明亮，年僅十八歲，是獨裁官的甥孫屋大維（Gaius Octavius）。一個月前，他還在巴爾幹半島（Balkans），效力於準備討伐安息的遠征軍。他聽說凱撒遇刺身亡的消息後，立即乘船前往布林迪西（Brundisium）。根據凱撒的遺囑，他已被凱撒正式收養，名字也應改為蓋烏斯・尤利烏斯・凱撒・屋大維（Gaius Julius Caesar Octavianus）。養父的老兵團團簇擁著他。耳邊迴響他們的歡呼聲，屋大維離開布林迪西前往羅馬，途中先去了拿坡里灣，在不同的度假別墅向各式凱撒派重量級人物請益，然後再到西塞羅之處朝聖。這次，西塞羅難得對恭維免疫，他拒絕被迷倒。畢竟屋大維作為凱撒的繼承人，有責任緝拿殺死他養父的兇手，這樣的人又怎能成為一個好公民？「不可能。」西塞羅輕藐地說道。[5] 他刻意稱呼年輕人的本名屋大維，而非喊他尤利烏斯・凱撒。[6] 對西塞羅而言，有個尤利烏斯・凱撒就很夠了。

即使如此，他對屋大維的前途卻幾乎沒有警覺心。離開時，這個年輕人除擁有一個有點魔力的名字與繼承養父全部遺產的決心外，別無所有。在龍蛇盤據的羅馬，這樣的資歷並不夠。事實上，對凱撒派的頭號人物來說（更遑論凱撒的敵人），這種資歷幾近於挑釁。獨裁官固然立了屋大維為法定繼承人，但凱撒還有許多手握大權的副手，也緊盯著死去主人的遺產。既然凱撒走了，羅馬頭號人物們的野心便再次有了自由表現的空間——但並非以布魯圖和卡西烏斯預期的方式表現。西塞羅困惑地指出：「自由恢復了，共和國卻還沒恢復。」[7]

正如同他進一步指出，這種事「前所未有」，前景令人覺得可怕。受內戰荼毒的舊規則與傳統是否永遠無法修復？若是如此，那麼羅馬就離一種扭曲、鮮血浸透的新秩序不遠了。在這種新秩序中，行政官不如軍隊重要，合法性不如赤裸的暴力有力。事實上，西元前四十四年夏天，這種新秩序的苗頭已可瞥見。有心成為軍閥的人紛紛走訪凱撒安置老兵的殖民地，大量撒錢收買人心。就連布魯圖和卡西烏斯都加入他們的行列。但老兵對他們態度冷淡也不奇怪。到了夏天快結束時，他們不得不認為，他們在義大利已不再安全。據說，他們靜悄悄溜到東方去。對曾自稱解放者的他們來說，流亡到任何地方都是一種慘痛的失敗。

對那些指望他們領導的人來說，他們的流亡更是一場災難。在布魯圖和卡西烏斯走了之後，留在羅馬捍衛最重要的共和國，需要更多勇氣。在元老院與羅馬人民面前，這座城市曾是自由誕生之地，如今誰該站出來？大家的眼睛望向西塞羅，但這位驚恐且命中注定的平民已從羅馬消失了。他在猶疑良久後，痛苦地決定前往雅典。他的兒子說是在希臘雅典念書，但實際上他已成為學校中最出名的酒鬼。焦慮的父親急於把兒子導回正軌。但他的船才剛出發，就被惡劣的天氣趕回港口。就在他等待風暴平息的這段時間，他得知羅馬人對他的看法。就連一向沉著的阿提庫斯也在信中寫道：「你拋棄了國家，幹得好！」[8]西塞羅感到羞愧難當。但羞恥心與虛榮心總算讓他鼓起一點勇氣，他從行李艙提出行李，掉頭往羅馬去。

這是他人生中最有勇氣的決定，但此舉並不完全不顧後果。他固然沒有軍團幫他進行生死鬥爭，但卻有無人能及的演講才能、老到的政治技巧與崇高的威望。羅馬市民聽到他回來的消息，夾道歡迎他。西塞羅在凱撒派最高層人士中並不缺乏熟人，而他心想，只要把這些熟人的其中一些引向支持憲制，大事便有可為。他格外屬意兩名人選：希爾提烏斯（Aulus Hirtius）和潘薩（Vibius Pansa）。兩人是凱撒派的著名軍官，已被獨裁官內定為隔年西元前四十三年的執政官。當然，在西塞羅看來，不經選舉就事先分配行政官官職嚴重違法，不過他暫時不打算追究。以此多事之秋的標準來看，兩人還算謙虛，甚至會向西塞羅請教公開演講的方法，但西塞羅非常不樂見另一些凱撒派分子擔任執政官。依照他的看法，安東尼是他們當中最危險的。安東尼已是執政官，還掌握一支軍隊與凱撒的財富。

西塞羅認為，即使是安東尼那些最吸引人的性格特徵——大膽、有魅力與慷慨——都只會讓他更危險。安東尼在追求富爾維婭（Fulvia）多年後，終於將克洛狄烏斯的跋扈遺孀追到手。西塞羅覺得，安東尼好色又愛炫耀，所以是克洛狄烏斯床鋪的夠格繼承人，也是一大眾禍害。不過，還有另外一個更讓人討厭的幽靈站在安東尼肩上。西塞羅沉思：「為何我的運氣總是這麼差？過去二十年來，為何共和國的敵人也總會變成我的敵人？」[9]無疑地，喀提林的幽靈會無聲地嘲笑這個問題。事實上，在西元前四十四年的此刻，西塞羅比他擔任執政官的那個年頭還自負。他譴責安東尼時，並不是對一個如喀提林般的叛亂分子宣戰，而是對一個國家元首宣戰，但西塞羅毫不在意。他認為安東尼像喀提林一樣是個妖魔，不砍下他的頭共和國不可能復原。所以西塞羅身為合法性的捍衛者，正準備打垮安東尼。

就像以前的許多次戰役一樣，這位大演說家對安東尼的攻擊既慷慨激昂又華而不實。藉著在元老院發表一系列動人的演講，西塞羅試圖把公民同胞從絕望的麻木中喚醒，喚起他們內心最深處的理想，提醒他們自己曾是何人。「生命不只關於呼吸。奴隸沒有真正的生命。所有其他民族都有能力忍耐奴役——但我們的城市不行。」西塞羅這篇演講堪稱羅馬自由的輓歌：既高度肯定共和國威風凜凜的過去，也表達對榮光褪色與黯淡的憤怒。「恢復自由是如此光榮的事，以致寧死也不可畏縮不前。」[10]古代先賢曾就這種主張建立榜樣。最終，西塞羅透過以生命為賭注，證明自己並未偏離他畢生捍衛的理想。不過，他的演講還涉及一些其他古老的傳統。共和國政治生活的黨派之爭一向凶狠，政治辯論的特徵是不留餘地。現在，西塞羅在攻擊安東尼時，把這點發揮到了極致。激昂的戰鬥呼籲之間，夾雜著惡狠狠的人身攻擊，而貫穿全部演講的主軸之一，則是對醉鬼安東尼的諷刺：嘔吐肉食、追求男孩子、調戲女演員這些都扣連在一起。這些言論惡毒、不公道——不過言論自由正是一個自由共和國的標誌。西塞羅已壓抑了太久，現在他在他的天鵝之歌中，放言無忌。他的演講以只有他做得到的方式，一下子把調子拉得極高，一下子墜落至谷底。

如同在大風中點火，他的演講若要有實際的效果，則需要引火物，也就是需要幕後活動。他必須讓凱撒派的軍閥調轉槍頭來對付安東尼，如同在整個羅馬的歷史上，敵對的貴族總被說服去對付那些過度強大的人。希爾提烏斯和潘薩對安東尼早有疑心，僅僅需要一點鼓勵。但西塞羅還想拉攏一名重要得多的人物。僅僅幾個月前他曾怠慢屋大維，但於西元前四十四年僅剩的日子裡，不再有幾個人會這樣做。

就連諸神都清楚無疑地表達祂們對小凱撒的喜愛。當屋大維首次進入羅馬時，天空萬里無雲，太陽由一個彩虹光暈包裹著。三個月後，更壯觀的現象出現了。當屋大維主辦競技比賽，以紀念被謀殺的養父時，一顆彗星划過羅馬上空。興奮的觀眾歡呼起來，認為那是凱撒的靈魂從天而降。屋大維私下認為，彗星的出現預示他前途偉大，但表面上同意大眾的意見。他理應這麼做，因成為神明的兒子加分可不少——哪怕對凱撒的繼承人來說也是如此。「孩子，你得到的一切都是靠你的名字得到。」[11]安東尼曾如此取笑他。不過，若說屋大維靠走狗屎運竄起，他利用凱撒遺產的技巧也是可圈可點，連安東尼這名討好大眾的老手也被比下去。例如，當人們要求以凱撒的財富支付凱撒答應過給民眾的好處時，安東尼不願意，但屋大維則抓住機會表現，拍賣了一些自己的房地產，墊付了那筆錢。

這讓他大得人心——不只民心，還得到凱撒老兵的心。屋大維與安東尼競相招兵買馬，很快有了一支三千人的非法私人衛隊。他曾靠著這支衛隊，短暫佔領羅馬廣場，後來雖然在面對安東尼為數更多的軍隊時不得不撤退，他仍是安東尼野心的具體威脅。

此時已是年底，安東尼的執政官任期即將結束。這位執政官為確保自己的權力基礎而去了北方，渡過盧比孔河進入高盧，宣布自己是該行省的總督。擋在他前面的，是曾參與行刺凱撒的德西莫斯·布魯圖（Decimus Brutus），他也自稱是高盧總督。他沒有把行省拱手交給安東尼，而是固守在摩德納（Modena）。安東尼繼續前進，包圍摩德納，讓城裡的人們餓肚子。醞釀良久的新內戰終於爆發。在凱撒兩名前副手鬥得難分難解時，凱撒的繼承人坐山觀虎鬥，成了個動向不明的危險因素。沒人知道他會支持哪一邊，更沒人知道，他的野心有多大。

他自稱只有對西塞羅吐露過心事。自首次見面起，屋大維就沒停止過討好西塞羅。因西塞羅仍懷疑他的動機，所以痛苦地對抗屋大維所代表的誘惑。一方面，如果他向阿提庫斯抱怨的：「看看他的名字就好！看看他的年紀就好！」[12] 既然如此，西塞羅又怎能信得過他——哪怕屋大維不斷向他請益，稱他為「我父」，又堅稱自己在為共和國效勞。但另一方面，想到這場危機糟透了的局面，西塞羅又覺得，相信屋大維沒什麼好損失。到了十二月，隨著北方送來了戰報，西塞羅終於下定決心。十二日，他向坐得滿滿的元老院發表演講。雖然他繼續攻擊安東尼，卻又呼籲以公共榮譽獎勵屋大維，容許屋大維招募一支私人軍隊（但不忘表示：「對，他仍只是個年輕人，幾乎還是個少年。」[13]）當有些元老對這個建議表示驚訝時，西塞羅抗議地表示，屋大維已是共和國閃閃發光的榮耀。「我可以擔保，元老們。我可以宣誓保證這一點！」他說。當然，正如西塞羅自己清楚知道，他的抗議太多了。不過，他私下並不完全不看好屋大維。這名年輕人多次坐在他旁邊，吸取他的智慧與共和國的古老理想，誰又能說得準他能走多遠呢？又若屋大維真的被證明為扶不上牆壁的爛泥，當時機一到，西塞羅便會有辦法對付他。在那之前，應該「給這個年輕人鼓掌喝采，把他捧上天去」[14]——換言之，是以對待凱撒的方法對待他。

顯然地，這就是過去讓西塞羅惹上麻煩的那類不謹慎的俏皮話。這句玩笑話如野火般傳開，最後連屋大維自己都聽到了。對此，西塞羅只好尷尬地聳聳肩。他僅負擔得起聳聳肩而已。畢竟，屋大維只是他編織聯盟的其中一環，甚至還不是最重要的一環。西元前四十三年四月，希爾提烏斯和潘薩兩位執政官終於向安東尼開刀。屋大維帶著兩個軍團跟隨他們，並擔任副手。兩場戰鬥接連發生了，安東尼戰敗，被迫撤退到阿爾卑斯山脈另一側。勝利的消息傳到羅馬後，似乎證實了西塞羅高風險、高賭注的策略有效。如同西塞羅自己擔任執政官時那樣，他被譽為國家的救星，安東尼則被正式宣布為人民公敵。看來，共和國得救了。

但是，接著又傳來了殘酷的新消息。兩位執政官都死了，一者死於戰陣，一者傷重不治。不讓人意外的是，屋大維拒絕和德西莫斯．布魯圖聯手。安東尼則困惑地逃走了，沿著阿爾卑斯山另一側的海岸進入凱撒另一個副手雷必達的行省。雷必達這位「騎兵統帥」擁有七個軍團，兵強馬壯；隨著安東尼的接近，這些軍團的動向成了一引起極大關切的問題。雷必達在寫給元老院的一封信中表示，他將繼續效忠——但他的人馬全是凱撒的老兵，他們已打定主意，逼迫自己的將軍改變立場。五月三十日，兩支軍隊聯歡數日後，安東尼和雷必達訂立協議結盟了。德西莫斯．布魯圖寡不敵眾，深陷絕望，雖然他企圖逃走，但遭到一位高盧酋長出賣而一命嗚呼。元老院的軍隊迅速瓦解，幾星期前仍在逃的安東尼變得更加人強馬壯。現在，只有小凱撒可能擋得住他通往羅馬的去路。

屋大維會選哪一邊站？首都裡，謠言滿天飛，人們焦慮地等待答案揭曉。他們不會等太久。七月底，屋大維軍中一名百夫長突然現身元老院。要求把仍為懸缺的執政官職位授與他的將軍。元老們予以拒絕。百夫長把斗篷撩到一邊，手握劍柄警告說：「若你們不立他為執政官，這把劍將立他。」[15]後來，事情果如他所料地發生了。一名凱撒再次渡過了盧比孔河。截至目前，屋大維共擁有八個軍團，羅馬沒人可以對抗他。西塞羅的希望全破滅了，只好痛苦地和其他元老一起迎接征服者。他在萬般無奈中，給屋大維提出新建議與新計畫。「不過，屋大維沒理他，只諷刺地說，西塞羅是最後一個前來歡迎他的朋友。」[16]

西塞羅獲准——應說被命令——離開羅馬，去了他最喜愛的鄉間別墅。建築工作已全部完成，但屋主被毀的政治事業卻無法修復。這個事業已經完蛋，還有些別的東西也隨之完蛋了。西塞羅在絕望的沉默中，看著他舊日的門人取得更多勝利。八月十九日，屋大維當選執政官，此時他還未滿二十歲。接著，在把殺死凱撒的刺客們定為叛徒後，離開羅馬往北進發，迎向安東尼與雷必達南下的軍隊。不過，這三個凱撒派領袖沒準備對戰。安東尼和屋大維在麥迪納（Medina）附近一條河流中的小島上見了面，他們互相擁抱，親吻彼此的臉頰。然後，他們和雷必達一道坐下來瓜分世界，宣布共和國的死亡。

他們自然以冠冕堂皇的措辭掩飾真相。他們宣稱，不是要為共和國寫訃聞，而是要恢復它的秩序。但事實上，他們正對它執行死刑。小島會議促成了一個新的「三巨頭同盟」。它不像龐培、凱撒和克拉蘇的聯盟那樣鬆散不穩，而是獲得元老院正式認可，並被賦予巨大權力。未來五年，三巨頭將對整個帝國行使代執政官的權力，毋須經過元老院或羅馬人民的同意，便可隨意通過或取消法律，軍法將沿用於神聖的羅馬本身。羅馬享受四百多年的自由終結於此。

共和國之死以鮮血來確認再適合不過。三巨頭不認同他們死去領袖的寬大政策，改為向更早期的一名獨裁官尋求靈感。在羅馬，人民公敵名單的再現早有不吉之兆：狗像狼一樣嚎叫；狼隻跑過羅馬廣場；天空發出巨大的叫喊、武器碰撞聲及看不見的馬蹄聲。三巨頭進入羅馬城後幾天，人民公敵名單的人數不斷攀升。三人對於把誰列入名單，展開了激烈的討價還價。有個因素較之其他，更能影響他們的決定：他們共有六十個軍團要養，亟需軍費。因此，如同蘇拉統治的時期，死亡成了財富的果實。一些流亡在外之人也進了名單，例如在陽光下享受不義之財的阿萊斯也被殺了——據說，這和他擁有一套「科林斯青銅器」有關。[17]有些人因派系因素被殺（他們被認為是新政權的潛在反對者），還有些人則為私人恩怨的犧牲品。最顯得無情的是，安東尼、雷必達和屋大維為證明對「三巨頭同盟」的忠誠，同意各自犧牲一名他們本來會營救之人。就這樣，安東尼同意犧牲自己的叔叔，雷必達同意犧牲一個弟弟，屋大維則同意將那名他稱為「我父」之人列入人民公敵名單。

即使如此，西塞羅本來可以逃走。他比賞金獵人還早知道自己被列入名單。不過，他就如同往常一樣，被嚇得六神無主，不知該如何是好。他沒有出海去找布魯圖和卡西烏斯（兩人正在東方招募一支龐大的軍隊），反而手忙腳亂地從一間別墅逃到另一間，不情願地走上流亡之路。畢竟，正如加圖向他顯示過的，比死亡更大的夢魘的確存在。最終，西塞羅被賞金獵人發現後，從轎子中伸出頭來，引頸就戮，這種格鬥士姿態是他始終欽佩的。西塞羅在最重大且致命的格鬥中敗北後，決定毫不眨眼地接受命運。顯然，他如同他所希望的那樣死去：身為捍衛自由的烈士般死去。

即使他的敵人也知道這點。賞金獵人割下西塞羅的首級與雙手後，將其送到羅馬。克洛狄烏斯的遺孀塞爾維婭（現在是安東尼之妻）得知消息，急急忙忙跑出來對西塞羅的頭吐痰，並猛地扯出他的舌頭，以髮簪用力戳刺了幾下。毀損夠了以後，她才願意讓人把頭拿去公開展示。西塞羅那隻曾寫過攻擊安東尼演講詞的手也被釘在柱子上。雖然他的舌頭沉默並遭髮簪穿刺，但看在羅馬人民的眼裡仍然雄辯滔滔。西塞羅曾是共和國無與倫比的政治演說家——只不過演講術與政治自由的時代已經過去。

勝者全拿

「三巨頭同盟」建立一年後，共和國的最後一絲希望在馬其頓城市腓立比（Philippi）郊外破滅。一支凱撒派軍隊本已被困在巴爾幹半島一處平原上，糧草短缺，但卻成功地引誘敵人展開決戰。布魯圖和卡西烏斯募盡了東方所有兵力，又掌控了制海權，擁有無可匹敵的優勢：就像龐培在法薩盧斯時那樣，他們完全有本錢和敵人耗下去。然而，他們選擇了戰鬥。在兩場羅馬歷史上規模最大的戰役中，卡西烏斯和布魯圖先後倒下。其他羅馬名人也陣亡於大屠殺中：一位是盧庫勒斯、一位是霍騰修斯、一位是加圖。最後這位丟掉了頭盔，衝入凱撒派軍中，顯然想效法自己父親的榜樣，寧死不受奴役。他的姊妹也一樣。在羅馬，高貴的鮑西婭一直等腓立比之戰的消息。她在得知弟弟和丈夫布魯圖都死了後，掙脫擔心她做傻事朋友們的手，衝向火盆，吞下燃燒的煤炭。羅馬女人畢竟也是羅馬人。

但在一個不再有自由的國家，「羅馬人」指的又是誰？舊的回答——羅馬人是重視自由多於生命者——不再適用。儘管鮑西婭死得很有英雄氣概，卻沒多少人仿效她。當然，那些最忠於共和國理想的人們隨著腓立比之戰塵埃落定而逐一身死。這個損失無可彌補——尤其因為死者之中有很大比例的貴族。在羅馬人心中，古老家族後代的血管流淌著羅馬的歷史。這也是為什麼，當一個大家族絕嗣後，總會引起公眾哀悼。現在，整整一代貴族的灰飛煙滅——不管死於賞金獵人之手或腓立比的戰場——對共和國來說，乃是致命的大災難。羅馬失去的，遠遠不僅止於四濺的鮮血。

在得勝的三巨頭中，安東尼對這點看得最清楚。在他成長的年代，自由不僅是口號，所以他不能不對自由之死感到悲痛。他命人在腓立比的戰場上找到布魯圖的屍體，恭敬地以斗篷蓋上，火化後將骨灰寄給塞維利婭。他的權力已然穩固，不必再以更多的血腥玷汙它。所以，他決定不回到愁雲慘霧的義大利，而留在東方扮演「偉大者」龐培的角色。隨著他在希臘與亞細亞不斷推進，他表現出的樂趣：狠狠剝削希臘人，與傳統的代執政官沒有兩樣，同時表現地如同一個希臘文化的仰慕者；扶植地方王公；與安息人作戰。這些熟悉的做法令死硬派的共和主義者感到舒適，所以布魯圖的殘部在腓立比之戰後的歲月，逐漸歸向安東尼。自此，合法性的大業在東方失去了人力的基礎。

若說共和國還有一絲恢復的希望，那只能在羅馬——但羅馬偏偏正被共和國最凶惡的敵人掌握在手中。腓立比的戰敗者視冷酷且一心只想報仇的屋大維為殺死自由的主要凶手。戰場上，當這些被鎖鏈串在一起的俘虜走過征服者面前，向安東尼致敬的同時，卻對年輕的凱撒報以詛咒與嘲笑。屋大維的名聲在腓立比之戰後也沒有好到哪去。當時，雷必達被他的另外兩名同事派到非洲，安東尼在東方作威作福，所以最不討好的差事：安置解甲士兵只能落在最年輕的巨頭身上。有三十萬老兵等他安置，這讓屋大維無法再拖延。另一方面，他在高效率實施安置計畫的過程中，無可免去社會革命帶給鄉村的苦難。尊重私有財產一直是共和國的基石之一。如今，隨著共和國傾覆，一個高級專員有權任意處置私有財產。農民們被從自己的土地上趕走，得不到一丁點兒補償，而且極易淪為奴隸或盜匪。如同斯巴達克斯的時代，義大利再次土匪橫行。武裝匪徒甚至膽敢搶劫城鎮，痛苦與絕望四處蔓延。鄉村陷入無政府狀態，莊稼歉收，羅馬開始挨餓。

饑荒因另一種為人熟悉的災禍而更顯嚴重。龐培在二十多年前曾掃蕩海盜，但此時他們回來了，而這次的海盜頭子就是龐培之子塞克斯圖斯。當天，他在西班牙逃脫了凱撒的追擊，趁亂佔領西西里，並擁有兩百五十艘海盜船。因專挑貨運航道下手，他很快扼住了羅馬的咽喉。隨著市民因飢餓而消瘦，城市的肌肉也層層剝落。商店封上木板，神廟遭搶，紀念碑的金子被扒下，一切繁華景象都讓位給戰爭的需求。甚至在美麗的巴亞，屋大維的工兵也舉起鐵鎚：在不遠處的盧克林湖，原先著名的蠔塘建起了海軍船塢。歷史看來是縮小了，熟悉的史詩開展重複、為人熟悉的故事，並淪為一個諧仿：一個龐培再次和一個凱撒對打，只不過，和他們的巨人父親比起來，他們如同矮小的鼠竊。他們一個是海盜，一個是流氓，最適於爭奪一個不再自由的城市。

不過，雖然塞克斯圖斯帶給國家苦難的能力無庸置疑，卻從來不是凱撒派的致命威脅。更大的威脅在於將陰影覆蓋於整個世界的「三巨頭同盟」自身：如同前三巨頭最終互咬到彼此體無完膚，後三巨頭看來也將步上其後塵。西元前四十一年，屋大維剛從腓立比返回羅馬沒幾個月，這種事就差點發生。趁著安東尼遠在東方時，他好鬥的妻子富爾維婭在義大利煽動一場叛亂。屋大維迅速反應，他手段殘忍，勉強鎮壓了叛亂。他對富爾維婭的報復僅止於寫些罵她是花癡的詩歌，這是因為他在義大利的權力還不穩固，導致他不想招惹安東尼。富爾維婭因此被允許前往東方找丈夫去。

便利之處在於，她在見到丈夫之前便死了。西元前四十年九月，安東尼和屋大維的代理人在布林迪西見了面，歷經一番討價還價後，兩人之間的協議重新確認。屋大維為了鞏固這項約定，把心愛的姊姊屋大維婭嫁給鰥夫安東尼。現在，對帝國的瓜分方式比原來更為清楚分明：一分為二。只有塞克斯圖斯和雷必達仍對這種二分法構成不便，但他們很快就會被去除。

西元前三十六年九月，屋大維終於摧毀了塞克斯圖斯的艦隊。海盜頭子逃往東方，後來被安東尼的代理人處決。同時，雷必達對於自己被撇在一邊的抱怨聲愈來愈多，惹怒了屋大維，因而被趕出三巨頭同盟。屋大維這麼做時沒問過安東尼的意思，也不怕他抗議，因現在小凱撒對羅馬的掌控比他的養父還要牢。他年僅二十七歲便成就非凡。包括羅馬和義大利在內的半個世界都歸他統治。

但他的統治——還有安東尼的統治——仍是獨裁的。三巨頭協議在到期的前一年匆匆續簽，除了帶給羅馬人民苦難，並沒有先例可為合法性的基礎。共和國如今也遍嚐它以前帶給其他民族的無助感。

早在西元前四十四年凱撒遇刺後，他的一個朋友就指出，羅馬面對的問題非常棘手，因為「如果這樣的天才都不能解決，那又有誰能解決？」[18]自此，羅馬人民發現自己日愈無根，日愈隨風亂舞。作為北極星的傳統一去不返，卻又沒有什麼取代它的位置。

共和國的公民如此絕望與徬徨，難怪會有些奇思怪想產生：

西比爾之詩預言的加冕年已經來臨，
一個偉大的循環又開始了。
聖潔的正義和黃金時代回來了，
它的第一個孩子自高天降下。
隨著這個男孩的誕生，鐵的一代將成為過去，
黃金的一代將繼承整個世界。[19]

這些詩句寫於西元前四〇年，義大利苦難最為深重的時代。它們的作者維吉爾（P. Vergilius Maro, Virgil）來自肥沃的波河盆地——土地高級專員在那裡特別活躍。維吉爾在其他詩歌中描寫失地農民之苦，讓人縈懷於心，不過就連他烏托邦願景的靈感也源於絕望的心緒。席捲羅馬人的災難如此深重，以致他們唯一能有的安慰，只剩希臘人和猶太人一向沉迷其中的模糊先知願景。上述提到的「西比爾之詩」（The Sibyl's songs）並非藏在卡比托利歐丘那些預言書中的詩句。它們不包含平息神怒的處方與

恢復共和國和平的方法。它們除了是一些夢想外，別無其他。

不過對獨裁者而言，這些夢想有利用的價值。不管維吉爾詩歌中的彌賽亞嬰兒指的是誰，現實生活中可以扮演救星的只有兩名候選人。這兩人之中，安東尼又比屋大維握有更多現成的可用傳統。東方因羅馬連續內戰而流盡鮮血，因此比義大利更加渴求一個新時代的開始。世界末日的願景仍在希臘人、埃及人、敘利亞人和猶太人的想像力裡舞動著。米特拉達梯曾證明過，這類希望對於一個有野心的軍閥來說有多好用。不過，從前會這麼做的人莫非是羅馬的敵人。若換成一個羅馬人把自己打扮成東方神諭裡預言已久的救主會怎麼樣？在羅馬公民看來，這是讓人髮指的大罪。一個多世紀以來，每個去到東方的代執政官聽到自己被呼為神明，總擔心自己會溺於此道。元老院不允許他們如此，羅馬人民也不允許。但如今共和國已死，安東尼是三巨頭之一，不用理會元老院或羅馬人民的看法。最終，誘惑隨著一個令人意亂神迷的女王到來了。

克麗奧佩脫拉曾靠著藏身於一捲地毯迷倒凱撒，她也從一開始迷住了安東尼。她知道他的底細——知道他愛出鋒頭、愛享樂、愛打扮成戴奧尼索斯，所以也盤算出贏得他心的最好方法。西元前四十一年，安東尼巡行東方期間，克麗奧佩脫拉從埃及出發前往見他，成排場極盡鋪張之能事：她的船仗為銀造，船樓包金，她的侍從穿得像邱彼得一樣，而她的宮娥則穿得如同水仙女；她自己則打扮成為愛神阿弗洛狄忒（Aphrodite）。安東尼召她覲見，這是個無心的羞辱，不過克麗奧佩脫拉高傲闊步地走進他的行宮，鎮住了在場的所有人。她很聰明，沒佔住太久鎂光燈，而是很快地就讓安東尼有機會充分表現自己。「人們到處在說，阿弗洛狄忒是為了亞細亞的共同利益，才來找戴奧尼索斯飲宴。」[20]

沒有什麼比這個角色更能逗引安東尼的想像力。正如克麗奧佩脫拉所預想的，她很快就成了安東尼的情婦，兩人在亞歷山卓共度了一個愉快的冬天。羅馬的主婦非常信任埃及的避孕方法，但克麗奧佩脫拉和世界領袖上床時，沒功夫去管鱷魚卵所做的子宮帽。就像凱撒一樣，安東尼很快讓她懷上了孕。上次克麗奧佩脫拉為凱撒生了一個兒子，而這次阿弗洛狄忒為戴奧尼索斯生下了一對雙胞胎。

對那位當父親的人來說，此事萌發了一個危險的誘惑：建立一個代代相傳的王朝，這是最終極也最要命的禁忌，難怪安東尼會轉身而去。不符於他癡迷於克麗奧佩脫拉的傳說，整整四年他都對情婦避不見面。美麗、聰慧、忠貞的屋大維婭已足以補償他。安東尼住在雅典時，常和他聰明的新娘子一起聆聽講座，扮演起模範丈夫。然而，即使有屋大維婭相伴，他仍無法忘懷克麗奧佩脫拉讓他開眼看見的閃亮可能。可怕的謠言開始流傳：安東尼穿著豹皮，打扮得像戴奧尼索斯，在酒神劇院裡狂歡；舉著火把引領前往帕德嫩神殿（Parthenon）的遊行行列；他喝醉了，糾纏著雅典娜女神，說要與她成婚。這些傳言在不斷的轉述中反覆遭到加油添醋。不過，在雅典人或安東尼的其他屬民中，這些其實算不上什麼醜聞。相反地，東方人相信統治者就是神明。

到了西元前三十六年，身為羅馬世界兩個主人的安東尼與屋大維繼續相安無事，但作為其他權力基礎的不同傳統，卻影響著他們的統治愈甚。兩人面對著一樣的挑戰：為自己的權力塑造合法性，不僅以武力為後盾。就此而言，屋大維身為西方的統治者，擁有一個關鍵優勢。他和安東尼都是羅馬人，但只有他擁有羅馬。當他打敗塞克斯圖斯回到首都後，首次受到真正熱誠的歡迎。失去自由並沒有讓其國人同胞天性中的保守主義淡化，現在，因感激屋大維為他們贏得太平，他們向他獻上一種古老的權利：讓他像護民官一樣，享有人身安全不容侵犯的權利。這種權利只在一個恢復了的共和國裡才有意義，而屋大維則透過接受它，來象徵他有恢復共和國的打算。當然，光是這種姿勢並不保證什麼，羅馬人也已學會不相信花言巧語。不過，隨著塞克斯圖斯艦隊的覆滅與雷必達被迫退休，屋大維終可落實他在為和平奮鬥的自稱。稅收減輕了，糧食供應恢復了，專門人員被派到農村地區恢復秩序。內戰時期的相關文件被當眾銷毀，一年一任的行政官恢復選舉。確實是一派回到未來的氣象。

但顯然不是每個方面都如此。屋大維無意在安東尼仍握著巨頭權力時放下自己的權力。另一方面，因為安東尼遠離羅馬，恢復共和國之於他，並非一個急迫的議題，所以野心正朝一個極為不同的方向發展。自亞歷山大大帝以來的近三百年裡，建立世界帝國的夢想都縈繞著希臘人的想像力，最後這個夢想亦為羅馬共和國所分享。不過，它對這個夢想的猜疑流連不去，以至於連它最偉大的公民——包括龐培和凱撒——都不敢推進到極限。安東尼也一樣，所以他才會逃開馬其頓女王的誘惑，成為一名端莊羅馬仕女的好丈夫。然而隨著時間流逝，四年過去了。這四年間，他行使著不曾有羅馬人在東方行使過的大權，持續受到克麗奧佩脫拉代表的誘惑啃咬。最後，他的自尊自大膨脹開來，再也無法抵抗誘惑。儘管屋大維婭對丈夫非常忠誠，仍被送回羅馬。同時，阿弗洛狄忒再次受戴奧尼索斯傳召。

這次，安東尼沒走回頭路。這件醜聞在羅馬引起軒然大波。共和國歷史上最引起道德責難的莫過於公民遭到土著同化；若有相關報告可信的話，安東尼已變得太像東方人。他令人髮指的行徑看似沒有極限。他不只使用黃金夜壺，坐在蚊帳裡出巡，還為情婦按摩足部。奢靡、娘娘腔與奴性：這些對安東尼的指控為任何羅馬政治家熟悉。安東尼對此不屑一顧。他對屋大維抱怨說：「我想操女王，我在哪裡勃起，關他們屁事？」[21]

但安東尼觸怒羅馬人之處，不僅在於性事方面。雖然中傷克麗奧佩脫拉為妓女，只是羅馬人厭女症（misogyny）的體現，但這種中傷並非無關緊要。她的敵人有理由害怕她，覺得她魅惑力邪惡。問題不在於她胴體的吸引力，而在她更陰險的一面。她不是靠性歡愉來迷倒安東尼，而依靠奉他為神明與世界帝國主人的甜言蜜語。

安東尼被這些夢想所迷惑，開始踏入連凱撒都不敢涉足之處。他曾放下建立王朝的野心，如今卻開始將它拿來炫耀。首先，他承認了克麗奧佩脫拉為他所生的兩個小孩，然後授與他們具挑釁性的頭銜：亞歷山大．赫利俄斯（Alexander Helios）和克麗奧佩脫拉．塞勒涅（Cleopatra Selene）——這兩個名字分別意為「太陽」和「月亮」。這些頭銜既意味著神明，也意味著王朝，這在亞歷山卓也許適切，但卻會引起羅馬的反感。安東尼會在乎嗎？看著他陶醉在奴性希臘人與東方人的歡呼聲中，他的公民同胞疑惑地皺起眉頭。就在人們認為他的出格之舉無法再更過火時，他和克麗奧佩脫拉作出了最驚人的表現。

西元前三十四年，亞歷山卓市的市民被邀請見證一個世界新秩序的揭幕。儀式由羅馬巨頭暨新戴奧尼索斯安東尼主持。他身旁坐著馬其頓女王暨埃及法老王克麗奧佩脫拉——她穿得光彩奪目，儼然新一代天后伊西絲。在他們面前，克麗奧佩脫拉與凱撒和安東尼生下的三個孩子一字排開，身穿同樣異國情調的民族服裝。在亞歷山卓市民看來，這些王子與公主都是古老預言中提到的救主，將帶來世界的和諧。小亞歷山大打扮得像波斯的萬王之王，獲得安息與再過去的地方為封地。賜給另外兩個孩子的封地較不誇張，都位於安東尼實際控制的地域之內。雖然這些封地包括一些羅馬人民的行省，但此一事實無礙於安東尼的慷慨，部分是因為某個意義下，他一點都不慷慨。他並非真的打算把羅馬行省的管理權交給子女——從這個角度來看，典禮只是一場表演，別無其他意義。但典禮自有它的象徵意義，安東尼想以它傳達的訊息也見於他發行的銀幣上。銀幣的一面是他的頭像，另一面是克麗奧佩脫拉的，即一面為一羅馬人的頭像，另一為一希臘人的頭像。一個新時代悄然降臨，實現了西比爾預言的長久應許：在一個世界皇帝與世界皇后主持下，東方與西方結合起來，一切的差異為此消失。

但顯然地，亞歷山卓的好消息卻是共和國的壞消息。在羅馬，安東尼的朋友們大驚失色。安東尼意識到，自己在公共關係方面遭遇了大麻煩，於是趕緊給元老院寫了封信，以含糊其辭的方式答應願放下巨頭的權力，並恢復共和國。但他來遲了，共和主義的旗幟早被別人先一步偷走。東方夢佔據他太多心思，如今回神望向羅馬時，他看到一幅最令他感到窘迫的景象：凱撒的繼承人（同時也是一個冒險家和恐怖分子）把自己打扮成共和國和人民自由的捍衛者——不只打扮，還大張旗鼓地表演起來。

當然，不是每個人都相信小凱撒的共和主義者偽裝，而他的面具也不時滑落。西元前三十二年，屋大維為嚇唬兩位執政官（他們都是安東尼的支持者），派兵進入元老院，讓他們站在兩位執政官的椅子後面作出威嚇。此次肌肉展示起了預期的效果：屋大維政權的反對者立即跑路。兩位執政官到東方找安東尼去，元老院三百名元老中，三分之一跟著他們走。他們之中許多都是安東尼的人，但也有些人是因原則性的理由出走，因他們拒絕接受一個凱撒作為共和國的保護者。例如，逃到安東尼那裡的其中一名執政官阿諾巴布斯（Domitius Ahenobarbus）就是凱撒老對頭的兒子。毋怪乎加圖的孫子也在安東尼的陣營裡。

屋大維對他們的選擇嗤之以鼻，取笑他們堂堂大男人竟願當一個女王的朝臣。事實上，阿諾巴布斯只要有機會，總不忘表現出對克麗奧佩脫拉的輕蔑，又不斷規勸安東尼讓她收拾包袱回埃及。另一方面，屋太維一向擅於在人們意想不到之處出拳。西元前三十二年夏天，根據一個告密者提供的線索，他不在乎褻瀆神明，帶兵進入安東尼存放遺囑的維斯塔神廟，自維斯塔貞女手中搶走了遺囑。屋大維急切地瀏覽一遍，果然發現預期中的驚人內容。他扳起臉向元老院公布遺囑內容：承認凱撒里昂是凱撒的合法兒子；克麗奧佩脫拉子女獲贈龐大的遺產；安東尼死後葬在克麗奧佩脫拉旁邊。遺囑內容非常震撼，甚至讓人懷疑它是否為真。

即使屋大維的政治宣傳有不少造假成分，但它們並非全是瞎掰。西元前三十二年，安東尼拋棄屋大維婭，正式和克麗奧佩脫拉在一起——此舉馬上被大部分羅馬人視為是對共和國最高原則與價值的背叛。共和國已死的事實沒有讓羅馬人對此的憤怒少一點，或讓他們的偏見中少一點野蠻。向些令人不配當公民之事屈服：這是最令羅馬人髮指之事。因他們自己已不自由，他們很高興有機會嘲弄安東尼，甘願當一個外國女王的奴隸，完全不像個男人。最後一次，羅馬人同心協力準備戰爭，在內心想像著共和國和他們自己的美德尚未完全死去。

許多年後，屋大維將得意地說：「整個義大利在無人催促的情況下向我宣誓效忠，要求我率領她投入戰爭。包括：高盧、西班牙、非洲、西西里和薩丁尼亞在內，所有行省都發誓效忠於我。」[22]半個世界舉行了史無前例的投票，刻意進行了一次勝過安東尼與克麗奧佩脫拉普世主義的展示。屋大維既是無可質疑的權威，又是羅馬最古老理念的捍衛者，他以這種雙重身分投身戰場。這個結合被證明無堅不摧。不到二十年，兩支羅馬軍隊第三次在巴爾幹半島迎頭相向，凱撒再次勝利了。西元前三十一年整個夏天，安東尼都被封鎖在希臘東海岸，艦隊坐困愁城，士兵飽受疾病折磨。他的陣營逐漸空虛——讓人大吃一驚的是，就連阿諾巴布斯也落跑了。最後，當失敗跡象顯非安東尼可置之不理時，他決定放手一搏。九月二日，他命令艦隊強行突破封鎖，經亞克興角（Cape of Actium）進入外海。兩軍在碧藍的海灣中面對面，大半天沒有動靜。然後到了下午，突然有動靜了：克麗奧佩脫拉的艦隊突然展開行動，在屋大維的艦隊中衝出一條空隙，脫離了戰場。安東尼放棄巨大的旗艦，換了艘較快的船，跟著衝出去。但他的大部分艦隊和軍隊被留在後頭，他們很快就投降了。這場短暫的丟臉戰爭毀滅了安東尼的全部夢想與新伊西絲的所有憧憬。之後幾天，海浪不斷把金、紫兩色的衣服沖到岸上。

一年後，屋大維逼近並展開擊殺。西元前三〇年七月，他的軍團兵臨亞歷山卓城下。隔晚到了午夜，看不見的樂隊演奏音樂穿過街巷，最後樂聲向星空而去。「後來當人們思考這起神祕事件時，便明白那是戴奧尼索斯——安東尼最喜歡模仿的神——拋棄了他寵兒的表現。」[23]翌日，亞歷山卓陷落。安東尼拙劣地模仿加圖的自殺方式，死在情人懷裡。九天後，克麗奧佩脫拉得知，屋大維準備把她鎖上鎖鏈、於凱旋式上遊行示眾時，選擇隨安東尼而去。她的死法符合法老的身分：讓一條響尾蛇咬死她。埃及人相信，這種蛇毒能讓人不朽。原想成為世界之王與世界之后的兩人，以適合他們的多元文化死法終結了一生。

克麗奧佩脫拉帶給羅馬的驚嚇導致她的王朝注定滅亡。她為凱撒生下的兒子凱撒里昂很快被處決了，托勒密王朝正式被廢。在全埃及的神廟，工匠開始為他們的新國王屋大維塑像。此後，這個國家將不再是一個獨立王國，甚至不是一個羅馬行省，而變成一塊私人領地——不過，新法老王喜歡假裝它是一個羅馬行省。日後，屋大維將如此自誇他的慈悲：「如果外國人不惹麻煩，我樂於保全而非消滅他們。」[24]自迦太基以來，亞歷山卓是羅馬人攻下過最大的城市，但它的命運與迦太基截然不同。屋大維雖然不擇手段追求權利，但他證明自己在行使權力時經過仔細盤算。亞歷山卓太富有了，摧毀它划不來。就連克麗奧佩脫拉的人像都獲得了保全。

這般寬大為懷顯然是勝利者的特權，是他偉大與權力的展示。整個世界落入屋大維的手中，既然敵手不再存在，殺戮與野蠻行為已不適用於他的目的。塞內卡在近一個世紀後寫道：「我極不願把殘忍的耗竭稱為仁慈。」[25]不過，即使屋大維真的耗竭了，他也不能有所流露。他造訪亞歷山大大帝的墳墓時，不小心敲掉了屍體的鼻子。他以類似的方式，也削掉了一些這位大征服者的名聲，因他主張，最大的挑戰不在於贏得一個帝國，而在於管理好它。他信誓旦旦地表示，這是他為自己設下的挑戰。他將饒恕而不再屠殺，將提供和平而不再戰鬥，將恢復而不再摧毀。

無論如何，至少屋大維揚帆回航時樂於如此宣稱。

共和國復甦

西元前二十七年一月十五日，元老院裡充滿了期待。元老們三五成群，緊急地交頭接耳。看來，一個重大的宣告即將發布。種種跡象早就顯示，一些元老院的領袖人物不僅聽到風聲，而且知道該如何回應。他們等著執政官發表演講時，準備好擺出吃驚的表情，又在心裡彩排著適當的回答。

元老院的嘈雜聲突然平靜下來，三十五歲的執政官站了起來。在這位年輕的凱撒、國家的救星面前，大家一片肅靜。他演講起來如同往常般從容，斟字酌句、語氣平靜，每句話都意味深長。他宣布內戰結束，所以他被授予之——普世同意但違反憲法的特權——沒理由繼續保留。他的使命已經完成，共和國已獲得拯救。所以現在，既然歷史上最險惡的危機已經結束，是時候把權力交回它應歸屬的人：元老院和羅馬人民了。

他坐了下來，不安的竊竊私語聲逐漸擴大。元老院的領袖們開始抗議，若沒有凱撒的拯救，羅馬人民肯定已經完蛋，為什麼現在他要拋棄他們呢？元老院的確該感激他恢復憲制的好意，但為什麼共和國的傳統在重獲生機後，凱撒就不能繼續當國家的保護人呢？難道，他願意看見他的人民永遠陷於無政府與內戰狀態嗎？沒有了他，羅馬人民肯定命運悲慘。

或許為了使共和國免於災難，請他聽聽一個相反的建議，好嗎？凱撒雖已宣布，他所獲得的任何榮譽若牴觸憲法便不合法；但我們不妨就像對待以前的執政官那樣，只賞給他一個行省。這個行省要能讓他掌握二十來個軍團，所以必須包含西班牙、高盧、敘利亞、賽普勒斯和埃及——儘管如此，它仍只是一個行省。任期定為十年吧。十年的任期也非前所未聞，凱撒自己的父親——偉大的尤里烏斯——不就統領了高盧十年嗎？一切都有先例可援。這樣一來，共和國將繁榮興旺，凱撒將能履行他對羅馬的責任，而諸神將對二者微笑，元老院響起了一片附和之聲。

屋大維又憑什麼拒絕這種懇請？所以他宣布，既然共和國需要他，那麼身為公民，他將承擔起他的義務與責任。對此，元老院的感激永無止境。元老們為表揚凱撒的寬宏大度，投票通過在屋大維家的門柱上纏繞月桂枝，在他門上掛上公民冠。元老院內將放置一面金盾，上頭枚舉他的各種美德：勇敢、仁慈、正義與責任感。最後，還有項新穎、出眾的榮耀為他量身訂造：賦予他「奧古斯都」（Augustus）的稱號。

對這位生來名叫蓋烏斯．屋大維的人來說，「奧古斯都」標誌著他畢生搜集各種名號的事業巔峰。十九歲時，他成了「凱撒」；兩年後，隨著他養父被正式神格化，他開始自稱為「迪維．弗利維」（Divi Filius）——意為「神之子」（Son of a God）。這個名號顯然獲得諸神的肯定，因凱撒．迪維．弗利維如獲神佑，所做的事無一不成功。現在他被稱為「奧古斯都」，得以進一步和芸芸眾生區分開來。有了這個稱號後，他就像升入雲端，獲得非世間的權力。「因它表明了，他不僅是一個凡人。只有最神聖、最榮耀的事物能被稱作『莊嚴』（august）。」[26]

可稱為「莊嚴」之事包括羅馬城本身。有個人人熟知的說法：這座城市是「順著莊嚴的預言（august augury）而建立」。[27]屋大維透過變成奧古斯都，把這個說法據為己有。重建羅馬是他畢生的使命，每次他的國人同胞提到他的名字，就會想起上述說法。這種近乎下意識的聯想是經過仔細盤算的產物。屋大維曾考慮過另一個更加顯而易見的名字：「羅慕路斯」（Romulus）。但因羅慕路斯是個國王，又殺死自己的兄弟，二者都不是好事，所以屋大維棄用此名。他不想提醒人們，他如何贏得最高權力。十年前，恭順的元老院曾為他打造八十尊銀製人像，但這些人像後來都被融化掉。在關於他生平事業的官方紀念物品中，從腓立比到亞克興角（Actium）之間的這段期間一片空白。當然最關鍵的是，「屋大維」的名字已被埋葬起來，不復被人記得。奧古斯都・凱撒完全明白再造品牌的重要性。

他明白這點，是因為他了解羅馬人民。奧古斯都曾分享過他們最深切的夢想與欲望，他因此贏得天下。身為最後且最偉大的一名共和國強人，他以病理學家的銳利眼睛看出，不懷好意敗壞了羅馬最高貴的理想——就連他自己也從未停止利用這些理想。「總是勇敢戰鬥，總要勝人一籌。」波希多尼曾引用荷馬的這兩句話勸勉龐培。但英雄的時代已經過去了，想勇敢戰鬥與勝人一籌的欲望也許已消失在羅馬的廢墟中。賭注已變得太高，野心家可運用的資源變得太多，結果將共和國與它的帝國帶到了毀滅邊緣。傳統體制消亡了，公民們不再有共同的假設與邊界為限制。羅馬變成無所顧忌的獵頭競技場，只有最毒辣、殘忍的人有望勝出。屋大維十九歲就進入了這個競技場，無疑地，他的目標從一開始就是得到天下。如今這個目標實現了，但他的對手或死去或被馴服，人民已疲憊不堪，無力再挑戰他的權威。接下來他得面對一個重大抉擇，他要麼繼續踐踏羅馬傳統，以軍隊為後盾，赤裸地行使權力並成為軍閥；要麼像他養父或安東尼一樣，把自己打扮成羅馬傳統的繼承者。他藉由變成「奧古斯都」，表明了自己的選擇。他將與元老院合作而非對抗，並以古代名訓教導國人同胞：野心若非用來追求普遍的利益，則是犯罪。他身為「羅慕路斯人民的最佳監護人」[28]，將恢復公民責任的理念，使人們不再過分追求榮譽，從而不再被貶入奴役狀態，而且不再遭到內戰荼毒。

當然，這只是一種大權獨攬的偽裝，只不過羅慕路斯的人民已無力計較。現在公民們已經相信，他們的毀滅無可避免：

有什麼是嗜血的時光流逝不會吸走的？
我們雙親的一代，糟於他們雙親的一代，
又生出更糟的我們——不久後
我們又將生下更不堪的子女。[29]

這種悲觀主義不是厭戰情緒所能完全解釋。對於「何謂羅馬人」的傳統認知被動搖了，惶惑不安的人們渴盼曾把他們連繫在一起之物：他們的榮譽、對榮耀的熱愛與軍事熱情。自由背叛了他們，共和國不僅喪失自由，更糟的是喪失了靈魂。至少羅馬人如此害怕。

奧古斯都的挑戰是說服他們相信，但事情恰恰相反，這也是他的一大機遇。若能成功，他便得以穩固政權的基礎。若一個人不只能為公民同胞恢復和平，還能為他們恢復其風俗、過去與他們的驕傲，確實堪稱「莊嚴」。但他不能光靠立法的手段，「因若沒有傳統激勵他們，空洞的法律有何用呢？」[30]只有法令不足以復活共和國。只有羅馬人民做得到這點，方法是證明自己值得奧古斯都費力。這是此項政策別出心裁與偉大之處，新時代要被形塑為羅馬人過去常面臨與勝利克服的那種道德挑戰。奧古斯都——他說過，他只要求得到其成就與威望匹配的權威——號召國人同胞和他一起投身恢復共和國活力的偉業。簡言之，他鼓勵他們再次感覺自己像個公民。

這項計畫和傳統的計畫一樣，依靠戰敗者的錢來當資金。奧古斯都透過克麗奧佩脫拉的廢墟，恰恰得以實現他的夢想。西元前二十九年，屋大維自東方回到羅馬，隨身帶著托勒密王朝的巨大財富，隨即開始花用。他在義大利與各行省買下大片土地，從而不用重犯他年輕時犯過的可怕罪行：把老兵安置在沒收的土地上。當年的做法造成極大的苦難與不安，沉重摧殘了羅馬人的自我形象。現在，奧古斯都以天文數字的花費補償前行。「確保每個公民的財產權」將成為新政權一個持久的口號，這是它大獲人心的一個重要原因。對羅馬人來說，財產安全除為一種社會或經濟上的良善，也為道德上的良善。對於受惠者來說，一個新黃金時代開始了：「田地重新被耕種，神聖事物被尊重，人們享有免於焦慮的自由。」[31]

但這個黃金時代也為那些享受它好處的人套上責任。不同於維吉爾描寫的烏托邦，它並非一沒有勞苦與危險的天堂。如此天堂對於培養刻苦耐勞的公民毫無幫助。奧古斯都大量花費托勒密王朝的財富，並非想讓國人同胞像娘娘腔的東方人那樣吃飽等餓。反之，他的夢想與所有羅馬改革者有志一同：復活古代的粗獷農民美德，讓共和國回到原有的根基上。這深深引起了共鳴，而且確實是羅馬神話的本質：懷念過去偉大的時代，也訴諸一種嚴苛且遠離感性的精神；同樣地，這種精神造就了幾代鋼鐵般堅強的公民，並將共和國的標準推向了世界的邊緣。「斷背的勞動與嚴峻的貧窮——這些狀態可以戰無不勝。」[32]維吉爾如此寫道，當時，屋大維正在東方擊敗克麗奧佩脫拉，把內戰帶向結束。懶惰無為的伊甸園幻想可休矣，取而代之的是更大的野心與更大的挑戰。在共和國，榮耀從來不是目標本身，而是通向一個無限遠目標的途徑。之於公民是如此，之於共和國自然也一樣。它的存在就是不停鬥爭，不停對抗災難。對於生活過內戰的一代人民來說，這就是歷史給他們的慰藉。偉大可自大災難中誕生，失去一切可以帶來文明秩序的更新。

難道凱撒・奧古斯都不是難民的後繼者嗎？在羅馬城出現許久以前，王子埃涅阿斯（Aeneas）——維納斯女神的兒子，朱利安氏族的祖先——逃離了陷入大火的特洛伊，帶著一小支艦隊去到義大利，開創朱庇得允諾他的新生活。羅馬人就是衍生自這批特洛伊人，所以靈魂裡仍保留著一些流浪者精神。他們不以擁有的為滿足，總為爭取更多而戰鬥。這是共和國公民的天命，也讓奧古斯都與他的使命多了一層神聖的歷史光暈。

羅馬人的開端包含著他們的結束。西元前二十九年，也就是屋大維從東方回來推動他復興計畫的同一年，維吉爾開始寫一首以埃涅阿斯為題的詩。它將成為羅馬人民的偉大史詩，上溯他們最早的根源，一直寫到最近期的歷史。未來英雄的鼎鼎大名如鬼魂般出沒於埃涅阿斯的靈視中，當然包括凱撒・奧古斯都（「帶回把黃金時代的神之子」[32]），但也包括其他人，例如：「在復仇之神面前顫抖」的喀提林和「把公正帶給法律」的加圖。[33]當埃涅阿斯（Aeneas）在非洲海岸遭遇船難，忽略神明賦予自己之對羅馬未來的責任，而與迦太基女王狄多（Dido）鬼混時，讀者不禁想到，發生在特洛伊人後代——凱撒與安東尼身上之事。迦太基讓人聯想到亞歷山卓，狄多讓人聯想到克麗奧佩脫拉這名第二個致命的女王。過去的預示將來的，它們相遇、交匯，然後再次分開。最終，埃涅阿斯乘船進入台伯河，在岸邊田野放牧牛群。一千年後，那兒成了奧古斯都的羅馬廣場。

對生性保守的羅馬人來說，過去帶有現在的影子並不讓人驚訝。不過，奧古斯都的獨一無二成就在於，他不但改變了現在，還把光輝投射於過去。他聲稱將為羅馬人恢復失去的道德卓越，這激盪了他們最深沉的願望，也激發一位維吉爾的想像力，讓羅馬地景再次神聖並為神話縈繞。但這些嚮往也服務一些更實際的目標。例如，它們鼓勵老兵待在田裡，不再一次次地聚集到羅馬來；讓他們滿足於現在的生活，任由刀劍在穀倉的閣樓裡生鏽。它們也掩蓋了一些大農場由被鎖鏈串在一起的奴隸勞作的事實。維吉爾的朋友賀拉斯（Horace）這樣寫道：

什麼是幸福？就是退出你死我活的競爭，
像古人一樣，
用你的牛隊耕種古老的土地，
免於體力透支的恐懼，
不用因為聽到激越的軍號聲而血液翻湧，
不用因為害怕憤怒的大海而瑟瑟發抖。[34]

這些詩句中帶有不著痕跡的反諷，因為賀拉斯完全清楚，他對美好生活的設想與農村現實沒什麼關係。不過，這無礙於他對鄉村的嚮往。賀拉斯在內戰中效力的是失敗的一方，曾不光彩地從腓立比落跑，回到義大利後發現父親的農場已被沒收。如同他的政治立場，他對別墅和田園生活的夢想都源於對過去的留戀。奧古斯都不在意賀拉斯年輕時的不檢點，而與他為友，並投資他的夢想。當新政權仍忙於把安東尼派的龐大產業分配給支持者時，奧古斯都就開始資助賀拉斯在羅馬郊外過起田園生活，讓他享有花園、噴泉和小樹林。賀拉斯太細緻、獨立，不可能被收買為吹鼓手，但奧古斯都也不想從他或維吉爾那裡得到露骨的政治宣傳。許多世代以來，如何在自私自利與傳統理想間做出選擇，讓羅馬的頭面人物備感頭痛。不過，奧古斯都有化圓為方的天才。他的做法很簡單：讓自己成為二者的保護人。

他之所以能做到這點，是因為他像明星級表演者一樣，可選擇自己想扮演的角色。他不能說出口的是，他不想被人謀殺於元老院。所以他竭力爭取不敢面對現實的公民同胞自願合作，以共和國的傳統裝扮自己，拒絕擔任任何未曾有過的官職，還常不任任何官職。真正重要的是權威而非官職——正是權威的神祕性質帶給卡圖盧斯或加圖高聳威望。西塞羅有次承認說：「加圖擁有的特質讓他成為頭號公民（princeps）。」[36]奧古斯都清楚表明，他最想得到頭號公民這個光榮頭銜。他希望尤利烏斯・凱撒的養子也能被視為加圖的繼承人。

他如願以償，無怪奧古斯都會對自己演員般的演技自鳴得意。只有一個具模仿天賦的人可將那麼多不同角色演得絲絲入扣。他的印章指環上有獅身人面獸的圖案。這十分吻合他的身分，因為對他的國人同胞來說，他始終是個謎。羅馬人習慣看見傑出的公民炫耀自己的權力和偉大，但奧古斯都卻是另一個模樣。他對國家掌控得愈嚴密，他就愈不招搖。當然，共和國本身就充滿弔詭，而奧古斯都對此深有會心，所以也像隻變色龍般表現出相同的特徵。公民生活所包含的矛盾與張力，全都被奧古斯都吸納入自身的性格和角色中，他就像在一種最高的弔詭中化身為共和國本身。

當七十二歲的他生了最後一場大病時，他詢問朋友，他在「人生模擬戲劇」裡的表演是否稱職？[37]他掌管國家最高權力超過四十年。在這麼長的時間裡，羅馬沒有和世界發生內戰，他也未給自己加上

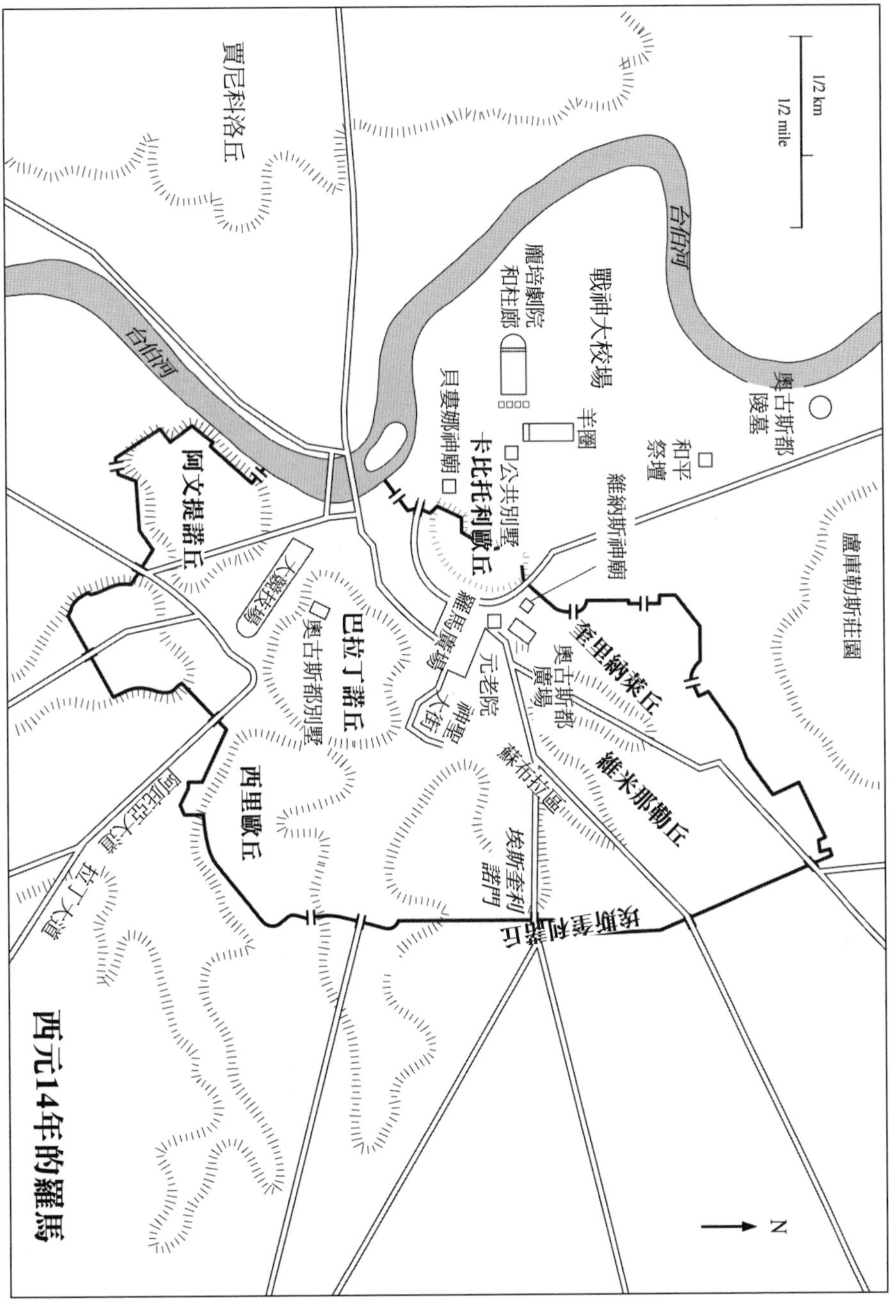
西元14年的羅馬
1/2 km
1/2 mile
N
賈尼科洛丘
台伯河
台伯河
戰神大校場
龐培劇院
和柱廊
奧古斯都
陵墓
和平
祭壇
羊圈
貝婁娜神廟
卡比托利歐丘
公共別墅
維納斯神廟
阿文提諾丘
大競技場
巴拉丁諾丘
奧古斯都別墅
羅馬廣場
元老院
神聖
大街
奎里納萊丘
奧古斯都
廣場
維米那勒丘
蘇布拉區
埃斯奎利
諾門
埃斯奎利諾丘
西里歐丘
阿庇亞大道
拉丁大道
盧庫勒斯莊園

法律許可之外的任何特別職位，軍團駐守在沙漠與森林裡，而非他的周圍。瀕死之際，他平靜地躺在床上，而不是躺在敵人人像的基座旁，身上也沒有刀劍傷。這一切都是任何公民期望擁有的成就。所以我們可以認為，奧古斯都一生的表演很稱職。事實上，他讓自己成了羅馬唯一的明星。

西元十四年夏天，他死於諾拉——一個世紀前，蘇拉就是從諾拉進軍羅馬。為防奧古斯都的屍體腐爛，元老們連夜將屍體護送回羅馬，並像當年處理蘇拉的遺體那樣，在戰神大校場火化。不過如果老獨裁官天上有靈，會發現他和奧古斯都死後的待遇大相逕庭。人們恭敬地把奧古斯都的骨灰收集起來，安放在為他準備的陵墓中。陵墓佔地極廣，包含自己的一個公共公園。據說從規模到造型，這個陵墓都是模仿亞歷山大大帝的墳塋。曾經是羅馬年輕人軍訓地點的戰神大校場，從此成了展示「頭號公民」各種美德之處。他的一種美德是氣度恢弘：龐培的劇院就位於陵墓南面，雖然龐培是奧古斯都養父的敵人，但奧古斯都卻沒有下令拆掉劇院。他的另一種美德是寬和：在原為共和國公民練習使用武器之處，一座和平祭壇（Altar of Peace）被建立起來。還有，為表現出奧古斯都造福人民的美德，一條一英里長的閃亮亮柱廊在西元前二十六年完工，很快成為羅馬最主要的娛樂場所，在那裡，奧古斯都舉辦了一些場面最大的表演。它的正式用途是取代原來的木構「羊圈」，成為投票的地方，但極少被用於投票。從前，羅馬人選舉行政官員的地方被用於格鬥士比武與展示稀有動物（例如九十英尺長的大蟒蛇）。即使沒有表演，公民們也可到那裡進行高檔購物。

共和國早就死了，人們不再留戀。「粗陋簡樸是從前的事。現在的羅馬是黃金打造，享用著被征服之世界各地的財富。」[38] 羅馬人固然失去了自由，卻換來了世界征服者的榮耀。在奧古斯都統治下，羅馬軍團持續驍勇善戰，持續大殺蠻族，將邊界推向更遠的地方——不過，對戰神大校場的高雅消費者而言，那只是遙遠的噪音。戰爭不再對他們的心情構成憂煩，道德、責任和對過去的記憶也一樣。甚至上天也不再發出警告，當時一位歷史學家困惑地寫道：「現在已沒有人報告或記錄徵兆。」[39]不過，這件事很好解釋：看見羅馬一片悠閒與太平的光景，諸神認定他們沒什麼好說的。

「太多的自由會結出奴役的果實。」西塞羅哀痛地說。[40]他的一代人——自由共和國的最後一代——已證明此說為真。但奴役又會結出怎樣的果實呢？有待一個新世代與新時代來發現。

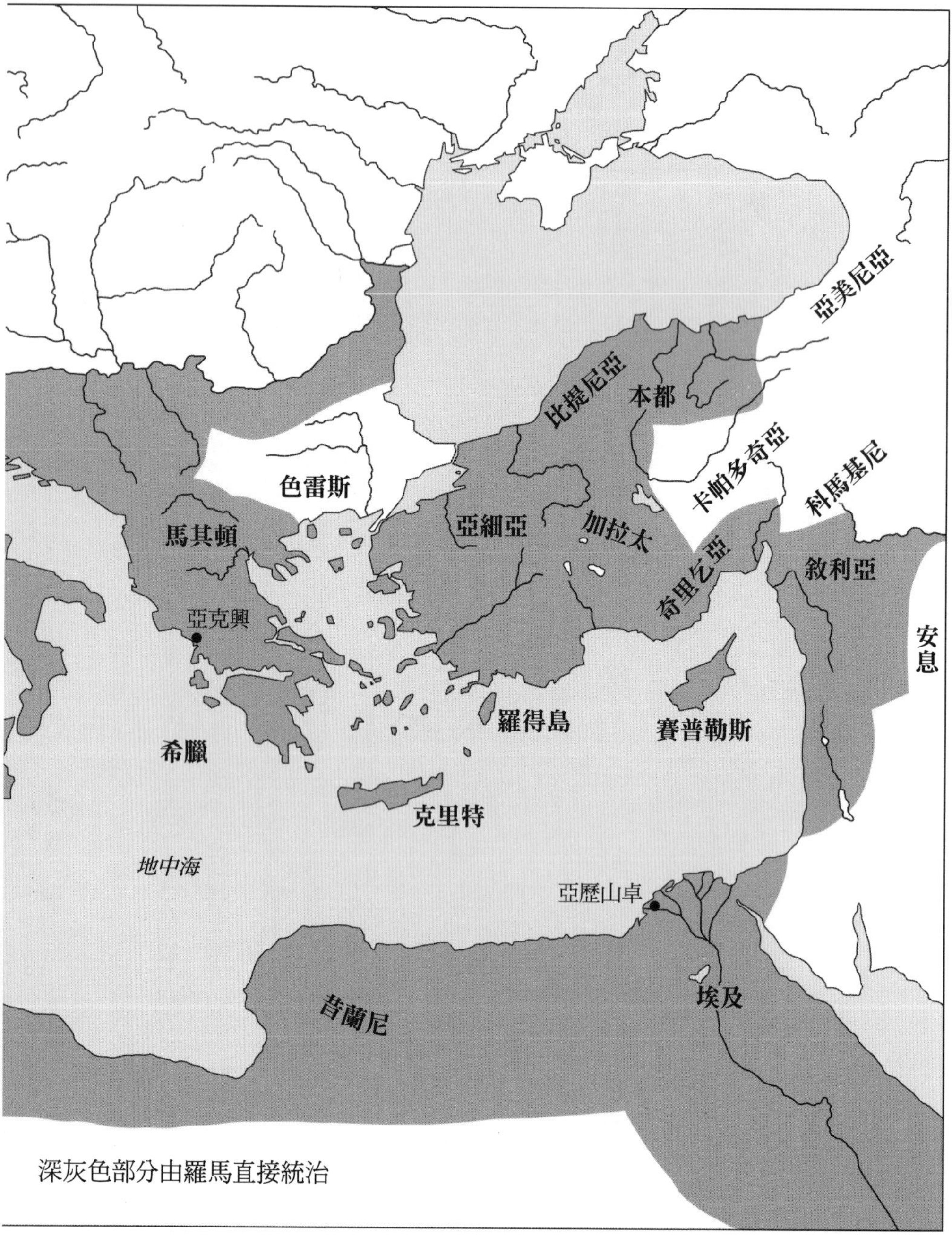

深灰色部分由羅馬直接統治

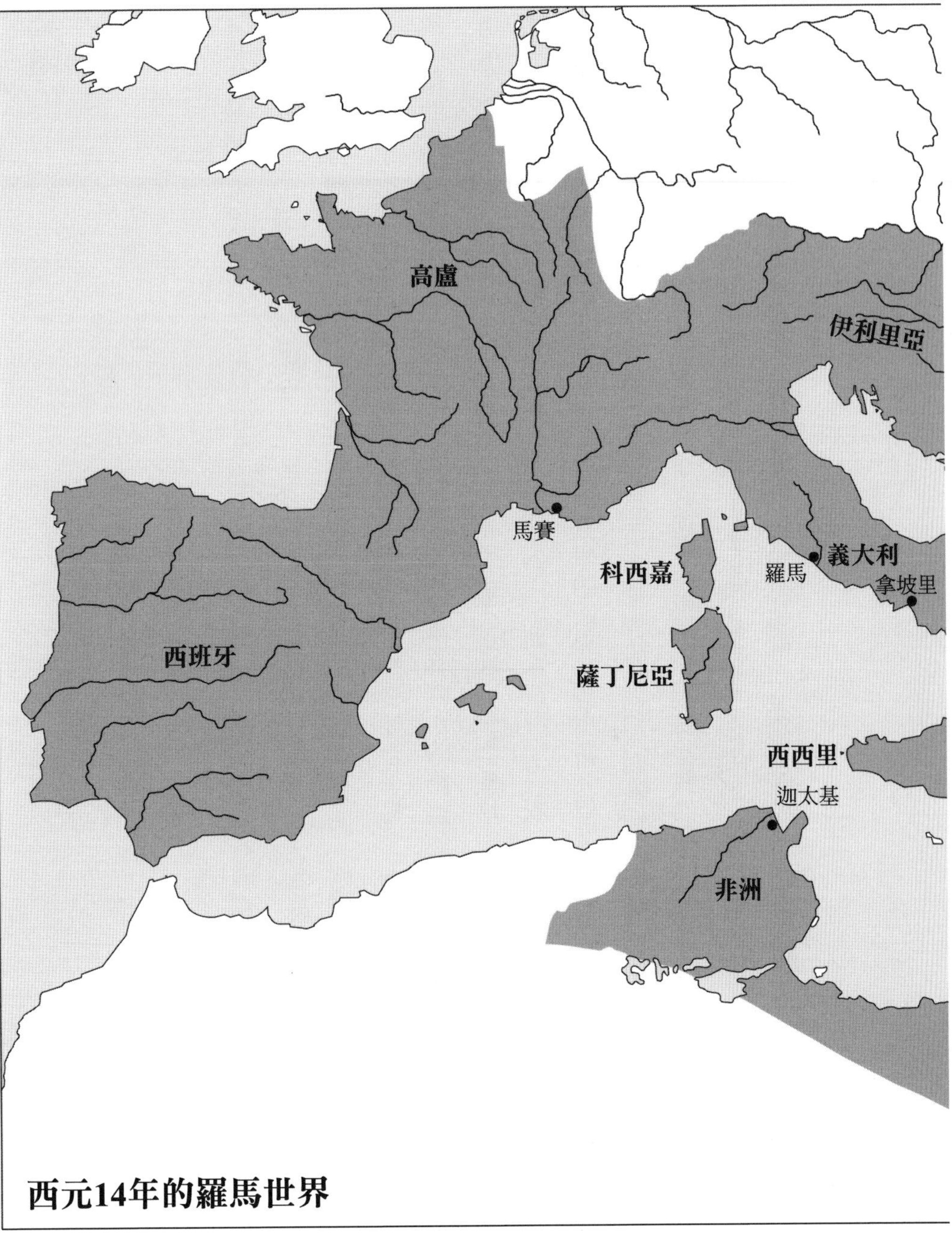
高盧
伊利里亞
馬賽
義大利
科西嘉
羅馬
拿坡里
西班牙
薩丁尼亞
西西里
迦太基
非洲

西元14年的羅馬世界

致謝

我能寫成這本書，其實受惠於許多人。感謝我的編輯：倫敦的貝斯威克（Richard Beswick）和吉斯（StephenGuise），還有紐約的湯瑪士（Bill Thomas）和霍華德（Gerry Howard）。感謝最好的經紀人和我最好的朋友沃爾什（Patrick Walsh）。感謝賈米．繆爾（Jamie），他是第一個讀本書書稿的人，也對他不吝惜的友誼、鼓勵和忠告致上感謝。感謝卡洛琳．繆爾（CarolineMuir）在每逢我當不了一個嚴峻的家長時幫助我。感謝瑪麗．比爾德（Mary Beard），幫我改正的錯誤多不勝數。愛德華茲（Catharine Edwards）也一樣。感謝莉齊．斯佩勒（Lizzie Speller），如同我對龐培的額髮入迷般，也感謝她和我的所有談話與支持。感謝羅馬英國學校的每個人，感謝希拉瑞．貝爾（Hilary Bell），在被我拉去展開另一回錢幣搜集時沒有抱怨太多。感謝倫敦圖書館館員和羅馬研究促進會圖書館的職員。感謝賈維斯（Arthur Jarvis）和西蒙德茲（Michael Symonds），是他們先把我引向晚期的羅馬共和國。當然，最需要感謝的是我心愛的內人薩狄（Sadie）和小女凱蒂（Katy），因每當我看似除了搞羅馬人以外沒時間做任何事時，是她們讓我恢復理智：*ita sum ab omnibusdestitutus ut tantum requietis habeam quantum cum uxore et filiola consumitur.*（我的時間如此之少，以致僅剩的一點點休閒，全和妻子及小女兒共度。）

註釋

除非另有說明，引用的作者名字皆指以下的作品：Appian, *The Civil Wars*; Asconius, *Commentaries of Five Speeches by Cicero*; Aulus Gellius, *The Attic Nights*; Cassius Dio, *The Roman History*; Catullus, *Poems*; Diodorus Siculus, *The Library of History*; Florus, *The Epitome of Roman History*; Livy, *The History of Rome*; Lucan, *The Pharsalia*; Lucretius, *On the Nature of Things*; Macrobius, *The Saturnalia*; Orosius, *The History against the Pagans*; Petronius, *The Satyricon*; Pliny the Elder, *The Natural History*; Polybius, *The Histories*; Publilius Syrus, *Maxims*; Quintilian, *The Education of an Orator*; Strabo, *The Geography*; Valerius Maximus, *Memorable Deeds and Sayings*; Velleius Paterculus, *The Roman Histories*.

前言

1. 人們引用這句話時，通常都是引用拉丁文：*alea iacta est*。但它其實出自雅典劇作家米南得（Menander），而且凱撒說這句話時也是用希臘文。See *Pompey*, 60 and *Caesar*, 32.
2. Hobbes, *Leviathan*, chapter 29.
3. *Hitler's Table-Talk*, introduced by Hugh Trevor-Roper (1988, Oxford), p. 10.
4. In a review of Hughes-Hallett's book *Cleopatra: Histories, Dreams and Distortions* for the *New York Times* (1990).
5. ［譯註］指蓋在美國國會山莊的參議院。國會山莊和參議院的英文分別源自於拉丁文的卡比托利歐丘和元老院。
6. Niccolò Machiavelli, *Discourses on the First Decade of Livy*, 3.43.
7. Sallust, *Catiline*, 8.
8. Velleius Paterculus, 2.36.

第一章

1. 不過，根據羅馬共和國晚期最博學的學者瓦羅（Varro）所記載，西比爾找上的塔克文是羅馬第五任國王塔克文・布里斯克斯（Tarquinius Priscus）。
2. 執政官原稱司法官（praetor）。早期的羅馬史晦暗不清，類似含混處比比皆是。
3. Polybius, 6.56.
4. Cicero, *Concerning the Manilian Law*, 19–21.
5. Polybius, 10.15.
6. Ennius, quoted by Cicero, *The Republic*, 5.1.
7. Livy, 40.5.
8. Cicero, *On the Agrarian Law*, 2.96.
9. Vitruvius, *The Ten Books on Architecture*, 6.1.10.
10. in particular Cicero, *The Republic*, 2.10–11.
11. Brunt, *Italian Manpower*, p. 618.
12. Horace, *Odes*, 3.29.12.
13. Dionysius of Halicarnassus, *Roman Antiquities*, 3.43.
14. Horace, *Epistles*, 2.2.72–5.
15. Strabo, 5.3.8.
16. Publilius Syrus, 31.
17. 這是從墓碑銘文來判斷。墓碑銘文是唯一流傳下來的文字證據。
18. 對於平民第一次罷工的地點，皮索（Piso）和李維（Livy）的記載有所不同。皮索主張地點在阿文提諾丘，李維則主張在附近的聖山（Sacred Mount）。
19. Livy, 4.4.
20. Sallust, *Catiline*, 1.7.

21. Polybius, 6.11.
22. Cicero, *In Defence of Plancius*, 11.
23. Cicero, *In Defence of Murena*, 36.
24. 雖然缺乏直接證據，但幾乎可以肯定的是，競選公職有財產資格限制。

第二章

1. *The Sibylline Oracles*, 3.464–9.
2. *Ibid.*, 3.175–80.
3. *Ibid.*, 184–8.
4. *Ibid.*, 182–3.
5. 盛傳，羅馬人犁開迦太基的地基並在土裡撒鹽。但這只是傳說，古代材料毫無記載。
6. 譯註：特洛伊的國王。
7. Appian, *The Punic Wars*, 132.
8. 譯註：*Senatus Populusque Romanus* 意為「元老院與羅馬人民」。
9. Badian 主張，別迦摩早在西元前一三一年就有了稅吏制度，見 *Publicans and Sinners*, p. 63。一個有力的反駁，見 Gruen's *The Hellenistic World and the Coming of Rome*, pp. 606–8.
10. 譯註：又譯為「猶太」、「猶太地」，範圍包括今天以色列南部和約旦西南部。
11. I Maccabees, 8.3.
12. 至少詩人卡圖盧斯（Catullus）這麼說。他八成在開玩笑，但這個玩笑想必奠基於羅馬人認定西班牙人不講衛生的偏見。
13. 伊比利亞半島要遲至西元前二十三年，才完全落入羅馬人的控制。
14. Hughes, *Pan's Travail*, p. 127.
15. 這段時期，羅馬金錢供應的增加，見 Crawford, *Coinage and Money under the Roman Republic*, pp. 173–81.
16. 這是根據馬克西斯姆（Valerius Maximus）的說法。但歷來學者對於「八萬人」這個數字有所存疑。

17. Sallust, *Histories*, 4, fragment 67. 這番話不太可能出自米特拉達梯，但也一樣珍貴，因為它反映羅馬人了解他們的敵人有多恨他們。

18. 奧拉塔「空中浴池」的實際性質引起了諸多猜測。有人主張它是一個熱水淋浴間，另一些人主張，奧拉塔發明了 *hypocaust*，即地板下的中央暖氣系統。但若是淋浴間，為何稱為「浴池」？又如果是 *hypocaust*，為何要另創一詞？對於各種可能性的最佳分析，見 Fagan, 'Sergius Orata.'

19. Strabo, 5.4.2.

20. Diodorus Siculus, 37.15.

21. 這是Luce's（1970）的理論。一個反對意見，可見於 McGing, *Foreign Policy*, p.76.

第三章

1. Cicero, *On Duties*, 1.123.

2. Plutarch, *Sulla*, 8.

3. Appian, 1.58.

4. Valerius Maximus, 9.7.

5. Appian, 1.60.

6. 這種主張看似有可能在羅馬共和國漫長歷史的任何時間點被提出。但事實上，這番話是西塞羅在《反腓力辭》（*Philippic*）第六篇所說，當時共和國只剩幾個月可活。

7. Cicero, *Laws*, 1.53.

8. Livy, 31.44.

9. Posidonius, fragment 36.

10. Plutarch, *Sulla*, 13.

第四章

1. Cicero, *On Duties*, 1.25.
2. Valerius Maximus, 6.2.
3. Velleius Paterculus, 2.26.
4. Plutarch, *Cato the Elder*, 16.
5. Valerius Maximus, 2.9.
6. Plutarch, *Sulla*, 30.
7. Lucan, 2.220.
8. Appian, 2.95.
9. Plutarch, *Sulla*, 31.
10. 譯註：雅典曾被譽為「希臘的學校」，意指它的許多優點足以成為希臘其他城邦的楷模。
11. Sallust, *Catiline*, 51.34.
12. Appian, 1.99.
13. Cicero, *Laws*, 3.23.
14. Cicero, *On the Ends of Good and Evil*, 5.2.
15. Appian, 1.103–4.
16. Plutarch, *Sulla*, 36.
17. Cicero, *To Atticus*, 9.10.
18. Appian, 1.106.

第五章

1. Lucretius, 5.222–5.

2. Cicero, *On the Ends of Good and Evil*, 5.55.
3. Cicero, *Tusculan Disputations*, 1.39.
4. Cicero, *On the Ends of Good and Evil*, 5.55.
5. 譯註：指序言中提過「骰子已經擲出」這句話。
6. Tacitus, *The Dialogue on Orators*, 28.
7. Polybius, 6.53.
8. Sallust, *The War against Jugurtha*, 4.5.
9. Cicero, *On Duties*, 1.139.
10. Suetonius, *The Deified Julius*, 56.
11. Plutarch, *Caesar*, 4.
12. 譯註：英文「滑桿」（greasy pole）意為向上攀爬的事業階梯。因其難爬且易於向後滑而比喻為「滑」桿。
13. Cicero, *Philippics*, 14.17.
14. Lucretius, 2.11–13.
15. Cicero, *Against Verres*, 2.5.180.
16. Cicero, *In Defence of Murena*, 16.
17. For instance, Cicero, *In Defence of Plancius*, 14–15.
18. Cicero, *On the Orator*, 1.197.
19. Cicero, *In Defence of Murena*, 29.
20. By Quintilian, 6.3.28.
21. Aulus Gellius, 1.5.
22. Cicero, *Brutus*, 313.
23. Cicero, *On Duties*, 1.87.
24. Posidonius, fragment 59.
25. Cicero, *Brutus*, 316.

26. Cicero, *In Defence of Plancius*, 66.
27. Cicero, *Against Verres*, 1.36.
28. *Ibid*., 1.47.
29. *Ibid*., 2.4.47.
30. *Ibid*., 2.3.207.
31. Quintus Cicero, *Electioneering Handbook*, 2.
32. Cicero, *Against Verres*, 2.4.69.
33. Cicero, *On Duties*, 1.109. 這個形容除了適用於克拉蘇，也適用於蘇拉。
34. Plutarch, *Crassus*, 7.
35. Seneca, *Letters*, 2.4.
36. 譯註：「凱旋式」為羅馬表彰將領戰功之最隆重的勝利遊行典禮。
37. Plutarch, *Pompey*, 14.
38. Cicero, *Tusculan Disputations*, 2.41.
39. Sallust, *Histories*, 3, fragment 66 (A).
40. Publilius Syrus, 337.
41. Orosius, 5.24.
42. Sallust, *Histories*, 3, fragment 66 (A).
43. Plutarch, *Crassus*, 12.

第六章

1. Plutarch, *Lucullus*, 11.
2. *Ibid*., 27.
3. Valerius Maximus, 8.14.5.

4. Cato the Elder, *On Agriculture*, preface.
5. Plutarch, *Tiberius Gracchus*, 8.
6. Plutarch, *Lucullus*, 34.
7. *Ibid.*
8. Appian, *The Mithraditic War*, 92.
9. Cicero, *On Duties*, 3.107.
10. Appian, *The Mithraditic War*, 93.
11. Velleius Paterculus, 2.31.
12. Cassius Dio, 36.24.
13. *Ibid.*, 36.34.
14. Strabo, 11.1.6. 荷馬的兩句詩，出自《伊利亞特》6.208。
15. 譯註：特洛伊戰爭中的英雄。
16. Pliny the Elder,7.99.

第七章

1. Plutarch, *Lucullus*, 41.
2. Livy, 39.6.
3. 譯註：法國國王路易十六的王后。
4. Varro, *On Agriculture*, 3.17.
5. Macrobius, 3.15.4.
6. Varro, *On Agriculture*, 3.17.
7. Plutarch, *Lucullus*, 51.
8. Seneca, *Letters*,95.15.

9. 看來這是對 Clodia 和 Claudia 二者差異的最好解釋，見 Tatum, *Patrician Tribune*, pp. 247–8。
10. 這是西元前五十六年凱利西斯受審時的自辯詞。轉引自 Quintilian, *An Orator's Education*, 8.6.52.
11. Lucretius, 4.1268.
12. Cicero, *In Defence of Murena*, 13.
13. Cicero, *Laws*, 2.39.
14. Cicero, *In Defence of Gallio*, fragment 1.
15. Plutarch, *Cato the Younger*, 9.
16. *Ibid.*, 17.
17. Cicero, *To Atticus*, 2.1.
18. Catullus, 58.
19. 拉丁文作 *discinctus*。
20. Plutarch, *Caesar*, 7.
21. Sallust, *The Catilinarian War*, 14.
22. Cicero, *On Duties*, 3.75.
23. Cicero, *In Defence of Murena*, 50.
24. Plutarch, *Cicero*, 14.
25. Valerius Maximus, 5.9.
26. Cicero, *In Defence of Caelius*, 14.
27. Plutarch, *Cicero*, 15.
28. Cicero, *To Atticus*, 1.19.
29. Suetonius, *The Deified Julius*, 52.
30. Plutarch, *Caesar*, 12.
31. Plutarch, *Pompey*, 43.
32. Cicero, *To Atticus*, 1.14.

33. *Ibid.*
34. *Ibid.*, 1.16.

第八章

1. Valerius Maximus, 2.4.2.
2. 譯註：米蒂利尼為希臘愛琴海島嶼列斯伏斯的首府。
3. Plutarch, *Pompey*, 42.
4. Cicero, *In Defence of Murena*, 31.
5. Plutarch, *Cato the Younger*, 30.
6. Cicero, *To Atticus*, 1.18.6.
7. Cassius Dio, 38.3
8. Plutarch, *Cato the Younger*, 22.
9. Appian, 2.9.
10. Cicero, *To Atticus*, 2.21.
11. *Ibid.*, 2.3.
12. Plutarch, *Cicero*, 29.
13. Catullus, 58.
14. 譯註：即克洛狄烏斯。
15. Cicero, *To Atticus*, 2.15.
16. 更具體來說，就是西塞羅。這是十六年後他在〈反腓力〉（*Philippics*）文中的說法。當西塞羅充分發揮謾罵天賦時，真相如何並不重要。不過，安東尼和庫里奧的關係肯定親密過了頭，那些醜聞才會在人們之間傳開。
17. Cicero, *On the Answer of the Soothsayers*, 46.
18. 譯註：「兩者」指高盧行省與其北面的「自由高盧」，後者不是羅馬共和國領土。

19. Caesar, *Commentaries on the Gallic War*, 2.1.
20. Quoted by Strabo, 17.3.4.
21. Diodorus Siculus, 5.26.
22. Cicero, *The Republic*, 3.16.
23. Caesar, *Commentaries on the Gallic War*, 4.2.
24. *Ibid.*, 1.1.
25. *Ibid.*, 2.35.
26. Cicero, *On the Consular Provinces*, 33.
27. Plutarch, *Pompey*, 48.
28. Cicero, *On his House*, 75.
29. Cicero, *To Quintus*, 2.3.
30. *Ibid.*

第九章

1. Cicero, *In Defence of Caelius*, 49–50.
2. Cicero, *To Friends*, 1.7.
3. *Ibid.*, 1.9.
4. 他也可能毀掉了碑板。兩種說法都有。
5. Cicero, *To Atticus*, 4.8a.
6. Cicero, *On Duties*, 1.26.
7. Cicero, *To Atticus*, 4.13.
8. Lucretius, 2.538.
9. Plutarch, *Crassus*, 17.

10. *Ibid.*, 23.
11. Caesar, *Commentaries on the Gallic War*, 3.16.
12. *Ibid.*, 4.17.
13. Cicero, *To Atticus*, 4.16.
14. Goudineau, *César*, p. 335.
15. Caesar, *Commentaries on the Gallic War*, 7.4.
16. *Ibid.*, 7.56.
17. Plutarch, to be specific: *Caesar*, 15.
18. for instance, Goudineau, *César*, pp. 317–28.
19. Caesar, *Commentaries on the Gallic War*, 8.44.
20. Plutarch, *Pompey*, 12.
21. Petronius, 119.17–18.
22. Cicero, *Against Piso*, 65.
23. 普遍認為，賽佛斯是狒狒的一種。見 Pliny the Elder, 8.28。
24. Cicero, *To Friends*, 7.1.
25. Pliny the Elder, 36.41.有可能，十四尊人像是環繞在龐培的雕像四周而非劇院四周。相關拉丁文記載的語意模稜兩可。
26. Pliny the Elder, 8.21.
27. Cicero, *To Atticus*, 4.17.
28. Asconius, 42C.
29. Plutarch, *Pompey*, 54.
30. Cicero, *In Defence of Milo*, 79.
31. Pliny the Elder, 36.117–18.
32. Cicero, *To Friends*, 8.7.
33. *Ibid.*, 8.1.

34. *Ibid.*, 8.8.
35. *Ibid.*, 8.6.
36. Petronius, 119.
37. Plutarch, *Pompey*, 57.
38. Cicero, *To Friends*, 8.14.
39. *Ibid.*, 2.15.
40. Appian, 2.31.

第十章

1. Cicero, *To Atticus*, 7.1.
2. Lucan, 1.581.
3. Cicero, *To Atticus*, 8.2.
4. 這句名言只在很後來的資料來源中才找得到。不過即使它為偽作，仍非常符合共和國的精神與價值觀。
5. Cicero, *To Atticus*, 8.11.
6. Plutarch, *Cicero*, 38.
7. Cicero, *In Defence of Marcellus*, 27.
8. Anon., *The Spanish War*, 42.
9. Caesar, *The Civil War*, 3.8.
10. Plutarch, *Caesar*, 39.
11. Caesar, *The Civil War*, 3.82.
12. 譯註：指凱撒。以上是他在《內戰記》寫的話。
13. Suetonius, *The Deified Julius*, 30.
14. Plutarch, *Pompey*, 79.

15. 根據去過羅馬及亞歷山卓的狄奧多羅斯（Diodorus Siculus）的說法：「亞歷山卓的人口比任何城市多。」見 Diodorus Siculus, 17.52。
16. Cicero, *To Friends*, 2.12.
17. Cicero, *To Atticus*, 2.5.
18. Plutarch, *Antony*, 27.
19. 也可能點燃了整座亞歷山卓圖書館。亞歷山卓圖書館被焚毀也被歸咎於基督徒或穆斯林。
20. Suetonius, *The Deified Julius*, 51.
21. 語出法羅（Varro）。他是波希多尼的弟子，被認為是羅馬最博學之人。他也是凱撒在第一次西班牙戰役中打敗的三名將軍之一。此話出自他的文章〈論風俗〉，轉引自 Macrobius,3.8.9。
22. 譯註：伊西斯為埃及女神。
23. Plutarch, *Cato the Younger*, 72.
24. Suetonius, *The Deified Julius*, 37.
25. Cicero, *To Friends*, 9.15.
26. *Ibid.*, 15.19.
27. Florus, 2.13.92.
28. Cicero, *Philippics*, 2.85.
29. 介於西元前四十四年二月九日至十五日之間。
30. Suetonius, *The Deified Julius*, 77.
31. Plutarch, *Brutus*, 12.
32. Velleius Paterculus, 2.57.
33. Plutarch, *Caesar*, 63.
34. Cassius Dio, 44.18.
35. Suetonius, *The Deified Julius*, 82.
36. 至少塞內卡是這樣說的，見 *On Anger*, 3.30.4.
37. Suetonius, *The Deified Julius*, 82.

第十一章

1. Cicero, *To Atticus*, 14.9.
2. *Ibid.*, 14.21.
3. Cicero, *To Friends*, 4.6.
4. Cicero, *To Atticus*, 14.21.
5. *Ibid.*, 14.12.
6. 由於屋大維在政治事業早期一再改名，為避免混亂，歷史學家通稱他為屋大維。
7. *Ibid.*, 14.4.
8. *Ibid.*, 16.7.3.
9. Cicero, *Philippics*, 2.1.
10. *Ibid.*, 10.20.
11. *Ibid.*, 13.24–5.
12. Cicero, *To Atticus*, 16.8.1.
13. Cicero, *Philippics*, 3.3.
14. Cicero, *To Friends*, 11.20.
15. Suetonius, *The Deified Augustus*, 26.
16. Appian, 3.92.
17. Pliny the Elder, 34.6.
18. Cicero, *Letters to Atticus*, 14.1.
19. Virgil, *Eclogues*, 4.4–9.
20. Plutarch, *Antony*, 26.
21. Suetonius, *The Deified Augustus*, 69.
22. *The Achievements of the Divine Augustus*, 25.2.

23. Plutarch, *Antony*, 75.
24. *The Achievements of the Divine Augustus*, 3.2.
25. Seneca, *On Mercy*, 1.2.2.
26. Cassius Dio, 53.16.
27. Ennius, *Annals*, fragment 155.
28. Horace, *Odes*, 4.5.1–2.
29. *Ibid.*, 3.6.45–8.
30. *Ibid.*, 3.24.36–7.
31. Velleius Paterculus, 2.89.
32. Virgil, *Georgics*, 1.145–6.
33. Virgil, *Aeneid*, 6.792–3.
34. *Ibid.*, 8.669–70.
35. Horace, *Epodes*, 2.1–6.
36. Cicero, *Philippics*, 13.30.
37. Suetonius, *The Deified Augustus*, 99.
38. Ovid, *The Art of Loving*, 3.112–13.
39. Livy, 43.13.
40. Cicero, *The Republic*, 1.68.

參考書目

古代

古典材料常被稱為「第一手」材料，哪怕它們離第一手也許甚遠。例如，如果我們可以說，普魯塔克（他生於克勞狄皇帝的時代）是羅馬共和國覆亡的第一手資料提供者，那麼我們也大可把卡萊爾（Carlyle）稱為腓特烈大帝生平的第一手資料提供者。不過，本書涵蓋的那個時代，有些文件確實保存了下來，且就古代史的標準來說也非常大量。它們多數為西塞羅所寫：有演講辭、哲學作品，有書信。若干他的同代人所寫的作品也流傳了下來：最重要的是凱撒所寫的幾本記述，撒路斯（Sallust）的兩部專論，大博學者瓦羅（Terrentius Varro）作品的一些片段，從默劇作家普布里烏斯・西魯斯（Publilius Syrus）戲劇精選的格言，以及詩人盧克來修（Lucretius）和卡圖盧斯（Catullus）的作品。盧克萊修的《物性論》（*On the Nature of Things*）為西塞羅的書信提供了一個對照：它是一個刻意從共同生活引退之人的作品。卡圖盧斯——肯定是克勞迪婭的一個情人和克勞狄烏斯的朋友——對於首都的派對一族有傳神的描繪，他的刻劃有時充滿同情，但更多時候是風趣和謾罵。

希臘人也會寫羅馬人的事。其中首先這麼做的是波利比烏斯（Polybius），西元前一六八年，他以人質身分被帶到羅馬，被西庇阿・埃米利安努斯（Scipio Aemilianus）友善相待，也是迦太基遭到毀滅的一名目擊者。他的著作《歷史》對羅馬憲制與共和國制霸整個地中海的過程有銳利的分析。波希多尼的作品極少傳世，只留下一鱗半爪。狄奧多羅斯（Diodorus Siculus）龐大的四十卷《歷史叢書》留下的片段則多得多。他是西西里人，在共和國覆滅時還繼續寫作。一代人之後，地理學家斯特拉波（Strabo）對羅馬世界——包括義大利和羅馬本身——有廣泛的記述，他來自從前米特拉達梯的本都王國。其著作得到了狄奧尼修斯（Dionysius of Halicarnassus）補充，後者的《古代羅馬人》（*Roman Antiquities*）包含引自更早期羅馬編年史家作品的無價資訊。

某個意義下，奧古斯都一朝的全部作品都可被視為對共和國覆亡的評論：這個主題以極為不同的方式貫穿維吉爾、賀拉斯和奧維德的詩歌，還有李維（Livy）的偉大羅馬史。雖然該著作中，關於晚期共和國的部分已經佚散，但一世紀晚期的詩人弗羅魯斯（Florus）為它編的一個刪節本流傳了下來。再來，還有屋大維本人的證言《奧古斯都神的功業記》（*The Achievements of the Divine Augustus*），那是一篇自辯之詞，也是瞎掰的最高傑作。

即使奧古斯都死後，羅馬作家仍繼續回到共和國終結前的英雄時代。有關該時期的細節充滿瓦萊里烏斯．馬克西姆斯（Valerius Maximus）的歷史逸聞彙編《善言懿行錄》（*Memorable Deeds and Sayings*）和維萊伊烏斯．帕特爾庫魯斯（Velleius Paterculus）的《羅馬史》（*RomanHistories*），兩本書都編撰於奧古斯都繼承人提比略的統治時期。尼祿皇帝的師傅和顧問塞內卡（Seneca）曾沉思共和國覆亡的教訓。他的外甥盧坎（Lucan）在論內戰的史詩《法沙利亞》（*The Pharsalia*）裡也是如此。佩特羅尼烏斯（Petronius）在他不那麼文雅正式的散文體作品《愛情神話》（*Satyricon*）也是如此。這三人最終都以自殺收場——

這是羅馬貴族在羅馬皇帝統治下，被容許表現共和主義者不順服的唯一方式。「一種單調與過多的墮落。」塔西佗（Tacitus）在一世紀伊始如此描寫他國家被司法謀殺汙染的近代史。看來，羅馬的古代遺產「自由」消失了，並被鮮血淹沒。在最蒼涼的歷史學家塔西陀筆下，共和國的鬼魂始終纏繞著羅馬城。

在清晰與觀點的無情方面，塔西佗的同時代人中沒人可和他匹敵。在多數人眼中，共和國的歷史變成一個挖掘趣聞軼事的礦坑。老普林尼（the elder Pliny）的《自然史》（*Natural History*）為凱撒、龐培與西塞羅提供了人物素描，此外還有數不勝數、雜七雜八的資訊。昆體良（Quintilian）在他專論修辭學的論文《雄辯家的培訓》（*The Education of an Orator*）常常提到西塞羅和共和國晚年的其他雄辯家，引用了許多不見於其他地方的作家話語，非常寶貴。格利烏斯（Aulus Gellius）的《阿提卡之夜》（*The Attic Nights*）也是如此。在風格活潑的《羅馬十二帝王傳》（*Lives of the Caesars*）中，蘇埃托尼烏斯（Suetonius）給凱撒和奧古斯丁這兩個被神化的軍閥扒了不少糞。不過，傳記家之王當然是普魯塔克。他對共和國晚期偉人的素描始終是歷史學家中最有影響力者，因為最具可讀性。它們充滿道德說教和八卦，不是把共和國的崩潰描繪為一場革命或社會解體，而是如同古人那樣，傾向於把它看成由一齣野心與非凡人士共同演出的戲劇。

普魯塔克是個愛國的希臘人，他證明羅馬帝國的屬民持續著迷於羅馬的歷史。自二世紀起，歷史學家日愈愛用希臘文撰寫共和國的崩潰。他們之中最重要的人是阿庇安（Appian），他是亞歷山卓的律師，寫了一本羅馬和她的帝國的詳細歷史。對於從護民官提比略・格拉古到西元前七〇年的事件，他的《內戰史》（*The Civil Wars*）是流傳下來的唯一敘事材料。對於起於西元前六十九年的事件，他得到另一個歷史學家卡西烏斯・狄奧（Cassius Dio）的補充。卡西烏斯・狄奧寫作時——自西元三世紀起——羅馬世界再次把自己撕成碎片。不過，即使羅馬邁入末期，垂死帝國的公民仍不斷回望當時已非常古老歷史的羅馬共和國晚期。這麼做的最後幾人之一是四〇〇年之際的馬克羅比烏斯（Macrobius），他的《農神節》（*Saturnalia*）充滿各種自晚期共和國檔案精選出來的趣聞軼事。一些年後，聖奧古斯丁的朋友奧羅修斯（Orosius）寫了一本世界歷史，也涵蓋這個時期。不過到了當時，羅馬帝國（和古典傳統本身）已無幾十年可活。隨著羅馬陷落，它的歷史也走入神話。

現代

Adcock, F. E.: *Marcus Crassus: Millionaire* (1966, Cambridge)

Badian, E.: *Foreign Clientelae, 264–70 BC* (1958, Oxford)

——. 'Waiting for Sulla' (1962, *JRS* 52)

——. *Roman Imperialism in the Late Republic* (1967, Oxford)

——. *Lucius Sulla, the Deadly Reformer* (1970, Sydney)

——. *Publicans and Sinners: Private Enterprise in the Service of the Roman Republic* (1972, Oxford)

Balsdon, J. V. P. D.: 'Sulla Felix' (1951, *JRS* 41)

——. *Julius Caesar: A Political Biography* (1967, New York)

Barton, Carlin A.: *The Sorrows of the Ancient Romans: The Gladiator and the Monster* (1993, Princeton)

——. *Roman Honor: The Fire in the Bones* (2001, Berkeley and Los Angeles)

Beard, Mary and Crawford, Michael: *Rome in the Late Republic: Problems and Interpretations* (1985, London)

Beard, Mary, North, John and Price, Simon: *Religions of Rome, Volume 1: A History* (1998, Cambridge)

Bell, Andrew J. E.: 'Cicero and the Spectacle of Power' (1997, *JRS* 87)

Broughton, T. R. S.: *The Magistrates of the Roman Republic*, 2 vols (1951/2, New York)

Brunt, P. A.: 'Italian Aims at the Time of the Social War' (1962, *JRS* 52)

——. *Italian Manpower, 225 BC–AD 14* (1971, Oxford)

——. *Social Conflicts in the Roman Republic* (1971, London)

——. *The Fall of the Roman Republic, and Related Essays* (1988, Oxford)

Cambridge Ancient History: The Last Age of the Roman Republic, 146–43 BC, ed. J. A.

Crook, Andrew Lintott and Elizabeth Rawson (1994, Cambridge)

Cambridge Ancient History: The Augustan Empire, 43 BC–AD 69, ed. Alan K. Bowman, Edward Champlin and Andrew Lintott (1996, Cambridge)

Carney, Thomas F.: *A Biography of C. Marius* (1961, Assen)

Casson, Lionel: *Travel in the Ancient World* (1994, Baltimore)

Chauveau, Michel: *Egypt in the Age of Cleopatra*, trans. David Lorton (2000, Ithaca)

Claridge, Amanda: *Rome: An Archaeological Guide* (1998, Oxford)

Clarke, M. L.: *The Noblest Roman: Marcus Brutus and His Reputation* (1981, London)

Collins, J. H.: 'Caesar and the Corruption of Power' (1955, *Historia* 4)

Crawford, M. H.: *The Roman Republic* (1978, Glasgow)

——. *Coinage and Money under the Roman Republic* (1985, London)

Dalby, Andrew: *Empire of Pleasures: Luxury and Indulgence in the Roman World* (2000, London)

D'Arms, John H.: *Romans on the Bay of Naples: A Social and Cultural Study of the Villas and Their Owners from 150 BC to AD 400* (1970, Cambridge, Mass.)

——. *Commerce and Social Standing in Ancient Rome* (1981, Cambridge, Mass.)

Dixon, Suzanne: *The Roman Family* (1992, Baltimore)

Dupont, Florence: *Daily Life in Ancient Rome,* trans. Christopher Woodall (1992, Oxford)

Edwards, Catharine: *The Politics of Immorality in Ancient Rome* (1993, Cambridge)

Earl, D. C.: *The Moral and Political Tradition of Rome* (1967, London)

Epstein, David F.: 'Cicero's Testimony at the *Bona Dea* Trial' (1986, *Classical Philology* 81)

Evans, John K.: *War, Women and Children in Ancient Rome* (1991, London)

Evans, Richard J.: *Gaius Marius: A Political Biography* (1994, Pretoria)

Everitt, Anthony: *Cicero: A Turbulent Life* (2001, London)

Fagan, Garrett G.: 'Sergius Orata: Inventor of the Hypocaust?' (1996, *Phoenix* 50)

Favro, Diane: *The Urban Image of Augustan Rome* (1996, Cambridge)

Frederiksen, Martin: *Campania* (1984, British School at Rome)

Gabba, Emilio: *Republican Rome, the Army and the Allies,* trans. P. J. Cuff (1976, Oxford)

Galinsky, Karl: *Augustan Culture* (1996, Princeton)

Garnsey, Peter, Hopkins, Keith and Whittaker, C. R. (eds): *Trade in the Ancient Economy* (1983, London)

Gelzer, Matthias: *Julius Caesar: Politician and Statesman,* trans. Peter Needham (1968, Cambridge)

——. *The Roman Nobility,* trans. Robin Seager (1975, Oxford)

Goudineau, Christian: *César et la Gaule* (2000, Paris)

Grant, Michael: *Cleopatra* (1972, London)

Green, Peter: *Classical Bearings: Interpreting Ancient History and Culture* (1989, Berkeley and Los Angeles)

——. *Alexander to Actium: The Historical Evolution of the Hellenistic Age* (1990, Berkeley and Los Angeles)

Greenhalgh, Peter: *Pompey: The Roman Alexander* (1980, London)

——. *Pompey: The Republican Prince* (1981, London)

Griffith, R. Drew: 'The Eyes of Clodia Metelli' (1996, *Latomus* 55)

Gruen, Erich S.: *The Last Generation of the Roman Republic* (1974, Berkeley and Los Angeles)

——. *The Hellenistic World and the Coming of Rome* (1984, Berkeley and Los Angeles)

——. *Culture and National Identity in Republican Rome* (1992, New York)

Gurval, Robert Alan: *Actium and Augustus: The Politics and Emotions of Civil War* (1998, Ann Arbor)

Hallett, Judith P. and Skinner, Marilyn B. (eds): *Roman Sexualities* (1997, Princeton)

Hanson, J. A.: *Roman Theater-Temples* (1959, Princeton)

Harris, William V.: *War and Imperialism in Republican Rome, 327–70 BC* (1979, Oxford)

Higginbotham, James: *Piscinae: Artificial Fishponds in Roman Italy* (1997, Chapel Hill)

Hoff, Michael C. and Rotroff, Susan I.: *The Romanization of Athens* (1992, *Oxbow Monograph* 94)

Hopkins, Keith: *Sociological Studies in Roman History, Volume I: Conquerors and Slaves* (Cambridge, 1978)

——. *Sociological Studies in Roman History, Volume II: Death and Renewal* (Cambridge, 1983)

Horden, Peregrine and Purcell, Nicholas: *The Corrupting Sea: A Study of Mediterranean History* (2000, Oxford)

Horsfall, Nicholas: 'The Ides of March: Some New Problems' (1974, *Greece & Rome*, 21)

Hughes, J. Donald: *Pan's Travail: Environmental Problems of the Ancient Greeks and Romans* (1994, Baltimore)

Hughes-Hallett, Lucy: *Cleopatra: Histories, Dreams and Distortions* (1990, London)

Jashemski, W. F.: *The Origins and History of the Proconsular and Propraetorian Imperium* (1950, Chicago)

Jenkyns, Richard: *Virgil's Experience: Nature and History, Times, Names and Places* (1998, Oxford)

Kahn, Arthur D.: *The Education of Julius Caesar* (1986, New York)

Keaveney, Arthur: *Sulla: The Last Republican* (1982, London)

——. *Lucullus: A Life* (1992, London)

Keppie, L.: *The Making of the Roman Army: From Republic to Empire* (1984, London)

Lacey, W. K.: 'The Tribunate of Curio' (1961, *Historia* 10)

——. *Cicero and the End of the Roman Republic* (1978, London)

Lintott, Andrew: *Violence in Republican Rome* (1968/99, Oxford)

——. 'Cicero and Milo' (1974, *JRS* 64)

——. *The Constitution of the Roman Republic* (1999, Oxford)

Lo Cascio, E: 'State and Coinage in the Late Republic and Early Empire' (1981, *JRS* 71)

Luce, T. J.: 'Marius and the Mithridatic Command' (1970, *Historia* 19)

Machiavelli, Niccolò: *The Discourses,* ed. Bernard Crick (1970, London)

Marshall, B. A.: *Crassus: A Political Biography* (1976, Amsterdam)

Mattern, Susan: *Rome and the Enemy* (1999, Berkeley and Los Angeles)

McGing, B. C.: *The Foreign Policy of Mithridates VI Eupator, King of Pontus* (1986, Leiden)

Meier, Christian: *Caesar,* trans. David McLintock (1995, London)

Millar, Fergus: 'The Political Character of the Classical Roman Republic, 200–151 BC' (1984, *JRS* 74)

——. *The Crowd in Rome in the Late Republic* (1998, Ann Arbor)

——. *The Roman Republic in Political Thought* (2002, Hanover)

Mitchell, Thomas N.: *Cicero: The Ascending Years* (1979, New Haven)

——. *Cicero: The Senior Statesman* (1991, New Haven)
Mouritsen, Henrik: *Plebs and Politics in the Late Roman Republic* (2001, Cambridge)
Néraudau, Jean-Pierre: *Être Enfant à Rome* (1984, Paris)
Nicolet, Claude: *L'Ordre Équestre à l'Époque Républicain*, 2 vols (1966/74, Paris)
——. *The World of the Citizen in Republican Rome*, trans. P. S. Falla (1980, London)
—— (ed.): *Des Ordres à Rome* (1984, Paris)
North, J. A.: 'The Development of Roman Imperialism' (1981, *JRS* 71)
Ormerod, Henry A.: *Piracy in the Ancient World* (1924, Liverpool)
Parke, H. W.: *Sibyls and Sibylline Prophecy in Classical Antiquity* (1988, London)
Patterson, John R.: 'The City of Rome: From Republic to Empire' (1992, *JRS* 82)
Plass, Paul: *The Game of Death in Ancient Rome: Arena Sport and Political Suicide* (1995, Madison)
Pomeroy, Sarah B.: *Goddesses, Whores, Wives and Slaves: Women in Classical Antiquity* (1994, London)
Porter, James I.: *Constructions of the Classical Body* (1999, Ann Arbor)
Raaflaub, Kurt A. and Toher, Mark (eds): *Between Republic and Empire* (1990, Berkeley and Los Angeles)
Rathbone, D. W.: 'The Slave Mode of Production in Italy' (1983, *JRS* 71)
Rawson, Elizabeth: 'The Eastern Clientelae of Clodius and the Claudii' (1973, *Historia* 22)
——. *Cicero: A Portrait* (1975, London)
——. *Intellectual Life in the Late Roman Republic* (1985, London)
Richardson, J. S.: 'The Spanish Mines and the Development of Provincial Taxation in the Second Century BC' (1976, *JRS* 66)
Richardson, Keith: *Daggers in the Forum: The Revolutionary Lives and Violent Deaths of the Gracchus Brothers* (1976, London)
Robinson, O. F.: *Ancient Rome: City Planning and Administration* (1992, London)

Rosenstein, Nathan: *Imperatores Victi: Military Defeat and Aristocratic Competition in the Middle and Late Republic* (1990, Berkeley and Los Angeles)

Rousselle, Aline: 'The Family under the Roman Empire: Signs and Gestures', in *A History of the Family*, Vol. 1 (1996, Cambridge)

Sacks, Kenneth S.: *Diodorus Siculus and the First Century* (1990, Princeton)

Salmon, E. T.: *Samnium and the Samnites* (1967, Cambridge)

——. *The Making of Roman Italy* (1982, London)

Santosuosso, Antonio: *Storming the Heavens* (2001, Boulder)

Schiavone, Aldo: *The End of the Past: Ancient Rome and the Modern West*, trans. Margery J. Schneider (2000, Cambridge, Mass.)

Scullard, H. H.: *From the Gracchi to Nero* (1959, London)

Seager, Robin J.: *Pompey: A Political Biography* (1979, Oxford)

—— (ed.): *The Crisis of the Roman Republic* (1969, Cambridge and New York)

Sedley, David: 'The Ethics of Brutus and Cassius' (1997, *JRS* 87)

Shackleton-Bailey, D. R.: *Cicero* (1971, London)

Shatzman, Israël: *Senatorial Wealth and Roman Politics* (1975, Brussels)

Shaw, Brent D.: *Spartacus and the Slave Wars* (2001, Boston)

Sherwin-White, A. N.: 'Violence in Roman Politics' (1956, *JRS* 46)

——. *The Roman Citizenship* (1973, Oxford)

Skinner, Marilyn B.: 'Pretty Lesbius' (1982, *APA* 112)

——. 'Clodia Metelli' (1983, *APA* 113)

Staveley, E. S.: *Greek and Roman Voting and Elections* (1972, London)

Stockton, David: *Cicero: A Political Biography* (1971, Oxford)

——. *The Gracchi* (1979, Oxford)
Syme, Ronald: *The Roman Revolution* (1939, Oxford)
Tarn, W. W.: 'Alexander Helios and the Golden Age' (1932, *JRS* 22)
Tatum, W. Jeffrey: *The Patrician Tribune: Publius Clodius Pulcher* (1999, Chapel Hill)
Taylor, Lily Ross: *The Divinity of the Roman Emperor* (1931, Middletown)
——. *Party Politics in the Age of Caesar* (1948, Berkeley and Los Angeles)
Tchernia, André: *Le Vin de l'Italie Romaine* (1986, École Française de Rome)
Ulansey, David: *The Origins of the Mithraic Mysteries: Cosmology and Salvation in the Ancient World* (1989, Oxford)
Walker, Susan and Higgs, Peter: *Cleopatra of Egypt: From History to Myth* (2001, London)
Wiseman, T. P.: 'The Census in the First Century BC' (1969/70, *JRS* 61)
——. *Catullus and His World: A Reappraisal* (1985, Cambridge)
Woolf, Greg: *Becoming Roman: The Origins of Provincial Civilization in Gaul* (1998, Cambridge)
Yakobson, A.: *Elections and Electioneering in Rome: A Study in the Political System of the Late Republic* (1999, Stuttgart)
Yavetz, Zwi: 'The Living Conditions of the Urban Plebs in Republican Rome' (1958, *Latomus* 17)
——. *Plebs and Princeps* (1969, Oxford)
——. *Julius Caesar and His Public Image* (1983, London)

大事年表

除非另有說明，以下年份皆為西元前。

753年　羅馬建城。

509年　君主制度覆滅，共和國成立。

390年　羅馬征服高盧人。

367年　禁止平民擔任執政官的法律被廢除。

343-340年　第一次薩謨奈戰爭。

321年　羅馬人在寇定叉口戰敗。

290年　羅馬人完成對薩謨奈的征服。

264-241年　對迦太基的第一次戰爭。

219-218年　對迦太基第二次戰爭開始。漢尼拔穿過高盧南部，翻越阿爾卑斯山，入侵義大利。

216年　坎尼之戰。

202年　漢尼拔在非洲被擊敗。

148年　馬其頓變為羅馬的行省。

146年　摧毀迦太基和科林斯。

133年　提比略・格拉古出任護民官然後被殺。別迦摩國王阿塔羅斯三世遺命把他的王國贈送給羅馬。

123年　蓋約・格拉古第一任護民官任期（始於124年12月10日）。羅馬對別迦摩展開系統性徵稅。

122年　蓋約・格拉古第二任護民官任期。

121年　蓋約・格拉古遭殺害。

118年　在高盧南部建立行省，通往西班牙的陸路獲得確保。盧庫勒斯八成出生。

115年　克拉蘇誕生。

112年　米特拉達梯自封為本都國王。

107年　馬略第一任執政官任期。他廢除了當兵的財產資格規定。

106年　龐培和西塞羅誕生。

104-100年　馬略擔任執政官，打敗從北部入侵的蠻族。

100年　凱撒誕生。
93年　克洛狄烏斯誕生。
92年　盧福斯被控敲詐聚斂，罪名成立後他被流放。
91年　反對羅馬的義大利人起義爆發。
90年　忠於羅馬的義大利人被授予公民權。
89年　蘇拉在薩謨奈作戰，終結義大利人的起義。米特拉達梯入侵羅馬的亞細亞行省。
88年　蘇拉擔任執政官。馬略在護民官蘇爾皮基烏斯幫助下，奪得東征米特拉達梯的主帥職位。蘇拉進軍羅馬。蘇爾皮基烏斯被處決，馬略出亡。在亞細亞，米特拉達梯下令屠殺八萬羅馬人和義大利人。
87年　秦納擔任執政官。蘇拉前往希臘，征伐米特拉達梯。「斜眼」龐培身亡。馬略回到羅馬掌權。
86年　秦納擔任執政官。馬略身亡。蘇拉攻陷雅典。
85年　秦納擔任執政官。蘇拉與米特拉達梯簽訂和約。
84年　秦納擔任執政官。他在兵變中被殺。
83年　克拉蘇在希臘加入蘇拉陣營。蘇拉渡海前往義大利，並得到龐培加盟。科林門之戰。薩謨奈人在公共別墅中遭到屠殺。
82年　人民公敵名單宣布。凱撒躲起來了。
81年　蘇拉擔任獨裁官。他發起重大憲制改革，包括閹割護民官的權力。西塞羅打了第一件官司。
80年　蘇拉擔任執政官。凱撒前往亞細亞從軍。
79年　蘇拉卸下所有官職。西塞羅前往東方旅行兩年。
78年　卡圖盧斯擔任執政官。蘇拉去世。
77年　龐培被委以在西班牙作戰的指揮權。
75年　西塞羅擔任財政官。米特拉達梯對羅馬宣戰。
74年　盧庫勒斯擔任執政官。米特拉達梯第2次入侵亞細亞行省。安托尼烏斯被任命為討伐海盜主帥。
73年　斯巴達克斯領導的奴隸起義爆發。盧庫勒斯將米特拉達梯逐出亞細亞。
72年　克拉蘇被任命為征伐斯巴達克斯的主帥。龐培在西班牙的戰事結束。盧庫勒斯在本都打敗米特拉達梯。安托尼烏斯在克里特島外海被海盜打敗。
71年　斯巴達克斯戰敗且戰死。龐培返回義大利。盧庫勒斯完成對本都的征服。米特拉達梯向亞美尼亞的提格蘭尋求庇護。
70年　龐培和克拉蘇擔任執政官。護民官的權力在遭到蘇拉廢止後，完全恢復。瓦萊斯被起訴。

69年　提格拉諾塞塔戰役。

68年　盧庫勒斯的軍隊譁變。克麗奧佩脫拉誕生。

67年　龐培橫掃大海，肅清海盜。

66年　龐培取代盧庫勒斯，成為東方的代執政官。西塞羅擔任司法官。

65年　西塞羅擔任市政官。

64年　龐培在敘利亞建立新的羅馬行省。加圖擔任財政官。

63年　西塞羅擔任執政官。凱撒成為大祭司。盧庫勒斯接受凱旋式表揚。龐培攻破耶路撒冷。米特拉達梯身死。喀提林派陰謀造反，敗露後主犯被處決。喀提林在義大利北部組了一支軍隊。屋大維誕生。

62年　凱撒擔任司法官。喀提林戰敗和戰死。龐培返回義大利。克洛狄烏斯褻瀆良善女神的祭典。

61年　凱撒擔任西班牙總督。克洛狄烏斯受審並無罪開釋。龐培第3次接受凱旋式表揚。

60年　凱撒返回羅馬。凱撒、龐培和克拉蘇之間形成非正式同盟。

59年　凱撒和比布盧斯擔任執政官。第一個「三巨頭同盟」。龐培迎娶凱撒女兒朱麗亞。克洛狄烏斯成為平民並當選護民官。

58年　凱撒對赫爾維西亞人開戰。克洛狄烏斯擔任護民官。西塞羅離開羅馬開始流亡。加圖前往賽普勒斯。

57年　凱撒對比利奇人開戰。克洛狄烏斯和米洛的人馬發生街頭械鬥。西塞羅結束流亡，回到羅馬。

56年　凱利烏斯受審和無罪開釋。盧卡會議再次確認「三巨頭同盟」。加圖從賽普勒斯返回羅馬。

55年　龐培和克拉蘇擔任執政官。龐培獻出石頭劇院。凱撒渡過萊茵河，對不列顛進行遠征。

54年　多米提烏斯和阿庇烏斯擔任執政官，加圖擔任司法官。克拉蘇前往敘利亞。凱撒對不列顛展開第二次遠征。龐培之妻朱麗亞去世。

53年　卡雷之戰，克拉蘇身死。

52年　克洛狄烏斯被謀殺，米洛被定罪。龐培擔任唯一執政官直到八月。他迎娶西庇阿女兒科尼利婭為妻。凱利烏斯擔任護民官。維欽托利領導高盧人起義反抗凱撒，但在阿萊西亞兵敗投降。

50年　庫里奧擔任執政官。霍騰修斯去世。執政官馬塞盧斯呼籲龐培「拯救共和國」。

49年　凱撒橫渡盧比孔河。元老院撤出羅馬。多米提烏斯在考菲尼姆投降。龐培離開義大利，前往希臘。庫里奧在非洲戰敗且戰死。凱撒在西班牙打敗龐培的軍隊，被選立為獨裁官。

48年　米洛和凱利烏斯死亡。法薩盧斯之戰。龐培被謀殺。凱撒被困在亞歷山卓。

47年　凱撒和克麗奧佩脫拉乘船巡遊尼羅河。凱撒里昂誕生。凱撒擊敗米特拉達梯之子法納西斯，返回義大利，然後渡海前往非洲。

46年　凱撒擊敗西庇阿。加圖自殺，西庇阿淹死。凱撒獲得第四次凱旋式表揚。克麗奧佩脫拉抵達羅馬。凱撒前往西班牙。

45年　凱撒擊敗龐培的幾個兒子後回到羅馬。他出版了《反對加圖》。

44年　凱撒被委任為終生獨裁官。安東尼擔任執政官。凱撒在3月15日遭到行刺。屋大維抵達羅馬。布魯圖和卡西烏斯前往東方。西塞羅發表一連串反對安東尼的演講。

43年　希爾提烏斯和潘薩擔任執政官。他們在和安東尼作戰時被殺。第二個「三巨頭同盟」由安東尼、屋大維和雷必達組成。屋大維首任執政官任期。大整肅。西塞羅之死。

42年　凱撒被神格化。腓立比之戰：布魯圖和卡西烏斯自殺。

41年　安東尼會見克麗奧佩脫拉，接著兩人一起在亞歷山卓過冬。義大利的土地被沒收。屋大維和富爾維婭開戰。

40年　富爾維婭從義大利出走，並在途中死去。安東尼和屋大維達成協議，並娶了後者的姊姊屋大維婭。克麗奧佩脫拉產下雙胞胎。

37年　安東尼迎娶克麗奧佩脫拉。

36年　雷必達自「三巨頭同盟」中除名。龐培兵敗，逃往東方。

35年　龐培身死。

34年　安東尼在亞歷山卓把王國和行省分配給幾個兒子。

32年　安東尼拋棄屋大維婭。屋大維搜出安東尼的遺囑，將其交給元老院。

31年　亞克興角之戰。

30年　安東尼和克麗奧佩脫拉自殺。屋大維佔領亞歷山卓，並處決凱撒里昂。托勒密王朝終結於埃及的統治。

29年　維吉爾開始創作《伊利亞特》。

27年　屋大維得到「奧古斯都」的稱號。羅馬共和國得以「恢復」。

19年　維吉爾去世。

西元14年　奧古斯都去世。

國家圖書館出版品預行編目(CIP)資料

盧比孔河 : 509-27 BC 羅馬共和國的興衰 / 湯姆.霍蘭 (Tom Holland) 作 ; 梁永安譯. -- 初版. -- 新北市 : 遠足文化, 2020.3
面； 公分. -- (歷史.跨域 ; 12)
譯自 : Rubicon : the triumph and tragedy of the Roman Republic
ISBN 978-986-508-050-1(平裝)

1.古羅馬 2.戰爭 3.歷史

740.2234 108021267

特別聲明：
有關本書中的言論內容，
不代表本公司／出版集團的立場及意見，
由作者自行承擔文責

遠足文化 讀者回函

歷史・跨域 12

盧比孔河：509-27 BC 羅馬共和國的興衰

Rubicon: The Triumph and Tragedy of the Roman Republic

作者・湯姆・霍蘭（Tom Holland）｜**譯者**・梁永安｜**責任編輯**・龍傑娣｜**校對**・施靜沂、楊俶儻｜**封面設計**・林宜賢｜**出版**・遠足文化事業股份有限公司・第二編輯部｜**社長**・郭重興｜**總編輯**・龍傑娣｜**發行人兼出版總監**・曾大福｜**發行**・遠足文化事業股份有限公司｜**電話**・02-22181417｜**傳真**・02-86672166｜**客服專線**・0800-221-029｜E-Mail・service@bookrep.com.tw｜**官方網站**・http://www.bookrep.com.tw｜**法律顧問**・華洋國際專利商標事務所・蘇文生律師｜**印刷**・崎威彩藝有限公司｜**排版**・菩薩蠻數位文化有限公司｜**初版**・2020 年 3 月｜**初版二刷**・2021 年 5 月
定價・480 元｜ISBN・978-986-508-050-1